滝高等学

〈収録内容〉

2024 年度 ………………… 一般（数・英・理・社・国）

2023 年度 ………………… 一般（数・英・理・社・国）

2022 年度 ………………… 一般（数・英・理・社・国）

2021 年度 ………………… 一般（数・英・理・社・国）

2020 年度 ………………… 一般（数・英・理・社・国）

DL 2019 年度 ………………… 一般（数・英・理・社）

DL 平成 30 年度 ………………… 一般（数・英・理・社）

便利な DL コンテンツは右の QR コードから

解答用紙　過去年度　リスニング ⇒

※データのダウンロードは 2025 年 3 月末日まで。
※データへのアクセスには、右記のパスワードの入力が必要となります。 ⇒ 793159

〈合格最低点〉

	一般 A	一般 B
2024年度	234点	237点
2023年度	237点	256点
2022年度	213点	231点
2021年度	229点	250点
2020年度	225点	245点
2019年度	240点	262点
2018年度	238点	256点

本書の特長

実戦力がつく入試過去問題集

- 問題 ………… 実際の入試問題を見やすく再編集。
- 解答用紙 …… 実戦対応仕様で収録。
- 解答解説 …… 詳しくわかりやすい解説には、難易度の目安がわかる「基本・重要・やや難」の分類マークつき（下記参照）。各科末尾には合格へと導く「ワンポイントアドバイス」を配置。採点に便利な配点つき。

入試に役立つ分類マーク

基本 確実な得点源！
受験生の 90％以上が正解できるような基礎的、かつ平易な問題。
何度もくり返して学習し、ケアレスミスも防げるようにしておこう。

重要 受験生なら何としても正解したい！
入試では典型的な問題で、長年にわたり、多くの学校でよく出題される問題。
各単元の内容理解を深めるのにも役立てよう。

やや難 これが解ければ合格に近づく！
受験生にとっては、かなり手ごたえのある問題。
合格者の正解率が低い場合もあるので、あきらめずにじっくりと取り組んでみよう。

合格への対策、実力錬成のための内容が充実

- 各科目の出題傾向の分析、合否を分けた問題の確認で、入試対策を強化！
- その他、学校紹介、過去問の効果的な使い方など、学習意欲を高める要素が満載！

解答用紙ダウンロード 解答用紙はプリントアウトしてご利用いただけます。弊社ＨＰの商品詳細ページよりダウンロードしてください。トビラのＱＲコードからアクセス可。

リスニング音声ダウンロード 英語のリスニング問題については、弊社オリジナル作成により音声を再現。弊社ＨＰの商品詳細ページで配信対応しております。トビラのＱＲコードからアクセス可。

UD FONT 見やすく読みまちがえにくいユニバーサルデザインフォントを採用しています。

滝高等学校

▶交通
名鉄犬山線「江南」駅下車 1,500m（徒歩約20分）
名鉄バス「名鉄一宮駅（大山町経由）」行乗車「滝学園前」下車
※一宮駅・江南駅からスクールバス運行
名鉄本線「名鉄一宮」駅・ＪＲ東海「尾張一宮」駅下車
名鉄バス「江南駅（大山町経由）」行乗車「滝学園前」下車

〒483-8418　愛知県江南市東野町米野1番地
☎0587-56-2127　Fax0587-56-1732

沿　革

1926年創立者滝信四郎が，滝実業学校（農・商）を創設する。1947年滝中学校（男女共学）を併設。1949年高校に普通科を増設し，男女共学の総合高校となり，2000年４月，普通科のみの高等学校となる。

教育目標

私たちは，生徒一人ひとりと真摯に向き合い，総合力に秀で，多様性に対する寛容な姿勢を身につけた魅力ある生徒の育成を目指す。

(1) 「知力」「体力」「教養」のバランスのとれた生徒の育成を目指す。
(2) それぞれの夢の実現にふさわしい志望大学に合格するだけでなく，その先に活きる確かな学力を身につけた生徒の育成を目指す。
(3) 自己の社会的責任を自覚し，周囲に対する優しさを持って，それぞれが歩むネットワークの中で，かけがえのない役割を果たす生徒の育成を目指す。

建学の精神

「質実剛健・勤勉力行・報恩感謝」

教育課程

(1) 50分週33時間（週５日）の授業の中で基礎学力の徹底をはかる。
(2) ２年間は併設中学からの生徒と別クラス編成。２年次より本人の志望で文系・理系のクラスに分かれる。
(3) 土曜日や長期休暇中に，多くの特別授業を取り入れ，併設中学との進度調整をはかる。
(4) ３年次では，併設中学からの生徒と合流し，理Ⅰ（理・農・工系）・理Ⅱ（医療系）・文系の３コース制となる。「小論文」の講座を取り入れるなど，進学に向けた様々な取り組みを行っている。

施設・設備

運動場は第１～第３まで，テニスコート８面，第１・第２体育館，柔道場，剣道場，卓球場，プール。教室は全室冷暖房装置完備で，夏は涼しく，冬は暖かい環境で学習できる。

クラブ活動

●運動部

陸上，バスケットボール，バレーボール，サッカー（男），ソフトテニス，硬式野球(男)，柔道，剣道，卓球(男)，水泳，ハンドボール(男)，ダンス

●文化部

ブラスバンド，合唱，ギター，演劇，美術，先進技術研究，自然科学，天体観測，英会話，料理研究，茶道，写真，文芸，将棋，囲碁，数理研究，ビジネス，競技かるた，クイズ同好会

●2023年度の部活動の成績

ハンドボール部／県大会出場
剣道部／県大会出場
柔道部／県大会出場
卓球部／県大会ベスト16，全国大会出場
水泳部／県大会出場
男子ソフトテニス部／県大会出場
女子ソフトテニス部／県大会出場
野球部／県大会出場
演劇部／県大会出場

剣道部

年間行事

４月／入学式，新入生オリエンテーション，遠足，前期生徒会選挙，クラブ登録，憲法講話(高１)
５月／第１回定期考査，体育祭
６月／コース別講演会(高２)，文理説明会(高１)
７月／第２回定期考査，イギリス研修(高２希望者から選抜)，進路説明会(高３)
８月／ＰＴＡ主催大学進学懇談会，アメリカ研修(高１希望者)，実力テスト(高３)
９月／文化祭，進学説明会(高２)
10月／後期生徒会選挙，第３回定期考査
11月／進路講演会(高１)
12月／第４回定期考査，修学旅行(高２)，キャリアデザイン添削(高1)，進路志望大学面談(高3)
１月／大学出願前個人懇談会(高３)，実力テスト(高１・高２)，進学説明会(高２)
３月／卒業式，第５回定期考査，卒業生による合格報告会(高２)

進路状況

大学合格率はきわめて良好で，国公立大学・有名私立大学に毎年多数の合格者を出している。特に理系クラスでは医学部医学科への進学者が多い。

●おもな合格校(現役のみ)

〈国公立大学〉(2024年度入試２名以上合格)

東京大，京都大，名古屋大，北海道大，東北大，大阪大，神戸大，筑波大，東京外国語大，横浜国立大，お茶の水女子大，岐阜大，金沢大，名古屋工業大，広島大，三重大，名古屋市立大 など

〈私立大学〉(2024年度入試２名以上合格)

青山学院大，慶應義塾大，国際基督教大，上智大，中央大，東京理科大，法政大，明治大，立教大，早稲田大，愛知医科大，藤田医科大，南山大，名城大，関西大，同志社大，立命館大，関西学院大，近畿大　など

◎2024年度入試状況◎

学　科	普　通
募　集　数	110
応 募 者 数	1246
受 験 者 数	1228
合 格 者 数	466

※滝中学校からの進学者は除く。
帰国生入試・推薦入試合格者を含む。

過去問の効果的な使い方

① **はじめに**　入学試験対策に的を絞った学習をする場合に効果的に活用したいのが「過去問」です。なぜならば，志望校別の出題傾向や出題構成，出題数などを知ることによって学習計画が立てやすくなるからです。入学試験に合格するという目的を達成するためには，各教科ともに「何を」「いつまでに」やるかを決めて計画的に学習することが必要です。目標を定めて効率よく学習を進めるために過去問を大いに活用してください。また，塾に通われていたり，家庭教師のもとで学習されていたりする場合は，それぞれのカリキュラムによって，どの段階で，どのように過去問を活用するのかが異なるので，その先生方の指示にしたがって「過去問」を活用してください。

② **目的**　過去問学習の目的は，言うまでもなく，志望校に合格することです。どのような分野の問題が出題されているか，どのレベルか，出題の数は多めか，といった概要をまず把握し，それを基に学習計画を立ててください。また，近年の出題傾向を把握することによって，入学試験に対する自分なりの感触をつかむこともできます。

過去問に取り組むことで，実際の試験をイメージすることもできます。制限時間内にどの程度までできるか，今の段階でどのくらいの得点を得られるかということも確かめられます。それによって必要な学習量も見えてきますし，過去問に取り組む体験は試験当日の緊張を和らげることにも役立つでしょう。

③ **開始時期**　過去問への取り組みは，全分野の学習に目安のつく時期，つまり，9月以降に始めるのが一般的です。しかし，全体的な傾向をつかみたい場合や，学習進度が早くて，夏前におおよその学習を終えている場合には，7月，8月頃から始めてもかまいません。もちろん，受験間際に模擬テストのつもりでやってみるのもよいでしょう。ただ，どの時期に行うにせよ，取り組むときには，集中的に徹底して取り組むようにしましょう。

④ **活用法**　各年度の入試問題を全問マスターしようと思う必要はありません。できる限り多くの問題にあたって自信をつけることは必要ですが，重要なのは，志望校に合格するためには，どの問題が解けなければいけないのかを知ることです。問題を制限時間内にやってみる。解答で答え合わせをしてみる。間違えたりできなかったりしたところについては，解説をじっくり読んでみる。そうすることによって，本校の入試問題に取り組むことが今の自分にとって適当かどうかが，はっきりします。出題傾向を研究し，合否のポイントとなる重要な部分を見極めて，入学試験に必要な力を効率よく身につけてください。

数学

各都道府県の公立高校の入学試験問題は，中学数学のすべての分野から幅広く出題されます。内容的にも，基本的・典型的なものから思考力・応用力を必要とするものまでバランスよく構成されています。私立・国立高校では，中学数学のすべての分野から出題されることには変わりはありませんが，出題形式，難易度などに差があり，また，年度によっての出題分野の偏りもあります。公立高校を含め，ほとんどの学校で，前半は広い範囲からの基本的な小問群，後半はあるテーマに沿っての数問の小問を集めた大問という形での出題となっています。

まずは，単年度の問題を制限時間内にやってみてください。その後で，解答の答え合わせ，解説での研究に時間をかけて取り組んでください。前半の小問群，後半の大問の一部を合わせて50％以上の正解が得られそうなら多年度のものにも順次挑戦してみるとよいでしょう。

英語

英語の志望校対策としては，まず志望校の出題形式をしっかり把握しておくことが重要です。英語の問題は，大きく分けて，リスニング，発音・アクセント，文法，読解，英作文の5種類に分けられます。リスニング問題の有無(出題されるならば，どのような形式で出題されるか)，発音・アクセント問題の形式，文法問題の形式(語句補充，語句整序，正誤問題など)，英作文の有無(出題されるならば，和文英訳か，条件作文か，自由作文か）など，細かく具体的につかみましょう。読解問題では，物語文，エッセイ，論理的な文章，会話文などのジャンルのほかに，文章の長さも知っておきましょう。また，読解問題でも，文法を問う問題が多いか，内容を問う問題が多く出題されるか，といった傾向をおさえておくことも重要です。志望校で出題される問題の形式に慣れておけば，本番ですんなり問題に対応することができますし，読解問題で出題される文章の内容や量をつかんでおけば，読解問題対策の勉強として，どのような読解問題を多くこなせばよいかの指針になります。

最後に，英語の入試問題では，なんと言っても読解問題でどれだけ得点できるかが最大のポイントとなります。初めて見る長い文章をすらすらと読み解くのはたいへんなことですが，そのような力を身につけるには，リスニングも含めて，総合的に英語に慣れていくことが必要です。「急がば回れ」ということわざの通り，志望校対策を進める一方で，英語という言語の基本的な学習を地道に続けることも忘れないでください。

国語

国語は，出題文の種類，解答形式をまず確認しましょう。論理的な文章と文学的な文章のどちらが中心となっているか，あるいは，どちらも同じ比重で出題されているか，韻文(和歌・短歌・俳句・詩・漢詩)は出題されているか，独立問題として古文の出題はあるか，といった，文章の種類を確認し，学習の方向性を決めましょう。また，解答形式は，記号選択のみか，記述解答はどの程度あるか，記述は書き抜き程度か，要約や説明はあるか，といった点を確認し，記述力重視の傾向にある場合は，文章力に磨きをかけることを意識するとよいでしょう。さらに，知識問題はどの程度出題されているか，語句(ことわざ・慣用句など)，文法，文学史など，特に出題頻度の高い分野はないか，といったことを確認しましょう。出題頻度の高い分野については，集中的に学習することが必要です。読解問題の出題傾向については，脱語補充問題が多い，書き抜きで解答する言い換えの問題が多い，自分の言葉で説明する問題が多い，選択肢がよく練られている，といった傾向を把握したうえで，これらを意識して取り組むと解答力を高めることができます。「漢字」「語句・文法」「文学史」「現代文の読解問題」「古文」「韻文」と，出題ジャンルを分類して取り組むとよいでしょう。毎年出題されているジャンルがあるとわかった場合は，必ず正解できる力をつけられるよう意識して取り組み，得点力を高めましょう。

数学 出題傾向の分析と合格への対策

●出題傾向と内容

本年度の出題数は，昨年同様に大問6題，小問数にして21題であった。

1. は平方根，式の計算，2次方程式，方程式の応用，円周角，2. 以降が大問で，2. は数の性質，3. は平面図形の総合問題，4. が確率，5. は関数・グラフと図形，6. が四角錐と球の切断となっている。

大問は，前の小問が後の小問のヒントになる誘導形式となっていて，順に考えていけるように工夫されている。

いずれも，基本的な知識や考え方に基づいた応用力，思考力を試す問題で，良問ぞろいである。レベルは標準よりやや高い。

学習のポイント

まずは，全範囲にわたっての基礎的な学習に力を入れること。その上で，標準レベル以上の問題集にあたり，応用力を磨こう。

●2025年度の予想と対策

来年度もこれまでと同様に，基本的な知識や考え方に基づいた応用問題が，小問数にして15～20題程度出題されると思われる。

やや難しい問題は誘導形式がとられるはずであり，基本的な知識，定理，計算方法を基にして解き進むようになるだろう。まずは，教科書内容の完全理解を目指そう。基礎を固めたら，標準レベルの問題に数多くあたり，応用力を磨くようにしよう。重点的に取り組むなら，関数・グラフとの融合問題も含めての図形問題である。的確な補助線の引き方や，未知の長さ，角度，面積，体積などを文字で表して進めていくことなども練習し，柔軟な思考力を養っておきたい。

▼年度別出題内容分類表 ……

出題内容			2020年	2021年	2022年	2023年	2024年
数と式		数の性質					○
		数・式の計算	○		○		○
		因数分解	○		○		
		平方根		○	○	○	○
方程式・不等式		一次方程式	○			○	○
		二次方程式	○	○			○
		不等式					
		方程式・不等式の応用	○	○	○	○	○
関数		一次関数	○	○	○	○	○
		二乗に比例する関数	○	○	○	○	○
		比例関数					
		関数とグラフ	○	○	○	○	○
		グラフの作成					
図形	平面図形	角度	○	○	○	○	○
		合同・相似	○	○	○	○	○
		三平方の定理	○	○	○	○	○
		円の性質	○	○	○	○	○
	空間図形	合同・相似				○	
		三平方の定理	○		○	○	○
		切断	○		○	○	○
	計量	長さ	○	○	○	○	
		面積	○	○	○	○	○
		体積					○
		証明					
		作図					
		動点					
統計		場合の数				○	
		確率	○	○		○	○
		統計・標本調査		○		○	
融合問題		図形と関数・グラフ	○	○	○	○	
		図形と確率					
		関数・グラフと確率			○		
		その他		○			
その他							

滝高等学校

英語　出題傾向の分析と合格への対策

●出題傾向と内容

本年度は，聞き取り問題，語彙問題2題，語句整序問題，条件英作文，長文読解問題2題で，大問数は全部で7題であった。

聞き取り問題は，会話，物語文の内容に関する質問の答えを選択する問題がそれぞれ1題ずつだった。

文法問題は，中学教科書レベルを越えた事項の出題も含まれている。

条件英作文は，会話の流れに合う英文を作る形式だった。

長文読解問題では，語彙力，文法，語句解釈を含む総合的な英語力が試されており，何よりも，しっかりとした内容理解が必要とされている。

問題数も多く，内容もかなり高レベルな英語力が要求されている。

✔学習のポイント

教科書レベルよりも難しい応用問題に取り組もう。

●2025年度の予想と対策

来年度も，聞き取り問題，長文読解問題が2～3題，その他文法・作文問題，新形式の問題など，大問数は7～8題であろうと予想される。

広い範囲にわたる文法・単語力を要する問題が多い。加えて，工夫された出題形式で，文章は長く，問題数も多いので，応用レベルの問題集などを用いて，数多くの問題を解いておく必要があるだろう。特に長文問題，単語・熟語の問題の対策としては，難しめの文法問題や長文問題などに取り組むとよいだろう。また，聞き取り問題に対応するためにCDなどを利用してナチュラルスピードの英語に慣れておくこと。

▼年度別出題内容分類表 ••••••

	出題内容	2020年	2021年	2022年	2023年	2024年
話し方・聞き方	単語の発音	○	○			
	アクセント					
	くぎり・強勢・抑揚					
	聞き取り・書き取り	○	○	○	○	○
語い	単語・熟語・慣用句	○	○	○	○	○
	同意語・反意語					
	同音異義語					
読解	英文和訳(記述・選択)				○	○
	内容吟味	○	○	○	○	○
	要旨把握	○		○		
	語句解釈	○	○		○	○
	語句補充・選択	○	○	○	○	○
	段落・文整序	○				
	指示語	○				
	会話文	○				
文法・作文	和文英訳					
	語句補充・選択	○		○		○
	語句整序	○	○	○	○	○
	正誤問題	○				
	言い換え・書き換え		○	○		
	英問英答					
	自由・条件英作文	○	○	○	○	○
文法事項	間接疑問文		○	○	○	○
	進行形	○				○
	助動詞	○		○	○	○
	付加疑問文					○
	感嘆文					
	不定詞	○	○	○	○	○
	分詞・動名詞	○	○	○	○	○
	比較	○	○	○		○
	受動態	○			○	○
	現在完了					○
	前置詞	○	○	○	○	○
	接続詞	○	○	○		
	関係代名詞	○				○

滝高等学校

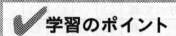

理科　出題傾向の分析と合格への対策

●出題傾向と内容

大問数は近年は4題が続いており，小問数は30問程度である。時間に対して適量であり，しっかり考えて解くことができる。生物，地学，化学，物理の各領域から，ほぼ均等に出される。難易度は，教科書を理解していれば解ける問題から，計算力と思考力を要求されるものまであって幅広い。教科書内容に加えて，問題文や図表の理解力が試される。計算問題は，ただ公式にあてはめればよいというわけにはいかない。原理やしくみを正しく理解している必要があり，さらに，思考力を要する。

✔学習のポイント

思考力，考察力の必要な問題を，じっくり数多く解いておこう。

●2025年度の予想と対策

出題範囲が広いので，どの分野も教科書内容を中心にもれなく問題練習しておこう。

教科書の範囲は大きくは超えないが，標準的な問題だけでは合格点に達することは難しい。計算問題はよく出題されている。化学反応式やイオン式はその原理から理解しておこう。

どの分野も，実験方法も含めて，考察しながら解く問題を中心に出題されている。レベルの高い問題も十分に練習しておこう。

丸暗記に頼らず，原理やしくみを理解することを心がけ，よく考える学習をしておきたい。

▼年度別出題内容分類表……

	出題内容	2020年	2021年	2022年	2023年	2024年
第一分野	物質とその変化	○	○			
	気体の発生とその性質					○
	光と音の性質		○			
	熱と温度			○		
	力・圧力	○				
	化学変化と質量	○		○		○
	原子と分子	○	○	○		○
	電流と電圧		○			
	電力と熱					
	溶液とその性質		○			
	電気分解とイオン	○			○	
	酸とアルカリ・中和				○	
	仕事				○	
	磁界とその変化					
	運動とエネルギー			○	○	○
	その他					
第二分野	植物の種類とその生活					○
	動物の種類とその生活			○		
	植物の体のしくみ				○	○
	動物の体のしくみ		○	○		
	ヒトの体のしくみ	○	○			
	生殖と遺伝					
	生物の類縁関係と進化			○		
	生物どうしのつながり					
	地球と太陽系	○		○		○
	天気の変化		○	○		
	地層と岩石				○	
	大地の動き・地震			○		
	その他					

滝高等学校

社会 出題傾向の分析と合格への対策

●出題傾向と内容

本年度は大問が6題で，解答数は43問となっている。解答形式は記号選択と記述の併用で，文章記述も5問みられた。出題内容は基本的な事項だけでなく，細かい知識を問う設問もあり，正確でかなり高度な知識が必要となってくる。

地理的分野では，日本地理は地形や地形図などについて出題され，世界地理はアフリカを題材とした問題が出題された。歴史的分野では，文字を題材とした古代～近世の問題と，貨幣を題材とした近代の問題が出題された。公民的分野では，時事問題についての会話文を題材とした問題と物価を題材とした問題が出題された。

学習のポイント

諸地域の産業などの特色をつかもう！
日本史と世界史の関連を意識しよう！
日本・世界の動きをニュースで注目しよう！

●2025年度の予想と対策

問題数が多く，細かいところまで読まなければならない問題も多いので，制限時間内に全問解答できるように練習しておきたい。また，教科書だけでなく，参考書・資料集などを有効に利用して，知識を蓄積しておくとよいだろう。

地理的分野では，最近の地域の特色や統計などを詳しく把握しておくことが大切である。歴史的分野では，日本史と世界史のかかわり，できごとの正確な内容を，前後関係とともにしっかり覚えておくことが大切である。教科書の太字で示された語句以外でも重要と思われる語句には注意を払い，内容を把握しておこう。公民的分野では，新聞やテレビが伝える最新の情報にも関心をもって学習を進めることが大切であう。特に，ニュースでしばしば出てくる出来事や用語に注意しておくとよいだろう。

▼年度別出題内容分類表 ……

出題内容			2020年	2021年	2022年	2023年	2024年
地理的分野	(日本)	地形図					○
		地形・気候・人口	○		○	○	○
		諸地域の特色	○				
		産業	○	○		○	○
		交通・貿易		○	○		
	(世界)	人々の生活と環境	○	○			
		地形・気候・人口	○	○	○	○	○
		諸地域の特色	○	○	○	○	○
		産業	○	○		○	○
		交通・貿易			○	○	○
	地理総合						
歴史的分野	(日本史)	各時代の特色	○		○	○	○
		政治・外交史	○	○	○	○	○
		社会・経済史	○	○	○	○	○
		文化史	○	○	○	○	○
		日本史総合					
	(世界史)	政治・社会・経済史	○	○	○	○	○
		文化史	○				○
		世界史総合					
	日本史と世界史の関連		○	○	○	○	○
	歴史総合						
公民的分野	家族と社会生活					○	○
	経済生活		○	○		○	
	日本経済		○	○	○	○	○
	憲法（日本）		○	○		○	○
	政治のしくみ		○	○			
	国際経済		○		○	○	○
	国際政治		○	○	○		○
	その他		○	○	○	○	○
	公民総合						
各分野総合問題							

国語　出題傾向の分析と合格への対策

●出題傾向と内容

本年度も，現代文の読解問題が2題という大問構成であった。

論理的文章では論説文が採用され，接続語や脱語補充を通した文脈把握，内容吟味から筆者の考えを正確に捉えさせる出題となっている。例年通り，本年度も文意を100字以内で説明させるものが出題された。

文学的文章は小説が採用され，本文の後に追加の文章も加えられている。設問は，情景や心情の理解が主に問われている。人物の心情を65字以内でまとめる記述式の問題が目をひく。

いずれも語句の意味は直接問われてはいないが，語彙力が必要とされる設問となっている。

解答形式は，記号選択式と記述式が併用されており，記述式は自分で内容をまとめる力が要求されている。

✔学習のポイント

新聞や新書など論理的な内容の文章に積極的に触れると同時に，文章の内容を100字以内でまとめる練習を重ねておこう。

●2025年度の予想と対策

来年度も論理的文章と文学的文章の大問2題の出題が予想される。

論理的文章では，指示語や接続語に注意して文脈を正しくとらえ，筆者の主張を明確に理解することが大切である。文学的文章では，登場人物の心情を表す言葉や表情・動作，またその背景となる情景をとらえることが大切である。

漢字は，全問正解を目指し，書き取りの問題練習を毎日5分でも継続するとよい。

語句，文法などの基本的知識や，出題の可能性もある古文，韻文についても，教科書に出てくる程度のことは身につけておこう。

▼年度別出題内容分類表……

		出題内容	2020年	2021年	2022年	2023年	2024年
内容の分類	読解	主題・表題	○				
		大意・要旨		○	○	○	○
		情景・心情	○	○	○	○	○
		内容吟味	○	○	○	○	○
		文脈把握	○	○	○	○	○
		段落・文章構成					
		指示語の問題					
		接続語の問題	○				○
		脱文・脱語補充		○	○	○	○
	漢字・語句	漢字の読み書き	○	○	○	○	○
		筆順・画数・部首					
		語句の意味		○	○	○	
		同義語・対義語					
		熟語	○			○	
		ことわざ・慣用句					
	表現	短文作成					
		作文(自由・課題)					
		その他					
	文法	文と文節					
		品詞・用法		○	○		
		仮名遣い					
		敬語・その他					
	古文の口語訳						
	表現技法						
	文学史		○				
問題文の種類	散文	論説文・説明文	○	○	○	○	○
		記録文・報告文					
		小説・物語・伝記	○	○	○	○	○
		随筆・紀行・日記					
	韻文	詩					
		和歌(短歌)					
		俳句・川柳					
	古文						
	漢文・漢詩						

滝高等学校

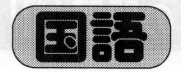

2024年度 合否の鍵はこの問題だ!!

数学　6.

線分の一方の端を固定し，この線分を動かすことを考える。平面上を動かすと円，空間上を動かすと球になる。よって，6. の場合，線分OPを可能な限り動かすと球の一部になることがわかる。この球の一部は中心O，半径OP＝6であるから，何等分したうちのいくつか，を求めることができるかどうかがこの問題を正解できるかの鍵であった。

(1)　この正四角錐の容積を求めるためには，正方形ABCDを底面とすると，頂点Oから正方形ABCDに下した垂線の長さを求める必要がある。線分ACと線分BDの交点をHとする。立体O－ABCDは正四角錐であるから，点Hは線分AC，BDの中点であり，線分OHは正方形ABCDに垂直である。△ABCにおいて，三平方の定理より，AB：BC：AC＝1：1：$\sqrt{2}$ であるから，AB：AC＝1：$\sqrt{2}$　　6：AC＝1：$\sqrt{2}$　AC＝$6\sqrt{2}$ となる。よって，AH＝CH＝$\frac{1}{2}$AC＝$3\sqrt{2}$ である。△OAHにおいて，三平方の定理より，OH＝$\sqrt{(3\sqrt{3})^2-(3\sqrt{2})^2}$＝3であるから，正四角錐O－ABCD＝$\frac{1}{3}\times 6\times 6\times 3$＝36となる。

(2)　線分OPが3点O，M，Nを通る平面上を可能な限り動くと，線分OPが通る部分は中心O，半径OP＝6の円の一部つまりおうぎ形となる。よって，このおうぎ形の中心角を求める必要がある。△OABはOA＝OB＝$3\sqrt{3}$ の二等辺三角形であるから，OM⊥ABである。点Mが線分ABの中点であることから，AM＝BM＝$\frac{1}{2}$AB＝3　　△OAMにおいて，三平方の定理より，OM＝$\sqrt{(3\sqrt{3})^2-3^2}$＝$3\sqrt{2}$　　よって，ON＝OM＝$3\sqrt{2}$，MN＝AD＝BC＝6であるから，$OM^2+ON^2=MN^2$ が成り立つので，△OMNはOM＝ONの直角二等辺三角形である。したがって，求める面積は半径6，中心角90°のおうぎ形となるから，$6\times 6\times \pi\times\frac{90}{360}$＝$9\pi$ である。

(3)　線分OPが可能な限り動くとき，線分OPが通る部分は半径6，中心Oの球の一部となる。この立体を立体Zとすると，(1)より，求める体積は立体Zの体積から容器の容積36を引いたものになるから，立体Zの体積を求めれられればよい。立体Zを点O，M，Nを通る平面で切断すると，(2)より，∠MON＝90°であるから，切断面は半径6，中心Oの円の$\frac{1}{4}$である。同様に，線分BC，ADの中点をそれぞれI，Jとすると，∠IOJ＝90°であり，立体Zを点O，I，Jを通る平面で切断すると，切断面は半径6，中心Oの円の$\frac{1}{4}$である。このことから，立体Zは半径6，中心Oの球の$\frac{1}{6}$であることがわかる。よって，立体Zの体積は$\frac{4}{3}\pi\times 6^3\times\frac{1}{6}$＝$48\pi$ となるから，求める体積は$48\pi-36$である。

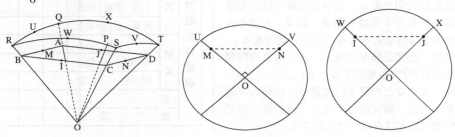

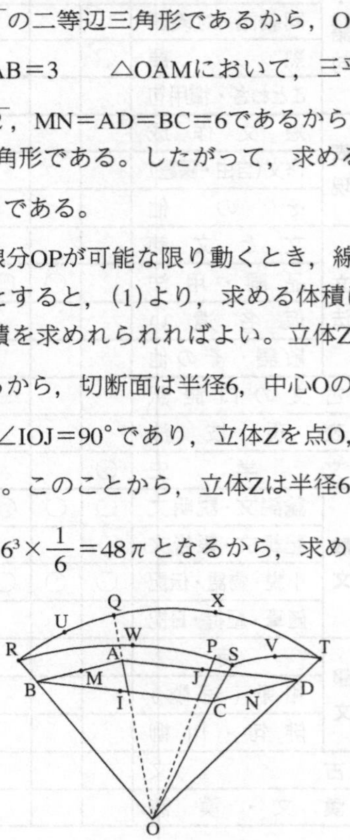

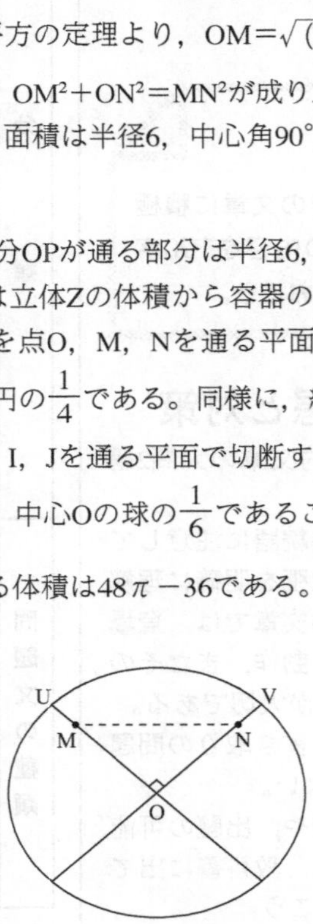

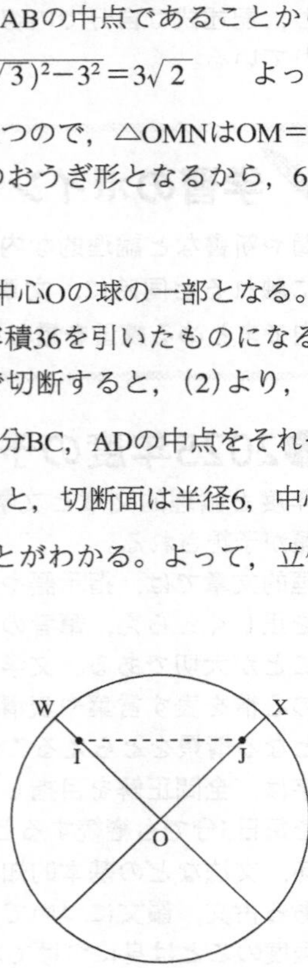

英語 【4】

【4】は語句整序問題である。日本語が与えられていない上に，語群には不要語が含まれているため難易度が高い。この問題の後に，時間を要する長文読解問題2題と対話文内の条件付き英作文問題があるため，この語句整序問題で時間をかけずに正答を導き出せるか否かが合否を分けると推測される。

語句整序問題にはポイントとなる重要文法事項，重要構文，重要表現などが必ず含まれている。ポイントが1つの場合もあるが複数組み合わされていることがほとんであるため，語群から素早く重要ポイントを見つけ出そう。

(1)　(2)は主語がとても長い。主語を正確に作れるかどうかがポイントとなる。

(1)　A foreign woman carrying a suitcase asked me the way to the station.

この文の主語はA foreign woman carrying a suitcase。carrying a suitcase はA foreign womanを後置修飾する現在分詞である。これに〈ask ＋A(＝人)＋B(もの・こと)〉「AにBをたずねる」を続けよう。the way to the station「駅までの道」がBになる。hear は音などが聞こえる時に用いる「聞く」なので不可。

(2)　The number of the people who have stopped watching TV is increasing now.

この文の主語はThe number of the people who have stopped watching TV。The number of ～「～の数」 who have stopped watching TV が the people を修飾する形となっており，主語がかなり長い。stop …ing「…するのをやめる」が文の動詞。grow は「成長する」という意味なので数の時はincrease「増える」を使うこと。

(3)　This is the bag one of my best friends bought for me.

関係代名詞が省略されていることに気づけるかがポイント。(which) one of my best friends bought for me がひとまとまりで関係代名詞節と構成している。〈buy ＋もの＋ for 人〉となることにも注意。

理科 4.

今年度の大問は4題で，生物分野，地学分野，化学分野，物理分野から1題ずつ出題されていた。試験時間に対して問題数が多く，教科書の細かい知識が必要な問題や，正解するためには問題文をしっかりと読む必要がある問題も出題されている。鍵となる問題としては，4.をとりあげる。

本問では，運動と力に関する問題であるが，ニュートンの運動の三法則や動摩擦力など，高校物理の内容を題材としたものである。(1)は典型的な基本問題なので確実に正解しよう。(2)は高校物理の知識を要するような問題ではあるが，慣性の法則を学習したあたりで同時に習った法則は何かなどを思い出しつつできれば正解したい。(3)は摩擦力についての典型的な問題である。正しく理解し，重力の10Nと誤答しないようにしたい。(4)は動摩擦係数を求める問題で，高校物理の範囲ではあるが，求め方もふくめて問題文に解法が与えられているので確実に正解しよう。(5)は力の分解と力のつり合いの関係と数学の三平方の定理が関係した問題ではあるが，直角三角形の3辺の比が与えられてて，(6)(7)を解答するのに必要なので重要な問題である。(6)は力のつり合いの基本問題，(7)は(4)の関連問題なので，(5)～(7)は合わせて正解して起きたい問題である。

高校物理の力学の知識があると，これらの問題を正解することは容易になるが，高校受験の受験勉強としてそこまで手を広げるのは現実的ではない。本校に限らず，一見すると中学範囲を超えるような高校入試問題が見られることもあるが，ほとんどは，教科書内容を超えるものであれば問題文中にしっかりと正解できるだけの情報は与えられている。まずは，落ち着いて「しっかりと問題を読む」ことに注力しよう。

社会 【2】 問1

この問題は，アフリカ諸国の輸出品に関する小問とアフリカで生産が盛んな農産物に関する小問の2つの小問で構成されており，問1全体で推定配点が5点と大きくなっていることから，合否を分けた問題であるといえる。

(1)はアフリカに位置するアルジェリア・ケニア・コートジボワール・ザンビア・南アフリカについての主な輸出品と輸出額にしめる割合を示した表から，アルジェリア(①)，コートジボワール(②)，南アフリカ(③)の3国をそれぞれ選ぶという問題である。表のアは銅が7割以上を占めていることからザンビア，イはカカオ豆が第1位となっていることからコートジボワール，ウは原油や天然ガスが上位を占めていることから産油国のアルジェリア，エは白金(プラチナ)や金(非貨幣用)のほかに自動車も上位にあることから南アフリカ，オは紅茶が第1位となっていることなどからケニアと判断できる。

(2)はアフリカの国が生産量第1位となっている①・②の2枚の農産物を写した写真から，その農産物名について6つの選択肢からそれぞれ1つ選ぶという問題である。①の写真はイのキャッサバで，ナイジェリアやコンゴ民主共和国などで生産が盛んである。②の写真はカのなつめやしで，エジプトなどで生産が盛んである。なお，アのカカオはコートジボワールやガーナなどが，ウのコーヒー豆は南アメリカ州にあるブラジルやアジア州にあるベトナムなどが，エのヤムイモはナイジェリアなどが，オのジャガイモはアジア州の中国やインドが，生産が盛んである。

国語 【一】 問8

★合否を分けるポイント

二題の記述式のうちより長文の一題で，筆者の主張につながる設問でもあるので，この設問に答えられるかどうかが，合否を分けることになる。本文全体から「家庭格差の下層にいる子供たち」の問題を探そうとすると，設問の指定内容を含むことが難しくなり，「合格」できない。本文後半に述べている筆者の考えを中心に，「言葉を習得するという点」につながるようにまとめることがポイントだ。

★こう答えると「合格できない」！

傍線部の「家庭格差の下層にいる子供たち」や設問の「欧米と日本の違い」という指定をおざなりにして，文の形の方針を立てずに書き出してしまうと，「合格」答案とはならない。設問の指定を織り込んだ文の形を設定することから始めよう。

★これで「合格」！

日本では「家庭格差の下層にいる子供たちが，言葉を習得するという点において不利益を被っている」というのであるから，「子供の家庭環境が悪い場合に」欧米ではどうするのか，また日本ではなぜ欧米のようにできないのかを説明して，子供たちが言葉を習得するのが難しい理由を述べるという方針を立てよう。「一方，欧米には」で始まる段落で「子供は国の宝物なのだから，社会全体で育てていこうという空気があります。不適切な育児が行われていることが明らかになれば，即座に介入して社会的養護につなげます」とあるのに対し，「日本には」で始まる段落で「子育ては親がそれぞれの考え方ですることであり……親の責任といった風潮があります。だから，国にしても，地域住民にしても，家庭に介入することに二の足を踏む」とある。この「欧米と日本の違い」が，子供たちが言葉を育む機会を持てないことにつながるから，などとまとめよう。最終段落の，戦後の都市化によって核家族が形成されたという社会背景を加えてまとめるとなおよい。指定字数におさまっていることを確認し，読み返してみて不自然なつながりがなければ，「合格」だ！

2024年度

★★★★★★★★★★★★★★★★★★★★★★★★

入　試　問　題

2024
年
度

2024年度
滝高等学校入試問題

【数　学】（60分）　＜満点：100点＞

（注）答はすべて解答用紙に記入せよ。ただし，円周率はπとし，根号は小数に直さなくてよい。

1． 次の各問いに答えよ。

⑴　$\dfrac{2(6+\sqrt{2})}{3}-\dfrac{\sqrt{8}+\sqrt{4}}{0.5}$ を計算せよ。

⑵　$\dfrac{(1+x)(1+2x)}{2}-x(x+2)$ を簡単にせよ。

⑶　方程式$3x(2x+1)=(x+4)(2x+1)$ を解け。

⑷　濃度５％の食塩水をＡ，濃度８％の食塩水をＢ，濃度15％の食塩水をＣとする。Ａ，Ｂ，Ｃを混ぜて11％の食塩水を600ｇつくる。このとき，Ｃは何ｇ混ぜればよいか。ただし，ＢはＡの２倍の量を混ぜるとする。

⑸　下の図のように，円Ｏの円周上に点Ａ，Ｂ，Ｃ，Ｄがあり，直線ABと直線DCの交点をＥ，直線ADと直線BCの交点をＦとする。∠BAD＝38°，∠AED＝30°のとき，∠AFBの大きさを求めよ。

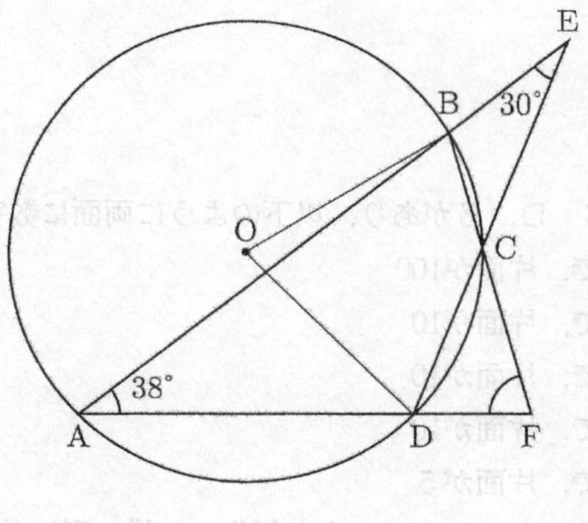

2． 次の各問いに答えよ。

⑴　分子が１で，分母が２から始まり１ずつ増えていく９個の分数$\dfrac{1}{2}$，$\dfrac{1}{3}$，……，$\dfrac{1}{10}$を小数で表したとき，有限小数となるものをすべて答えよ。

⑵　分子が１で，分母が２から始まり１ずつ増えていく99個の分数$\dfrac{1}{2}$，$\dfrac{1}{3}$，……，$\dfrac{1}{100}$の中に，有限小数はいくつあるか。

⑶　$\dfrac{1}{2^6\times5^{10}}$を小数で表したとき，小数第何位に初めて０でない数が現れるか。

3． 下の図のような，ACを直径とする半径１の円Oがある。$\overset{\frown}{AB}:\overset{\frown}{BC}=1:2$であり，点Bにおける円Oの接線と点Cにおける円Oの接線との交点をDとする。また，ADと円Oの交点のうち，Aでない方をEとする。次の各問いに答えよ。

⑴　△ABCの面積を求めよ。

⑵　△BCDの面積を求めよ。

⑶　△ACEの面積を求めよ。

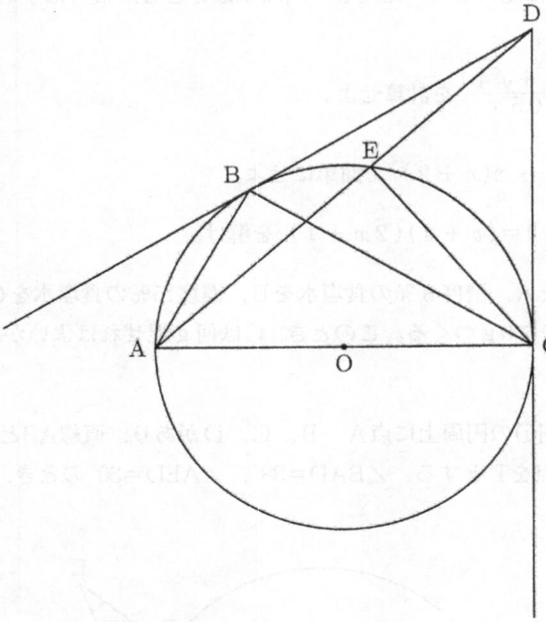

4． ５枚のカードA，B，C，D，Eがあり，以下のように両面に数字が書かれている。

カードA：片面が１で，片面が100

カードB：片面が５で，片面が10

カードC：片面が１で，片面が10

カードD：片面が１で，片面が10

カードE：片面が１で，片面が５

この５枚のカードA，B，C，D，Eすべてを，無作為に横一列に並べたとき，カードの見えている数字の和をSとする。次の各問いに答えよ。

⑴　Sが最大となるときのSの値を求めよ。

⑵　Sが最大となる確率を求めよ。

⑶　Sが125より大きくなる確率を求めよ。

5． 次のページの図のような，点A(6, 9)を通る放物線$y=ax^2$……①がある。点Aと点B(−3, 0)を通る直線ABと放物線①との交点のうち，Aでない方をCとする。点Aを通り，直線OCに平行な直線と放物線①との交点のうち，Aでない方をDとする。次のページの各問いに答えよ。

(1) 定数 a の値を求めよ。

(2) 点Cの座標を求めよ。

(3) 直線ADの式を求めよ。

(4) 線分AD上に点Pをとる。点Pから x 軸に垂線PHを引き，PHと放物線①の交点をQとする。点Hの座標を $(t,\ 0)$ とするとき，PQ＝QHとなるような t の値を求めよ。

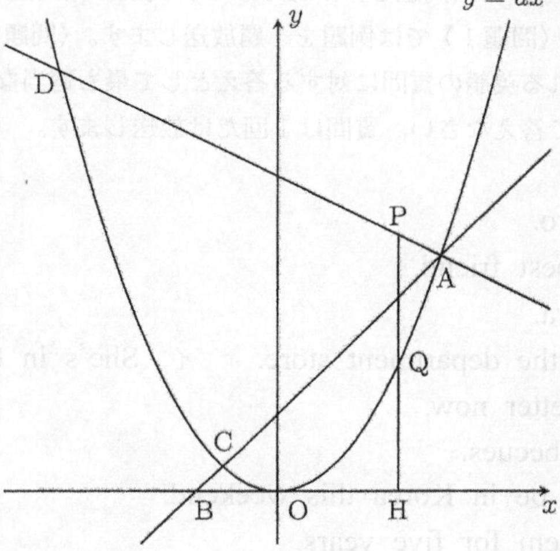

6． 下の図のような，AB＝6，OA＝$3\sqrt{3}$ であるふたのない正四角錐《すい》の容器がある。また，長さ6の線分をこの容器に差し込み，線分の一方の端をOで固定し，他方の端をPとして，この線分を動かすことを考える。ただし，容器の厚みを考えないものとして，線分は容器の側面をすりぬけて動くことはないものとする。次の各問いに答えよ。

(1) この容器の容積を求めよ。

(2) 線分AB，CDの中点をそれぞれM，Nとする。線分OPが，3点O，M，Nを通る平面上を可能な限り動く。このとき，線分OPが通る部分の面積を求めよ。

(3) 線分OPが，可能な限り動く。このとき，線分OPが通る部分のうち，容器からはみ出た部分の体積を求めよ。

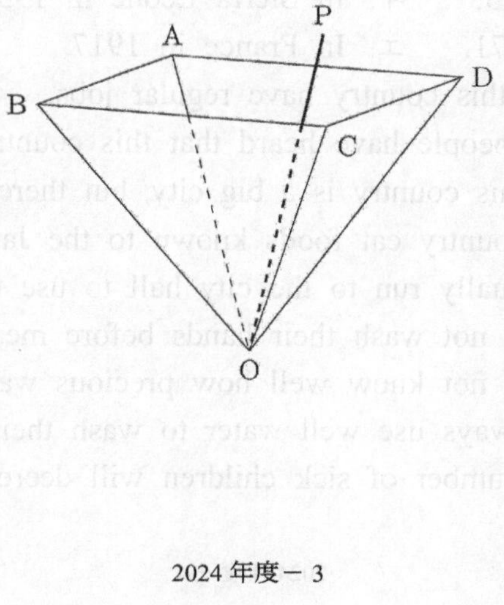

【英　語】（60分）　＜満点：100点＞　※リスニングテストの音声は弊社HPにアクセスの上，音声データをダウンロードしてご利用ください。

【１】 次の〈問題１〉と〈問題２〉は放送による問題です。それぞれ，放送の指示に従って答えなさい。放送を聞きながらメモをとってもかまいません。

このテストには，〈問題１〉と〈問題２〉があります。英文は〈問題１〉では１回，〈問題２〉では２回放送します。なお，〈問題１〉では例題を１題放送します。〈問題２〉には例題はありません。

〈問題１〉 これから放送される英語の質問に対する答えとして最も適当なものをア～ウの中からそれぞれ１つずつ選び，記号で答えなさい。質問は１回だけ放送します。

例題

ア．My name is Taro.
イ．Hanako is my best friend.
ウ．I'm from Nagoya.

⑴ ア．She works at the department store.　イ．She's in the backyard.
ウ．She's much better now.

⑵ ア．Oh, I like barbecues.
イ．No, I have to be in Korea this weekend.
ウ．I've known them for five years.

⑶ ア．Not really.　イ．I hope not.　ウ．I'm not feeling well.

⑷ ア．Because I had a stomachache then.　イ．That's a good idea.
ウ．To enjoy talking with my friends.

⑸ ア．By writing a letter to you.　イ．I heard that after a while.
ウ．By noon tomorrow.

〈問題２〉これから，Médecins Sans Frontières（国境なき医師団：略称MSF）についての英文を放送します。アフリカのSierra Leone（シエラレオネ）における活動などについての英文を聞いて，各質問に対する答えとして最も適当なものをア～エの中からそれぞれ１つずつ選び，記号で答えなさい。英文と質問は２回ずつ放送します。

⑴ ア．In Africa in 1915.　イ．In Sierra Leone in 1950.
ウ．In Europe in 1971.　エ．In France in 1917.

⑵ ア．Most people in this country have regular jobs.
イ．Many Japanese people have heard that this country is a very poor country.
ウ．The capital of this country is a big city, but there is not much traffic there.
エ．People in this country eat foods known to the Japanese people.

⑶ ア．Because they usually run to the city hall to use the toilet.
イ．Because they do not wash their hands before meals.
ウ．Because they do not know well how precious water is.
エ．Because they always use well water to wash their hands.

⑷ ア．She hopes the number of sick children will decrease.

イ．She hopes that more young Japanese people will continue to make efforts to be good doctors.

ウ．She hopes that many countries in Africa will be rich.

エ．She hopes that the number of international volunteers will get larger in the future.

【2】 次の各文の（ ）に入る適当な語を答えよ。ただし，（ ）内に与えられている文字で始まる語を答えること。

(1) A (c-) is a period of a hundred years.

(2) If you are (s-), you will not be good at speaking in front of people, or you cannot ask for help easily.

(3) The (t-) month of the year is December.

(4) A (g-) is a present or something that is given to someone.

【3】 次の日本語を参考にして，（ ）に入る適当な語を答えよ。

(1) その情報は調査する価値がある。

The information is ( )( ) out.

(2) パリは美しい都市だそうです。

It ( )( ) that Paris is a beautiful city.

(3) この部屋は今すぐに掃除しなければならない。

This room ( )( )( ) right now.

(4) あなたの町はどんなことで知られているのか教えてよ。

— 縄文遺跡が有名で，海外の人にも人気です。

Tell me ( ) your city is known ( ).

— The Jomon sites are famous, and are popular among foreign visitors, too.

【4】 □ 内の語(句)を □ に入れて英文を作るとき，① ・ ② ・ ③ の位置に来る語(句)を記号で答えよ。ただし，不要な選択肢が1つずつある。

(1) □-①-□-②-□-③-□ the station.

ア．me ／ イ．to ／ ウ．the way ／ エ．heard
オ．carrying ／ カ．a suitcase ／ キ．asked ／ ク．a foreign woman

※(1)の選択肢は，文頭に来る語も小文字で記してある。

(2) □-①-□-□-②-□-□-③ now.

ア．TV ／ イ．number ／ ウ．of
エ．who ／ オ．have grown ／ カ．is increasing
キ．the ／ ク．people ／ ケ．have stopped watching

※(2)の選択肢は，文頭に来る語も小文字で記してある。

(3) This is [ ]-[①]-[ ]-[②]-[ ]-[③]-[ ].

ア. the bag	イ. one	ウ. of	エ. to
オ. for	カ. bought	キ. my best friends	ク. me

【5】 次の英文を読んで，後の問いに答えよ。

We can see news these days about big animals coming into towns and cities. There have been bears in parks in *Vancouver, leopards on the streets of *Mumbai and wild pigs in gardens in Berlin. What happens when big animals come into our cities? Is it a good thing or is 1 it dangerous for us and the animals?

Usually, wild animals come into cities to look for food. In Cape Town, South Africa, *baboons enter the city. They eat fruit from gardens and go into people's kitchens and take food! Baboons are strong animals and sometimes scare children and fight with pets. But the city can be dangerous for baboons, too; [2]. Cape Town has a team of Baboon Monitors. Their job is to find baboons in the city and take them back out of the city. This makes the city safer for people, and it is safer for the baboons. But a lot of baboons will come back to the city to find food again.

In Berlin in Germany, groups of wild pigs sometimes come into the city to look for food. Pigs have always come to the cities. But now the winters are warmer, so there are more pigs than in the past. Pigs eat flowers and plants and dig in gardens and parks. They also walk in the street and some people in the city give food to the pigs. But *the city officials are worried about the traffic accidents. 3 They [ア. food / イ. giving / ウ. have / エ. people / オ. the pigs / カ. stop / キ. to / ク. told] and have put up fences to stop the pigs entering the city.

In Moscow in Russia, there are 35,000 wild dogs. They live in parks, empty houses, markets and train stations. Some of the dogs were pets that people did not want, so they left 4 them on the streets. Others were born on the streets and have always lived there. Some dogs live alone, and others live in packs (a pack is the name for a group of dogs). In 2010, scientists studied the dogs. They found some very interesting facts:

1. Packs have leaders. The leaders are the most intelligent dogs and not the biggest or strongest ones.
2. Dogs know that it is safer to cross the street with people and some dogs understand traffic lights.
3. Dogs have learned that people give more food to small, cute dogs than to big ones. The cutest dogs in a pack wait on the street for food given by people. When they get some food, they share it with the other dogs in

the pack.

4. Some dogs have started travelling on the Moscow underground trains.

The winter in Moscow is very cold with lots of snow and temperatures of -10℃. A lot of people like the dogs, so 5some citizens have built small huts (❶) the dogs to live (❷) during the winter.

Bigger animals like the dogs in Moscow can 6(s-) in the city with a little help from their human friends. For many big animals, cities are dangerous places and they need our help to 7(r-) to the countryside.

(注) Vancouver：バンクーバー　Mumbai：ムンバイ　baboon(s)：ヒヒ
the city official(s)：市役所職員

(1) 下線部1の it が指す内容を日本語で答えよ。

(2) [2] に入る最も適当なものをア～エの中から１つ選び，記号で答えよ。

ア. baboons are sometimes hurt in car accidents

イ. in the past, people in some villages gave baboons poison to kill them

ウ. one day, baboons were scared by people and attacked them

エ. baboons are often attacked by wild wolves

(3) 下線部3の［ ］内の語（句）を正しい順番に並べかえるとき，［ ］内で，２番目・５番目・７番目に来るものをア～クの中からそれぞれ選び，記号で答えよ。

ア. food / イ. giving / ウ. have / エ. people / オ. the pigs
カ. stop / キ. to / ク. told

(4) 下線部4が指す内容として最も適当なものをア～エの中から１つ選び，記号で答えよ。

ア. people　イ. parks, empty house, markets and train stations

ウ. some of the pet dogs　エ. some city officials

(5) 下線部5の（❶）・（❷）に入れるのに最も適当な語の組み合わせをア～カの中から１つ選び，記号で答えよ。

ア. of － by　イ. of － for　ウ. for － in

エ. for － by　オ. with － in　カ. with － for

(6) 6（ ）・7（ ）に入る最も適当な語を答えよ。ただし，それぞれ（ ）内に与えられた文字で始まる語を答えること。

(7) 本文の内容と一致するものをア～カの中から２つ選び，記号で答えよ。

ア. In South Africa, Baboon Monitors work to help both people and baboons.

イ. Baboons never come back to the city if Baboon Monitors take them out of the city.

ウ. People in Berlin give food to wild pigs because they want to protect their gardens and parks.

エ. Wild dogs in Moscow always live in packs because they can live more easily than living alone.

オ. Dogs are so smart that they can always make the right decision when traffic lights change.

カ. The cutest dogs in the pack play an important role to get food from people.

【6】 次の英文を読んで，後の問いに答えよ。

After graduating from high school, I decided to take a gap year. This is a year-long break before or after university which [1]. My parents disagreed with my plan at first, but they eventually agreed to (あ) me travel to South America. I was excited to travel various countries for ten months.

Before I went, [A]. Some of them seemed easy to do, but others seemed very difficult. However, I'm proud to say that I was able to do everything on it.

I especially wanted to learn Spanish, do volunteer work, and learn their cultures. First, I took a three-week Spanish course in *Ecuador, then traveled south to *Argentina. I usually stayed at hostels (cheap hotels for travelers or students), but sometimes I stayed with local farmers. [B]. One of the most impressive experiences of my trip was that when I stayed at a farmer's house in the Amazon for two weeks, I experienced life without water or electricity. 2It was very different from our convenient life, but I learned a lot through the life with 3them. I also learned about sustainable farming and the importance of protecting the natural environment.

I met foreigners who were also traveling like me. I (い) friends with them. One of them was a Japanese student on a gap year. We climbed *Mount Cotopaxi in the Andes Mountains in central Ecuador. The highest point of it is 5,897 meters above sea level. We also visited amazing places such as *Machu Picchu and *Iguazu Falls together. They were so beautiful that [C].

Besides the natural beauty, the thing I loved most were the local people I met. They were not very rich, but they were always friendly and welcoming. They are fully enjoying their lives. I learned their cultures and a lot of important things in life. I began to think about my future life in a different way.

When it was time to leave South America and go back home, I had 4mixed feelings. I was sad to say goodbye to my friends and the beautiful countries, but I was also excited to share my experiences with my family and friends back home.

After I took a gap year, [D] and the world around me. I learned to be open to new experiences and to accept differences, and I made lifelong memories and friendships that I will never forget.

I strongly encourage young people to take a gap year. It will be a life-changing experience for you! My advice for you is "5Push yourself out of your comfort zone when you are young."

(注) Ecuador：エクアドル　Argentina：アルゼンチン

Mount Cotopaxi：コトパヒ山（エクアドルの山）　Machu Picchu：マチュピチュ

Iguazu Falls：イグアスの滝（ブラジルとアルゼンチンの国境にある滝）

⑴ 本文の内容を踏まえて，[1] に入る最も適当なものをア～エの中から１つ選び，記号で答えよ。

ア．gives students the chance to try new things

イ．helps students make enough money to live by themselves

ウ．encourages students to learn more about the environment

エ．shows students that Spanish is the most popular language in the world

⑵ （あ）・（い）に入る最も適当なものをア～エの中からそれぞれ１つずつ選び，記号で答えよ。

（あ） ア．allow　イ．let　ウ．bring　エ．tell

（い） ア．got　イ．received　ウ．made　エ．helped

⑶ A ～ D に入る最も適当なものをア～キの中からそれぞれ１つずつ選び，記号で答えよ。ただし，記号は一度しか使えないものとする。

ア．I took a history lecture on South America and read so many books about it

イ．I wrote a list of things I wanted to do

ウ．I realized how much I learned about myself

エ．I was not able to communicate with the local people

オ．I did volunteer work there and learned their way of life

カ．I couldn't keep standing there and then ran away quickly

キ．I couldn't say anything for a while

⑷ 下線部2と3が指すものを本文中から抜き出し，そのままの形で答えよ。

⑸ 下線部4の内容を具体的に述べている英文（１文）を本文中から探し，その文を日本語に訳せ。

⑹ 本文の内容を踏まえ，下線部5の内容に最も近いものをア～オの中から１つ選び，記号で答えよ。

ア．Work as hard as you can if you want time to relax

イ．You should not try anything uncomfortable for you

ウ．Stop wasting your time and use your time for your hobby

エ．Never go to a new country without useful tools and information

オ．Don't keep doing the same thing but try something you have never done

【７】 次の対話は，愛知県に住む日本人の Yumi と，カナダから愛知県に来ている留学生の Tom とのものである。自然な流れになるように，以下の条件に従って①～③の［　］に５～10語の英語を入れ，対話文を完成せよ。

> 条件
>
> ＊［　］内に示されている語を必ず用いること。
>
> ＊ I'm などの短縮形は１語と数え，コンマ（,）やピリオド（.）は使わないこと。

Yumi : Hi, Tom, what is your plan for the summer vacation? Are you going back to Canada?

Tom : No, I'm going to stay in Japan. I'm thinking of visiting Tokyo or Kyoto, but ①［ haven't / should ］. Can you give me some advice?

Yumi : Sure. Tokyo is the capital city in Japan, as you know, so it must be an exciting city. However, I'm afraid that ②[there / too] Tokyo. Every place is crowded with people, so you may get tired soon.

Tom : That's too bad. I don't want to be tired on the summer break! What do you think about Kyoto? Is it also a crowded city?

Yumi : Yes, but in my opinion, ③[tourists / as] Tokyo. If you're interested in Japanese history, you should go there.

Tom : Why?

Yumi : Kyoto is a very old city, so you can visit many old temples all around the city if you like.

Tom : I see. Thank you, Yumi. Kyoto sounds like a good place to visit.

【理　科】（40分）　＜満点：50点＞

1． 光合成について以下の問いに答えよ。

光合成のはたらきを調べるために，次の①～③の順序で実験をした。

［実験］

①　3本の試験管A，B，Cに，調製したインジゴカーミン溶液を入れ，次にハイドロサルファイト溶液を，液の青色が消えるところまで少しずつ加える。

②　AとBには，カナダモを入れ，Cにはカナダモを入れないで，3本の試験管に空気が残らないようにして，ゴムせんをする。Aはアルミはくで覆う。

③　A，B，Cに約20分間光を当てた後，液の色がどうなっているかを調べる。

なお，インジゴカーミン溶液は酸素にふれると青色になる。また，ハイドロサルファイト溶液は，インジゴカーミン溶液から酸素をうばいとる性質を持つ。

⑴　上の実験の結果，液全体が青色に変わっている試験管をA～Cから1つ選び，記号で答えよ。

⑵　また，液の色が青色に変わったのは，何が発生したからか。

⑶　Cの試験管を用意したのはなぜか。「インジゴカーミン溶液」および「変化」という語を用いて説明せよ。

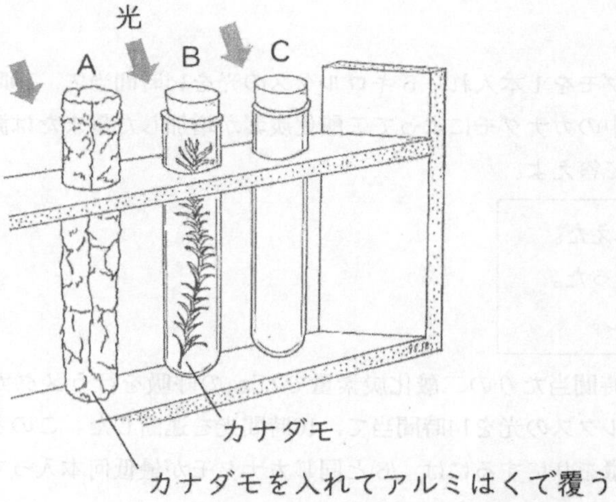

⑷　光合成の実験によく用いられるオオカナダモやクロモはどのような場所に生えているか。次の㈠～㈥から最も適当なものを1つ選び，記号で答えよ。

㈠　池や沼　　㈡　浅い海　　㈢　海岸の岩の上

㈣　森林の岩の上　　㈤　畑や道端　　㈥　草むらの中

⑸　次のページのグラフは，カナダモ1本に光を当てたときの，光の強さと二酸化炭素の吸収量（マイナスは排出量）の関係を示したものである。二酸化炭素の出入りから，栄養分の量を求めることが出来る。図の矢印D，Eは，それぞれ次の㈠～㈤のどれにあたるか。次の㈠～㈤からそれぞれ1つずつ選び，記号で答えよ。

㈠　光合成によってつくられる栄養分の総量

㈡　呼吸によっていつもほぼ定量使われる栄養分の量

(ウ)　光合成によってつくられる栄養分と呼吸でつくられる栄養分の総量

(エ)　光合成や呼吸の結果，植物体に蓄積される栄養分の量

(オ)　植物体が呼吸や光合成によって消費する栄養分の総量

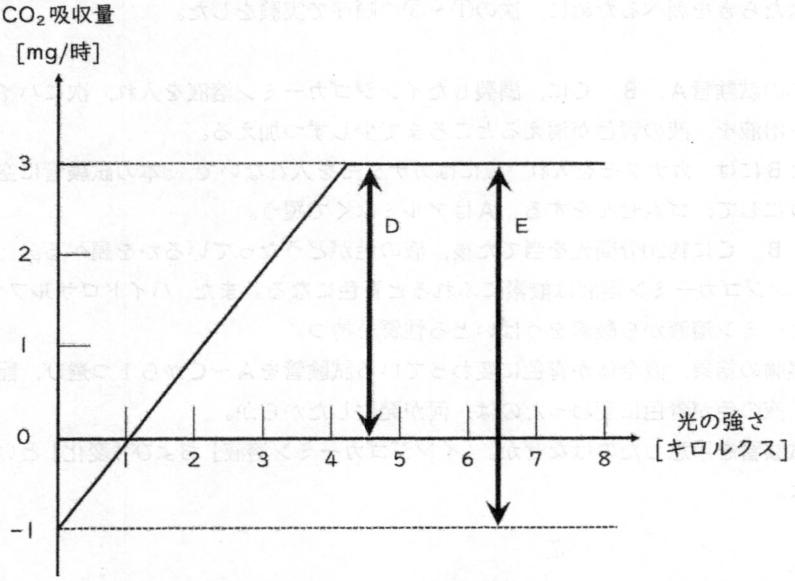

(6)　ある水槽にカナダモを１本入れ，５キロルクスの光を14時間当て，10時間光を遮断した。この24時間で，水槽の中のカナダモによって二酸化炭素が増加した量または減少した量はいくらになるか。例にならって答えよ。

例１：215mg増えた。 例２：342mg減った。 例３：変化なし。

(7)　(6)の水槽に，１時間当たりの二酸化炭素量で2.5mgの呼吸を行うメダカを２匹入れた。(6)と同じように，５キロルクスの光を14時間当て，10時間光を遮断した。このとき，24時間で水槽で発生する二酸化炭素量を０にするには，(6)と同じカナダモが最低何本入っている必要があるか。整数で答えよ。

２． 天体について以下の問いに答えよ。

(1)　太陽は高温の気体のかたまりである。太陽に最も多く含まれる気体の名称を答えよ。

(2)　次の(ア)～(オ)を温度が高い順に並び変え，記号で答えよ。

(ア)　太陽のコロナ　　(イ)　プロミネンス　　(ウ)　黒点

(エ)　太陽の表面温度　　(オ)　太陽の中心温度

(3)　太陽の活動は活発になるときと弱まるときがある。次の(ア)～(エ)のうち，太陽の活動が活発なときにみられるものをすべて選び，記号で答えよ。

(ア)　黒点が減る。　　(イ)　地球でオーロラが見られる。

(ウ)　地球で電波障害が起きる。　　(エ)　地球が寒冷化する。

⑷ 次の①～④の内容にもっとも関係の深い太陽系惑星をそれぞれ答えよ。

① 直径は地球の約11倍と大きい。しま模様が見られ，環をもっている。エウロパやカリストなどの衛星をもつことで知られている。

② 太陽系惑星の中で一番小さい。表面は月のようにクレーターが無数にあり，灰色の惑星である。明け方に東の空に見えることがある。

③ 太陽系惑星の中で唯一，表面に液体の水を有する。太陽系惑星の中で最も密度が大きい。地震や火山活動が活発な惑星である。

④ 地球からは淡い青緑色に見える。自転軸が大きく傾いており，転がるように自転している。望遠鏡で最初に発見された惑星である。

⑸ 文章を読み，以下の①，②に答えなさい。

兵庫県明石市（東経135度）在住のＡさんとＢさんは親友で，2人でよく宇宙や星の話をしていた。

Ａさんは２月６日の20時にＢさんと町の高台で星座観測をしていた。20時に真南の空の高いところに，リゲルやベテルギウスを含む星座がみえた。

この星座をみながら，ＡさんはＢさんから来月イギリス，ロンドンのグリニッジ（東経０度）に引っ越すことを打ち明けられた。

① 下線部の星座の名前を答えよ。

② ２人で星座をみてからちょうど10か月経った12月６日に，Ａさんは，一緒にみた①の星座がグリニッジで南中する時刻にＢさんに電話をかけようと考えた。Ａさんは日本時間で12月６日の何時に電話をかけたらよいか答えよ。

３． 次のⅠ，Ⅱについて文章を読み，以下の問いに答えよ。

Ⅰ

二酸化炭素は空気より重い気体である。ここで，「空気より重い」とは，同じ圧力・同じ温度の下で，「１Ｌあたり」など，きまった体積あたりの質量が，空気と比べて大きいことを意味する。私たちが暮らしている１気圧のもとでは，25℃の空気の密度は1.2ｇ/Ｌである。ドライアイス１ｇを25℃ですべて気体にすると，その体積は（　ア　）mLになる。ここから，二酸化炭素の密度は1.8ｇ/Ｌということがわかる。

二酸化炭素は①石灰石に塩酸をかけたり，②炭酸水素ナトリウムを加熱したりすると生じる気体である。二酸化炭素が水に溶けたものは「炭酸水」と呼ばれ，清涼飲料水などとして利用されている。

⑴ （ア）にあてはまる値を計算し，小数第一位を四捨五入して整数で答えよ。

⑵ 二酸化炭素の発生について，下線部①の石灰石に塩酸をかける方法と，下線部②の炭酸水素ナトリウムを加熱する方法のそれぞれを，化学反応式で書け。

⑶ 塩酸に溶けている気体の名称を答えよ。

Ⅱ

二酸化炭素が水に溶けることについて，次のページの実験を行い，くわしく調べることにした。ただし，実験で使う注射器はすべてガラス製で，ピストンが滑らかに動くものとする。また，ピストンの重さは無視できるものとする。

［実験］

２つの注射器Ａ，Ｂとコックからなる装置を組み立て（図１），注射器Ａから水が入った注射器Ｂへ二酸化炭素を５mL移してすぐにコックを閉じ，注射器Ｂを振ってから静かに置いた。その後，気体の部分の体積を記録した(図２)。注射器Ｂに入れる水の温度と体積を変えて実験を行った。結果を表に示す。

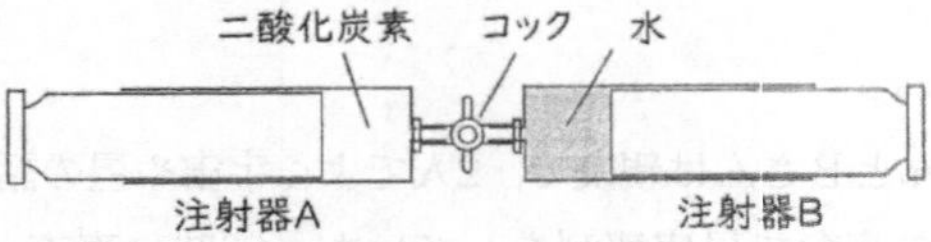

図１

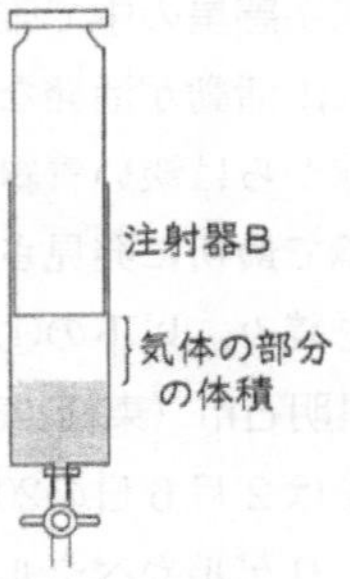

図２

表　注射器Ｂの気体の部分の体積［mL］

		水の体積［mL］		
		1	2	3
温度［℃］	5	3.5	2	0.5
	25	4.3	3.6	2.9

⑷　この実験からわかることを次の文にまとめた。（イ），（ウ）に当てはまる語を答えよ。

二酸化炭素は，水の温度が（　イ　）ほどよく溶け，その体積は水の体積に（　ウ　）する。

⑸　水の体積が２mL，温度が25℃のとき，溶けた二酸化炭素の体積［mL］と質量［mg］を答えよ。必要があれば，小数第二位を四捨五入して，小数第一位まで答えよ。

４． 次の文を読み，以下の問いに答えよ。

ニュートンは，「物体は，いくつかの力がはたらいていても合力が０ならば，静止しているときはいつまでも静止し続けようとし，運動しているときはいつまでも等速直線運動を続けようとする性質がある。」という（　ア　）の法則をニュートンの運動の三法則の１つとして定めた。

⑴　（ア）にあてはまる語を答えよ。

⑵　ニュートンの運動の三法則のうち，上記の法則以外のものを１つ答えよ。

図１（次のページ）のように摩擦のある水平面上に質量1000ｇの物体Ａを置いて，水平方向右向

きに一定の大きさの力で引っ張った。このとき，物体Aは一定の速さで動き，ばねばかりは常に5.0Nを示した（実験１）。ただし，質量100ｇの物体にはたらく重力の大きさを1.0Nとする。

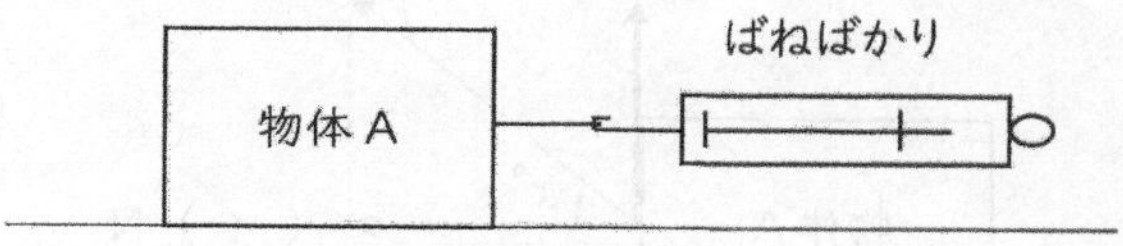

図１

⑶　実験１のとき，物体Aと水平面の間にはたらく摩擦力の大きさは常に一定の値となる。その値は何Nか。

物体が動いているときに，はたらく摩擦力を動摩擦力《どうまさつりょく》という。動摩擦力をくわしく調べてみると，物体にはたらく垂直抗力に比例することがわかった。よって，

動摩擦力　＝　比例定数　×　垂直抗力

の式が成り立つ。また，この式は物体の速度が変化する場合でも成り立つ。ここで，上の式の比例定数は動摩擦係数と呼ばれ，接触する物体の面と，接触する水平面の種類や状態によって決まる定数である。

⑷　実験１の結果を利用して，物体Aと水平面の間の動摩擦係数を答えよ。

つぎに，図２のように実験１と同じ水平面上に，物体Aを水平面に対して，水平方向右向きより$x°$の角度を保ちながら5.0Nの一定の大きさの力で引っ張った（実験２）。このとき，物体Aは水平方向右向きに運動をした。ただし，斜めに引くことで物体Aの底面が床から離れることはないものとする。図３は１つの角度が$x°$の直角三角形の辺の比を示したものである。

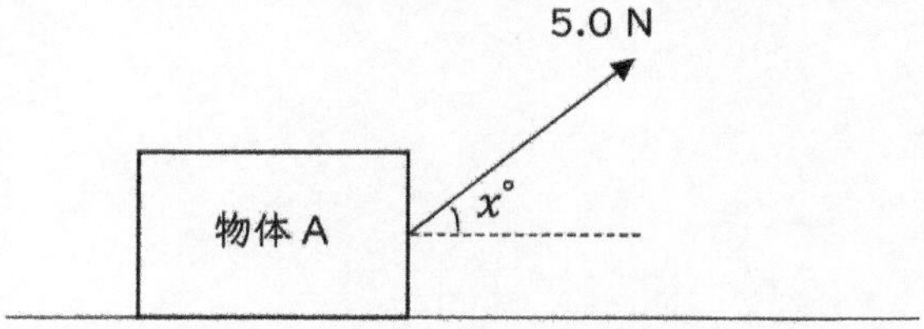

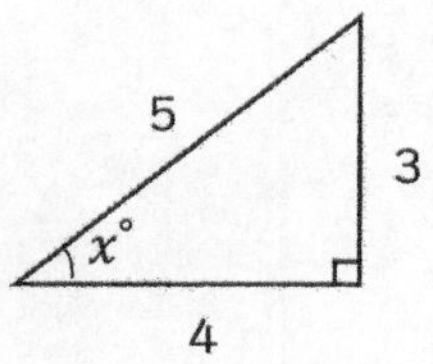

図２　　　図３

以下は，実験２における物体Aにはたらく動摩擦力について，太郎さんと花子さんが考察している会話文である。ただし，鉛直方向とは水平面に対して直角をなす方向を指す。

［会話文］

【太郎】　物体Aを斜めに5.0Nの大ささで引くというのはどういうことなんだろう？

【花子】　水平面に対して斜めに力を加えたときは，その力（矢印）を図形の辺の比を利用して水平方向と鉛直方向に分解することができたね。

【太郎】　そうだったね。図３にある直角三角形の辺の比を利用すると，図４（次のページ）のよう

に力を分解できるね。

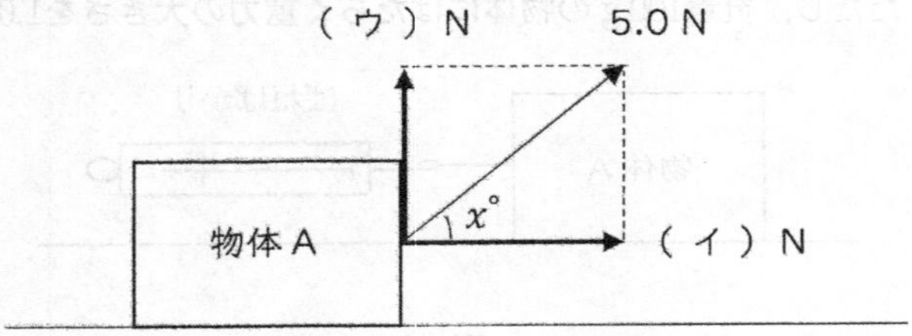

図４

【花子】　つまり，図２のような角度で斜めに5.0Nの大きさで物体Ａを引くということは，水平方向に（　イ　）Nの大きさで，鉛直方向に（　ウ　）Nの大きさで同時に引いているのと同じ状態ということだね。

【太郎】　ということは，物体Ａは鉛直方向に動かないから鉛直方向の力のつり合いの関係が実験１と実験２で変わってくるね。

【花子】　確かにそうだね。動摩擦力の大きさを計算するときに注意しなきゃ！

⑸　会話文中の（イ），（ウ）にあてはまる数値を答えよ。

⑹　実験２における物体Ａにはたらく垂直抗力の大きさは何Ｎか。

⑺　実験２における物体Ａにはたらく動摩擦力の大きさは何Ｎか。

【社　会】（40分）　＜満点：50点＞

【１】 次の地図１と地図２（次のページ）は志摩半島の先端に立地する三重県志摩市のものである。２つの地図を見て，あとの問いに答えなさい。地図２は，地図１のわく線の範囲を示している。

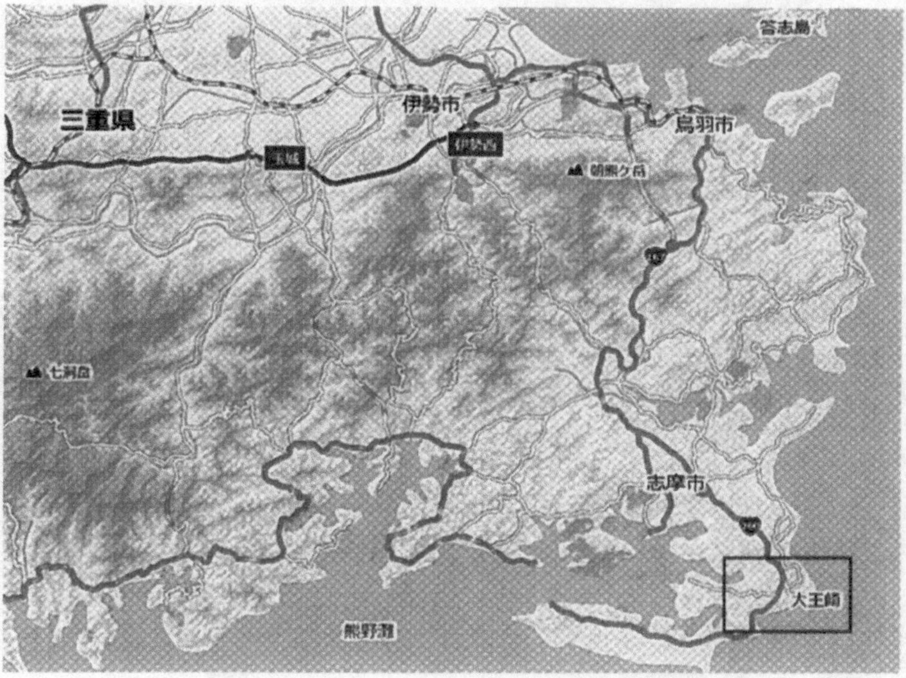

地図１　　NAVITIME 地図をもとに作成

問１　中学３年生の太郎さんは，自転車でこの地域を散策した。下の文はその時の様子を記したものである。次の⑴～⑶の問いに答えなさい。

私は地図２の「X」の地点から自転車に乗って散策をしました。右手に漁港をみながら道なりに西に進み，「石塚」集落の交差点に差しかかりました。ここを左折して南に進みます。この道路は集落を南北につなぐ県道のようです。250mほど進むと右手に（　a　）がありました。これを過ぎて，正面に「←大王崎　１km」の道路標識がある交差点を右折します。しばらくすると道が二手に分かれており，右の道に進むと，国道に出ました。これを左折し400mほど進むと右手に病院が見え，道を隔てた反対側には（　b　）がありました。国道をそのまま進むと右手に墓地が見えます。周囲の土地利用としては，森や荒地が多いですが，小規模な（　c　）として利用されているところもあります。水が得にくいのかもしれません。その後，長い［　あ　］が続き，道なりに左にカーブすると砂浜の海岸が見えてきました。

⑴ （a）～（c）に適するものを，次のア～ケからそれぞれ１つずつ選び，記号で書きなさい。

ア．消防署　イ．果樹園　ウ．交番　エ．寺院　オ．小学校
カ．神社　キ．郵便局　ク．畑　ケ．保健所

⑵ ［あ］に適するものを次のア～ウから１つ選び，記号で書きなさい。

ア．上り坂　イ．平坦な道　ウ．下り坂

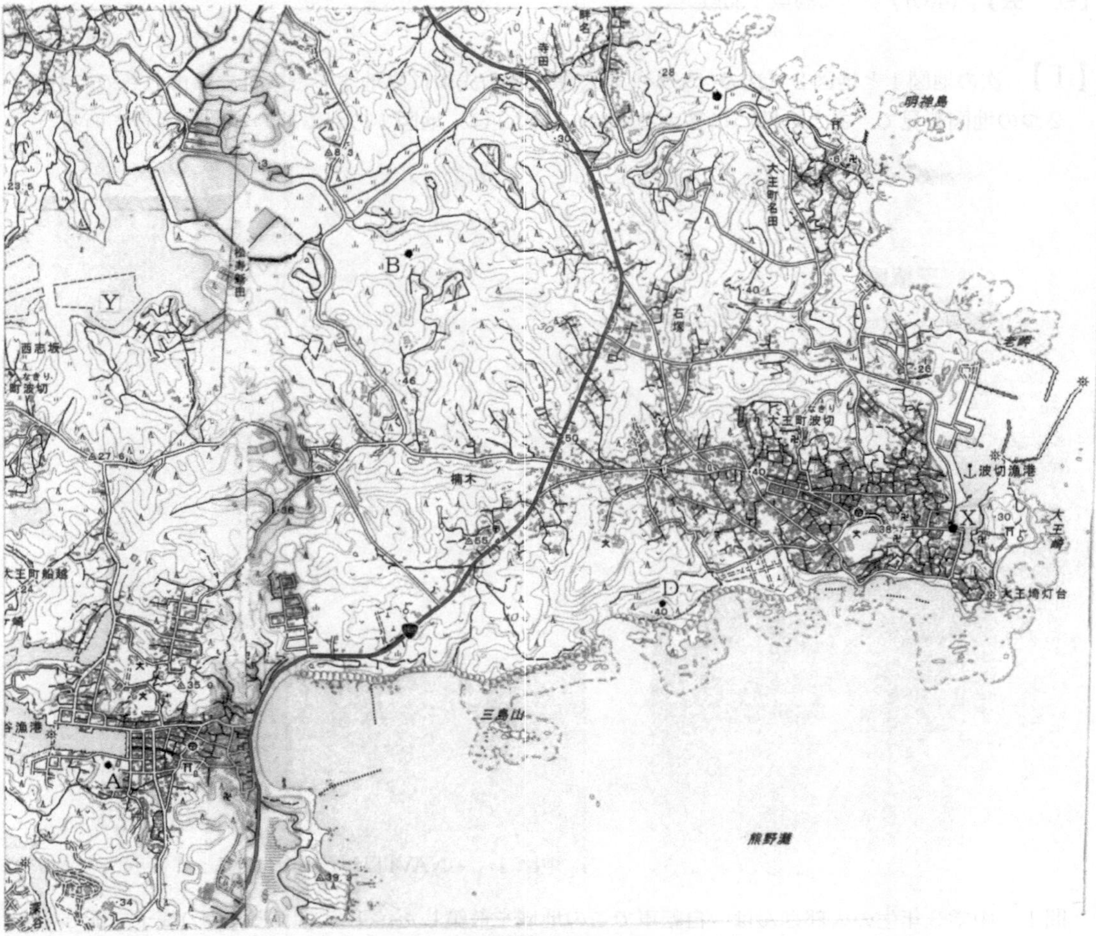

地図２

国土地理院発行 25000 分の１地形図「浜島」「波切」を加工

⑶　太郎さんが通ったルートの中で，最も高い地点と，最も低い地点の標高差はどれだけか。最も近いものを次のア～エから１つ選び，記号で書きなさい。

ア．10m　　イ．25m　　ウ．50m　　エ．65m

問２　太郎さんは，志摩市のハザードマップを調べてみた。すると津波の危険がある地域があることが分かった。地図２中のＡ～Ｄの地点のうち，最も津波の被害を受けにくい場所はどこか，Ａ～Ｄの記号で書きなさい。

問３　太郎さんは，地図２の西に「Ｙ」のような養殖の設備があることに気づいた。この地域で養殖がさかんな理由を，**この地域の地形の名称を記したうえで**，以下の語句を用いて書きなさい。

水深　　　波

問４　太郎さんは，志摩市の人口減少率が三重県の平均よりも大きいことを知った。その原因の一つとして，志摩市内に，交通の便が悪く，雇用が少ない地域が存在することが挙げられる。この問題の解決方法として，その地域は，どのような設備や施設を作ればよいと考えられるか。地図１と地図２を見て書きなさい。なお，資金の問題は考慮しない。

【２】　次の文を読んで，あとの問いに答えなさい。

アフリカは，ヨーロッパと歴史的に深く関わってきた。15世紀末から，ヨーロッパ諸国が新大陸に進出し，その労働力不足を補うために，労働力としての奴隷をアフリカに求めた。ヨーロッパで産業革命がおこると，アフリカは原料供給地としての役割を担うようになり，植民地化された。現在でもアフリカ諸国はヨーロッパと深い関係をもっている。

現在のアフリカは，多くの課題を抱えている。一部の国は経済発展をとげているが，ａ多くの国の財政は，鉱産資源や農産物の輸出に依存するモノカルチャー経済から脱することができていない。また民族紛争やＨＩＶの感染，ｂ人口問題もかかえている。かつての宗主国であったヨーロッパとの間に大きな経済格差があり，この格差の縮小には時間がかかると考えられる。

問１　下線部ａについて，次の⑴，⑵の問いに答えなさい。

⑴　次の表はアルジェリア・ケニア・コートジボワール・ザンビア・南アフリカについて，主な輸出品と輸出額にしめる割合を示している。①アルジェリア・②コートジボワール・③南アフリカにあてはまるものを，次のア～オからそれぞれ選び，記号で書きなさい。

	第１位		第２位		第３位	
ア	銅	73.5	銅鉱	2.3	セメント	1.6
イ	カカオ豆	28.1	金（非貨幣用）	8.5	石油製品	8.5
ウ	原油	36.1	天然ガス	20.3	石油製品	18.3
エ	白金(プラチナ)	12.6	自動車	9.8	金（非貨幣用）	7.9
オ	紅茶	17.1	切り花	10.8	野菜と果実	10.6

［単位：%］

『データブック　オブ・ザ・ワールド2023』より作成

⑵　次の①，②の写真は，アフリカの国が生産量第１位の農産物である。この農産物名を，下のア～カからそれぞれ選び，記号で書きなさい。

①

②

ア．カカオ　　イ．キャッサバ　　ウ．コーヒー

エ．ヤムイモ　　オ．ジャガイモ　　カ．なつめやし

問２　下線部ｂについて，次の⑴，⑵の問いに答えなさい。

⑴　アフリカの人口が世界の人口に占める割合（2021年）として最も適当なものを，次のア～エから１つ選び，記号で書きなさい。

ア．８％　　イ．18%　　ウ．28%　　エ．38%

⑵　次の文中の（　）に適する空欄に適することばを入れて，アフリカの人口問題の特徴を書きなさい。

（　　　　　　　　　　　）で平均寿命はのびたが，子どもを多く産むため，人口は急増しており，食糧不足が深刻である。

【3】 次の文を読んで，あとの問いに答えなさい。

正確に情報を伝えたり，記録を残したりするためには，a文字が欠かせません。もともと日本列島では文字は使用されていませんでした。中国や朝鮮半島との交流によって漢字が伝わり，日本列島でも文字が使われるようになりました。弥生時代のいくつかの遺跡からは，漢字と考えられる痕跡《こんせき》を残した土器が発見されています。国名や身分の名称から推測すると，この時代に文字を使っていた可能性はあります。ただし，多くの情報を扱う文章として書かれたものは発見されていません。

日本列島内で漢字が用いられていることをきちんと確認できるのは，古墳時代以降です。埼玉県の稲荷山古墳からは，「獲加多支鹵《ワカタケル》大王」と記された鉄剣が出土しています。また，渡来人に文書を作成する専門集団をつくらせ，大和政権の記録や，中国への手紙の作成などにあたらせました。この時期には，漢字を使いこなせる人が少なかったことがうかがえます。

律令国家が成立すると，漢字の普及が進みました。律令国家は，（　１　）に人々を登録し，調・庸などの税を徴収しました。（　１　）に限らず，役人たちは政治を行う上で必要な書類を漢字で記しました。紙やb木簡，土器など，さまざまなものに記された漢字の資料が見つかっています。この時期に庶民の詠んだ歌が『万葉集』に記録されています。

平安時代になると，漢字から生まれた，かな文字が発達しました。かな文字により感情や感覚を表現しやすくなったため，すぐれた文学作品が多く生まれました。

鎌倉時代には武士が政治を担うようになりますが，すべての武士が漢字を読み書きできたわけではありません。cかな文字しか使えない武士も一定数いたといわれています。また，庶民の識字率も低かったと考えられます。鎌倉時代につくられた『平家物語』は，盲目の（　２　）によって語り伝えられ，文字の読めない人々にも親しまれました。

庶民の識字率が飛躍的に高まったのが，江戸時代でした。村では，名主・組頭・百姓代などの村役人が村の自治を行いました。d幕府や藩は，村の自治に依存することで，年貢を徴収し，村民を掌握することができました。村を運営するためには，文字の読み書き能力が必要不可欠でした。また農業技術は，宮崎安貞が著した『農業全書』などの書物によって村々に紹介され，それらが識字率の向上につながりました。

江戸時代後期になると，都市・農村ともに多くの寺子屋がひらかれ，読み・書き・そろばんなどの日常生活に役立つことが教えられました。このように人々の識字率の向上が，明治以降の日本の近代化に，大きく貢献したと言われています。

問１　（１）・（２）に適する語句を，漢字で書きなさい。

問２　下線部ａについて，次のページのような文字の説明として正しいものを，あとのア～エから１つ選び，記号で書きなさい。

ア．占いの結果を記すために，亀の甲などに記されたものである。

イ．王の墓であるピラミッドに，王の冥福を祈って記されたものである。

ウ．メソポタミアを統一したハンムラビ王が作成した法律に，使用された文字である。

エ．モヘンジョ・ダロの遺跡などから発見されているが，未解読である。

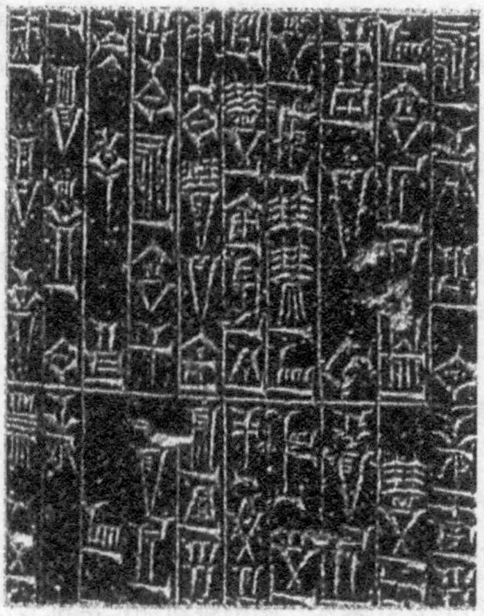

問３　下線部ｂについて，次の図は平城宮跡から発見された木簡とそれを解読したものである。この木簡は文字の練習のためのものとされている。この木簡を作成したのは，どのような立場の人と考えられるか，本文から抜き出しなさい。

道道道道道

問４　下線部ｃについて，このような人々が使える法として御成敗式目を制定したと，北条泰時は記しています。御成敗式目について述べた文として誤っているものを，次のア～エから１つ選び，記号で書きなさい。

ア．御家人同士や，御家人と荘園領主との間の紛争で，裁判の判断の基準として用いられた。

イ．頼朝時代からの先例や，武士社会で行われていた慣習に基づいて定められた。

ウ．守護の職務は，京都の御所の警備を御家人に指示すること，謀反や殺人などの犯罪の取り締まりに限った。

エ．幕府独自の決まりがつくられたことに反発して，後鳥羽上皇は承久の乱をおこした。

問５　下線部ｄについて，江戸時代の年貢について述べた文として**誤っているもの**を，次のア～エから１つ選び，記号で書きなさい。

ア．土地を持つ本百姓は年貢を負担したが，土地をもたない水のみ百姓は年貢を納める義務はなかった。

イ．大名は藩に納められた年貢の一部を，幕府に納めることが義務付けられていた。

ウ．多くの藩は，徴収した年貢を大阪の蔵屋敷に運んで売却し，貨幣を入手した。

エ．幕府は，年貢を安定して徴収するために，土地の売買を禁止したり，米以外の作物の栽培を制限したりする決まりを設けた。

【４】 次の文を読んで，あとの問いに答えなさい。

明治新政府は，当初ａ江戸時代の金・銀・銭貨や藩札などをそのまま通用させる一方，自らも「両」単位の貨幣や紙幣を発行した。幕末～明治維新期に混乱した貨幣制度を建て直すため，明治政府は新貨条例（1871年）により十進法の貨幣単位「円・銭・厘」を採用し，近代洋式製法による金・銀・銅の新貨幣を発行した。新貨条例により，金貨本位制（金1.5ｇ＝１円）を採用し，貨幣単位は１円＝100銭＝1000厘となった。政府は，紙幣「大蔵省兌換《だかん》証券」，次いで「明治通宝札」を発行した。政府は兌換制度の確立を目指していたが，当時の日本では金銀が不足していたため，発行された政府紙幣は，実際には金銀貨と交換できない不換紙幣であった。

明治政府は，民間銀行に兌換銀行券を発行させ，殖産興業資金の供給をはかるため，「国立銀行条例」を制定（1872年）した。これにより国立銀行（民間銀行）が設立され国立銀行紙幣が発行されたが，条例改正（1876年）により，国立銀行紙幣は事実上不換紙幣となった。政府は，西南戦争（1877年）の戦費を不換紙幣の増発でまかなった。このため，膨大な紙幣が流通するようになり，紙幣価値は大幅に下落し，紙幣に対する信用が大きく揺らいだ。紙幣で測った米価は，西南戦争前と比べて２倍に急騰《きゅうとう》し，銀貨に対する紙幣の価値も暴落した。

1881年，松方正義が大蔵卿《きょう》に就任した。松方大蔵卿は，紙幣価値の下落は不換紙幣の過剰な発行が原因と考え，ｂ緊縮財政による剰余金で不換紙幣の整理を断行した。また，松方大蔵卿は，兌換制度の確立と近代的な通貨・金融制度の確立を目的として中央銀行設立の準備を進め，日本銀行は1882（明治15）年10月に開業した。

最初の日本銀行券「大黒札」は，紙幣価値の回復を待って，日本銀行の開業から２年半後（1885年）に発行された。日本銀行券は，本位貨幣（正貨）である銀貨と交換できる兌換銀券であった。松方大蔵卿は，欧州主要国にならい金本位制を理想としたが，日本は蓄積していた正貨が銀であったため，銀本位制となった。日本銀行券は円滑に流通し，整理が進められていた国立銀行紙幣と政府紙幣は1899年末に通用停止となった。

欧米先進国は，19世紀後半，銀本位制から金本位制へと移行した。日本も先進国の大勢に従い，1897年に金0.75ｇ＝１円とする「貨幣法」を制定し，（　１　）の賠償金を準備金として金本位制を確立した。金本位制の確立により，日本は国際的な経済・金融秩序に加わることになった。日本銀行券はそれまで「日本銀行兌換銀券」だったが，金貨と交換（兌換）できる「日本銀行兌換券」になった。

1914年に始まったｃ第一次世界大戦による大戦景気により日本銀行券の需要は増大した。第一次世界大戦が終わり，ヨーロッパ諸国が復興してくると，日本の輸出は減少し，各産業を不況の波が襲った。1923年には関東大震災にもみまわれ，日本経済は大きな打撃を受けた。そうしたなか1927年３月，金融恐慌がおこった。日本銀行は多額の日本銀行券を発行し，預金者の不安を鎮めることに努め，政府は３週間のモラトリアム（支払猶予令）を発令するなどの対策を講じた。不安にかられた人々が預金の引き出しに殺到する（　２　）騒ぎが拡《ひろ》がり，日本銀行券が不足したため，急遽《きゅうきょ》裏面の印刷を省いた二百円券（裏白券）を発行した。

ニューヨークのウォール街での株価大暴落（1929年）をきっかけとするｄ世界恐慌の影響で，イギリスは1931年９月に金本位制からの離脱に追い込まれた。欧州各国はイギリスに続いて金本位制を停止し，日本も同年12月に銀行券の金貨兌換を停止し，金本位制から離脱した。その後，1942年に公布された日本銀行法により，名実ともに今日につながる（　３　）制へと移行した。（　３　）制度のもとでは，日本銀行券は金貨と交換不可能で，通貨の発行量は中央銀行が調節することになった。日本銀行法により券面の金貨引換文言が消え，「日本銀行兌換券」は「日本銀行券」となった。

（日本銀行金融研究所ホームページより引用。出題の都合により一部改）

問１　（１）～（３）に適する語句を書きなさい。

問２　次のＡ～Ｃの紙幣について，初めて発行された年を，年代の古い順に並びかえた時に正しいものを，下のア～カから１つ選び，記号で書きなさい。

Ａ「第一国立銀行紙幣」　Ｂ「明治通宝札」　Ｃ「日本銀行券（大黒札）」

ア．Ａ→Ｂ→Ｃ　　イ．Ａ→Ｃ→Ｂ　　ウ．Ｂ→Ａ→Ｃ

エ．Ｂ→Ｃ→Ａ　　オ．Ｃ→Ａ→Ｂ　　カ．Ｃ→Ｂ→Ａ

問３　下線部ａについて，江戸時代の貨幣制度について述べた文として正しいものを，次のア～エから１つ選び，記号で書きなさい。

ア．中国から輸入された寛永通宝という銅銭が，全国で流通した。

イ．５代将軍綱吉の時代に，金貨の質を上げた正徳小判が発行された。

ウ．丁銀・豆板銀などの銀貨が，全国の銭座で鋳造された。

エ．開国後，小判の質を下げた万延小判が発行された。

問４　下線部ｂについて，このような政策を行ったのは，当時インフレが発生し，歳出が増大していたからである。下線部ｂの政策が行われる以前に政府がインフレに適切に対応できなかった理由を，当時の税制を考慮に入れて簡単に書きなさい。

問５　下線部ｃについて，第一次世界大戦に関して述べた文として誤っているものを，次のア～エから１つ選び，記号で書きなさい。

ア．戦車や飛行機を集中的に運用して，敵国の首都に迫る「ざんごう戦」という戦い方が広まった。

イ．フランス・ロシア・ドイツ・オーストリアでは100万人を超える死者がでた。

ウ．連合国側のロシアでは革命がおこり，大戦が終了する前にドイツと単独で停戦した。

エ．米大統領ウィルソンが唱えた民族自決の原則により，大戦後に東ヨーロッパで多くの国が独立した。

問６　下線部ｄについて，世界恐慌後の各国の様子について述べた文として誤っているものを，次のア～エから１つ選び，記号で書きなさい。

ア．イギリスやフランスは，植民地との関係を強めるブロック経済という政策をとった。

イ．アメリカでは，社会主義的な政策を取り入れたニューディール政策が支持された。

ウ．ソ連は，独自の計画経済をとり，アメリカに次ぐ工業国になった。

エ．ドイツは，世界で初めて社会権を取り入れたワイマール憲法を制定した。

【５】　次の会話文を読んで，あとの問いに答えなさい。

先　生：卒業まであと２カ月になりましたね。公民の授業で，何か印象に残っている内容はありますか。

さくら：私は，人権が「侵すことのできない永久の権利」であるという考え方が昔からあったわけではなかったということが印象に残っています。17世紀から18世紀にかけての人権に対する考え方がａ国王の支配を倒す力になり，近代市民革命がおこったんですよね。

太　郎：アメリカ独立宣言やｂフランス人権宣言，第二次世界大戦後に国際連合で採択された世界人権宣言の内容について，調べ学習をしたね。

先　生：そうでしたね。人権が「侵すことのできない永久の権利」であるという考え方が，世界中の人々に広がっていけば，ｃ平和や環境といった課題も解決の糸口がみつかるかもしれませんね。

さくら：環境といえば，「海の森（藻場《もば》）」を守り，二酸化炭素を吸収することで，温暖化の原因となる二酸化炭素などの（　１　）ガスの一部を埋め合わせる（　２　）オフセットの取り組みを企業と大学が連携して取り組んでいる話を聞いたことがあるわ。オフセットとは，埋め合わせるという意味だと知ったわ。

先　生：（　２　）ニュートラルという言葉もありますよ。人々の活動で排出された二酸化炭素を，人々の活動で吸収・除去することでプラスマイナスゼロにしようという脱炭素社会の実現を目指す考え方です。

太　郎：火力発電にたよってエネルギーを確保しようとすると，二酸化炭素が多く排出されてしまうよ。

先　生：ｄ2011年以降，火力発電の燃料輸入が増加したことで，日本の貿易は赤字になることが多くなりました。最近では，ロシアのウクライナ侵攻の影響で資源価格が高騰《こうとう》したことなどが貿易赤字の原因になっています。

さくら：やはり，平和が大切だということがここからもわかるわ。お互いの国の伝統や文化を大切に考えて，認めていく必要があるわね。

太　郎：昨年の５月に行われたイギリスのチャールズ国王の戴冠《たいかん》式は，伝統を大切にしながらも，ｅ性別や宗教，人種の垣根を超えたｆ多様性を意識したものになっているとニュースでやっていたよ。時代に合わせて新しい風を取り入れていてすばらしいと思ったな。

先　生：社会には，様々な課題があり，その解決に向けて多様な取り組みがなされています。高校へ進学しても，世の中に関心を持ち，未来を切りひらく力を養ってくださいね。

さくら：高校在学中に選挙権も手にするようになるから，これまで以上に社会に関心をもって生活していきたいと思います。

問１　（１）・（２）に適する語句を書きなさい。

問２　下線部ａについて，国王の恣意的《しいてき》な支配に対して，個人の人権や自由を保障するために権力者の上に法をおくという考え方を，次のア～エから１つ選び，記号で書きなさい。

ア．法治主義　　イ．法の支配　　ウ．法律の委任　　エ．法律の留保

問３　下線部ｂについて，次のフランス人権宣言を読んで，その内容に関するＡ・Ｂの文の正誤の組み合わせとして正しいものを，下のア～エから１つ選び，記号で書きなさい。

> フランス人権宣言（抜粋）
>
> 第１条　人は生まれながらに，自由で平等な権利を持つ。社会的な区別は，ただ公共の利益に関係のある場合にしか設けられてはならない。
>
> 第２条　政治的結合（国家）の全ての目的は，自然で侵すことのできない権利を守ることにある。この権利というのは，自由，財産，安全，および圧制への抵抗である。

Ａ　フランス人権宣言は，社会契約説の影響を受けている。

Ｂ　フランス人権宣言には，自由権と社会権に関する内容が規定されている。

ア．Ａ：正　Ｂ：正　　イ　Ａ：正　Ｂ：誤

ウ．Ａ：誤　Ｂ：正　　エ．Ａ：誤　Ｂ：誤

問４　下線部ｃについて，次の「軍事費ランキング上位15か国（2022年）」をみて，その説明として正しいものを，次のページのア～エから１つ選び，記号で書きなさい。

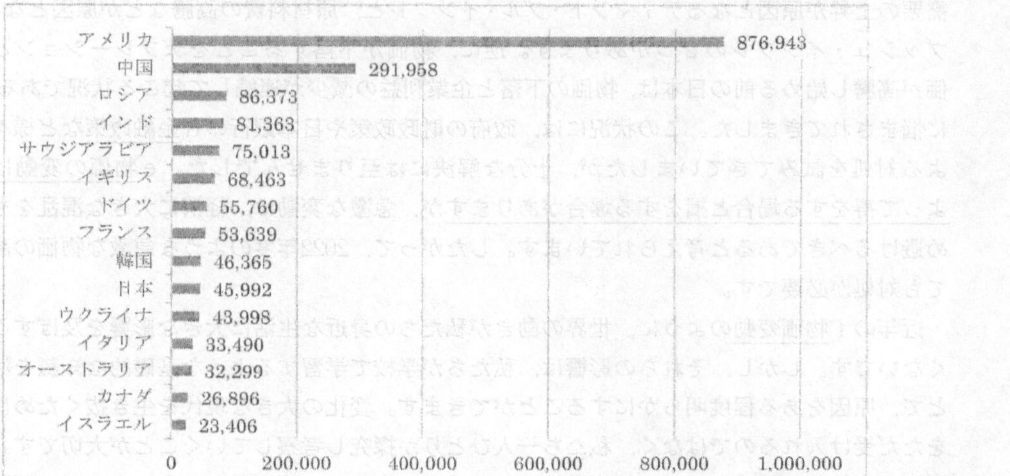

第一生命経済研究所「軍事費ランキング上位 15 か国（2022 年）」より作成

ア．国際連合の安全保障理事会の常任理事国は，7位までにすべて入っている。

イ．BRICSと呼ばれる国のうち２か国のみが，5位までに入っている。

ウ．Ｇ７と呼ばれるすべての国が，このランキングに入っている。

エ．核兵器の保有を宣言しているすべての国が，このランキングに入っている。

問５　下線部ｄについて，2011年以降，火力発電の燃料輸入が増加した理由を簡潔に書きなさい。

問６　下線部ｅについて，次のＡ～Ｃの文のうち正しいものの組み合わせとして適当なものを，下のア～キから１つ選び，記号で書きなさい。

Ａ　日本は，性別による差別を解消するため，男女雇用機会均等法を制定した。

Ｂ　日本では，アイヌ民族に対する偏見が解消していないため，人種差別撤廃条約を批准することができない。

Ｃ　日本国憲法には宗教に関する明文の規定がないため，宗教に関する人権侵害がおこった場合に備え，法律を定めて対応している。

ア．Ａ　イ．Ｂ　ウ．Ｃ　エ．Ａ・Ｂ

オ．Ａ・Ｃ　カ．Ｂ・Ｃ　キ．Ａ・Ｂ・Ｃ

問７　下線部ｆについて，多様性に関連することばとして適切でないものを，次のア～エから１つ選び，記号で書きなさい。

ア．バリアフリー　イ．ユニバーサルデザイン

ウ．ダイバーシティ　エ．エスノセントリズム

【６】 次の文を読んで，あとの問いに答えなさい。

総務省の発表によると，2022年度の平均の消費者物価指数は，生鮮食品を除いた指数が前年度よりも3.0％上昇しました。この上昇率は，第２次石油危機の影響が続いていた1981年度以来，41年ぶりの水準です。この背景には，ロシアによるウクライナ侵攻や，ａ為替変動の影響があると考えられます。

このような物価の変動は，基本的にはｂ市場の原理に従っておこります。また，物価の上昇には，需要の上昇が原因となるディマンド・プル・インフレと，原材料費の高騰《こうとう》などが原因となるコスト・プッシュ・インフレの２つがあります。逆に，物価が下落することをデフレーションと呼び，物価が高騰し始める前の日本は，物価の下落と企業利益の減少が連続して起こる状況である（　ｃ　）に悩まされてきました。この状況には，政府の財政政策や日本銀行のｄ金融政策など様々な政策による対処を試みてきていましたが，十分な解決には至りませんでした。ｅ物価の変動は，立場によって得をする場合と損をする場合がありますが，急激な変動は，経済に大きな混乱をもたらすため避けるべきであると考えられています。したがって，2022年度のような急激な物価の高騰に対しても対処が必要です。

近年のｆ物価変動のように，世界の動きが私たちの身近な生活に大きな影響を及ぼすことは少なくないです。しかし，それらの影響は，私たちが学校で学習するような基礎的な知識を活用することで，原因をある程度明らかにすることができます。変化の大きな現代を生き抜くためにも，変化をただ受け入れるのではなく，私たち一人ひとりが探究し考察していくことが大切です。

問１　下線部ａについて，為替変動に関して述べた文として適当なものを，次のページのア～エから１つ選び，記号で書きなさい。

ア．日本の金利がアメリカよりも高くなることは，一般的には円高・ドル安の傾向をもたらすと考えられている。

イ．１ドル＝100円から１ドル＝200円になることを円高とよび，一般的には日本からの海外旅行の費用が下がると考えられている。

ウ．日本からの輸出が輸入の額を大きく上回ることは，一般的には円安をもたらすと考えられている。

エ．円高になると，国内の製造業企業の工場の海外移転が増え，日本の工場が減少するドーナツ化現象が発生しやすくなると考えられている。

問２　下線部ｂについて，次のグラフは，ある商品が完全競争市場のもとで価格P_1数量Q_1で均衡していることを表している。また，曲線Dは需要曲線を示しており，曲線Ｓは供給曲線を示している。この商品を販売する会社が１社だけとなり，独占状態である不完全競争市場となったとする。その後，この会社は販売価格をP_2に引き上げ，利潤を最大化するよう生産するとする。これによって需要曲線は変動しないとすると，販売価格がP_2に引き上げられた不完全競争市場のもとでの企業の売上げ総額と減少した生産量の組み合わせとして適当なものを，下のア～ケから１つ選び，記号で書きなさい。

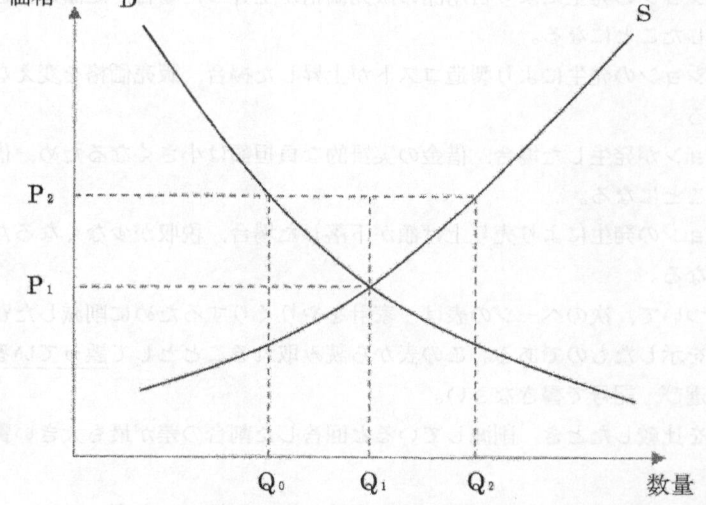

	売上げ総額	減少した生産量
ア	$P_2 \times Q_0$	$Q_2 - Q_1$
イ	$P_2 \times Q_0$	$Q_2 - Q_0$
ウ	$P_2 \times Q_0$	$Q_1 - Q_0$
エ	$P_2 \times Q_1$	$Q_2 - Q_1$
オ	$P_2 \times Q_1$	$Q_2 - Q_0$
カ	$P_2 \times Q_1$	$Q_1 - Q_0$
キ	$P_2 \times Q_2$	$Q_2 - Q_1$
ク	$P_2 \times Q_2$	$Q_2 - Q_0$
ケ	$P_2 \times Q_2$	$Q_1 - Q_0$

問３　（ｃ）に適する語句を，カタカナで書きなさい。

問４　下線部ｄについて，日本銀行は景気を安定化させるために公開市場操作（オペレーション）を行う。日本が不況の時に実施する公開市場操作として適当なものを，次のア～エから１つ選び，記号で書きなさい。

ア．日本銀行が政府から直接国債を購入することで，政府に資金が集まり政府が景気対策の政策を行いやすくする。

イ．日本銀行が市中銀行から国債を購入することで，市中銀行に資金が集まり，市中銀行から民間企業などへの貸し出しが増えるようにする。

ウ．日本銀行が保有する国債を直接政府に売却することで，日本銀行に資金が集まり，日本銀行から民間企業などへの貸し出しが増えるようにする。

エ．市中銀行が日本銀行に置いておかなければならない預金準備金の比率を引き下げることで，市中銀行から民間企業などへの貸し出しが増えるようにする。

問５　下線部ｅについて，物価の変動は立場によって得をする場合と損をする場合がある。このことについての記述として**誤っているもの**を，次のア～エから１つ選び，記号で書きなさい。なお，物価変動による所得の変化は生じないものとする。

ア．インフレーションの発生により日用品の販売価格が上昇した場合，定額の仕送りで生活する大学生は損をしたことになる。

イ．インフレーションの発生により製造コストが上昇した場合，販売価格を変えない企業は損をしたことになる。

ウ．デフレーションが発生した場合，借金の実質的な負担額は小さくなるため，借金をしている人は得をしたことになる。

エ．デフレーションの発生により売り上げ額が下落した場合，税収が少なくなるため，政府は損をしたことになる。

問６　下線部ｆについて，次のページの表は，家計をやりくりするために削減した費目に関するアンケートの結果を示したものである。この表から読み取れることとして**誤っているもの**を，下のア～エから１つ選び，記号で書きなさい。

ア．男性と女性を比較したとき，削減していると回答した割合の差が最も大きい費目は，美容費である。

イ．特に削減をしていないと回答した割合は，男性の方が女性よりも高い。

ウ．ガソリン代を削減していると回答した割合が最も高い年代は，旅行・レジャー費と趣味費でも他の年代と比較して削減していると回答した割合が最も高い。

エ．削減していると回答した割合の上位３費目は，20代～60代のすべての年代で共通である。

	食費	旅行・レジャー費	被服費	自身の小遣い	趣味費	水道光熱費	日用品費	美容費	ガソリン代	保険医療	教育費	特に削減は行っていない
男性	40.3	36.3	20.6	21.2	22.3	20.2	16.7	9.8	16.0	4.8	3.5	23.7
女性	45.9	36.3	32.9	26.1	19.1	17.5	20.7	28.3	11.0	5.0	3.6	16.7
20代	49.4	32.0	23.9	27.7	24.8	20.3	24.3	30.5	13.6	6.2	3.3	14.8
30代	41.1	32.0	24.7	23.0	20.7	18.7	20.1	20.3	12.0	5.7	3.3	20.0
40代	39.7	37.0	24.0	22.8	19.2	15.4	16.3	16.1	12.5	4.0	4.8	23.5
50代	42.6	37.5	26.5	21.5	19.2	19.7	16.5	14.3	15.4	3.8	2.6	21.0
60代	46.0	43.4	29.9	24.4	25.2	24.4	18.2	11.8	17.1	5.5	3.7	20.9

家計をやりくりするために削減した費目（男女別）

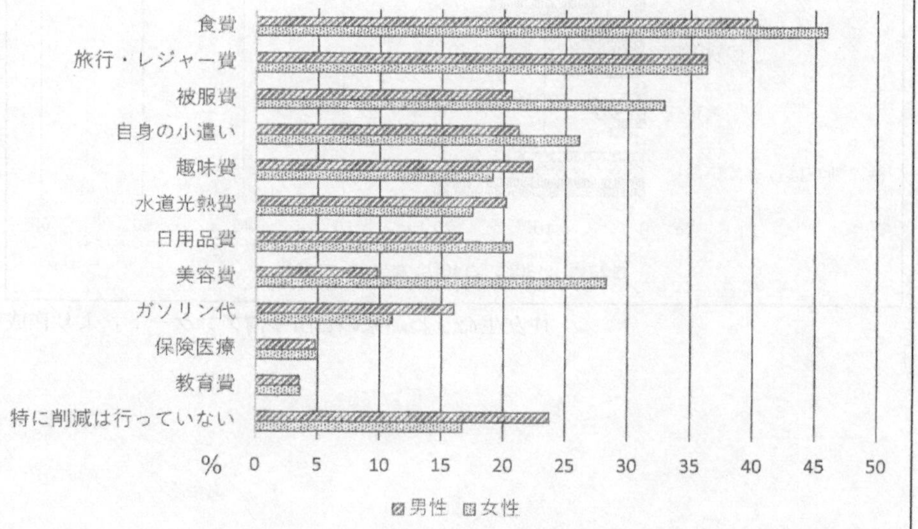

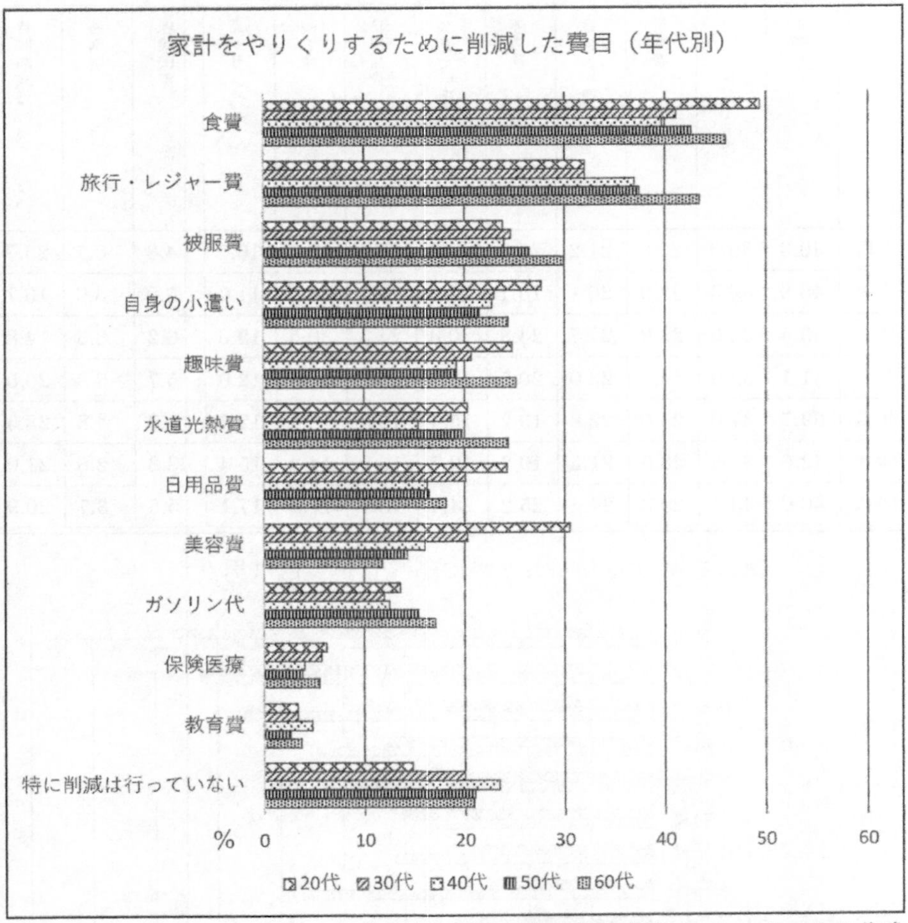

住友生命「わが家の台所事情アンケート」より作成

ウ　ウグイスを写実的に菓子にするだけではなく、趣深く響くウグイスの初音にふさわしい色彩でウグイスの菓子を作ることで、見た人が春の盛りの景色を思い起こすような菓子を作れ、ということ。

エ　ウグイスの姿形を写した菓子を作るのではなく、ほころびかけた梅の木の間からウグイスの初音が聞こえてくる早春の情景が、見た人の脳裏に鮮明に浮かんでくるような菓子を作れ、ということ。

オ　通俗的なウグイスを菓子にするのではなく、誰も目に留めないような些細《ささい》な事物から連想されるウグイスの初音の趣深さが、見た人の心にそれとなく伝わってくるような菓子を作れ、ということ。

問８　この文章の表現に関する説明として、適切なものを次の中から二つ選び、記号で答えよ。（ただし、解答の順序は問わない。）

ア　この文章中には、「……」と「――」が度々使用されている。それらはともに、ワコの心情を表現するために用いられ、初めのうちは和菓子作りへの自信の無さや迷いから「……」が多く出てきている。しかし、24行目の「――あたしの上生菓子」に代表されるように、和菓子作りへの思いが段々と強まると「――」が多くなっており、ワコの迷いが吹っ切れて決心・決断へと変化していることが分かる。

イ　この文章では、時間の経過は一定ではなく、11行目「桜並木が、ほんの少し色づき始めていた」や32行目「桜吹雪が舞う中、浅草寺の鐘の音が聞こえた」というように、前半では風景描写を用いて和菓子協会主催のコンテストに向けての二ヶ月間を足早に進めている。一方、後半のコンテスト当日の様子はじっくりと描かれることで、和菓子を作り上げるワコの様子がクローズアップされている。

ウ　この文章において、ワコは曽我と鶴ヶ島を自分より優れている相手だと考えている。その際、曽我については「曽我」と呼び捨てている一方で、鶴ヶ島は「ツルさん」と敬称を付けて呼んでいる。この呼び方の違いからは、鶴ヶ島に対して強いライバル心を抱きつつも尊敬し続け、曽我に対しては和菓子作りの師と認めつつも学ぶべきことは既に学んだと、尊敬の度合いが薄れてきていることがうかがわれる。

エ　この文章では、67行目「持ち時間は二時間だ」以降に、ワコが実際に和菓子を作り上げていく時の細かな作業が出てくる。この場面では読点が多用されていて、それは文を区切ることで和菓子作りの各工程をそれぞれまとめるのに投立っている。同時に、このような歯切れの良い文体からは、ワコが一心不乱に目の前の和菓子のことだけを考え、集中して手早く作業を進めていることが伝わってくる。

オ　この文章では、63行目「鶴ヶ島の背中を斜め後方から眺めることになる。気になった」とあるように、語り手はワコの視点に寄り添いつつ内面にも入り込んでいる。特に最後の場面では、126行目「もちろん嬉しい。けれど、ワコの表情はすぐれない」の後の描写が、鶴ヶ島をめぐる回想へと切れ目なくつながっている。このような語り方によって、読者にはワコの心の動きが分かりやすくなっている。

を感じていることを表している。

オ　Xはワコがコンテスト開始とともに雑念なく全力で自分の和菓子作りに集中しはじめたことを表し、Yは準優勝という結果が自分でも信じられず、ワコを祝福する周囲とは対照的に、現実感を持てていないことを表している。

問5　――線部③「春をテーマにウグイスを、秋をテーマに柿をつくった」とあるが、これらを曽我はどのように評価しているか。本文中から二文字で抜き出して答えよ。

問6　――線部④「優勝したツルさんのお菓子とは、たいへんな隔たりがあります」とあるが、鶴ヶ島の菓子とワコの菓子の決定的な違いは、どのような点か。その説明として最適のものを次の中から選び、記号で答えよ。

ア　鶴ヶ島の菓子には、見る人に春や秋の趣深い景色を想起させる力があるが、ワコの菓子は季節を代表する動植物の姿形を菓子でうまく表現しただけである点。

イ　鶴ヶ島の菓子を見ると、春や秋の景色が脳裏にはっきりと浮かんでくるが、ワコの菓子を見てもぼんやりとしたイメージしか浮かばず、説得力に欠ける点。

ウ　鶴ヶ島の菓子は、春や秋の味覚を連想させて実においしそうに見えるが、ワコの菓子はウグイスや柿の姿形を再現していても味覚には訴えかけてこない点。

エ　鶴ヶ島の菓子からは、鶴ヶ島に繊細な感性が備わっていることがわかるが、ワコの菓子は、ワコのつたない感性を技巧で補っていることを証明している点。

オ　鶴ヶ島の菓子には、自分の技術を確認したいという目的意識が込められているが、ワコの菓子は自分の技巧をひたすらに詰め込んだに過ぎないという点。

問7　左の□内の【文章】は、本文の後に続く部分である。この【文章】を参考にして、――線部⑤「『初音』という菓銘ならば、鳴き声をつくるようにしろ」という曽我の言葉の解釈として、最適のものを次の中から選び、記号で答えよ。

【文章】

厳しい残暑が続いていた。朝の通勤時、日差しは早くも勢いを増しつつある。隅田《すみだ》公園は、セミの声が降るようだ。園内には人影はなく、百日紅《さるすべり》の赤い花だけがここを先途《せんど》と咲き誇っているだけだった。今日も暑くなりそうだ。ふと、萩《はぎ》がひっそりと蕾をつけているのに気づく。

ウグイスの声をお菓子にする！　ワコには、やっと分かったような気がした。萩の花で秋を表現するとしたら、それは説明だ。陽《ひ》が照りつける百日紅の赤い花の傍らで蕾をつけている萩のほうが、静かに忍び寄る秋を知らせている。

ア　単にウグイスを菓子にするのではなく、梅の木にとまるウグイスの動きをよく観察して、初鳴きをするウグイスの姿勢を忠実に菓子に写し取り、見た人が春を感じるような菓子を作れ、ということ。

イ　ウグイスだけで早春の趣を表現するのではなく、冬と春という二つの季節の代表的な景物を写し取って季節の移ろいを表現し、見た人がウグイスの初音を想像するような菓子を作れ、ということ。

とあるが、ここからはワコのどのような心情が読み取れるか。六十五字以内で説明せよ。

問3 ――線部②「……そこではっと気づいた」とあるが、どういうことか。その説明として最適のものを次の中から選び、記号で答えよ。

ア ワコは、コンテストで上生菓子を作る時に、自分自身の感性を季節感に落とし込む過程が大切だと考えていたが、奥山堂から帰る途中の浅草寺で、自分とは異なる感性で季節を捉える人もいると悟り、人の多様な価値観を包み込むような表現力が求められると認識するようになったということ。

イ ワコは、「冬」という季節を上生菓子を通じて表現する際に、食べる人の視点に立って作ってきたつもりだったが、曽我に一蹴されて再度考え直してみると、季節に対する印象に幅があることに気付き、感性を磨いて「冬」をどのような形で表現するかが重要だと考えるようになったということ。

ウ ワコは、上生菓子と季節感を結びつける際に、見たものや感じたものを表現する豊かさを重視していたが、見る人によって浅草の街に対する印象が異なるように、季節に対する印象も多様であると気付いたことで、季節をどのような視点で表現するかが重要だと感じるようになったということ。

エ ワコは、上生菓子を通じて「冬」という季節を表現する際に、食べる人の気持ちに寄り添って作ってきたつもりだったが、奥山堂から帰る途中で「冬」にも様々な見え方があることを悟り、上生菓子を通じて何を表現したのかを想像させる視点が重要だと考えるようになったということ。

オ ワコは、コンテストに出場するにあたり、自分が見たものや感じたものを上生菓子を通じて伝えればよいと考えてきたが、曽我に一蹴されて自分が親しむ浅草の街について考えているうちに、食べる人の様々な価値観を踏まえるだけでなく、味に対するこだわりも必要だと考えるようになったということ。

問4 ――線部X「すべては消し飛ぶ」と、――線部Y「耳にいっさいの音が届かなくなった」は、ともにワコ自身が周囲の空間から切り離されたように感じていることを表す表現だが、どのような違いがあるか。その説明として最適のものを次の中から選び、記号で答えよ。

ア **X**はワコがコンテスト開始とともに制限時間を気にしつつ急いで和菓子を作りはじめたことを表し、**Y**は自分の自信作に優勝への手応えはあったので、ワコを祝福する周囲とは対照的に、準優勝が信じられないことを表している。

イ **X**はワコがコンテスト開始とともに感性の表現を一心不乱に考えはじめたことを表し、**Y**は準優勝という結果に驚くばかりで、ワコを祝福する周囲とは対照的に、自分の作品にその価値があるのが信じられないことを表している。

ウ **X**はワコがコンテスト開始とともに鶴ヶ島へのライバル心を振り払って和菓子を作りはじめたことを表し、**Y**は自分の結果が最初に発表されたので気が動転し、ワコを祝福する周囲とは対照的に、困惑していることを表している。

エ **X**はワコがコンテスト開始とともに持てる力の全てで和菓子を作りつつ過去を回顧しはじめたことを表し、**Y**は準優勝に驚きはしたが、ワコを祝福する周囲とは対照的に、努力の結果に確かな手応え

「よくできてるよ。ねえ、ハマさん」
と浅野が感心したように言う。
「さっすが準優勝の作品。三百人中の二番だろ、大したもんだ」
浜畑がそう褒めてくれた。
もちろん嬉《うれ》しい。けれど、ワコの表情はすぐれない。鶴ヶ島の作品を見た途端、準優勝の喜びは吹っ飛び、敗北感ばかりが募ってきたのだ。
鶴ヶ島がつくった優勝作品の菓銘は、春が『おぼろ月』、秋が『もみじ』である。春のほうは一見すると普通の蒸し羊羹のようだ。けれど、四角いこし餡の中に杏子《あんず》のシロップ漬けが沈んでいる。ぼかしという手法で、まさに柔らかくほのかにかすんで見える春の夜の月というたたずまいだった。秋のほうは、求肥餅にすりごまを混ぜてつくった濡《ぬ》れたような石に、紅《あか》いもみじの葉が一枚落ちている。それだけで、清らかな冷たい水の流れが見えるのだ。そこには、過ぎ去った夏の思い出さえ感じられる。なにより……とワコは思う。なにより、どちらのお菓子もとてもおいしそうだ。
表彰式の時、鶴ヶ島はワコのほうをちらりとも見なかった。真《ま》っ直《す》ぐに前を向いていた。鶴ヶ島がつくった上生菓子も壇上に運ばれていた。ワコは、そのふたつの菓子に視線が釘《くぎ》づけになっていた。
表彰式が終わるとワコは、「おめでとうございます」夢中で鶴ヶ島に声をかけた。「ツルさんがコンテストに出場されてるなんて、意外でした」
「俺が出場する理由は、自分の技術の確認のためだ。店の連中が、俺に注意することはないからな。自分の技量が落ちていないかを、客観的に査定する機会が必要だからだ」
それだけ言うと、鶴ヶ島は立ち去った。よいお菓子をつくりたい、それだけに没頭している人。
「どうした？」
曽我の声に、物思いにふけっていたワコははっとする。
「浮かない顔だな」
「④優勝したツルさんのお菓子とは、たいへんな隔たりがあります」
曽我が頷《うなず》いていた。
「ワコ、おまえの上生菓子は技巧的には確かに優れている。しかし、このお菓子におまえが言った感性があるだろうか？」
再び激しいショックを受ける。
「コンテストの前、おまえは感性について自分なりに語ってみせた。それはいいだろう。だが、お菓子に表現するやり方が違っている。蔕《へた》のある側の柿をつくるのでは、たとえそれがよくできていても単なる説明だ。これは柿です、という説明をしているに過ぎないんだ。むしろ、花落ち側の頭をつくったらどうだ。そうすることで、柿の木を見上げた時の秋の夕映えの景色が目に浮かんでくる。ウグイスも、姿をそのままつくったならば説明だ。⑤『初音』という菓銘ならば、鳴き声をつくるようにしろ」
鳴き声!? ワコは絶句した。《上野《うえの》歩《あゆむ》・著『お菓子の船』講談社 による》

【注】＊練りきり…和菓子の一種で、「白あん」を細工してつくられたもの。
＊求肥…和菓子の材料。
＊中綿…「練りきり」の中に入れる「あん」のこと。

問1 〰〰線部a～eのカタカナを漢字に直せ。（楷書で大きく濃く丁寧に書くこと。）

問2 ――線部①「まったく身のほど知らずだとは思うのですが……」

入ってしまった格式のある呉服屋で、店員に高い帯を勧められて困ったことも……。目にして印象に残ったものは、絵や文で書き留めるように努めてきた。そうした日々のさまざまな積み重ねが、自分を自然と刺激してくれていたらいい。

つまんで伸ばし、粘りを出し、裏ごしし、もみ込んで生地をつくる。できた生地に色素を加えて着色し、形をつくり、角棒で刻みを入れる。制限時間内に、春と秋の上生菓子が十個ずつはつくれるだろう。それぞれ一番よくできたものを提出する。

時間は刻々と経《た》ってゆく。だが、この張り詰めたような空間の中でも、お菓子づくりの喜びと確かな充実がある。そして、ワコは感性を発露させた。

「終了！」

その声を聞いた途端、力尽きてその場にくたりと座り込みそうになる。

審判員によって、出場者はスタジオの外に出るよう促された。味は審査の対象にならない。作業台に残された菓子の姿だけが審査されるのだ。

競技会場から退出した職人たちは、ロビーで手持ち無沙汰の時間を過ごす。顔見知り同士は会釈したり、話し込んでいる姿もある。そうした人たちは笑顔を浮かべてはいるが、どこか虚《うつ》ろだ。みんなが落ち着かない待ち時間をdツイやしていた。人々の向こうに、鶴ヶ島の姿が見える。挨拶しに行きたいが、近寄りがたい雰囲気を纏《まと》っていた。

審判員の指示で、再び会場に戻る。

「結果発表――」

審査員長が正面のステージに立ってそう宣告した。会場中が固唾を呑《の》んでいる。もちろんワコも。自分の心臓が音を立てているのが聞こえるようだった。

なんの前触れもなく、ワコの顔がステージ上のスクリーンに大写しになる。その顔は、きょとんとしていた。

「和菓子コンテスト東京大会準優勝は、奥山堂の樋口《ひぐち》選手」

それを聞いた途端、自分の心臓は確かに一度止まったかもしれない。Y耳にいっさいの音が届かなくなった。

スタッフに案内され、ふわふわした足取りでステージに登壇する。突然、大きな拍手の音が耳の中になだれ込んできた。自分よりも若い振り袖姿の女子が、渋い和皿に載せた上生菓子を運んでくる。ワコがつくったお菓子だ。壇上のテーブルに置かれたそのお菓子が、スクリーンに映し出される。③春をテーマにウグイスを、秋をテーマに柿をつくった。それぞれ『初音《はつね》』、『照り柿』という菓銘を付けている。自信作だった。自分の姿が映った時よりも晴れがましさを感じる。スクリーンのお菓子と自分に向けて、出場者とギャラリーが拍手を送り続けてくれていた。

ワコは胸がいっぱいになる。

しかし審査員長が再びマイクを握ると、ワコの興味はすでにほかに移っていた。

「優勝は、笹野庵の鶴ヶ島選手です」

ワコは準優勝した上生菓子を、五センチ四方のプラスチックの菓子ケースに入れて奥山堂に持ち帰り、作業場の皆に見せた。コンテストは、店がeイソガしくなる週末ではなく平日に開催されていた。

「たとえば朝起きて、窓の外を見ると雪が降っていたとします。顔を洗おうとbジャグチをひねると、刺すように水が冷たい。見たもの、感じたもので真冬という季節をどう表現するか？　その表現力の豊かさだと思います」

「まだ足らんな」

曽我に一蹴された。

奥山堂からの帰路、夕暮れの隅田公園でワコはふと立ち止まる。桜吹雪が舞う中、浅草寺の鐘の音が聞こえた。浅草でお菓子の修業ができてよかったとワコは思う。まがい物めいたものもあるけれど、確かな伝統も息づいている。ある日突然、隣の宮大工のおじいさんが人間国宝になったり、飾り職人のおじいさんが伝統産業功労賞を受賞したりする。ワコは夜の仲見世《なかみせ》を歩くのも好きだった。賑《にぎ》わう昼間とは違い、静かなシャッター通りがライトに昭らされた風景は幻想的ですらある。この街は、見る人の目によってさまざまに映るだろう。②……そこではっと気づいた。

「雪の朝、顔を洗おうとしたら、あまりに水が冷たかった。それでまた布団に戻り、もぐり込んでしまう人。あるいは顔を洗ったあと、さらに手で冷たい水をすくって飲む人。その水によって身体が浄化されたようで、思わず雪の中に飛び出して駆け回りたい衝動にかられる人。雪の朝をどのような形で表現するかが感性だと思います」

曽我がワコに目を向ける。

「おまえがそう思うなら、やってみろ」

その日は来た。日本橋にある和菓子協会東京本部のキッチンスタジオには、三百人の年齢が異なる和菓子職人がコンテストのために集まった。ガラスの向こうでは、大勢のギャラリーが中を覗《のぞ》き込《こ》んでいる。

「ほほう、女の職人とは珍しい」

審判員を務めるベテランの協会員が、作業台に向かって立つワコの前で聞こえよがしに呟《つぶや》く。確かにそのとおりで、出場者の中に女性は自分ひとりきりだった。

「今の自分の実力が知りたいんです」と曽我には言った。しかし、こうして参加したからには勝ちたい。それになにより、ひとりの人物が混じっていた。

——ツルさん！

おそらく笹野庵《ささのあん》の制服なのだろう、鶴ケ島《つるがしま》は紫色の作務衣《さむえ》を着ていた。長い作業台が横三列、cタテ十列並んでいる。ひとつの作業台に十人ずつが横並びになってお菓子づくりを行う。鶴ヶ島は前のほうの作業台にいて、ワコは中ほどにいた。離れてはいるが、鶴ヶ島の背中を斜め後方から眺めることになる。気になった。

だが審判員の「始め！」の声が会場に響き渡ると、Xすべては消し飛ぶ。

持ち時間は二時間だ。練り切りの生地をつくるところから始める。餅粉に水を加えてこね、耳たぶくらいの硬さにする。＊中綿《なかわた》にするこし餡《あん》は、昨日のうちにつくって冷蔵庫で冷ましたものを各自持参していてそれを使う。

この五年間、お菓子づくりに役立つと聞けば、自然とその方向に足が向いた。ほかの店のお菓子を見て歩いたり、美術館で絵画を鑑賞したり、百貨店の着物売り場で美しい晴れ着の柄を眺めたりした。思わず

エ　季節感を追体験してきたので、現代小説の何気ない情景描写から、秋の訪れを感じとることができた。

オ　瀧廉太郎《たきれんたろう》が作曲した「荒城の月」を何度も聞いたり、『竹取物語』で描かれる「月」を分析したりするなかで、視覚化できない抽象的な概念としての「月」を理解できるようになり、文学作品や芸術作品にふれた時の心の動きが大きくなった。

問6　本文中の空欄 **X** にあてはまる表現として、最適のものを次の中から選び、記号で答えよ。

ア　高度化・国際化　**イ**　抽象化・複雑化　**ウ**　具体化・多様化

エ　難化・希薄化　**オ**　深化・専門化

問7　――線部④「お金をかければ何とかなるといったわけでもありません」とあるが、なぜか。その理由にあたる箇所を、解答欄の「～から。」に続く形で本文中から四十字以内で抜き出し、最初と最後の五字を記せ。

問8　＝＝線部「家庭格差の下層にいる子供たちが、言葉を習得するという点において不利益を被っている」とあるが、なぜか。欧米と日本の違いを踏まえ、解答欄の「子供の家庭環境が悪い場合に」に続く形で、百字以内で説明せよ。

※設問に字数制限のあるものは、句読点等も一字に数えるものとする。

【二】　次の文章を読んで、後の問いに答えよ。なお、設問の都合により本文を一部改変してある。

「あたし、コンテストに出たいんです」

和菓子協会が主催するコンテストの東京大会が五月にある。それに出場して力を試すのが、自分の店を持つことへの第一歩と考えたのだ。だが口にしたあと、すぐにワコは顔が熱く火照る。

「①まったく身のほど知らずだとは思うのですが……」

「コンテストに出場するのはいいとして、五月まで準備期間が二ヵ月《げつ》しかないぞ」

「今の自分の実力が知りたいんです」

「分かった。この五年間で身に付けた技術を出し切れ」

通勤途中に通り抜ける隅田公園の桜並木が、ほんの少し色づき始めていた。

コンテストの課題は、春と秋をテーマにした上生菓子をひとつずつつくること。上生菓子の代表格は、白あんを着色して四季折々の風物に題材を取った、*練りきりだろう。ほかにも羊羹《ようかん》、*求肥《ぎゅうひ》などを使い、つくり手の創意工夫で自由に表現される。いわば、和菓子の華だ。

「上生菓子をつくるには、感性を磨くことが必要だ」作業場に出ると、曽我が声をかけてきた。

「では、その感性とはなんだと思う？」

ワコは応えられなかった。

「私は以前、みんなにaアイマイさを排除しようと言った。〝なぜ、そうするのか〟を具体的、論理的にしろとな。おまえなりに感性を具体的、論理的に突き詰めるんだ。そこからワコの上生菓子が生まれるはずだ」

――あたしの上生菓子。

出勤の時に眺める桜の蕾《つぼみ》がふくらんでいき、やがて花開いた。

間とそうでない人間とでは、物事の考え方からコミュニケーションの幅まで違うので、接する相手の選定が必要だから。

エ　言葉の意味は多様であり辞書や親の説明だけでは使いこなせず、しかるべき年齢になるまでに様々な経験を積んでおかなければならないが、そのことを理解するには時間が必要だから。

オ　言葉には具体的なものから抽象的なものまで様々あり、また一つの言葉には複数の意味やその広がりもあるので、それらを理解し使いこなすには多くの経験と長い時間が必要だから。

問4　――線部②「子供が言葉を育めるようになるかどうかの分岐点」とあるが、今井が指摘する「分岐点」の説明として最適のものを次の中から選び、記号で答えよ。

ア　適度に複雑な言葉を使った会話や子供にきちんと向き合った対話、好奇心を刺激したり論理的に物事を考えたりするような遊びができる環境に加え、読書を通じて非日常的な言葉に触れられる機会が、家庭の中に日常的にあるか否か。

イ　語彙が増えるような表現を使って丁寧に働きかけてくれる大人や、自然や友人との触れ合いを通じてコミュニケーションの訓練になるような遊びができる環境、そして適度に複雑な言葉を吸収できる読書の習慣が、その子供にあるか否か。

ウ　会話の中で適度に複雑な表現や非日常的な言葉を頻繁に使うことで、子供の語彙が増えるようにしてくれる親や、きちんと向き合って対話をすることで、子供のコミュニケーションの訓練をしてくれる親が、その子供にいるか否か。

エ　日常生活の中では使わない言葉に触れるために読書習慣を確立したいという意欲や、友達との遊びの中で、新しいものに興味を持ったり物事の因果関係を考えたりして推論の能力を上げたいという意志が、その子供にあるか否か。

オ　子供の発言の一つ一つにきちんと対応することでコミュニケーションの能力を上げたり、読書によって非日常的な言葉に接したり、友達と戯れたり自然と接する中で言葉の使い方を学んだりするような綿密な計画が、家庭の中にあるか否か。

問5　――線部③「人は様々なスキーマを身につけることで、テキストやコミュニケーションにおける行間を読めるようになる」の具体例として、最適のものを次の中から選び、記号で答えよ。

ア　意味の分からない言葉を見つけると、必ず国語辞典を引くようにして、ことばの多様な意味を少しずつ身につけてきたので、古風な文体で書かれた小説が国語の授業で扱われた時も、他の生徒たちよりも流暢《りゅうちょう》に音読することができた。

イ　親の趣味のかねあいで、幼少期のころから美術館や博物館に行く機会があり、数多くの芸術作品を鑑賞してきたことで、初めて目にする作品に対しても、時代背景や制作方法について、専門家並みの解説ができるようになっていた。

ウ　子供のころは録音された音源でしかクラシック音楽を聴いたことがなかったが、大人になってオーケストラの実演を聴いたことで、クラシック音楽に対する関心が強くなり、日常生活で耳にした時に安らぎを覚えるようになった。

エ　四季折々の魅力を表現した『枕草子』の序段や、「春の小川」や「もみじ」といった童謡などを何度も口ずさんで、日本の伝統的な日本には、子育ては親がそれぞれの考え方ですることであり、成功するのも失敗するのも親の責任といった風潮があります。だから、国にしても、地域住民にしても、家庭に介入することに二の足を踏む。一方、欧米には子供は国の宝物なのだから、社会全体で育てていこうという空気があります。不適切な育児が行われていることが明らかになれば、即座に介入して社会的養護につなげますし、先ほど話したように子育ての方法を国民みんなで分かち合います」

この指摘は核心を突いていると思う。そもそも欧米では、虐待をはじめとした不適切な養育の基準が日本に比べて厳しい。たとえば、子供を夜遅くまで一人で留守番させたり、親が癇癪《かんしゃく》を起こしてeド鳴りつけたりしただけで「虐待」と見なされ、日本でいう一時保護、場合によっては親子分離がなされる。それは社会全体で子供を守り、育てていくという通念があるからだ。

日本はそうではない。国が設けている不適切な養育の基準はかなり低く、生命の危険があると判断されない限り、児童相談所が家庭に強制的に介入し、子供を一方的に保護することはない。また、家庭の側にしても、第三者に介入されることに対する強い拒絶感がある。こうしたことが、家庭格差による国語力の差を広げる一因になっていることは間違いない。

考えなければならないのは、このような日本式の考え方が必ずしも伝統的な観念というわけではないという点だ。かつての日本のムラ社会では子供はみんなで育てるものであり、親の所有物という考えはなかった。それが戦後になって全国で急激に都市化が進み、核家族が形成されていく中で、いつしか子育てが親の責任といわれるようになったのだ。

そう考えれば、この風潮はわずか数十年でできたものであり、いつまでも束縛されなければならない日本の伝統文化というわけではないはずだ。

《石井《いしい》 光太《こうた》・著『ルポ 誰が国語力を殺すのか』文藝春秋《ぶんげいしゅんじゅう》による》

【注】＊シャッターを切る…フィルムカメラで写真を撮影する際に、シャッターを作動させるボタンを押す行為。

＊水を切る…食材をザルなどにあげて、余分な水分を取り除く行為。

＊ボキャブラリー…語彙のこと。

問1 〰〰線部a～eのカタカナを漢字に直せ。（楷書で大きく濃く丁寧に書くこと。）

問2 本文中の空欄 A ～ E にあてはまる最適の言葉を、次の中からそれぞれ選び、記号で答えよ。（ただし、同じ記号を二度以上使用してはならない。）

ア あるいは　イ しかし　ウ だから　エ たとえば
オ むしろ

問3 ――線部①「子供は生まれながらにして言葉を学習しようとしますが、それは決して簡単なことではない」とあるが、なぜか。その説明として最適のものを次の中から選び、記号で答えよ。

ア 言葉は多様な意味を持っているので、語彙数が同じでも意味の理解の深さによって物事の知覚や表現のレベルが異なることがあり、話し相手のレベルを見分けるには経験が必要だから。

イ 言葉の多様な意味の中には一定の年齢にならなければ理解できない難しいものもあり、それらは心理学の概念の習得を前提にしているので、使いこなすには高度な教育が必要だから。

ウ 言葉の意味には多様性があり、それらを理解して使いこなせる人子供はこれらを勉強として行っているわけではない。親との日常的なコミュニケーション、自発的な遊び、それに絵本などを通して自然に身につけているのだ。だからこそ、家庭にそうした環境があるかどうかが子供に多大な影響を与えることになり、場合によっては国語力のカーストともいうべき状況を生むのである。

国語力の違いがdケン著になるのは、大体小学校の高学年にさしかかるくらいの年齢だ。心理学で「九歳の壁」という概念があるように、小学四年くらいから学校の勉強や人間関係が急に X する。それ以前は日常生活でつかわれる語彙だけでなんとなくやり過ごせたものが、そうではなくなるので、国語力を磨いてこなかった子供たちは、三、四年生くらいから授業についていけない、人間関係がこじれるといったことが起こり、だんだんと劣等感を膨らませていく。この年代で、勉強嫌い、不登校、非行が表出するのはそのためだ。

このように考えてみると、九歳くらいまでの家庭環境がどれだけ重要かがわかるのではないか。親の接し方が、思春期を迎える子供たちの命運を握っていると言っても過言ではない。

家庭格差の下層にいる子供たちが、言葉を習得するという点において不利益を被っていることは今井も認める。彼女は次のように言う。

「日本に家庭の事情で適切な語彙を持てずに育ち、様々な面で苦労している子供がいるのは揺るぎない事実でしょう。先ほども言いましたように、④お金をかければ何とかなるといったわけでもありません。親の意識が変わるか、誰かが手を差し伸べるかしなければ、子供は言葉を育てるチャンスを失います。

海外でも家庭によって養育環境が違うのは同じですが、欧米と比較した場合、日本とは少し状況が異なります。欧米では子供の生活環境がとても重要視されていて、法律によってそれを保障しようという意識が日本より高いのです。家庭の環境が悪いことがはっきりすれば、国が積極的に介入して支援を手厚く行ったり、施設や里親が育児の代行をしたりすることに躊躇《ためら》いが少ない。 E 、家庭格差はあっても、子供は国の支援によって言葉を育てていく環境を守ってもらえるのです」

子育てに優しい国として知られているフィンランドでこれを担っているのが、「ネウボラ（フィンランド語で「アドバイスの場」の意味）」という子育て支援制度だ。第二次世界大戦中の一九四四年に法制化されたもので、利用率はほぼ一〇〇％といわれている。

この制度では、親の妊娠がわかった時期から小学校入学まで、一家族に一人の保健師が担当について、妊娠、出産、子育てに関するアドバイスを一貫して行う。原則として担当者は変わらないので助言がぶれることはないし、家族の変化にも対応できる。

保健師が行う育児のアドバイスの中には、今井が重要だと指摘していた親が子供にかける言葉の数や質のことも含まれている。親はどう話しかけるべきか、なぜ絵本の読み聞かせが重要なのか、自発的な遊びが何を育むのか。それによって親は科学的な知見に基づいた育児を意識してやるようになる。国が家庭の中にまで踏み込み、無償で子供の国語力を底上げしているのだ。

「日本では広島県など一部の地域で欧米型の子育て支援を取り入れようとしていますが、まだまだ整っているとは言い難《にく》いです。日本が欧米に比べてこうした点で後れを取ったのは、日本独特の子育て観が大きいのではないでしょうか。

とだ。言葉の意味を一つしか知らない人と、五つも六つも知っていてつかいこなせる人とでは、数の上でのボキャブラリーは同じであっても、物事を知覚したり、表現したりするレベルはまったく異なってくるだろう。

これは、先ほどの「愛する」という言葉におけるグラデーションを考えればわかりやすい。愛を性愛の意味でしか考えられない人間と、思いやりやいつくしみの意味まで広げて考えられる人間とでは、物事の考え方からコミュニケーションの幅までまったく違ってくるはずだ。

②子供が言葉を育めるようになるかどうかの分岐点はどこにあるのか。今井は言う。

「誰もが生まれ持って分析力、推論力、学習力をcカね備えていますが、それを発揮させられるかどうかは家庭環境が非常に大きな役割を担っています。よく親の経済力や遺伝が子供の語彙力を左右すると言う人がいます。[D]、アメリカの研究でも日本の研究でも、親が子供に対して話しかける言葉の量と質が、経済力よりはるかに大きな影響を与えることがわかっています。

具体的には、親が頻繁に子供の語彙を増やせるような適度に複雑な表現をするとか、同じ言葉であっても様々な形でつかってみせるといったことです。あるいは、親が子供の発言に一つひとつしっかりと応えることでコミュニケーションの訓練をさせるということもあるでしょう。親からそうした働きかけをしてもらった子供は、自然と言葉を育てる習慣がつきます。

読書習慣が及ぼす影響も無視できません。子供たちが日常会話の中で接する言葉は限られていますので、読書によって非日常的な言葉に接することが重要になってくるのです。小さな子であればお気に入りの絵本をくり返し読む、もう少し上の年齢の子であれば背伸びしてちょっと難しい本を読むことで語彙は相当磨かれます。

あとは、家庭の中に子供たちを本当の意味で遊ばせる環境があるかどうかも重要な要素ですね。子供は言葉を記号のように覚えるわけではなく、友達と戯れたり、自然に接したりする中で、言葉の使い方を学んでいくものです。新しいものに興味を抱く、感覚をくすぐられる、物事の因果関係を考えるといったことを通して、言葉を育てていくのです」

このような経験によって言葉を身につければ、子供たちは視覚化できない抽象的な概念を理解したり、いろいろな情報や経験から共通するものを抽出して一般知識としてまとめたりできるようになる。

後者は心理学用語で「スキーマ」と呼ばれるもので、たとえば「それは夜になって空に浮かび、白銀の光で世界を照らしつづけた後、夜明けとともに去っていった」と言われれば、大概の人は「月」だとわかるだろう。これは月のスキーマ（構造化された知識）を持っているからだ。

③人は様々なスキーマを身につけることで、テキストやコミュニケーションにおける行間を読めるようになる。

それと同時に、人は覚えた言葉によって思考力を成長させていく。思考力とは、物事を推論することによって問題を解決する力のことだ。推論は、ある事実をもとにして、未知の事柄を推し量って論及することである。つまり、思考力をつけるには、言葉や知識を覚えるだけでなく、推論の能力を上げる訓練が必要になるのだ。

簡単にこう見るだけで、人間が言葉をつかいこなせるようになるまで、相応の経験や訓練が欠かせないのがわかるだろう。ただし、小さな

【国　語】（六〇分）〈満点：一〇〇点〉

※設問に字数制限のあるものは、句読点等も一字に数えるものとする。

【一】　次の文章を読んで、後の問いに答えよ。なお、設問の都合により本文を一部改変してある。

　日本を代表する発達心理学の研究者の一人に、今井むつみ（慶應《けいおう》大学教授）がいる。認知科学、特に言語認知発達や言語心理学などで重要な実績を残しており、『ことばの発達のaナゾが解く』『親子で育てることば力と思考力』など一般向けの著作も多い。

　学校の教員たちが、子供たちの国語力の発達に家庭格差が大きく影響していると考えていることを紹介してきたが、発達心理学の専門家はこうした現状をどう受け止めているだろうか。今井に話を聞いてみることにした。

　今井はおおらかな人柄で丁寧な話し方をするタイプだ。彼女は、子供の言語発達について次のように語った。

「①子供は生まれながらにして言葉を学習しようとしますが、それは決して簡単なことではないのです。[A]、すごく難しいことなんです。普通の小学生であっても、言葉の意味をきちんと理解して、つかいこなせているわけではありません。一つの言葉であっても、いろんな意味や使用法があるので、上手につかえるようになるには相応の時間と経験が必要なのです」

　[B]、日本語に「くっつく」という言葉がある。大方の人は物が接着するイメージを抱くだろう。だが、辞書を開けばそれ以外にもたくさんの意味があり、男女が交際することも「くっつく」と言うし、国と国とが同盟を組む場合もそう言う。あるいは、子犬が親犬の後をついて回ることも、子供が親のもとに身を寄せて生きるのも同じ表現だ。これを言葉の多様性と呼ぶ。

「言葉の多様な意味を理解するには、経験や年齢も必要になってきます。『切る』という言葉一つとっても、簡単な意味から難しい意味までいろいろです。ハサミで紙を切断するという意味なら、未bシュウ学児でも知っています。でも、＊シャッターを切るという使い方は中高生くらいにならないとできませんよね。[C]、＊水を切るだと、料理をするくらいの年齢にならないとわからないでしょう。

　抽象的な言葉はもっと難しいです。小学生でも『愛する』という言葉は知っています。では、高校生の『愛する』と、三十代の夫婦の『愛する』と、老夫婦の『愛する』は同じでしょうか。スポーツや芸術を『愛する』は？　違いますよね。いくら親が小学生に説明しても、ちょっとやそっとで理解できるものではありません。

　こうしてみると、人はいろんな形で言葉を聞いたり、読んだり、つかったりすることによって意味を深めていき、徐々につかいこなせるようになるのです。言葉は、暗記して終わりというものではなく、長い時間をかけて育てていくものなのです」

　言葉を適切につかうには、言葉が持つ多様な意味を知らなければならない。もし言葉が持つ意味が三つあった場合に一つしか把握していなければ、三万語の＊ボキャブラリーがあっても、実際は三分の一くらいしか使用できていないことになる。

　本人の中で言葉を育てられているかどうかは、国語力にも直結するこ

2024年度

解　答　と　解　説

《2024年度の配点は解答欄に掲載してあります。》

＜数学解答＞

1. (1)　$-\frac{10}{3}\sqrt{2}$　　(2)　$-\frac{1}{2}x+\frac{1}{2}$　　(3)　$(x=)-\frac{1}{2}$，2　　(4)　300(g)
(5)　(∠AFB＝)74°

2. (1)　$\frac{1}{2}$，$\frac{1}{4}$，$\frac{1}{5}$，$\frac{1}{8}$，$\frac{1}{10}$　　(2)　14(個)　　(3)　(小数第)9(位)

3. (1)　$\frac{\sqrt{3}}{2}$　　(2)　$\frac{3\sqrt{3}}{4}$　　(3)　$\frac{4\sqrt{3}}{7}$

4. (1)　(S＝)135　　(2)　$\frac{1}{32}$　　(3)　$\frac{3}{16}$

5. (1)　$(a=)\frac{1}{4}$　　(2)　$(-2,\ 1)$　　(3)　$y=-\frac{1}{2}x+12$　　(4)　$(t=)\frac{-1\pm\sqrt{97}}{2}$

6. (1)　36　　(2)　9π　　(3)　$48\pi-36$

○推定配点○
1.　各4点×5　　他　各5点×16　　　計100点

＜数学解説＞

1.（平方根，式の計算，2次方程式，方程式の応用，円周角の定理）

(1)　$\frac{\sqrt{8}+\sqrt{4}}{0.5}=\frac{2\sqrt{2}+2}{0.5}$であるから，分母と分子にそれぞれ2を掛けると，$\frac{\sqrt{8}+\sqrt{4}}{0.5}=4\sqrt{2}+4$である。また，$\frac{2(6+\sqrt{2})}{3}=\frac{12+2\sqrt{2}}{3}$であるので，$\frac{2(6+\sqrt{2})}{3}-\frac{\sqrt{8}+\sqrt{4}}{0.5}=\frac{12+2\sqrt{2}}{3}-(4\sqrt{2}+4)=\frac{12+2\sqrt{2}-12\sqrt{2}-12}{3}=-\frac{10}{3}\sqrt{2}$

(2)　乗法公式$(x+a)(x+b)=x^2+(a+b)x+ab$より，$(1+x)(1+2x)=1+3x+2x^2$であるから，$\frac{(1+x)(1+2x)}{2}-x(x+2)=\frac{1+3x+2x^2}{2}-x^2-2x=\frac{1+3x+2x^2-2x^2-4x}{2}=\frac{1-x}{2}$

(3)　$3x(2x+1)=(x+4)(2x+1)$より，$6x^2+3x=2x^2+x+8x+4$　　$4x^2-6x-4=0$　　$2x^2-3x-2=0$　　$x=\frac{-(-3)\pm\sqrt{(-3)^2-4\times2\times(-2)}}{2\times2}=\frac{3\pm\sqrt{9+16}}{4}=\frac{3\pm5}{4}=2,\ -\frac{1}{2}$

重要　(4)　食塩水A，Cの質量をそれぞれx(g)，y(g)とする。食塩水Bの質量は食塩水Aの質量の2倍なので，$2x$(g)である。このとき，食塩水A，B，Cに含まれる食塩の質量はそれぞれ$x\times\frac{5}{100}=\frac{5}{100}x$(g)，$2x\times\frac{8}{100}=\frac{16}{100}x$(g)，$y\times\frac{15}{100}=\frac{15}{100}y$(g)である。また，食塩水A，B，Cを混ぜた食塩水に含まれる食塩の質量は$600\times\frac{11}{100}=\frac{6600}{100}$(g)である。食塩水の質量について，方程式を作ると，$x+2x+y=600$　　$3x+y=600$…①　　食塩の質量について，方程式を作ると，$\frac{5}{100}x+\frac{16}{100}x+$

$\frac{15}{100}y=\frac{6600}{100}$　　$5x+16x+15y=6600$　　$21x+15y=6600$　　$7x+5y=2200$…②　　①×5−②より，$8x=800$　　$x=100$　　①に$x=100$を代入して，$300+y=600$　　$y=300$　　よって，食塩水Cは300g混ぜればよい。

基本　(5)　△ADEにおいて，内角と外角の関係より，∠EDF＝30＋38＝68°　　円に内接する四角形の向かいあう角の和は180°になるので，∠BCD＝180−38＝142°　　△CDFにおいて，内角と外角の関係より，∠AFB＝142−68＝74°

2. (数の性質，有限小数)

(1)　$\frac{1}{2}=0.5$，$\frac{1}{3}=0.333\cdots$，$\frac{1}{4}=0.25$，$\frac{1}{5}=0.2$，$\frac{1}{6}=0.1666\cdots$，$\frac{1}{7}=0.142857142\cdots$，$\frac{1}{8}=0.125$，$\frac{1}{9}=0.111\cdots$，$\frac{1}{10}=0.1$となるから，有限小数となるのは，$\frac{1}{2}$，$\frac{1}{4}$，$\frac{1}{5}$，$\frac{1}{8}$，$\frac{1}{10}$である。

重要　(2)　小数で表したとき，有限小数になるのは分母の数が約数に2か5しか持たないときである。2から100までの自然数の中で約数に2か5しか持たないような数は2，4，5，8，10，16，20，25，32，40，50，64，80，100の14個である。

重要　(3)　$\frac{1}{2^6\times5^{10}}=\frac{1}{(2\times5)^6\times5^4}=\frac{1}{1000000}\times\frac{1}{5}\times\frac{1}{5}\times\frac{1}{5}\times\frac{1}{5}=\frac{1}{1000000}\times0.2\times0.2\times0.2\times0.2=\frac{1}{1000000}\times0.0016=0.0000000016$であるから，初めて0でない数が現れるのは第9位である。

3. (平面図形の面積の計量，三平方の定理，円周角の定理，相似)

基本　(1)　中心角の大きさは弧の長さに比例するから，$\overset{\frown}{AB}:\overset{\frown}{BC}=1:2$より，∠AOB：∠BOC＝1：2　よって，$\angle AOB=180\times\frac{1}{1+2}=60°$　　OA＝OB＝1であるから，△AOBは1辺1の正三角形となる。点Bから線分AOに下した垂線の足をHとする。△ABHにおいて，三平方の定理より，$AH:AB:BH=1:2:\sqrt{3}$となるから，$AB:BH=2:\sqrt{3}$　　$1:BH=2:\sqrt{3}$　　$BH=\frac{\sqrt{3}}{2}$　　AC＝2より，$\triangle ABC=\frac{1}{2}\times2\times\frac{\sqrt{3}}{2}=\frac{\sqrt{3}}{2}$となる。

重要　(2)　∠BOC＝180°−∠AOB＝180−60＝120°であり，接線と円の半径は接点において，垂直に交わるから，∠OBD＝∠OCD＝90°　　よって，四角形BOCDにおいて，∠BDC＝360°−(120＋90＋90)＝60°　　円の外部から2つの異なる円の接点に引いた線分の長さは等しくなるので，BD＝BCである。よって，△BCDは正三角形である。△OBCはOB＝OC＝1の二等辺三角形であり，∠BOC＝120°であるから，∠OBC＝∠OCB＝(180−120)÷2＝30°　　点Oから線分BCに下した垂線の足をIとする。△OBIにおいて，三平方の定理より，$OI:OB:BI=1:2:\sqrt{3}$となるから，$OB:BI=2:\sqrt{3}$　　$1:BI=2:\sqrt{3}$　　$BI=\frac{\sqrt{3}}{2}$　　点Iは線分BCの中点であるから，$BC=2BI=2\times\frac{\sqrt{3}}{2}=\sqrt{3}$　　よって，△BCDは1辺$\sqrt{3}$の正三角形である。△BIDにおいて，三平方の定理より，$BI:BD:DI=1:2:\sqrt{3}$であるから，$BD:DI=2:\sqrt{3}$　　$\sqrt{3}:DI=2:\sqrt{3}$　　$DI=\frac{3}{2}$　したがって，$\triangle BCD=\frac{1}{2}\times\sqrt{3}\times\frac{3}{2}=\frac{3\sqrt{3}}{4}$である。

重要　(3)　△ADCにおいて，三平方の定理より，$AD=\sqrt{2^2+(\sqrt{3})^2}=\sqrt{7}$である。　　△ADCと△ACEにおいて，∠DAC＝∠CAE，∠ACD＝∠AEC＝90°より，2組の角がそれぞれ等しいので，△ADC∽△ACE　　相似比は$AD:AC=\sqrt{7}:2$であるから，面積比は$\triangle ADC:\triangle ACE=(\sqrt{7})^2:2^2=7:4$

である。$\triangle ADC=\frac{1}{2}\times2\times\sqrt{3}=\sqrt{3}$であるから，$\sqrt{3}:\triangle ACE=7:4$　$\triangle ACE=\frac{4\sqrt{3}}{7}$

4.（確率）

(1)　カードA，B，C，D，Eがそれぞれ100，10，10，10，5となればよいから，S＝100＋10＋10＋10＋5＝135

(2)　カードA，B，C，D，Eを無作為に横一列に並べるときの場合の数は$2\times2\times2\times2\times2=32$(通り)　Sが最大になるとき，(A，B，C，D，E)＝(100，10，10，10，5)の1通りであるから，求める確率は$\frac{1}{32}$

重要　(3)　Sが125より大きくなるとき，(A，B，C，D，E)＝(100，10，10，10，5)，(100，10，10，10，1)，(100，10，10，1，5)，(100，10，1，10，5)，(100，5，10，10，5)，(100，5，10，10，1)の6通りであるから，求める確率は$\frac{6}{32}=\frac{3}{16}$

5.（1次関数と2次関数）

(1)　$y=ax^2$にA(6，9)を代入して，$9=a\times6^2$　$9=36a$　$a=\frac{1}{4}$

(2)　直線ABの傾きは$\frac{9-0}{6-(-3)}=\frac{9}{9}=1$である。直線ABの式を$y=x+b$とおいて，B(−3，0)を代入すると，$0=-3+b$　$b=3$となるから，直線ABの式は$y=x+3$である。$y=\frac{1}{4}x^2$と$y=x+3$を連立方程式として解くと，$\frac{1}{4}x^2=x+3$　$\frac{1}{4}x^2-x-3=0$　$x^2-4x-12=0$　$(x-6)(x+2)=0$　$x=6,\ -2$　よって，点Cのx座標は−2なので，$y=x+3$に$x=-2$を代入すると，$y=-2+3=1$　したがって，C(−2，1)

基本　(3)　直線OCの傾きは$\frac{0-1}{0-(-2)}=-\frac{1}{2}$である。平行な直線の傾きは等しいから，OC//ADより，直線ADの傾きも$-\frac{1}{2}$である。直線ADの式を$y=-\frac{1}{2}x+c$とおいて，A(6，9)を代入すると，$9=-3+c$　$c=12$　よって，直線ADの式は$y=-\frac{1}{2}x+12$

重要　(4)　$y=\frac{1}{4}x^2$と$y=-\frac{1}{2}x+12$を連立方程式として解くと，$\frac{1}{4}x^2=-\frac{1}{2}x+12$　$\frac{1}{4}x^2+\frac{1}{2}x-12=0$　$x^2+2x-48=0$　$(x-6)(x+8)=0$　$x=6,\ -8$　よって，点Dのx座標は−8である。H(t，0)とすると，点P，Qはそれぞれ直線AD，放物線①上の点なので，$P\left(t,\ -\frac{1}{2}t+12\right)$，$Q\left(t,\ \frac{1}{4}t^2\right)$と表すことができる。ここで，点Pは線分AD上の点なので，$-8\leqq t\leqq6$である。$PQ=-\frac{1}{2}t+12-\frac{1}{4}t^2$，$QH=\frac{1}{4}t^2-0=\frac{1}{4}t^2$と表すことができ，PQ＝QHであるから，$-\frac{1}{2}t+12-\frac{1}{4}t^2=\frac{1}{4}t^2$　$-\frac{1}{2}t^2-\frac{1}{2}t+12=0$　$t^2+t-24=0$　$t=\frac{-1\pm\sqrt{1^2-4\times1\times(-24)}}{2\times1}=\frac{-1\pm\sqrt{1+96}}{2}=\frac{-1\pm\sqrt{97}}{2}$　$9<\sqrt{97}<10$であるから，$-8\leqq t\leqq6$であることに適する。

6.（正四角錐と球の切断，面積・体積の計量）

基本　(1)　線分ACと線分BDの交点をHとする。立体O−ABCDは正四角錐であるから，点Hは線分AC，BDの中点であり，線分OHは正方形ABCDに垂直である。△ABCにおいて，三平方の定理より，$AB:BC:AC=1:1:\sqrt{2}$であるから，$AB:AC=1:\sqrt{2}$　$6:AC=1:\sqrt{2}$　$AC=6\sqrt{2}$となる。よって，$AH=CH=\frac{1}{2}AC=3\sqrt{2}$である。△OAHにおいて，三平方の定理より，$OH=\sqrt{(3\sqrt{3})^2-(3\sqrt{2})^2}=\sqrt{27-18}=\sqrt{9}=3$であるから，正四角錐$O-ABCD=\frac{1}{3}\times6\times6\times3=36$となる。

重要 (2)　△OABは$OA=OB=3\sqrt{3}$の二等辺三角形であるから，OM⊥ABである。点Mが線分ABの中点であることから，$AM=BM=\frac{1}{2}AB=3$　△OAMにおいて，三平方の定理より，$OM=\sqrt{(3\sqrt{3})^2-3^2}=\sqrt{27-9}=\sqrt{18}=3\sqrt{2}$　よって，$ON=OM=3\sqrt{2}$，$MN=AD=BC=6$であるから，$OM^2+ON^2=MN^2$が成り立つので，△OMNはOM＝ONの直角二等辺三角形である。したがって，求める面積は半径6，中心角90°のおうぎ形となるから，$6\times6\times\pi\times\frac{90}{360}=9\pi$である。

やや難 (3)　線分OPが可能な限り動くとき，線分OPが通る部分は半径6，中心Oの球の一部となる。この立体を立体Zとする。立体Zを点O，M，Nを通る平面で切断すると，(2)より，∠MON＝90°であるから，切断面は半径6，中心Oの円の$\frac{1}{4}$である。同様に，線分BC，ADの中点をそれぞれI，Jとすると，∠IOJ＝90°であり，立体Zを点O，I，Jを通る平面で切断すると，切断面は半径6，中心Oの円の$\frac{1}{4}$である。このことから，立体Zは半径6，中心Oの球の$\frac{1}{6}$であることがわかる。よって，立体Zの体積は$\frac{4}{3}\pi\times6^3\times\frac{1}{6}=48\pi$となるから，(1)より，求める体積は$48\pi-36$である。

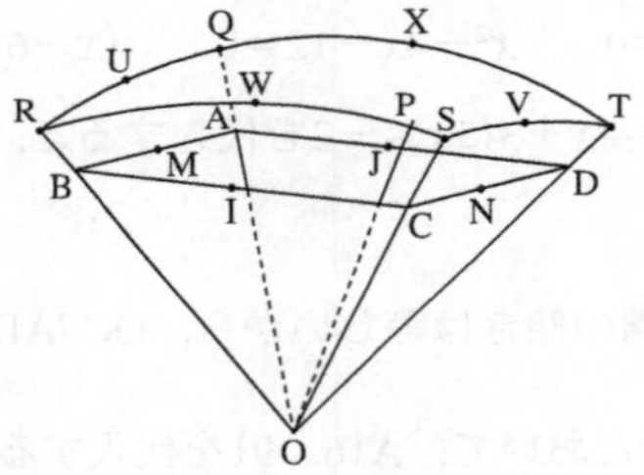

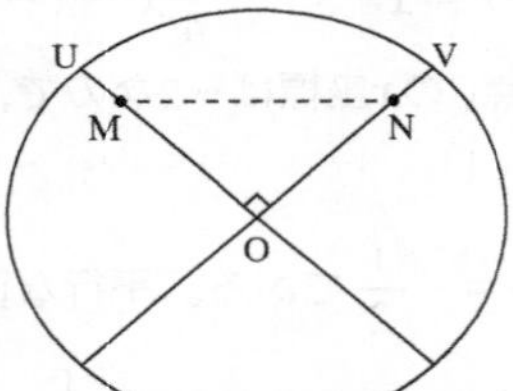

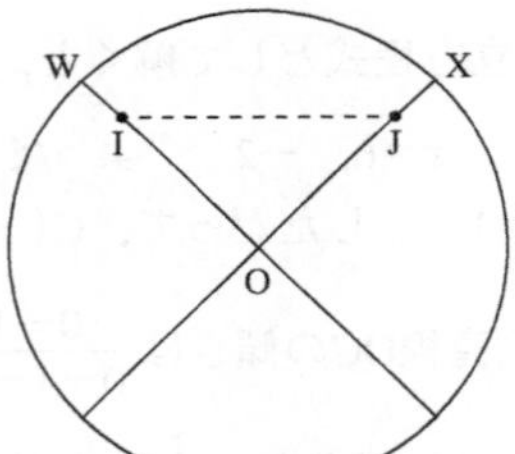

★ワンポイントアドバイス★

難易度の高い問題，思考力を問われる問題もある。前問をヒントにしつつ解き進める必要がある。

＜英語解答＞

【1】〈問題1〉 (1) ウ　(2) イ　(3) ア　(4) イ　(5) ウ
　　〈問題2〉 (1) ウ　(2) エ　(3) イ　(4) エ

【2】(1) century　(2) shy　(3) twelfth　(4) gift

【3】(1) worth checking　(2) is said　(3) must be cleaned
　　(4) what for

【4】(1) ① オ　② キ　③ ウ　(2) ① イ　② エ　③ カ
　　(3) ① イ　② キ　③ オ

【5】(1) 大きな動物が街にやって来ること。　(2) ア　(3) 2番目 ク　5番目 カ

7番目　オ　(4)　ウ　(5)　ウ　(6)　6　survive　7　return　(7)　ア，カ

【6】 (1)　ア　(2)　あ　イ　い　ウ　(3)　A　イ　B　オ　C　キ　D　ウ

(4)　2　life without water or electricity　3　全員正解　(5)　友人や美しい国にさよならを言うのは悲しかったが，家に帰って友人や家族と自分の体験を分かち合うことにわくわくしていた。　(6)　オ

【7】 (例)　①　(～ but) I haven't decided which city I should visit(.)　②　(～ that) there are too many people in (Tokyo.)　③　(～ opinion,) Kyoto doesn't have as many tourists as (Tokyo.)

○推定配点○

【1】～【3】　各2点×17(【3】各完答)　【4】　各3点×3(各完答)

【5】　(3)・(7)　各3点×3((3)完答)　他　各2点×6　【6】　(3)・(5)　各3点×5

他　各2点×6　【7】　各3点×3　計100点

＜英語解説＞

【1】 (リスニング問題)

〈問題1〉

(1)　How is your wife?

(2)　Are you coming to the dinner party at the Tanakas on Sunday?

(3)　You want to go there by yourself, don't you?

(4)　Why don't we eat lunch this afternoon?

(5)　How soon will I hear from you?

(1)　「奥さんの具合はどう？」　ア「彼女は百貨店で働いている」　イ「彼女は裏庭にいる」　ウ「彼女は今はもうずいぶん良くなった」

(2)　「日曜日の田中家のディナーパーティーには来る予定？」　ア「あぁ，バーベキューは好きだ」　イ「いいえ，今週末は韓国にいなければならない」　ウ「もう5年前から彼らを知っている」

(3)　「君は自分1人でそこに行きたいんだよね？」　ア「いいえ，そうでもない」　イ「そうではないといいな」　ウ「体調が良くない」

(4)　「今日の午後一緒に昼食を食べない？」　ア「なぜならその時腹痛があったから」　イ「それはいい考えだ」　ウ「友人たちとの会話を楽しむために」

(5)　「どのくらいで知らせをもらえる？」　ア「あなたに手紙を書くことで」　イ「しばらくしてそれを聞いた」　ウ「明日の午後までに」

〈問題2〉

Médecins Sans Frontières (MSF) was founded in France in 1971 by a small group of French doctors who had worked in Biafra in Africa. For more than 50 years, MSF has been helping people who are sick or injured. This is a speech given to Japanese high school students by a doctor in this group, who is working in Sierra Leone.

Sierra Leone is a small country in Africa, and it is about the size of Hokkaido. Few Japanese people know much about Sierra Leone because we learn nothing of it at school. However, this small country has a sad history of war, and people there continue to have a difficult life today. I hope that young Japanese people will try harder to know and imagine the situation in this country.

Though Sierra Leone is a poor country, the capital Freetown has tall buildings, a soccer stadium, and a big market. There are many cars and heavy traffic jams, and streets are crowded with people.

However, in most areas outside of the capital, people live in the same way they have lived for centuries. Most people have no regular job, and basically live by growing rice and cassava plants, and fishing in nearby rivers. They eat foods we know well, too, such as rice, potatoes, corn and so on.

People's homes have no electricity, so they don't have television or video games. At night, they use candles or oil lamps.

Most areas do not have running water, so well water is widely used. Toilets are just holes in the ground, and there are no baths or showers. People use water from the well to wash their hands and bodies. Many children, however, do not wash their hands after going to the toilet or before eating meals. Because of this, they often have stomach problems.

In Africa, many children die before reaching the age of five. Several times in Africa, I saw scenes of mothers carrying small bodies wrapped in cloth. There is very little we can do. A member of an international volunteer group may not be able to save a lot of people. I continue this work, however, in the belief that these small efforts can make all the difference. Because I want the children to keep on smiling for just a little longer, I am always ready for help. I really hope that more people will take an interest and play an active part in international assistance and world health in the future.

(Letters from Africa / 数研出版から一部改変)

(1) When and where was MSF established?

(2) What is true about Sierra Leone?

(3) Why do many children have stomachache?

(4) What is this doctor's hope?

国境なき医師団(MSF)は1971年にアフリカのバイアフラで働いていたフランス人医師たちの小さなグループによって創設された。50年以上もの間MSFは病気や怪我を負った人たちを助けてきた。このスピーチはこのグループの医師が日本の高校生に向けて行ったもので，その医師はシオラレオネで働いていた。

シオラレオネはアフリカの小さな国で北海道と同じくらいの大きさです。学校では何も習わないのでシオラレオネのことについて知っている日本人はほとんどいない。しかしながら，この小さな国には戦争の悲しい歴史があり，人々は今日も困難な生活を続けています。私は日本の若者がもっと一生懸命この国の状況を知り想像する努力をしてほしいと思っています。

シエラレオネは貧しい国ですが，首都フリータウンには高層ビル，サッカースタジアムや大きな市場もあります。たくさんの車が走り，ひどい交通渋滞もあり，道は人であふれています。

しかしながら，首都の外のほとんどの地域では人々は何世紀もの間同じ生活を送っているのです。ほとんどの人は定職についておらず，基本的に米やキャッサバ栽培，近くの川で魚を獲って生活をしています。彼らは私たちが良く知っている米やじゃがいも，トウモロコシといった食料も食べます。

人々の家には電気がないので，テレビやゲームはありません。夜はろうそくやオイルランプを使います。

ほとんどの地域に水道はないため，井戸水が広く使われています。トイレは地面にあるただの穴で，シャワーや風呂はありません。人々は手や体を洗うのに井戸水を使います。しかしながら，多くの子どもたちはトイレの後や食事前に手を洗うことはしません。それが原因でお腹に問題を抱えることがよくあります。

アフリカでは，多くの子どもたちが5歳になる前に亡くなってしまいます。母親が布でくるまれた小さな遺体を運んでいる光景をアフリカで何度か見ました。私たちにできることは本当に些細な事です。国際ボランティアグループのメンバーは多くの人たちを助けることはできないかもしれない。しかしながら，このような小さな努力が状況を一変させるという信念で私はこの仕事を続けます。なぜなら，私は子どもたちにほんの少しだけでも長く笑っていてもらいたいからで，私はいつでも助けられるようにしています。将来はもっと多くの人が国際援助や世界の保健に興味を持ち積極的に役割を担うことを本当に望んでいます。

(Letters from Africa / 数研出版から一部改変)

(1) 「MSFはいつどこで創設されましたか？」 ア「1915年にアフリカで」 イ「1950年にシオラレオネで」 ウ「1971年にヨーロッパで」 エ「1917年にフランスで」

(2) 「シエラレオネに関して正しいものはどれですか？」 ア「この国のほとんどの人が定職についている」イ「多くの日本人はこの国がとても貧しい国だと聞いたことがある」 ウ「この国の首都は大都市だが交通はそれほど多くはない」 エ「この国の人々は日本人に知られている食べ物を食べる」

(3) 「なぜ多くの子どもが腹痛を起こすのですか？」 ア「なぜなら彼らはトイレを使うために市役所に走って行くから」 イ「なぜなら彼らは食事の前に自分の手を洗わないから」 ウ「なぜなら彼らは水がどれほど貴重かを知らないから」 エ「なぜなら彼らは自分の手を洗うのにいつも井戸水を使うから」

(4) 「この医師の望みは何ですか？」 ア「彼女は病気の子どもの数が減ることを望んでいる」 イ「彼女はより多くの若い日本人が良い医者になるために努力を続けることを望んでいる」 ウ「彼女はアフリカの多くの国々が裕福になることを望んでいる」 エ「彼女は将来国際ボランティアの数がもっと多くなることを望んでいる」

基本 **【2】** (語彙問題)

(1) 「1世紀とは100年の期間のことである」 century「世紀」

(2) 「もしあなたが恥ずかしがりなら，人々の前で話すのは苦手だったり，他の人に容易く助けを求めることはできないだろう」 shy「恥ずかしがり[内気な]」

(3) 「一年の12番目の月は12月だ」 twelfth「12番目の」

(4) 「贈り物とは誰かに与えられるプレゼントや何か」 gift「贈り物」

基本 **【3】** (適語補充問題：慣用句，動名詞，受動態，助動詞，間接疑問文)

(1) be worth …ing で「…する価値がある」という意味。check out ～ で「調査する[確認する，点検する]」

(2) It is said that … は「that 以下だと言われている」→「that 以下だそうだ」という意味になる。

(3) must …「…しなければならない」という意味の助動詞を使った受動態の文。〈主語＋助動詞＋ be ＋過去分詞〉の語順。「掃除する」 clean の過去分詞は cleaned。

(4) tell A＋B で「AにBを教える[伝える]」の意味でA，Bはいずれも tell の目的語。空所以下 what is your city known for は間接疑問文。be known for ～ で「～で知られている」

重要 **【4】** (語句整序問題：分詞，慣用句，関係代名詞，動名詞)

(1) A foreign woman carrying a suitcase asked me the way (to the station.) 「スーツケー

スを運んでいる女性が私に駅へ行く道を尋ねてきた」 carrying a suitcase は A foreign woman を後置修飾する現在分詞句。A foreign woman carrying a suitcase がひとまとまりでこの文の主語となる。〈ask ＋人＋ the way to ～〉で「～までの道を人に尋ねる」という意味。不要語は heard。

(2) The number of people who have stopped watching TV is increasing (now.) 「テレビを見るのをやめた人たちの数は今では増えている」 The number of ～ で「～の数」 people who have stopped watching TV「テレビを見るのをやめた人たち」関係代名詞 who 以下が people を修飾する形。stop …ing で「…するのをやめる」。The number から TV までがひとまとまりでこの文の主語。is increasing「増えている」がこの文の動詞。数が増える時に用いる動詞は increase。不要語は have grown。

(3) (This is) the bag one of my best friends bought for me.「これは私の親友の1人が私に買ってくれたバッグです」 This is the bag (which) one of my best friends と関係代名詞が省略された文。(which)one of ～ が the bag を修飾する。〈one of ＋複数名詞〉で「～の1人[1つ]」〈buy ＋物＋ for ＋人〉で「人に物を買う」不要語は to。

重要 **【5】 (長文読解問題：論説文：指示語，適文選択補充，語句整序，内容把握，適語補充，内容正誤判断)**

(全訳) 最近，大きな動物が街や都市にやって来ると言うニュースを見ることができる。バンクーバーの公園では熊が，ムンバイの通りにヒョウ，ベルリンの庭には野生の豚がいた。大きな動物が私たちの街にやって来るとどうなるだろう？ それは良いことだろうか，それとも$_1$それは私たちと動物たちにとって危険だろうか？

野生動物はたいてい食べ物を探しに街に来る。南アフリカのケープタウンではヒヒが街にやって来た。それらは庭の果物を食べ，人々の台所に入り食べ物を取っていくのだ！ ヒヒは強い動物で時に子どもたちを怖がらせ，ペットと戦う。しかし都市はヒヒにとっても危険になり得る，$_2$ヒヒが車の事故でけがをすることが時々あるのだ。ケープタウンにはヒヒモニターのチームがある。彼らの仕事は街にいるヒヒを見つけ街の外に連れ戻すことだ。これが人々にとって街をより安全に，ヒヒにとってもより安全にするのである。しかし多くのヒヒは食べ物を見つけに再び街にやって来る。

ドイツのベルリンでは野生豚の集団が食べ物を探しに時々街に来る。豚はこれまでもいつも街に来ていた。しかし今では冬がより暖かいので，過去よりも多くの豚がいるのだ。豚は花や植物を食べ，庭や公園に穴を掘る。また，それらは道も歩き，街の人たちには豚に食べ物を与える人たちもいる。しかし市役所職員は交通事故を心配する。$_3$彼らは豚に食べ物を与えるのをやめるよう人々に言い，街に豚が入って来ないように高い塀を設置した。

ロシアのモスクワには35,000頭の野犬がいる。それらは公園や空き家，市場や電車の駅に住みついている。それらの何頭かは人々が不要だとしたペットで，彼らが$_4$それらを通りに放置したのだ。その他は通りで生まれそこでずっと暮らしている。一頭で暮らしているものもいれば，群れ(群れとは犬の集団の呼び名)で暮らすものもいる。2010年に，科学者たちがその犬たちを研究した。彼らは興味深い事実をいくつか見つけた。

1 群れにはリーダーがいる：リーダーは最も賢い犬であり，最大や最強のものではない。

2 犬たちは，人間と一緒に道を横断する方が安全だと知っていて信号を理解する犬もいる。

3 大きい犬よりも小さくてかわいい犬に人間はより多くの食べ物を与えることを犬たちは学んだ。最もかわいい犬は人から食べ物をもらうために道で待っている。食べ物をもらうとそれを群れの他の犬たちに分ける。

4 何頭かの犬はモスクワの地下鉄で移動し始めた。

モスクワの冬は雪がたくさん降りとても寒く，気温は－10℃にもなる。多くの人たちは犬が好きなので，5冬の間犬たちが暮らす小さな小屋を建てた市民もいる。

モスクワの犬のような大きな動物は人間の友人からの少しの援助で6生き延びられる。多くの大きな動物たちにとって都市は危険な場所で田舎に7戻るためには私たちの手助けが必要なのだ。

(1)　直前の文参照。大きな動物が街にやってくるとどうなるか？に続くので it は直前の文の内容を表す。したがって直前の文をまとめればよい。ここでの it は主語の働きとなるので「…すること」という日本語にすること。

(2)　全訳参照。ア「ヒヒが車の事故でけがをすることが時々ある」(○)　ヒヒにとっても都市は危険だという内容に続くので都市がヒヒにとって危険である具体的な内容を続ける。イ「過去にヒヒを殺すために人々が毒物を与えていた村がある」　ウ「ある日，ヒヒは人々に怖い思いをさせられ，彼らを襲った」　エ「ヒヒは野生の狼によく襲われる」

(3)　(They) have told people to stop giving the pigs food「(彼らは)豚にエサを与えるのをやめるよう人々に言った」〈tell ＋人＋ to …〉「人に…するように言う」　stop …ing「…するのをやめる」〈give ＋人(ここでは the pigs)＋物〉「人(the pigs)に物を与える」　これらの表現を組み合わせて文を作る。

(4)　them は some of the dogs were pets を指すので，ウ「何頭かのペットの犬」が正解。they は people did not want の people を指す。「犬は不要だと思った人たちが彼らのペットだった犬たちを道に放置した」ということ。ア「人々」イ「公園，空き家，市場，電車の駅」エ「何人かの市役所職員」

(5)　have built small huts for the dogs to live in「暮らすための小さな小屋を建てた」この to live in は形容詞用法の不定詞で small huts を修飾。live in small huts という関係なので用いる前置詞は in。for the dogs は不定詞の意味上の主語になるので，for the dogs to live in で「犬たちが暮らすための小さな小屋」という意味になる。

(6)　6　survive in the city「都市で生き延びる」　survive を入れ冬が過酷なモスクワで生き延びることができるという流れにする。　7　return to the countryside「田舎に戻る」　都市は危険なので田舎に戻る手助けが必要だという流れにする。

(7)　ア「南アフリカではヒヒモニターが人間とヒヒの両方を助けるために働いている」(○)　第2段落最後から2文目に一致。　イ「ヒヒはヒヒモニターが都市からヒヒを連れ出せば都市には決して戻ってこない」(×)　第2段落最終文参照。多くが再度戻ってくるとあるので不一致。
ウ「ベルリンの人々は自分たちの庭や公園を保護したいので野生の豚に食べ物を与える」(×)　そのような記述はない。　エ「モスクワの野犬は1頭で暮らすよりも楽に暮らせるのでいつも群れで暮らしている」(×)　第4段落最後から3文目参照。1頭で暮らしている犬もいるので不一致。
オ「犬はとても賢いので信号が変わるといつも正しい決断ができる」(×)　2参照。信号を理解する犬もいるが，いつも正しい決断をするという記述はない。　カ「群れで一番かわいい犬は人々から食べ物をもらう重要な役割を担う」(○)　3の内容に一致。

重要　**【6】**　**(長文読解問題・物語文：適文選択補充，適語選択補充，指示語，内容把握)**

(全訳)　高校を卒業した後，私はギャップイヤーを利用することにした。これは大学の前後に1学生に新しいことに挑戦する機会を与える1年の休学期間のことである。両親は最初は私の計画に反対したが，次第に私を南米に旅行あさせることに賛成してくれるようになった。10か月の間様々な国を旅することに私はわくわくしていた。

行く前にAイ私は自分がやりたいことのリストを書いた。いくつかは簡単にできそうだが，他はとても難しそうだった。しかしながら，私はそこにあるすべての事ができたことを誇りに思っている。

特に私はスペイン語を学び，ボランティアをし，彼らの文化を学びたかった。まず私はエクアドルで3週間のスペイン語のコースを受講しその後南のアルゼンチンに移動した。私はいつもホステル(旅行者や学生たちのための安価な宿)に滞在したが，時に地元の農家に滞在することもあった。Bオ私はそこでボランティアをして，彼らの生活スタイルを学んだ。旅の最も印象的な経験は，アマゾンの農家の家に2週間滞在した時に水と電気のない生活を経験したことである。2それは私たちの便利な生活とは全く異なるものだったが，彼らとの生活を通して多くのことを学んだ。また，持続可能な農業と自然環境保護の重要性についても学んだ。

私のように旅をしている海外の人たちにも会った。私は彼らとい友達になった。そのうちの1人はギャップイヤーの日本人学生だった。私たちは中央エクアドルのアンデス山脈のコトパヒ山に登った。最高地は海抜5,897メートルだ。私たちはマチュピチュやイグアスの滝のような素晴らしい場所も訪れた。それらはとても美しかったのでCキ私はしばらくの間言葉が出なかった。

自然の美しさ以外で私が一番好きだったのは，私が出会った地元の人たちだ。彼らはあまり裕福ではなかったが，とても友好的で歓迎してくれた。彼らは自分たちの生活を存分に楽しんでいた。彼らの文化と人生で大切なことをたくさん学んだ。私は自分の将来に対して違う考え方をするようになり始めていた。

南米を去り帰国する時，私は4複雑な気持ちになった。友人たちや美しい国にさよならを言うのは悲しかったが家に帰り私の経験を家族や友達と分かち合うことにわくわくもしていた。

ギャップイヤーを利用した後，Dウ私は自分のことと自分の周りの世界についてどれだけたくさんのことを学んだかを認識した。私は積極的に新しい経験をし，違いを受け入れることを学び，一生の思い出と決して忘れることのない友情を作ることができた。

私は若い人たちにギャップイヤーを強く勧める。それはあなたにとって人生を変える経験になるだろう！　私からあなたへのアドバイスは「若いうちに5居心地の良い場所から飛び出そう」。

(1)　ア「学生に新しいことに挑戦する機会を与える」(○)　ギャップイヤーの説明をする文。本文は筆者がギャップイヤーで経験した内容が書かれている。最終段落参照。ギャップイヤーで人生を変える経験ができるとあるので，アが適当。〈give A(＝ the students)＋B(＝ the chance to try new things)〉「AにBを与える」 the chance to ～「～する機会」 イ「学生たちが自立して生活するための十分なお金を稼ぐのを手助けする」〈help ＋人＋動詞の原形〉「人が…するのを助ける」 make money「お金を稼ぐ」 ウ「環境についてもっと学ぶことを学生たちに推奨する」 エ「スペイン語が世界で一番人気のある言語だと学生たちに示す」 イウエに関する記述はない。

(2)　(あ)　選択肢の中で後に〈＋人＋動詞の原形〉の形を取れるのは，イ let のみ。イ 〈let ＋人＋動詞の原形〉で「人に…させる」。「私を南米に旅行させることに同意した」ということ。
(い)　ウ make friends with ～で「～と友達になる」 直後の文に友人の説明が続くので「友達になる」という内容にするのが適当。

(3)　全訳参照。　ア「私は南米で歴史の講義を受けそのことについてたくさんの本を読んだ」そのような流れになる記述はない。　イ「私はやりたいことのリストを書いた」 Aの直後に「簡単なものもあれば難しそうなものもあった」と続くので，やりたいことリストを作成したのだと想像できる。イをAに入れる。 ウ「私は自分のことをどれだけたくさん学んだかを認識した」 Dに入れギャップイヤーを利用することで「自分だけでなく自分の周りの世界についてもどれだけたくさん学んだかを認識した」という流れにする。 エ「私は地元の人々とコミュニケーションが取れなかった」 最後から4段落目参照。地元の人たちと生活し文化や人生の大切なことを学んだとあるので本文の内容と一致しない。 オ「私はそこでボランティアをし，彼らの生活スタイルを学んだ」 Bのある段落最後から2文目参照。彼らと生活を共にすることでたくさんの事を学んだとあるので，Bに入れるのが適当。 カ「私はそこに立ち続けていられなくなり急いで走り去った」そのような流れになる記述はない。 キ「私はしばらくの間何も言えなかった」あまりにも美しかったので言葉が出なかったと言う流れにするためにCに入れるのが適当。

(4) 2 it は直前の life without water or electricity を指す。life を代名詞 it で受けているが，life だけでは不十分。どんな life なのかが重要なので life without water or electricity まで含めて答える。

(5) mixed feelings「複雑な気持ち」 その内容は直後の文に具体的に書かれているのでそれをまとめる。「友人や美しい国にさよならを言うのは悲しかったが，家に帰って友人や家族と自分の体験を分かち合うことにわくわくしていた」 say goodbye to ～「～にさよならを言う」 share A with B「AをBと分かち合う」

(6) 5は直訳すると「あなたの居心地の良い場所から自分を外に追い出そう」ということ。つまり，オ「同じことをし続けるのではなく，これまでやったことがないようなことに挑戦しよう」という内容に一致。 ア「リラックスしたいのならできるだけ一生懸命働きなさい」 イ「あなたにとって居心地の悪いことには何も挑戦するべきではない」 ウ「時間を無駄に使うことはやめ，あなたの趣味に時間を使いなさい」 エ「便利な道具と情報なしに新しい国には決して行ってはいけない」

重要 **【7】** (対話文：条件英作文)

(全訳) ユミ：こんにちはトム。夏休みの計画は？ カナダに戻るの？

トム：いや，日本にいるつもり。東京と京都を訪問しようと思っているけど①どの町を訪れるべきかまだ決めていないんだ。何かアドバイスをくれる？

ユミ：もちろん。ご存知のように，東京は日本の首都でわくわくするような街に違いない。でも残念ながら，東京には②人が多すぎる。どこも人で混雑していてすぐに疲れてしまうかもしれない。

トム：それは嫌だな。夏休みに疲れたくない。京都はどう？ 混雑している街？

ユミ：はい，でも私の意見としては，東京ほど③京都には観光客はいない。もし日本の歴史に興味があるならそこに行くべき。

トム：なぜ？

ユミ：京都はとても古い街なので，もしよければ街中にある多くの古い寺を訪問できる。

トム：なるほど。ユミ，ありがとう。京都は訪れるのに良い場所のようだね。

① トムは東京と京都に行こうと考えていて，but「しかし」に続ける。直後にユミにアドバイスを求めていること。haven't，should を使う条件を考えあわせ「どの街に行くべきかまだ決めていない」という現在完了形を用いた英文を作る。I haven't decided which city I should visit. which 以下は間接疑問文となるので語順に注意。

② I'm afraid that は「残念ながら」という意味で否定的な内容の文が続く。続く文では人でとても混雑していることが書かれていること，語尾に Tokyo があり too を用いることを考えあわせ「東京は人が多すぎる」という文を作る。there are too many people in Tokyo という英文が適当。

③ 直前のトムのセリフで，京都もとても混雑しているのかを聞いていること，続く文で日本の文化に興味があるなら京都に行くことを勧めていること，tourists と as を使う条件から考え，京都と東京の観光客の多さを比較する文を作る。Kyoto doesn't have as many tourists as Tokyo.「京都には東京ほど多くの観光客はいない」とするのが適当。

★ワンポイントアドバイス★

条件付き英作文では与えられている条件を細かい指示までよく見ること。まず前後の文をよく読もう。対話の流れから状況を想像し，与えられている条件に合う英文を考えていこう。接続詞も大きなヒントとなるので見落とさないようにしよう。

＜理科解答＞

1. (1) B　(2) 酸素　(3) (例) インジゴカーミン溶液が自然に変化するのではなく，カナダモによって変化するのを確かめるため。　(4) ア　(5) D エ　E ア
(6) 32mg減った　(7) 4(本)

2. (1) 水素　(2) オ(＞)ア(＞)イ(＞)エ(＞)ウ　(3) イ，ウ　(4) ① 木星
② 水星　③ 地球　④ 天王星　(5) ① オリオン座　② 9(時)

3. (1) 556　(2) ① $CaCO_3 + 2HCl \rightarrow CaCl_2 + H_2O + CO_2$
② $2NaHCO_3 \rightarrow Na_2CO_3 + H_2O + CO_2$　(3) 塩化水素　(4) イ 低(い)　ウ 比例
(5) 体積 1.4(mL)　質量 2.5(mg)

4. (1) 慣性　(2) 作用反作用[運動](の法則)　(3) 5.0(N)　(4) 0.5
(5) イ 4.0(N)　ウ 3.0(N)　(6) 7.0(N)　(7) 3.5(N)

○推定配点○

1. (1)，(2)，(4) 各1点×3　他 各2点×5　2. (2)，(3)，(5)② 各2点×3　他 各1点×6　3. (3)，(4) 各1点×3　他 各2点×5　4. (1)，(2)，(5) 各1点×4　他 各2点×4　計50点

＜理科解説＞

1. (植物—光合成)

(1)・(2) 植物は光を受けると光合成を行って酸素を出す。また，インジゴカーミン溶液は酸素にふれると青色になる。よって，光があたっている試験管Bのカナダモは光合成を行い酸素を出しているので，試験管Bでは液全体が青色になる。

重要 (3) 試験管AとBではカナダモに対する光の条件がちがい，試験管BとCではカナダモがあるかどうかの条件を変えている。試験管Cを用意して変化がないという結果を確認することで，インジゴカーミン溶液だけで変化は起こらず，変化の原因がカナダモにあることを確認できる。

基本 (4) オオカナダモもクロモも淡水中に生えている植物である。

やや難 (5) 呼吸では酸素と栄養分を使って二酸化炭素を出し，光合成では二酸化炭素を使って酸素を出して栄養分をつくる。カナダモはつねに呼吸をし，光を受けたときに光合成を行うので，光の強さが0キロルクスのときのグラフの値(＝−1)は，呼吸だけのはたらきの大きさ，光の強さが4キロルクス以上のときのグラフの値(＝＋3)は，光合成のはたらきの大きさから呼吸のはたらきの大きさを引いた差を表している。よって，D(＝3)からは，光合成によってつくられた栄養分から呼吸によって使われた栄養分の差がわかるので，植物体に蓄積される栄養分の量がわかる。また，E(＝3−(−1)＝4)は，光合成のはたらきの大きさを表すので，Eからは光合成によってつくられる栄養分の総量がわかる。

やや難 (6) グラフから，光の強さが5キロルクスのとき，1時間で3mgの二酸化炭素が吸収される。また，

光があたらないとき，1時間で1mgの二酸化炭素が出される。よって，吸収された二酸化炭素の量は3(mg)×14(h)＝42(mg)，出された二酸化炭素の量は1(mg)×10(h)＝10(mg)である。したがって，二酸化炭素は42－10＝32(mg)減ったことがわかる。

やや難 (7)　メダカ2匹の呼吸によって24時間で出される二酸化炭素量は，2.5(mg)×2×24(h)＝120(mg)である。また，(6)より，カナダモ1本が24時間で吸収する二酸化炭素量は32mgなので，24時間で水槽で発生する二酸化炭素量を0にするには，カナダモは120(mg)÷32(mg)＝3.75より，最低4本以上入っている必要がある。

2. (地球と太陽系一太陽・惑星・日周運動と年周運動)

基本 (1)　太陽に多くふくまれる気体は水素で，次いで多いのはヘリウムである。

基本 (2)　太陽のコロナは100万℃以上，プロミネンスは約1万℃，黒点は4000～4500℃，表面温度は約6000℃，中心温度は1600万℃以上である。

(3)　太陽活動が活発になると，黒点が増えたり，北極や南極付近でオーロラが見られたり，電磁波による影響で電波障害が起こったりする。

重要 (4)　①　直径が地球の約11倍である惑星は木星で，太陽系最大の惑星である。また，エウロパやカリスト，イオ，ガニメデなど多くの衛星をもつ。　②　太陽系で最小の惑星は水星である。

重要 ③　太陽系惑星で唯一，表面に液体の水を有するのは地球である。　④　天王星は自転軸が大きく傾いていて，横倒しになっている。

基本 (5)　①　リゲルやベテルギウスをふくむ星座はオリオン座である。

やや難 ②　南の空で，同じ時刻に見える星は1か月で30°ずつ西にずれていくので，明石では，12月6日の20時にオリオン座は西に30(°)×10＝300(°)西にずれた位置，つまり，東に360－300＝60(°)ずれた位置に見える。また，南の空で，同じ日に見える星は1時間で15°ずつ西にずれていく。これらのことから，明石で12月6日にオリオン座が南中するのは，60÷15＝4より，20時の4時間後の0時に南中することになる。

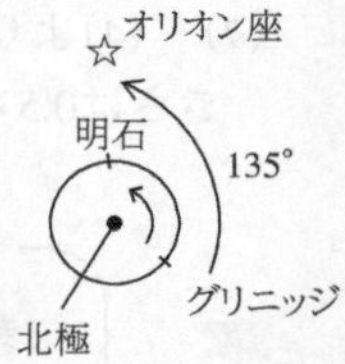

グリニッジは明石よりも経度で135度東に位置しているので，右の図のように，グリニッジでオリオン座が南中するのは，明石で南中してから地球が135°自転したときとなる。地球は1時間で15°するので，135÷15＝9より，オリオン座がグリニッジで南中するのは，日本時間で0時の9時間後の9時となる。

3. (気体一二酸化炭素の性質)

(1)　二酸化炭素の密度が1.8g/Lであることから，1L＝1000mLの質量が1.8gであることがわかる。xmLのときの質量が1gであるとすると，1000(mL)：1.8(g)＝x(mL)：1(g)　x＝555.5…より，556gとなる。

重要 (2)　①　石灰石(炭酸カルシウム)$CaCO_3$と塩酸HClが反応して，二酸化炭素CO_2が発生して，同時に塩化カルシウム$CaCl_2$と水H_2Oが生じる。　②　炭酸水素ナトリウム$NaHCO_3$を加熱すると，二酸化炭素CO_2が発生して，同時に炭酸ナトリウムNa_2CO_3と水H_2Oが生じる。

基本 (3)　塩酸は塩化水素の水溶液である。

(4)　気体の部分の体積の変化から，水にとけた二酸化炭素の体積(mL)をまとめると右の表のようになる。表から，水の体積が同じときを比べると，水の温度が高いほど二酸化炭素はよくとけることがわかる。また，水の温度が同じときを比べると，水にとける二酸化炭素の体積は，水の体積に比例することがわかる。

とけた二酸化炭素の体積(mL)

		水の体積(mL)		
		1	2	3
温度(℃)	5	1.5	3	4.5
	25	0.7	1.4	2.1

(5)　(4)の表より，水の体積が2mL，温度が25℃のとき，1.4mLの二酸化炭素が水にとけている。(1)より，二酸化炭素1000mLの質量が1.8gなので，1.4mLの質量をygとすると，1000(mL)：1.8(g)＝1.4(mL)：y(g)　y＝0.00252(g)より，0.00252g＝2.52mgだから，2.5mgとなる。

4.（運動―運動と力）

基本　(1)　物体にはたらく合力が0ならば，静止している物体は静止し続け，運動している物体は等速直線運動を続けようとする性質を慣性といい，このような性質をもつことを慣性の法則という。

(2)　(1)の「慣性の法則」以外のニュートンの運動の法則には，「運動の法則」，「作用反作用の法則」がある。「運動の法則」は，力と加速度と質量の関係についての法則で，「作用反作用の法則」は，2つの物体間ではたらく力の関係についての法則である。

重要　(3)　ばねばかりで物体を引いたとき，物体は一定の速さで動いたことから，ばねばかりが物体Aを引く力と，物体Aと水平面の間にはたらく摩擦力はつり合っていることがわかる。よって，摩擦力の大きさは，ばねばかりの示す値の5.0Nと等しくなる。

(4)　質量1kgの物体Aにはたらく重力の大きさは10Nなので，物体にはたらく垂直抗力の大きさは10Nである。動摩擦係数をkとおくと，5.0(N)＝k×10(N)　k＝0.5

重要　(5)　図3，4より，イ(N)：5.0(N)＝4：5　イ＝4.0(N)，ウ(N)：5.0(N)＝3：5　ウ＝3.0(N)

重要　(6)　物体Aにはたらく重力の大きさが10N，(5)より，物体Aを引く力の鉛直方向の分力が3.0Nなので，物体Aが水平面をおす力の大きさは10－3.0＝7.0(N)となる。物体Aが水平面をおす力と，物体にはたらく垂直抗力はつり合っているので，垂直抗力の大きさは7.0Nである。

(7)　(4)より，動摩擦係数は0.5なので，「動摩擦力＝動摩擦係数×垂直抗力」より，動摩擦力の大きさは0.5×7.0(N)＝3.5(N)である。

★ワンポイントアドバイス★

教科書内容でも細かな部分からの出題もあるので，教科書内容はしっかりと理解しておこう。また，問題文中に書かれている内容をもとに回答していく問題もあるので，読解力や思考力も身につけておこう。

＜社会解答＞

【1】　問1　1　a　ウ　b　ア　c　ク　2　ウ　3　ウ　問2　D
問3　(例)　リアス海岸で，水深が深く波もおだやかだから。
問4　(例)　途切れている国道をつなぐために橋を架ける。

【2】　問1　1　①　ウ　②　イ　③　エ　2　①　イ　②　カ
問2　1　イ　2　(例)　医療の進歩や衛生環境の改善

【3】　問1　1　戸籍　2　琵琶法師　問2　ウ　問3　役人　問4　エ　問5　イ

【4】　問1　1　日清戦争[下関条約]　2　取付け　3　管理通貨　問2　ウ　問3　エ
問4　(例)　地租が定額の地価を基準に算定されていたため。[地租が定額だったため。]
問5　ア　問6　エ

【5】　問1　1　温室効果　2　カーボン　問2　イ　問3　イ　問4　ウ
問5　(例)　東日本大震災後，原子力発電を停止したため。　問6　ア　問7　エ

【6】　問1　ア　問2　ウ　問3　デフレスパイラル　問4　イ　問5　ウ　問6　エ

○推定配点○
【1】 問1・問2　各1点×6　　他　各2点×2　【2】 問2(2)　2点　　他　各1点×6
【3】 各1点×6　【4】 問4　2点　　他　各1点×7　【5】 問5　2点　　他　各1点×7
【6】 問2・問6　各2点×2　　他　各1点×4　　計50点

＜社会解説＞

【1】 (日本の地理―地形図，交通)

問1 (1) (a) 「X」の地点から，右手に漁港をみながら進もうとすると最初は上(北)に向かうことになり，道なりにすすむとやがて道が西に曲がる。「石塚」集落の交差点で左折すると下(南)に進み，250m(地形図の縮尺は25000分の1なので，地形図上では250mは1cm)ほど進むと右手に交番の地図記号(X)がみられる。よって，ウがあてはまる。 (b) 正面に「←大王崎 1km」の道路標識がある交差点を右折し，道が二手に分かれている道を右側に進み，国道へ出ると左折し，400m(地形図上では1.6cm)ほど進むと右手に病院の地図記号(⊕)が見え，道を挟んだ反対側には消防署の地図記号(Y)がみられる。よって，アがあてはまる。 (c) 国道をそのまま進むと右手に墓地の地図記号(⊥)が見え，周囲には荒地の地図記号(ılı)や畑の地図記号(∨)がみられるので，クがあてはまる。 (2) 墓地や荒地，畑の見られる場所から国道を進むと標高が下がっていることが読み取れるので，ウの下り坂が続いていると判断できる。 (3) 太郎さんが通ったルートの中で最も高い地点は，交番から国道までの間で，50mの等高線をこえている場所があった。一方，最も低い地点はスタートした「X」の地点や最後の砂浜の海岸が見えてきたところなどで標高は10m未満である。よって，最も高い地点と最も低い地点の標高差に最も近いのは，ウの50mと判断できる。

問2 A，B，Cはいずれも標高が10m未満と低く海に近い位置にあることから津波で被害を受ける可能性が高いと考えられるのに対して，Dは標高が30m以上あることから津波で被害を受ける可能性はA，B，Cに比べると低いと判断できる。

問3 「Y」のある場所など，地図2の地域には入り組んだ海岸線のリアス海岸が多くみられる。リアス海岸は水深が深く波もおだやかなため，養殖を行うのに適しているといえる。

やや難 問4 地図1からは，志摩市には国道が海に隔てられて途切れている場所が見られる。また，高速道路も志摩市には整備されていないことが読み取れる。交通の便が悪く雇用が少ないという問題に対しては，交通の便を改善するために途切れている国道をつなぐために橋を架けたり，高速道路や高規格のバイパスを整備することによって，対応することが考えられる。

【2】 (地理―アフリカ州)

問1 (1) アは銅が7割以上を占めていることからザンビア，イはカカオ豆が第1位となっていることからコートジボワール，ウは原油や天然ガスが上位を占めていることから産油国のアルジェリア，エは白金(プラチナ)や金(非貨幣用)のほかに自動車も上位にあることから南アフリカ，オは紅茶が第1位となっていることなどからケニアと判断できる。よって，①のアルジェリアはウ，②のコートジボワールはイ，③の南アフリカはエとなる。 (2) ①の写真は，ナイジェリアやコンゴ民主共和国などで生産が盛んなイのキャッサバである。②の写真はエジプトなどで生産が盛んなカのなつめやしである。なお，アのカカオはコートジボワールやガーナなどが，ウのコーヒー豆は南アメリカ州にあるブラジルやアジア州にあるベトナムなどが，エのヤムイモはナイジェリアなどが，オのジャガイモはアジア州の中国やインドが，生産が盛んである。

重要 問2 (1) 世界の人口(2021年)は約79億人であり，アフリカの人口(2021年)は約14億人なので，アフリカの人口が世界の人口に占める割合(2021年)は約18%となる。 (2) アフリカでは先進国からの支援や援助もあり，医療の進歩や衛生環境の改善が進んでいるため，平均寿命はのびている。また，アフリカでは出生率が高く出生数も多く，医療の進歩や衛生環境の改善によって乳幼児の死亡率が大幅に低下したことなどもあり，人口が急増している。

【3】 (日本と世界の歴史—古代～近世)

問1 (1) 律令国家は，戸籍に人々を登録した。 (2) 『平家物語』は，琵琶法師によって語り伝えられた。

基本 問2 写真の文字はくさび形文字である。くさび形文字はメソポタミア文明で使用されていたものであることから，ウの説明が正しい。アは中国文明で使用された甲骨文字について述べている。イはエジプト文明で使用された象形文字について述べている。エはインダス文明で使用されたインダス文字について述べている。

問3 平城宮は奈良時代に政治の中心であったこと，奈良時代には役人たちは政治を行う上で必要な書類を紙や木簡などに記していたことから，図の木簡は役人が文字の練習のために作成したと考えられる。

問4 御成敗式目は1232年に制定されたが，後鳥羽上皇が承久の乱をおこしたのはそれより前の1221年なので，エが誤っている。

問5 江戸時代，大名は藩に納められた年貢の一部を幕府に納めることは義務づけられていなかったので，イが誤っている。なお，江戸幕府8代将軍徳川吉宗が行った享保の改革において，大名に対して領地1万石に対して米100石を幕府に上納させる代わりに参勤交代における大名の江戸在住期間を半年に短縮するという上げ米が行われたことがあるが，短期間で廃止されている。

【4】 (日本と世界の歴史—近代)

問1 (1) 日本が1897年よりも前に得ていた賠償金としては，日清戦争の講和条約である下関条約で獲得したものがある。 (2) 1927年には，不安にかられた人々が預金の引き出しに殺到する取付け騒ぎが起こっている。 (3) 金本位制から離脱した日本は，日本銀行券と金の交換が不可能な管理通貨制度へと移行している。

問2 Aの「第一国立銀行紙幣」は，1872年の国立銀行条例により1873年に設立された第一国立銀行が発行したものである。Bの「明治通宝」は1872年に明治政府が発行した紙幣である。Cの「日本銀行券(大国札)」は1882年に設立された日本銀行が発行したものである。よって，年代の古い順に並びかえるとB→A→Cとなり，ウが正しい。

問3 開国後に小判の質を下げた万延小判が発行されたので，エが正しい。寛永通宝は中国から輸入されたものではなく日本でつくられたものなので，アは誤り。正徳小判は5代将軍徳川綱吉の時代ではなく，6代将軍徳川家宣・7代将軍徳川家継に仕えた儒学者の新井白石の建議で発行されたものなので，イは誤り。丁銀・豆板銀などの銀貨は，江戸の銀座で鋳造されたので，ウは誤り。銭座は寛永通宝などの銭貨を鋳造した。

問4 1873年に地租改正が行われたことで，政府の主要な財源である地租は定額の地価を基準に算定されていた。そのため，松方財政が行われる以前には政府がインフレに適切に対応できなかったと考えられる。

問5 「ざんごう」とは，戦場において兵士が敵の弾丸等を避けるために作られる，溝を掘って前方には土のうなどを積み上げた防御施設である。「ざんごう戦」は，長大なざんごうをきずき戦う方法で，戦車や飛行機を集中的に運用して敵国の首都に迫るというものではないので，アが誤っている。第一次世界大戦では戦車や飛行機などの新兵器が登場している。イについて，第一次世界大戦ではフランス・ロシア・ドイツ・オーストリアの死者は100万人を超えており，正しい。

ウについて，第一次世界大戦中の1917年に連合国側のロシアで革命がおこり，ロシアは大戦が終了する前にドイツと単独で停戦しているので，ウは正しい。アメリカ大統領ウィルソンが唱えた民族自決の原則により，大戦後に東ヨーロッパで多くの国が独立したので，エは正しい。

基本 問6 ドイツがワイマール憲法を制定したのは，世界恐慌後ではなく第一次世界大戦後の1919年のことなので，エが世界恐慌後の各国の様子として誤っている。世界恐慌後，イギリスやフランスはブロック経済という政策をとったので，アは正しい。世界恐慌後，アメリカではローズベルト大統領のもとでニューディール政策がとられたので，イは正しい。独自の計画経済をとっていたソ連は世界恐慌の影響を受けず，世界恐慌後にはアメリカに次ぐ工業国となったので，ウは正しい。

【5】（公民－人権，地球環境問題，国際社会と平和）

問1 1 二酸化炭素などは，地球温暖化の原因となると考えられていることから，温室効果ガスと呼ばれている。 2 人びとの活動で排出された二酸化炭素を，人々の活動で吸収・除去することでプラスマイナスゼロにしようという考え方を，カーボンニュートラルという。また，カーボンオフセットとは，企業が自社で削減しきれない分の二酸化炭素の排出量について，他の場所で実現した二酸化炭素排出削減分への投資などを行うことで埋め合わせるという考え方である。

問2 国王の恣意的な支配に対して，個人の人権や自由を保障するために権力者の上に法をおくという考え方を，イの法の支配という。なお，アの法治主義は法の内容にかかわらず法の形式が整っていえればそれに従うべきという考え方。

問3 フランス人権宣言は，社会契約説の影響を受けているので，Aは正しい。フランス人権宣言は，「人は生まれながらに，自由で平等な権利を持つ」とあることから，自由権と平等権に関する内容が規定されていると考えられるが，社会権に関する規定はないので，Bは誤り。よって，イの組み合わせが正しい。

問4 G7に含まれる国は，アメリカ合衆国，日本，イギリス，フランス，ドイツ，イタリア，カナダである。ランキングにはG7の国々がすべて入っているので，ウが正しい。国際連合の安全保障理事会の常任理事国は，アメリカ合衆国，イギリス，フランス，中国，ロシアの5か国であるが，フランスは8位となっており7位までに入っていないので，アは誤り。BRICSと呼ばれる国はブラジル，ロシア，インド，中国，南アフリカ共和国であるが，5位までに中国，ロシア，インドの3か国が入っているので，イは誤り。核兵器の保有を宣言している国はアメリカ合衆国，ロシア，イギリス，フランス，中国のほかにインド，パキスタン，北朝鮮があるので，ランキングにすべての国は入っていないとわかり，エは誤り。

重要 問5 2011年以降，日本において火力発電の燃料輸入が増加したのは，2011年3月に起こった東日本大震災と東京電力福島第一原子力発電所事故により原子力発電所が運転を停止し，火力発電が代替したためと考えられる。

問6 日本は，性別による差別を解消するため，男女雇用機会均等法を制定したので，Aは正しい。日本は1995年に人種差別撤廃条約に加入しているので，Bは誤り。日本国憲法は，第20条で信教の自由について規定しており，Cは誤り。よって，アの組み合わせが適当。

問7 エのエスノセントリズムは自民族中心主義などと訳されており，自己の文化に最大の価値を置き，他の文化を低く評価したり否定的に判断したりする考え方なので，多様性に関連する言葉として適切でない。アのバリアフリーは，障がい者や高齢者などにとって生活の支障となるような物理的・精神的な障壁を取り除くという考え方。イのユニバーサルデザインは，障がいの有無や年齢などに関係なく，誰もが利用可能な製品などをつくるという考え方。ウのダイバーシティは，多様性を意味する言葉である。

【6】（公民―経済のしくみ，日本経済，国際経済）

問1　日本の金利がアメリカよりも高くなると，一般的には円高・ドル安の傾向をもたらすと考えられているので，アが適当。イについて，1ドル＝100円から1ドル＝200円になることは円安とよび，一般的には日本から海外旅行の費用が上がると考えられているので，誤り。ウについて，日本からの輸出が輸入の額を大きく上回ることは，一般的には円高をもたらすと考えられているので，誤り。エについて，円高になると，国内の製造業企業の海外移転が増え，日本の工場が減少する状況が発生しやすくなるが，これはドーナツ化現象ではなく産業の空洞化なので，誤り。

問2　販売価格をP_1からP_2に引き上げ，需要曲線が変動しない場合，販売量はQ_0となることがグラフからは読み取れる。販売価格はP_2で販売量がQ_0の場合の売上総額は$P_2 \times Q_0$となる。これによって，販売量はQ_1からQ_0に減少するので，減少した生産量は$Q_1 - Q_0$となり，ウの組み合わせが適当となる。

問3　物価の下落と企業利益の減少が連続して起こる状況は，デフレスパイラルという。

問4　日本銀行が実施する公開市場操作は，日本銀行が公開市場において国債などを売買することによって市中の通貨量の増減を調整しようとするものである。日本が不況の時には，日本銀行が公開市場から国債を購入することで市中銀行に資金が集まり，市中銀行から民間企業などへの貸し出しが増えるようにするので，イが適当。公開市場操作では日本銀行は政府から直接国債を購入したり，政府に国債を直接売却したりしないので，アとウは誤り。預金準備率の比率を引き下げることは公開市場操作ではなく預金準備率操作といい，公開市場操作に関する説明としては適当でない。

やや難　問5　デフレーションが発生すると物価が継続的に下落することから，お金の価値は高まり，借金の実質的な負担額は大きくなるため，ウが誤っている。日用品の販売価格が上昇した場合，定額の仕送りで生活する大学生にとっては買える量が減少するため損をした状況になると考えられ，アは適当。製造コストが上昇した場合に，販売価格を変えないと製造した企業は損をしたことになるので，イは適当。デフレーションの発生により売上額が下落した場合，税収が少なくなるため，政府は損をしたことになるので，エは適当。

問6　削減していると回答した割合の上位3費目は，20代が食費，旅行・レジャー費，美容費で，30代から60代は食費，旅行・レジャー費，被服費となっていることから，すべての年代で共通しているわけではなく，エが誤っている。アについて，男性と女性を比較したとき，削減していると回答した割合の差が最も大きい費目は18.5％の差がある美容費であり，正しい。イについて，特に削減は行っていないという回答は男性が23.7％，女性が16.7％となっており，男性の方が女性よりも高いので，正しい。ウについて，ガソリン代を削減していると回答した割合が最も高い年代は60代で，旅行・レジャー費と被服費も60代が割合は最も高いので，正しい。

★ワンポイントアドバイス★

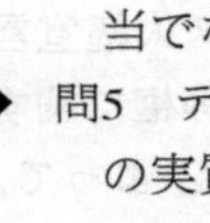

統計資料や地図，写真などの読み取りについての問題に慣れておこう。

＜国語解答＞

【一】 問1 a 謎　b 就　c 兼(ね)　d 顕　e 怒[呶]　問2 A オ　B エ　C ア　D イ　E ウ　問3 オ　問4 ア　問5 エ　問6 イ

問7 親が子供に～響を与える(から。)　問8 (例) (子供の家庭環境が悪い場合に，)欧米は子供を社会全体で育てるので，国も介入し支援するが，日本は核家族の形成過程で子育ては親の責任とされ，家庭は第三者の介入を拒絶し，国も地域社会も介入を躊躇うので，子供は言葉を育む機会を持てないから。(100字)

【二】 問1 a 曖昧　b 蛇口　c 縦　d 費(やし)　e 忙(しく)

問2 (例) 和菓子のコンテストに出場することは，未熟な自分の立場もわきまえず恥ずかしいが，自分の店を持つために実力を試したいという心情。　問3 ウ　問4 オ　問5 説明　問6 ア　問7 エ　問8 イ・オ

○推定配点○

【一】 問1 各2点×5　問2 各1点×5　問8 10点　他 各5点×5(問7完答)

【二】 問1 各2点×5　問2 10点　他 各5点×6(問8完答)　計100点

＜国語解説＞

【一】 (論説文一大意・要旨，内容吟味，文脈把握，接続語の問題，脱文・脱語補充，漢字の読み書き)

問1 a 内容や正体がはっきりとわからないこと。 b 他の音読みは「ジュ」で，「成就」という熟語がある。 c 音読みは「ケン」で，「兼備」「兼務」などの熟語がある。 d 「顕」を使った熟語には，他に「露顕」「顕彰」などがある。 e 訓読みは「いか(る)」「おこ(る)」。

基本　問2 A 「決して簡単なことではない」という前より，後の「すごく難しいことなんです」と言った方がいいという文脈なので，前より後の方を選ぶという意味を表す言葉があてはまる。

B 直前の文の「一つの言葉であっても，いろんな意味や使用法がある」例を，後で「日本語に『くっつく』という言葉がある」と挙げているので，例示の意味を表す言葉があてはまる。

C 前の「シャッターを切る」という例に，後で「水を切る」という例を付け加えているので，添加の意味を表す言葉があてはまる。 D 「親の経済力や遺伝が子供の語彙力を左右する」という前に対して，後で「親が子供に対して話しかける言葉の量と質が，経済力よりはるかに大きな影響力を与える」と相反する内容を述べているので，逆接の意味を表す言葉があてはまる。

E 「家庭の環境が悪いことがはっきりすれば，国が……育児の代行をしたりすることに躊躇いが少ない」という前から，当然予想される内容が後に「家庭格差はあっても，子供は……言葉を育てていく環境を守ってもらえる」と続いているので，順接の意味を表す言葉があてはまる。

問3 同じ今井の話の中の「一つの言葉であっても，いろんな意味や使用法があるので，上手につかえるようになるには相応の時間と経験が必要」を「理解し使いこなすには多くの経験と長い時間が必要だから」と言い換えているオが最適。アイウは「時間が必要」という内容を含んでいない。エの「経験を積んでおかなければならない」と理解する時間が必要だとは言っていない。

問4 後で今井は「家庭環境が非常に大きな役割を担っています」と述べた後，「親が頻繁に子供の語彙を増やせるような適度に複雑な表現をするとか，同じ言葉であってもさまざまな形でつかってみせる」ような「親が子供に対して話しかける言葉」，「非日常的な言葉に接すること」ができる「読書週間」，「新しいものに興味を抱く，感覚をくすぐられる，物事の因果関係を考え」られるような「本当の意味で遊ばせる環境」があるか否かという三つの「分岐点」を挙げている。こ

の内容を述べているアが最適。「家庭環境」について述べているので，「自然や友人との触れ合い」とあるイは最適ではない。ウ「会話の中で……非日常的な言葉を頻繁に使う」とは述べていない。エの「意欲」「意志」，オの「綿密な計画」は，「分岐点」ではない。

問5　――線部③の「行間を読める」は，文章には直接表現されていない筆者の真意がわかることを言う。直前の段落で「後者は……『スキーマ』と呼ばれる」とあり，一つ前の段落で「スキーマ」について「いろいろな情報や経験から共通するものを抽出して一般知識としてまとめ」ると説明している。エの『枕草子』や童謡などから「日本の伝統的な季節感」を追体験することが「スキーマ」に相当し，「何気ない情景描写から，秋の訪れを感じとる」が「行間を読める」に相当する。他の選択肢は，「スキーマ」と「行間を読める」という言葉の意味に合わない。

問6　「小学四年くらいから学校の勉強や人間関係が急に」どのようになるのか。直後の文の「日常生活でつかわれる語彙だけでなんとなくやり過ごせたものが，そうではなくなる」「人間関係がこじれる」などにふさわしい表現があてはまる。ア「国際化」，エ「希薄化」に通じる説明はない。「小学四年」に，オの「専門化」は合わない。「授業についていけなくなる」に，はっきりと目に見える形で表すという意味のウ「具体化」も合わない。

問7　――線部④は，子供の言葉の習得のために親の経済力は関係がないことを言っている。直後に「親の意識」とあるので，「親の経済力」より「親の意識」の方が重要だからという理由を述べている部分を探す。「子供が言葉を育める」で始まる段落の今井の言葉に「アメリカの研究でも日本の研究でも，親が子供に対して話しかける言葉の量と質が，経済力よりはるかに大きな影響力を与えることがわかっています」とあり，ここから「～から。」に続く形で抜き出す。

やや難　問8　まず，設問に「欧米と日本の違い」とあるので，「日本には，子育ては親がそれぞれの考え方でする」で始まる段落と「一方，欧米には子供は国の宝物なのだから，社会全体で育てていこう」で始まる段落の内容に着目する。「子供の家庭環境が悪い場合に」に続けて，「欧米は～だが，日本は～なので，子供は言葉を育む機会を持てないから。」などの形にまとめる。

【二】　(小説―情景・心情，内容吟味，文脈把握，漢字の読み書き)

問1　a　態度や物事がはっきりしないこと。　b　水道管の先に取り付けて水の量を調整する器具。「蛇」の他の音読みは「ダ」で，「蛇行」「蛇足」などの熟語がある。　c　音読みは「ジュウ」で，「縦横」「操縦」などの熟語がある。　d　音読みは「ヒ」で，「消費」「経費」などの熟語がある。　e　音読みは「ボウ」で，「忙殺」「繁忙」などの熟語がある。

やや難　問2　――線部①「身のほど知らず」は，自分の能力の程度をわきまえないこと。直前の「和菓子協会が主催するコンテスト……が五月にある。それに出場して力を試すのが，自分の店を持つことへの第一歩と考えた」という出場の動機や，後の「今の自分の実力が知りたいんです」という言葉から，ワコの心情を読み取る。和菓子のコンテストに出場することに対して自分は未熟だが，自分の店を持つために実力を試したいなどとまとめる。

問3　直後のワコの言葉に「どのような形で表現するかが感性だと思います」とあることから，ワコは，「感性」とは何かという問いの答えに「はっと気づいた」とわかる。前で「その感性とはなんだと思う？」と曽我に聞かれて，ワコは「見たもの，感じたもので……季節をどう表現するか？その表現力の豊かさだと思います」と答えているが，曽我に「まだ足らんな」と一蹴されている。したがって，「表現の豊かさ」ではなく「どのような形で表現するか」が重要だと気づいたという内容を述べているウが最適。ワコは「――あたしの上生菓子」を作ろうとしているので，ア「人の多様な価値観を包み込む」は適切ではない。イ「食べる人の視点に立って」やエ「食べる人の気持ちに寄り添って」，オ「味に対するこだわり」については書かれていない。

問4　――線部Xの前に「審判員の，『始め！』の声が会場に響き渡る」とあり，後でワコが和菓子作りに集中し始める様子が描かれている。――線部Yは，ワコが準優勝に選ばれた時の様子で，後に「ふわふわした足取りで」とあることから，現実とは思えないでいることを表している。この違いを説明しているオを選ぶ。――線部Yの前後のワコの様子に，アの「優勝への手応えはあった」，イの「自分の作品にその価値があるのが信じられない」，ウの「困惑」，エの「努力の結果に確かな手応えを感じている」はそぐわない。

問5　曽我の評価を問われているので曽我の言葉に着目する。最終場面で曽我がワコの上生菓子に対して「蔕のある側の柿をつくるのでは，たとえそれがよくできていても単なる説明だ。これは柿です，という説明をしているに過ぎない」と言っている。ここから適切な二文字を抜き出す。

やや難　問6　「もちろん嬉しい」で始まる段落で，鶴ヶ島の菓子は「まさに柔らかくほのかにかすんで見える春の夜の月というたたずまい」「秋の方は……濡れたような石に，紅いもみじの葉が一枚落ちている。それだけで，清らかな冷たい水の流れが見える」と表現されている。一方，ワコの菓子は「技巧的には確かに優れている」が「表現するやり方が間違っている」と曽我に指摘されている。この内容を説明しているアを選ぶ。ワコの菓子は「姿をそのままつくっ」ているので，イ「ぼんやりとしたイメージしか浮かばず」とあるイは合わない。ワコは，ウの「味覚」を問題にしていない。エの「つたない感性を技巧で補っていることを証明している」は読み取れない。オの鶴ヶ島の「目的意識」や，ワコの「自分の技巧をひたすら詰め込んだに過ぎないという点」は「決定的な違い」ではない。

やや難　問7　【文章】の後半の段落に「やっと分かったような気がした」とあるので，その後の「萩の花で秋を表現するとしたら，それは説明だ。陽が照りつける百日紅の赤い花の傍らで蕾をつけている萩のほうが，静かに忍び寄る秋を知らせている」に着目する。秋を直接イメージさせる写実的な「萩の花」よりも「蕾をつけている萩」の方が強く秋を意識させるという解釈に，エが最適。菓子の写実性を述べるアとウは適切ではない。曽我は，イの「季節の代表的な景物を写し取」るのではないと言っている。「初音」という銘で「初音の奥深さ」を伝えるのではなく，早春の情景を伝えることだと言っているので，オも適切ではない。

重要　問8　アの「……」は多用されていない。最終場面で，ワコは曽我の言葉に「激しいショックを受け」「絶句した」とあるので，ウの「尊敬の度合いが薄れてきている」とあるウは適切でない。ワコは菓子を作る場面で，過去を回想しているので，「一心不乱に目の前の和菓子のことだけを考え」とあるエも適切ではない。

★ワンポイントアドバイス★

記述式の問題では，設問をよく読んで問われている内容を外さないような解答を作り上げよう。

MEMO

大切なことはメモしておこうネ！

2023年度

★★★★★★★★★★★★★★★★★★★★★★★★

入　試　問　題

2023年度

滝高等学校入試問題

【数　学】（60分）　　＜満点：100点＞

【注意】 答はすべて解答用紙に記入せよ。ただし，円周率はπとし，根号は小数に直さなくてよい。

1． 次の各問いに答えよ。

(1) 方程式 $(\sqrt{6}-\sqrt{2})(\sqrt{3}+1)x=\sqrt{5}$ を解け。ただし，分母は有理化して答えること。

(2) １つのさいころを２回投げたとき，１回目に出た目の数を x，２回目に出た目の数を y とおく。$\sqrt{x+y}$ が整数となる確率を求めよ。

(3) 右の図のように，点Oを中心とする円に内接する四角形ABCDがあり，∠OAC＝13°，∠BAC＝41°となる。∠ABCの大きさを求めよ。

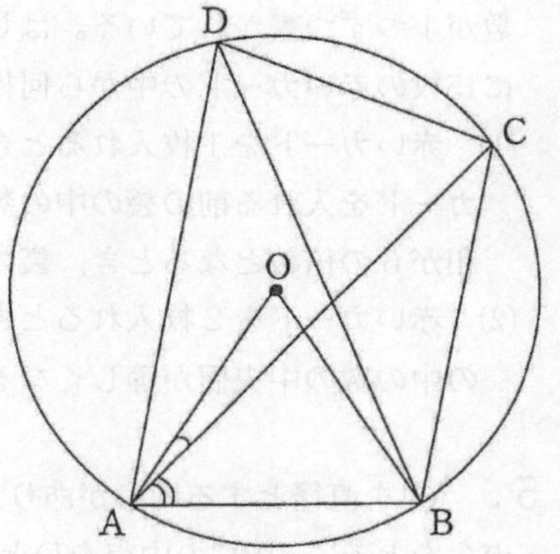

2． 放物線 $y=\frac{1}{3}x^2$ 上に x 座標が正である点Aをとる。点Aと y 軸に関して対称な点をBとし，２点A，Bから x 軸に下ろした垂線と x 軸との交点をそれぞれC，Dとする。また，原点をOとして線分OBの中点をEとし，直線AEと放物線 $y=\frac{1}{3}x^2$ の交点のうちAでない方をFとする。四角形ABDCが正方形となるとき，次の各問いに答えよ。

(1) 点Aの座標を求めよ。

(2) 直線AEの式を求めよ。

(3) 点Fの座標を求めよ。

(4) 放物線 $y=\frac{1}{3}x^2$ 上に点Gをとり，△OFGの面積が△OEFの面積と等しくなるようにする。このような点Gの x 座標をすべて求めよ。

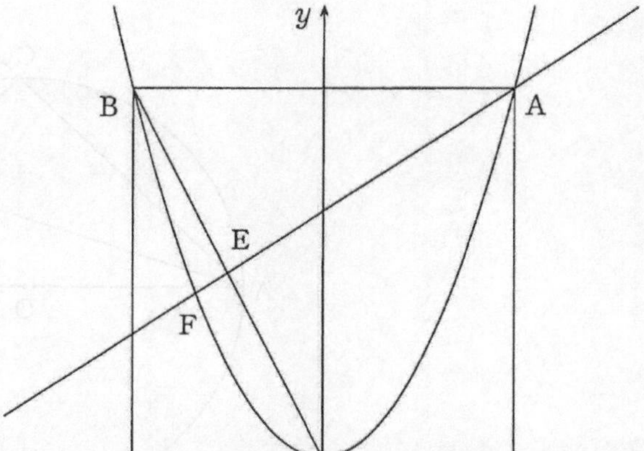

3． 空の容器に食塩水と水をホースA，ホースB，ホースCを用いて下記の［ルール］で注ぐとき，次の各問いに答えよ。ただし，食塩水は容器からあふれることはない。

［ルール］

ホースA：９時00分から９時30分まで濃度１％の食塩水を毎分1000ｇ注ぐ。

ホースB：９時10分から９時40分まで濃度16％の食塩水を毎分1000ｇ注ぐ。

ホースC：９時20分から９時50分まで水を毎分2000ｇ注ぐ。

⑴　９時20分時点の容器中の食塩水の濃度を求めよ。

⑵　９時30分時点の容器中の食塩水の濃度を求めよ。

⑶　９時30分以降で再び⑵で求めた容器中の食塩水の濃度と一致するのは９時何分か。

4． 白いカードと赤いカードがそれぞれ15枚ずつあり，それぞれの色のカードには１から15までの数が１つずつ書かれている。はじめに白いカード15枚をすべて袋の中に入れる。次に，この袋の中に15枚の赤いカードの中から何枚かを同時に入れる。このとき，次の各問いに答えよ。

⑴　赤いカードを１枚入れるときを考える。赤いカードを入れたあとの袋の中の数の中央値が赤いカードを入れる前の袋の中の数の中央値よりも大きく，赤いカードを入れたあとの袋の中の数の和が６の倍数となるとき，袋の中に入っている赤いカードの数はいくつか。

⑵　赤いカードを２枚入れるときを考える。赤いカードを入れる前と赤いカードを入れたあとの袋の中の数の中央値が等しくなるとき，２枚の赤いカードの数の選び方は何通りあるか。

5． ABを直径とする円Oがあり，線分ABの長さは$4\sqrt{2}$である。円O上にAC＝BCとなるように点Cをとる。辺BCの中点をDとし，直線ADと円の交点のうち，Aでない方をEとする。次の各問いに答えよ。

⑴　線分BEの長さを求めよ。

⑵　直線ACと直線BEの交点をFとする。６点A，B，C，D，E，Fのうち３点を頂点とする三角形の中で，△ADCと合同なものを求めよ。

⑶　△CEFの面積を求めよ。

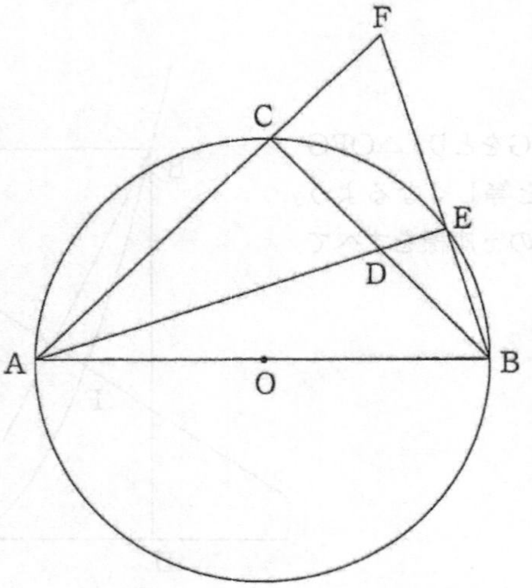

6. 底面の半径が$\sqrt{2}$，高さが６の円錐Ｐがある。立方体ABCD－EFGHの面EFGHが円錐Ｐの底面に接しており，４点Ａ，Ｂ，Ｃ，Ｄが円錐Ｐの側面上にある状態を「立方体ABCD－EFGHが円錐Ｐに内接している」とする。次の各問いに答えよ。

(1) 円錐Ｐを底面と平行な平面で切る。底面からその平面までの高さをxとするとき，断面の円の半径をxを用いて表せ。

(2) 立方体ABCD－EFGHが円錐Ｐに内接するとき，この立方体の１辺の長さを求めよ。

(3) (2)の立方体の面ABCDを含む平面で円錐Ｐを切った円錐に内接する立方体の１辺の長さを求めよ。

［円錐Ｐ］

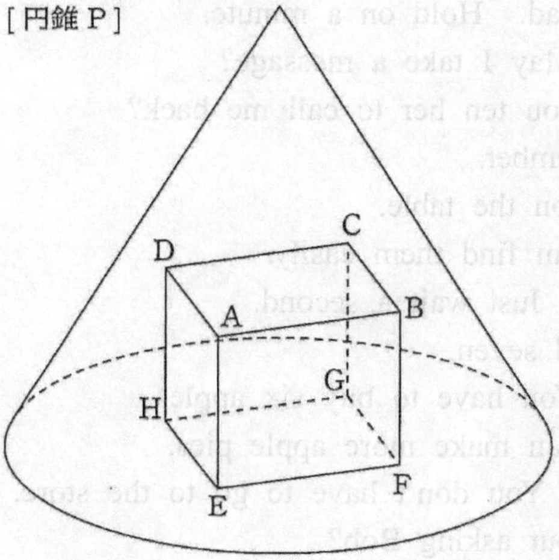

【英　語】（60分）＜満点：100点＞　※リスニングテストの音声は弊社HPにアクセスの上，音声データをダウンロードしてご利用ください。

【1】次の〈問題1〉～〈問題2〉は放送による問題です。それぞれ，放送の指示に従って答えなさい。放送を聞きながらメモをとってもかまいません。

〈問題1〉これから5つの会話が読まれます。それぞれの会話の最後の文に対する応答として最も適当なものを，ア～エの中から1つずつ選び，記号で答えなさい。会話は1度だけ読まれます。

(1) ア．OK.　I'll be back soon.
イ．That's too bad.　Hold on a minute.
ウ．All right.　May I take a message?
エ．Then, will you ten her to call me back?

(2) ア．I don't remember.
イ．I put them on the table.
ウ．Because I can find them easily.
エ．OK, I will.　Just wait a second.

(3) ア．Then, I need seven.
イ．You did?　You have to buy six apples.
ウ．Really?　I can make more apple pies.
エ．Thank you.　You don't have to go to the store.

(4) ア．So, how about asking Bob?
イ．All right.　I'll go with you.
ウ．That's good.　Have a nice day!
エ．That's too bad.　I want to go if I'm free.

(5) ア．I wish it were Saturday today.
イ．I wish I had judo practice today.
ウ．I wish I was able to sleep enough.
エ．I wish you could attend judo practice.

〈問題2〉これから読まれる物語を聞き，後の問いに答えなさい。物語は2度読まれます。

問1　物語に関する(1)，(2)の質問の答えとして最も適当なものをア～エの中からそれぞれ1つずつ選び，記号で答えなさい。

(1) What was NOT stolen in John's car?
ア．His credit card.　イ．Discount tickets.
ウ．His music CDs.　エ．Money.

(2) How much does the man pay?
ア．$12.89　イ．$20.18　ウ．$22.18　エ．$22.89

問2　物語の内容と一致するものをア～キの中から2つ選び，記号で答えなさい。

ア．John is a young man who lives with his parents.
イ．When John was going home, he couldn't find his car in the garage.
ウ．John found his driver's license under the front seat of his car.

エ. John told the man to give him all his things back, but he didn't.

オ. John called the police at the restaurant after he took a pizza to a young man.

カ. John got his wallet back, but he couldn't get his money back.

キ. Though John got his wallet back, he wasn't happy and drove home quietly.

【2】 次の日本文を参考にして，（ ）に入る適当な語を答えよ。

(1) その会議で新しいアイディアを出してほしいと言われた。

We were told (　　　)(　　　) up with some new ideas at the meeting.

(2) ご不便をおかけして申し訳ございません。

We (　　　)(　　　) the inconvenience.

(3) 私たちは古代の知恵から多くのことを学ぶことができる。

We can learn many things from (　　　)(　　　).

(4) 私たちには豊かな文化的遺産がある。

We have a rich (　　　)(　　　).

【3】 次の各組の文の（ ）に共通して入る語を答えよ。

(1) Few people saw the accident at that (　　　) of night.
You look sleepy. It's (　　　) to go to bed.

(2) Mary is not interested at (　　　) in such an environmental problem.
We have spaghetti at that cafe (　　　) the time. Can we try another dish?

(3) I have fever and I don't (　　　) like eating anything.
Please (　　　) free to stay for dinner if you have time tonight.

【4】 次のア～カの英文の中から，文法的に正しいものを２つ選び，記号で答えよ。

ア. You may go out, but you need to come back until five.

イ. Only a few stars can be seen in the sky tonight.

ウ. Tom doesn't know where is the nearest station.

エ. I missed the last train, so I must take a taxi to go home last night.

オ. My hometown has a large population.

カ. I'm looking forward to play tennis with you again.

【5】 次の日本文を参考にして，［ ］内の語（句）を □ に入れて英文を作るとき，[A] と [B] の位置に来る語（句）の記号を答えよ。

(1) 私はみんなに違いを尊重することの大切さを学んでほしい。

I [ア. of　イ. to　ウ. respecting　エ. learn　オ. the importance
カ. everyone　キ. want] differences.

I □ － [A] － □ － □ － □ － □ － [B] defferences.

(2) だから私たちは新しく何かを始める必要があったんです。

That's [ア. to イ. new ウ. start エ. had オ. we カ. why キ. something].

That's [A] － [ ] － [ ] － [ ] － [ ] － [B] － [ ].

(3) ちょうど，友達に助けを頼むところだったんだ。

I [ア. help イ. just about ウ. my friends エ. was オ. ask カ. to キ. for].

I [ ] － [A] － [ ] － [ ] － [B] － [ ] － [ ].

【6】授業で出た課題について2人の生徒が会話をしている。自然な流れになるように，以下の条件に従って下線部①～③の［ ］に5～10語の英語を入れ，対話文を完成せよ。

条件
＊下線部①，②については与えられた語（句）を必ず用いること。
＊それぞれの与えられた語（句）の使用する順番は問わない。
＊下線部①～③はそれぞれ1文ずつとし，I'm などの短縮形は1語と数え，コンマ（,）は語数に含まない。

A: Hey, have you finished your homework?
B: Um.... What homework?
A: The report. We got it last week, didn't we?
B: Oh, I totally forgot about that.
A: ① Do you remember [write / need] about?
B: Any problems we are going to face in the near future, right? Do you have any good ideas?
A: What about energy problems? You can relate the issue to SDGs.
B: Hmm..., sounds interesting. ② I know that [fossil fuels / gone] 100 years. So, you can mention renewable resources in the report as well.
A: What are renewable resources?
B: They are resources we can get from the nature such as water energy, solar energy, wind energy and so on. There are some good things about these. For example, these resources won't release dangerous chemicals. ③ So, [ ]. However, Japan uses a smaller amount of renewable energy than other countries.
A: Oh, I didn't know that. Now, I can start writing on it. Thanks!

【7】次の英文を読んで，後の問いに答えよ。

He met her at a party. ① She was so attractive that many guys were interested in her, while he was an ordinary man so nobody found him interesting. At the end of the party, he invited her to have coffee with him. She was surprised, but she agreed because he was very polite.

They sat in a nice coffee shop. He was too nervous to say anything. She felt uncomfortable and wanted to go home as soon as possible. Suddenly he asked the waiter; "Would you please give me some salt? I'd like to put it in my coffee." Everybody looked at him in shock! ② His face turned red, but still he put the salt in his coffee and drank it. She asked him with a puzzled look on her face; "Why do you put salt in your coffee?" He replied; "When I was a little boy, I lived near the sea. I liked playing in the sea. I thought the taste of the sea was just like the taste of salty coffee. Now every time I have salty coffee, I think of my childhood and my hometown. I miss my hometown so much. I miss my parents who are still living there." As he said that, he cried. She was deeply moved. "Those are his true feelings from the bottom of his heart." She thought a man who can express his homesickness must be a man who loves his home and his family. Then she also started to talk. She talked about her faraway hometown, her childhood, and her family. It was a really nice talk, and a beautiful beginning to their story.

They continued to date. She found out that he actually had everything she looked for in a partner: he was kindhearted, warm, honest, patient.... He was such a good guy!

After that, the story was just like every beautiful love story: the princess married the prince, and they lived a happy life.... And every time she made coffee for him, she put some salt in the coffee, ③ because she knew he liked it that way.

After 40 years, he passed away and left her a letter which said:

"My dearest, please forgive me, forgive my life-long lie. This was the only lie I said to you — the salty coffee. Remember the first time we dated? I was so nervous that day. I actually wanted some sugar, but I said salt. It was hard for me to change my order, so I just went on.

I never thought that would be the start of our relationship! I tried to tell you the truth many times in my life, but I was too afraid to do that, as I have promised not to lie to you about anything. Now I'm dying. I am afraid of nothing, so I'll tell you the truth: I don't like salty coffee. What a strange, bad taste! But I have had salty coffee for my whole life since I met you. Don't ④[ア. done イ. sorry ウ. anything エ. feel オ. I've カ. for] for you. Being with you is my greatest joy in life. If I could live for a second time, I wouldn't change a thing. ⑤ Even the salty coffee."

The letter made a strong impression on her and brought tears to her eyes. One day, someone asked her what salty coffee tasted like. She replied, "It's sweet."

出典：*SWEET COFFFEE* , FROPKY, https://www.fropky.com より一部改変

(1) 次の英文が下線部①と同じ意味になるように，[ ] に入れるのに最も適当なものをア～エの中から１つ選び，記号で答えよ。

She was so attractive that many guys were interested in her, but [ ], he was an ordinary man so nobody found him interesting.

[ア. as a result イ. for one thing ウ. after all エ. on the other hand]

(2) 下線部②のような状況になった理由として最も適当なものをア～エの中から１つ選び，記号で答えよ。

ア. 周りの客に驚かれたが，彼女の好きな飲み方で飲んでみようとしたから。

イ. ウェイターに間違った注文をしてしまったが，後に引けなくなってしまったから。

ウ. 彼女が周りに注目されて彼は恥ずかしかったが，それに気づかれたくなかったから。

エ. 周りの反応に驚いたが，彼の故郷ではそれが当たり前の飲み方だったから。

(3) 下線部③を，it と that way の内容を明らかにして解答欄に合うように日本語にせよ。

(4) 下線部④の [ ] 内の語を意味が通じるように並べかえ，記号で答えよ。

(5) 下線部⑤が意味するものとして最も適当なものをア～エの中から１つ選び，記号で答えよ。

ア. I would drink the salty coffee again.

イ. I would never drink the salty coffee again.

ウ. Even the salty coffee would not change a thing.

エ. Even the salty coffee would become sweet.

(6) 本文の内容と一致するものをア～カの中から２つ選び，記号で答えよ。

ア. Everybody in the coffee shop was shocked because he ordered salty coffee on the menu.

イ. He liked drinking salty coffee at the seaside during his childhood.

ウ. He told her that drinking salty coffee reminded him of his childhood and his hometown.

エ. Every time they met on a date, she ordered salty coffee for him.

オ. Before he died, he wrote to her that salty coffee was his favorite drink for his whole life.

カ. When she read his letter, she cried because she realized how much he loved her.

【8】次の英文を読んで，後の問いに答えよ。

Earth Hour is an event which asks you to switch off all your lights for one hour. ① It tries to encourage as many people as possible to make a positive change for our planet. Earth Hour is hosted by the World Wide Fund for Nature (WWF) and it’s a big event usually held at the end of March every year. On this evening, people ‘go dark’. They switch off lights in their homes, schools and businesses all at the same time for one hour. Earth Hour started in Australia in 2007. For the event 2,200,000 people in Sydney turned off all unnecessary lights for an hour. Since then it has ≪ A ≫ into an international event, and many countries around the world have joined this event. Famous buildings that have gone dark for Earth Hour include the Sydney Opera House, Buckingham Palace in London, the Eiffel Tower in Paris, and New York's Empire State Building. Even astronauts on the International Space Station (ISS) have joined it by ≪ B ≫ their power use on the station, and Google has shown its support by making a dark homepage for the event.

The idea behind Earth Hour is to increase the number of people knowing about environmental problems and ask people to act to protect nature, and help people to enjoy healthy, happy and sustainable lives now and in the future. 【 Ⅰ 】 But this is only the beginning. On one level, people can think about the problems of climate change and what they can do in everyday life to protect nature if they join Earth Hour. For example, eating less meat, using low-energy electrical products instead of high-energy ones and using green transport all help the planet. But on another level, when many people all act together, they can send a powerful message to governments and companies. It encourages them to take action on a large scale by changing laws and by thinking about environmental problems when they make big decisions.

The logo of Earth Hour is '60+'. The number 60 is for the 60 minutes of Earth Hour, and the plus(+) invites people to keep on taking action even after Earth Hour is finished. 【 Ⅱ 】 The climate activist Greta Thunberg says that 'Earth Hour is every hour of every day.'

There are other things people can do, not just switching off the lights. There are concerts performed with acoustic guitars, keyboards, drums and so on instead of electric ones, and using candles instead of electric lights. 【 Ⅲ 】 There are also tree-planting events, group walks and runs, and meditation sessions—the practice of thinking deeply.

Why is Earth Hour held in March? Around the end of March in the north and south of the world, the days and nights are the same amount of time. It is called an ② equinox. It means that at this time of year, the sunset is at a similar time in both hemispheres, so it is dark in the evening in each country for the Earth Hour switch-off.

出典：*Earth Hour*, British Council, https://learnenglishteens.britishcouncil.org より一部改変

(1) 下線部①の英文を解答欄に合うように，日本語にせよ。

(2) ≪A≫・≪B≫に入る動詞を下の語群から選び，それぞれ正しい形にして答えよ。

［ grow / lose / decrease / catch ］

(3) 【Ⅰ】～【Ⅲ】に入れるのに最も適当な文をア～エの中からそれぞれ１つずつ選び，記号で答えよ。

ア. Actually, people who join Earth Hour say that joining in it encourages them to do more for the environment.

イ. Teachers should teach their students how important it is to protect nature.

ウ. Famous chefs have created special recipes for families to prepare and eat by candlelight.

エ. It is true that switching off the lights for just one hour saves only a small amount of power.

(4) 本文中に述べられている「自然を保護するために日常生活でできること」の具体例として，適当なものをア～カの中から２つ選び，記号で答えよ。

ア. Going camping in the forest with your family.

イ. Carrying your own bag when you go shopping.

ウ. Riding a bicycle to work instead of using a car.

エ. Eating chicken instead of beef at a restaurant.

オ. Buying a new air conditioner that uses less energy.

カ. Sending the Japanese government a letter to change laws about protecting nature.

(5) 下線部②は日本では何と呼ばれているか。漢字２字で答えよ。

(6) 本文の内容と一致する英文をア～オの中から１つ選び，記号で答えよ。

ア. Earth Hour asks you to switch off all your lights for sixty minutes every day.

イ. People around the world go dark for an hour when the earth passes between the sun and the moon.

ウ. Over two million people in Sydney joined the first Earth Hour and switched off needless lights for one hour.

エ. The logo of Earth Hour encourages us to take 60 kinds of actions that can help protect the environment.

オ. Joining Earth Hour can be a challenge worth trying because people can be satisfied with themselves.

【理　科】（40分）　　＜満点：50点＞

１．次の文章を読み，以下の問いに答えよ。

1648年，※フランドルの化学者ヘルモント（1577～1644年）は，植物が土の中の養分を原料として成長するという当時の一般的な考えを検証することにした。

彼は，植木鉢に90.72kg の土を入れておき，そこに2.27kg のヤナギの苗を植えた。その後，土が出入りしないように植木鉢におおいをしたまま５年間水だけを与えてヤナギを育てた。その結果，ヤナギは成長して76.74kg まで増加したが，土は0.06kg しか減少しなかった。

このことからヘルモントは，（　Ａ　）と結論づけた。18世紀に入ると，1772年にイギリスのプリーストリ（1733～1804年）が，植物が酸素を発生することを発見し，1779年には，オランダのインゲンホウス（1730～1799年）は，植物の緑色の部分に光が当たると酸素を発生することを明らかにした。

1788年には，スイスのセネビエ（1742～1809年）が，光と二酸化炭素が存在するときだけ，植物が酸素を発生することを発見し，さらに，1804年，スイスのソシュール（1767～1845年）によって，植物に光が当たったとき，植物の周囲から二酸化炭素が減り，植物体の重量が増えることが明らかになった。その後，1862年に，ドイツのザックス（1832～1897年）が，細胞の中の緑色の粒に光が当たると，デンプンが生じることを発見している。このように光合成についての科学的な事実は，多くの科学者によって解き明かされていった。

※フランドル…現在のオランダ南部，ベルギー西部，フランス北部にまたがる地域

(1)（Ａ）に当てはまるものとして，最も適当なものを，次の(ア)～(オ)から１つ選び，記号で答えよ。

(ア) 植物は土の中の養分を原料として成長する。

(イ) 植物が成長するには二酸化炭素が必要である。

(ウ) 植物は光が当たらなければ成長できない。

(エ) 植物は水を原料として成長する。

(オ) 植物がつくる酸素は水に由来する。

(2) 次のイラストで示した実験を行ったのは誰か。本文を参考にして考え，最も適当なものを次のページの(ア)～(カ)から１つ選び，記号で答えよ。

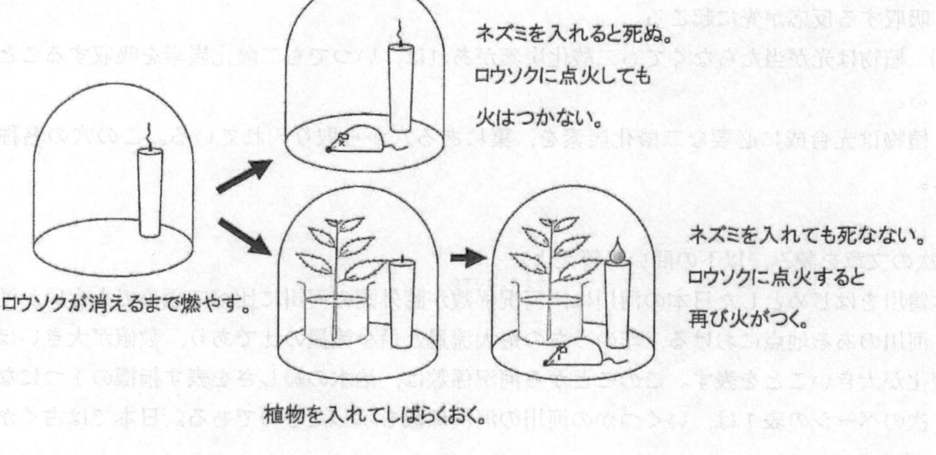
ネズミを入れると死ぬ。
ロウソクに点火しても
火はつかない。
ロウソクが消えるまで燃やす。
ネズミを入れても死なない。
ロウソクに点火すると
再び火がつく。
植物を入れてしばらくおく。

(ア) ヘルモント　(イ) プリーストリ　(ウ) インゲンホウス
(エ) セネビエ　(オ) ソシュール　(カ) ザックス

(3) 光合成のしくみは次のように表される。

水＋二酸化炭素＋光のエネルギー→デンプン＋酸素

インゲンホウスの発見の直後の段階で考えられた光合成のしくみを，上にならって示せ。

(4) 下線部の「緑色の粒」の名称を答えよ。

(5) 1949年，アメリカのベンソンは植物を置いた環境を一定時間ごとに以下のA～Dの順に変え，植物がどのくらい二酸化炭素を吸収するかを調べた。ベンソンの得た結果からわかることとして，最も適当なものを，次の(ア)～(カ)から1つ選び，記号で答えよ。

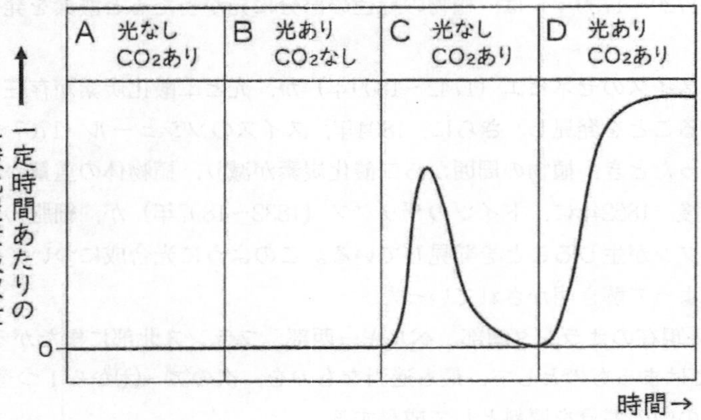

(ア) 光がなくても成長できる植物が存在する。

(イ) 光と二酸化炭素の両方あるときだけ，二酸化炭素の吸収が起こる。

(ウ) 一定時間二酸化炭素がない状態に置かれた植物は活性化し，一定時間あたりの二酸化炭素吸収量が最大になる。

(エ) 光合成の過程には，光を吸収する反応と，二酸化炭素を吸収する反応があり，光を吸収する反応が先に起こる。

(オ) 光合成の過程には，光を吸収する反応と，二酸化炭素を吸収する反応があり，二酸化炭素を吸収する反応が先に起こる。

(カ) 植物は光が当たらなくても二酸化炭素があれば，いつでも二酸化炭素を吸収することができる。

(6) 植物は光合成に必要な二酸化炭素を，葉にある穴から取り入れている。この穴の名称を答えよ。

2. 次の文章を読み，以下の問いに答えよ。

木曽川をはじめとした日本の河川は，河況係数《かきょうけいすう》が諸外国の河川に比べて極めて大きい。河況係数は，河川のある地点における1年のうちの最大流量と最小流量の比であり，数値が大きいほど流量の変化が大きいことを表す。このことから河況係数は，治水の難しさを表す指標の1つになっている。次のページの**表1**は，いくつかの河川の河況係数を示したものである。日本では古くから，洪水や水害が多い河川を暴れ川とよび，畏敬の念を持ってきた。特に日本三大暴れ川には「坂東太郎」（利根川），「筑紫次郎」（筑後川），「四国三郎」（吉野川）という異名がある。

河川には上流で削り取った土砂をa下流へ運ぶはたらきがあり，下流では運ばれてきたb土砂がたまる。これにより，cせまい山間地から広い平坦地に出た場所には扇形の，d河口にはデルタ（△）形の特徴的な地形が作られることもある。河川の流域は，物資の運搬に便利であり，広大な土地が得られることから発展しやすい。現に四大文明もすべて大きな河川の流域で興っている。一方で，その土地を治めるリーダーたちは，治水に苦心してきた。歴史上，しっかりと治水ができるリーダーは尊敬を集めてきた。例えば，武田信玄は「信玄堤《しんげんづつみ》」という堤防を築いて治水を行ったと言われている。

表1

河川の名前（地点）	河況係数
ミシシッピ川（アメリカ・セントルイス）	3
ドナウ川（オーストリア・ウィーン）	4
テムズ川（イギリス・ロンドン）	8
ナイル川（エジプト・カイロ）	30
木曽川	384
最上川	423
利根川	1782
吉野川	5060
筑後川	8671

⑴ 日本の河川の河況係数は桁違いに大きい。この理由として，適当なものを，次の㈠～㈥から2つ選び，記号で答えよ。

(ア) 火山が多いので，火山灰が降り積もってできた土地が多いから。

(イ) 稲作が中心で，農地に占める田の面積の割合が大きいから。

(ウ) 森林面積が多く，住宅地として利用できる土地が限られているから。

(エ) 地形の高低差が大きいため，河川の勾配が大きいから。

(オ) 梅雨や台風など，一時的にたくさんの雨が降る時期があるから。

(カ) 里山とよばれる人の手が加わった森が多く，原生林が少ないから。

⑵ 下線部a～dについて，以下の問いに答えよ。

①下線部a，bのはたらきを何というか。それぞれ漢字２字で答えよ。

②下線部c，dの特徴的な地形を何というか。それぞれ漢字３字で答えよ。

⑶ 河川によって運ばれる土砂は，その粒の大きさから「れき」「砂」「泥」に分けられる。「砂」の粒の大きさとして，最も適当なものを，次の(ア)～(カ)から１つ選び，記号で答えよ。

(ア) ５㎜～８㎜　(イ) ２㎜～５㎜　(ウ) $\frac{3}{8}$㎜～５㎜

(エ) $\frac{1}{16}$㎜～２㎜　(オ) $\frac{1}{10}$㎜～１㎜　(カ) $\frac{1}{100}$㎜～$\frac{1}{10}$㎜

(4) 「れき岩」「砂岩」「泥岩」は，それぞれ「れき」「砂」「泥」が固まってできた岩石である。火山灰が固まってできた岩石の名称を漢字で答えよ。

(5) 「信玄堤」の中に，現在では「霞提《かすみてい》」とよばれている構造が見られる。霞堤は以下のように説明される。霞堤の模式図として最も適当なものを，次の(ア)～(カ)から１つ選び，記号で答えよ。ただし，図は川を上空から見た図であり，堤防を太い線で表してある。

霞堤とは，堤防のある区間に開口部を設け，上流側の堤防と下流側の堤防が，二重になるようにした不連続な堤防のこと。洪水時には開口部から水が逆流して堤内地にたまり，下流に流れる水の量を減少させる。その後，洪水が終わると，堤内地にたまった水が川へ自動的に排水される。

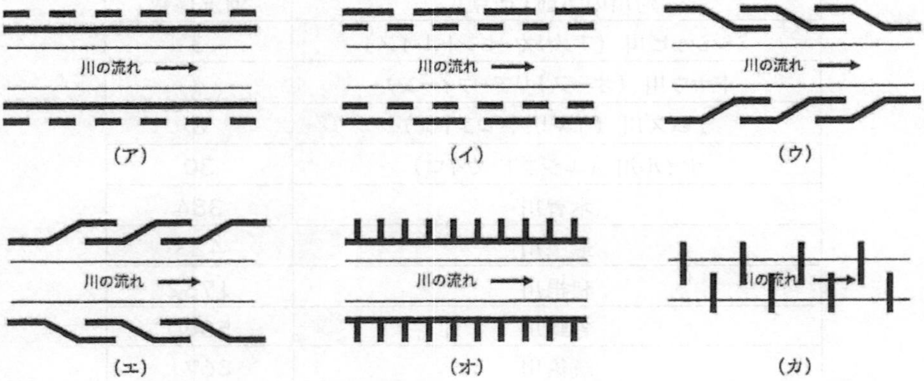

(6) 霞堤はおもに洪水対策として作られたが，その構造から二次的な利点がある。その利点として最も適当なものを，(ア)～(オ)から１つ選び，記号で答えよ。

(ア) 洪水時に堤内地にあふれた水が大きなため池を作り，長い年月の間に多種多様な生物がすみつくようになる。

(イ) 洪水時に溜まっていた流木などが一気に流されて，川の水が流れやすくなる。

(ウ) 洪水時に海の水が逆流することで河川の塩分濃度が高まり，魚のえさとなるプランクトンが増える。

(エ) 洪水時に堤防の表面が大きく削られることで，セイヨウタンポポなどの外来生物が定着することを妨げる。

(オ) 洪水時に栄養豊富な土砂が水とともに運ばれてきて，堤内地の土壌が肥沃化《ひよくか》する。

3． 次のページの図および文章について，以下の問いに答えよ。

次のページの図１のように，硝酸カリウム水溶液に浸したろ紙を金属製のクリップでスライドガラスに固定し，その上に赤色リトマス紙と青色リトマス紙をのせた。それぞれのリトマス紙中央の丸印の場所にスポイトで塩酸を少量たらし，クリップを電源装置につないで電圧を加える実験を行い，その結果を観察しようとした。

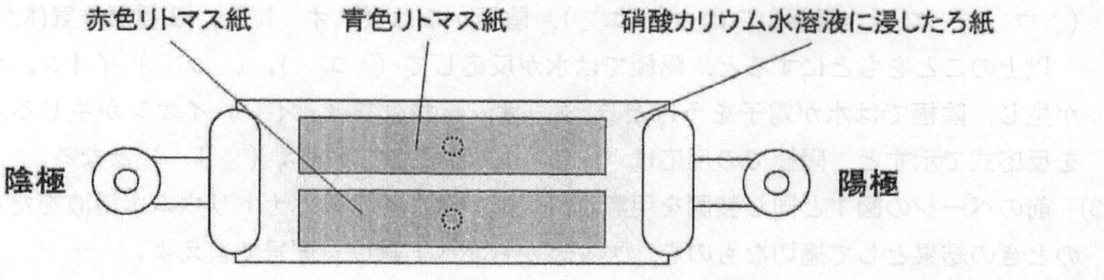

図１

しかし，リトマス紙を誤って長く切ってしまい，図２のようにクリップに挟んだ状態で実験を行った。このときの結果を示したものが図３である。

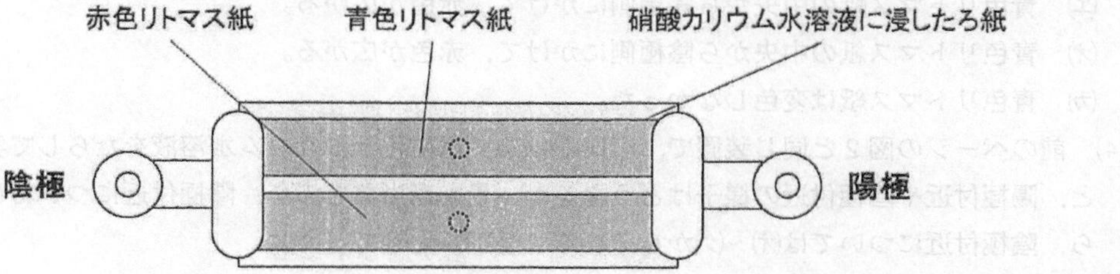

図２

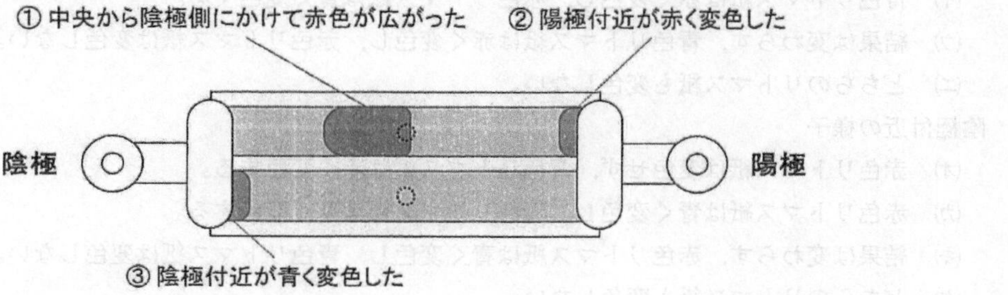

図３

(1)　図３の①の結果は，あるイオンが陰極側に移動したことによるものである。このイオンを化学式で答えよ。

(2)　図３の②や③の結果について，次の文のように考えた。(ア)～(オ) に適する語および，(Ⅰ)・(Ⅱ) に適する反応式を答えよ。ただし，以下の例のように電子は e^- で表すこと。また，(ア)～(オ)は物質やイオンについてもその名称を漢字で答えること。異なる記号に同じ語や反応式を答えてもよい。

(例) $Cu \rightarrow Cu^{2+} + 2e^-$

陽極側が赤く変色したことから，この付近では（　ア　）イオンが生じていることが分かり，同様に陰極側では（　イ　）イオンが生じていることが分かる。

この実験では，ろ紙を硝酸カリウム水溶液に浸しているため，金属製のクリップを電極として硝酸カリウム水溶液の（　ウ　）が起こったと考えられる。

（　ウ　)では，陽極は電源装置の正極に接続した極であり，陽極に電子をわたす反応が起こる。硝酸カリウム水溶液の（　ウ　）では，陽極と陰極の両方で水が反応するため，実質的には水の

（　ウ　）となり，陽極からは（　エ　），陰極からは（　オ　）と，２種類の気体が発生する。

以上のことをもとにすると，陽極では水が反応して（　エ　），（　ア　）イオン，および電子が生じ，陰極では水が電子をうけとり，（　オ　）および（　イ　）イオンが生じる。それぞれを反応式で示すと，陽極での反応は（　Ⅰ　），陰極での反応は（　Ⅱ　）となる。

⑶　前のページの図１と同じ装置を用意し，塩酸ではなく水酸化ナトリウム水溶液をたらした。このときの結果として適切なものを，㋐～㋕からすべて選び，記号で答えよ。

㋐　赤色リトマス紙の中央から陽極側にかけて，青色が広がる。

㋑　赤色リトマス紙の中央から陰極側にかけて，青色が広がる。

㋒　赤色リトマス紙は変色しなかった。

㋓　青色リトマス紙の中央から陽極側にかけて，赤色が広がる。

㋔　青色リトマス紙の中央から陰極側にかけて，赤色が広がる。

㋕　青色リトマス紙は変色しなかった。

⑷　前のページの図２と同じ装置で，塩酸ではなく水酸化ナトリウム水溶液をたらして実験を行うと，陽極付近や陰極付近の様子はどうなるか。最も適当なものを，陽極付近については㋐～㋓から，陰極付近については㋔～㋗からそれぞれ選び，記号で答えよ。

陽極付近の様子

㋐　青色リトマス紙は変色せず，赤色リトマス紙は青く変色する。

㋑　青色リトマス紙は赤く変色し，赤色リトマス紙は青く変色する。

㋒　結果は変わらず，青色リトマス紙は赤く変色し，赤色リトマス紙は変色しない。

㋓　どちらのリトマス紙も変色しない。

陰極付近の様子

㋔　赤色リトマス紙は変色せず，青色リトマス紙は赤く変色する。

㋕　赤色リトマス紙は青く変色し，青色リトマス紙は赤く変色する。

㋖　結果は変わらず，赤色リトマス紙は青く変色し，青色リトマス紙は変色しない。

㋗　どちらのリトマス紙も変色しない。

４． 次のページの図および文章について，以下の問いに答えよ。

文化祭で，校庭にジェットコースターを作った。使用するトロッコは，質量が10kg で，車輪が滑らかに回転するため，トロッコと線路の間にはたらく摩擦力は考えなくてもよいものとする。また，１kg の物体にはたらく重力の大きさを10Nとし，トロッコにはたらく空気抵抗は考えないものとする。

Ⅰ．次のページの図１のような上り坂の線路を使って，トロッコの背面に手で斜面に対して平行に力を加え，高さ300㎝の坂の上まで静かに動かした。

⑴　手がトロッコを押すのに必要な力の大きさは何Nか。ただし，トロッコにはたらく重力の斜面方向の成分と等しい大きさの力を，斜面方向上向きにトロッコに加えると動くものとする。

⑵　手がした仕事は何Ｊか。

⑶　５秒間で頂上まで動かしたとすると，手がした仕事の仕事率は何Ｗか。

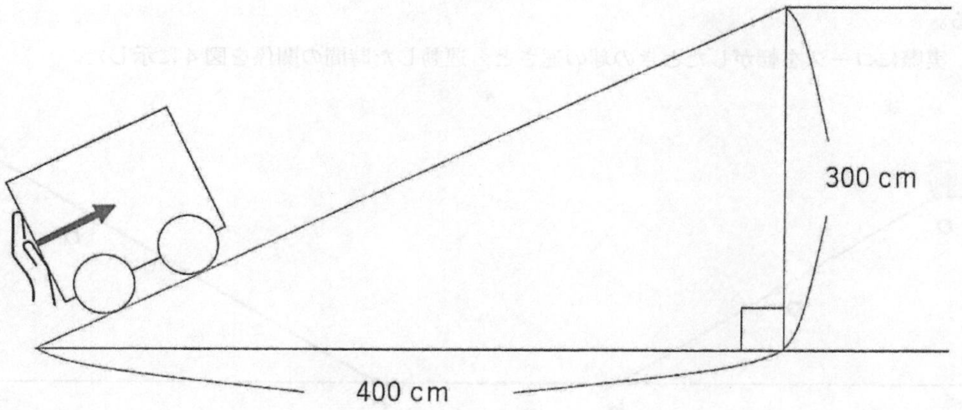

図1

(4) モーターを使用してトロッコを坂の上まで動かす場合を考える。**図2**のようにモーターには直径10㎝の円盤が取り付けられており，円盤がケーブルを巻き付けることによりトロッコを引き上げることができる。円盤の回転数が，1秒あたり3回であったとき，トロッコを引き上げることに要した仕事の仕事率は何Wか。小数第一位を四捨五入して答えよ。ただし，円周率は3.1とする。

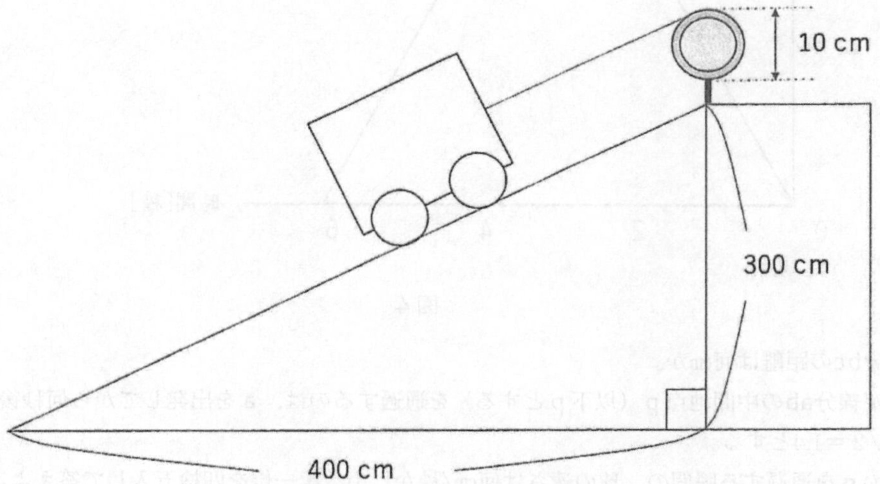

図2

Ⅱ．ジェットコースターの安全性を評価するために，**図2**の続きのコースを走らせたときの最高速度を調べる実験をした。この実験では，小さな球を用意し，実際のコースを転がす。

図2の続きのコースを横から見た図を次のページの**図3**に示す。球は**a**地点（以下**a**とする）から坂を下り，**b**地点（以下**b**とする）と**c**地点（以下**c**とする）の間では水平なコースをすすむ。やがて**c**から坂を上り，**d**地点（以下**d**とする）に達した。直線**ab**と直線**cd**の傾きの大きさは同じであるが，**図2**の上り坂と傾きの大きさが同じとは限らない。コースの接続部分はいずれも滑らかであるとし，球にはたらく空気抵抗は考えなくともよく，大きさは無視できるものとす

る。

実際にコースを転がしたときの球の速さと，運動した時間の関係を図４に示した。

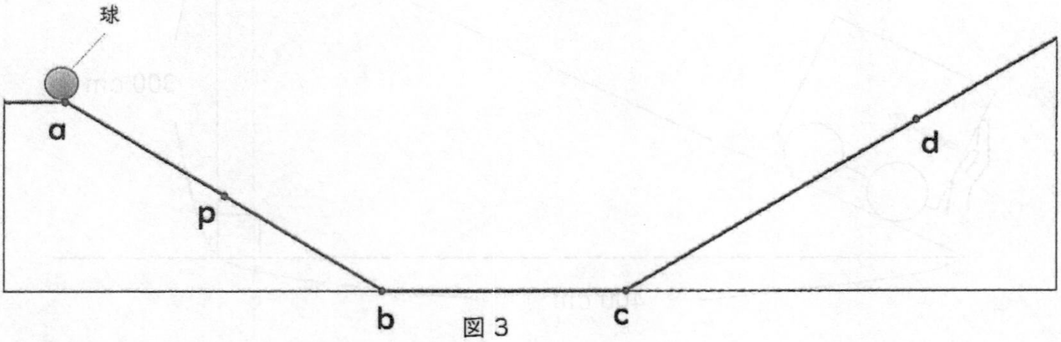

図３

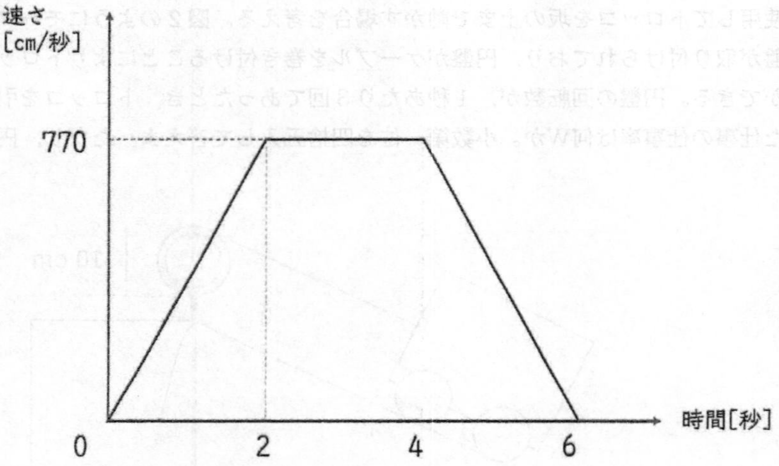

図４

(5) 線分bcの距離は何cmか。

(6) 球が線分abの中間地点p（以下pとする）を通過するのは，aを出発してから何秒後か。ただし，$\sqrt{2}=1.4$とする。

(7) (6)のpを通過する瞬間の，球の速さは何cm/秒か。小数第一位を四捨五入して答えよ。ただし，$\sqrt{2}=1.4$とする。

【社　会】（40分）　＜満点：50点＞

【１】 次の地図を見て，後の問いに答えよ。

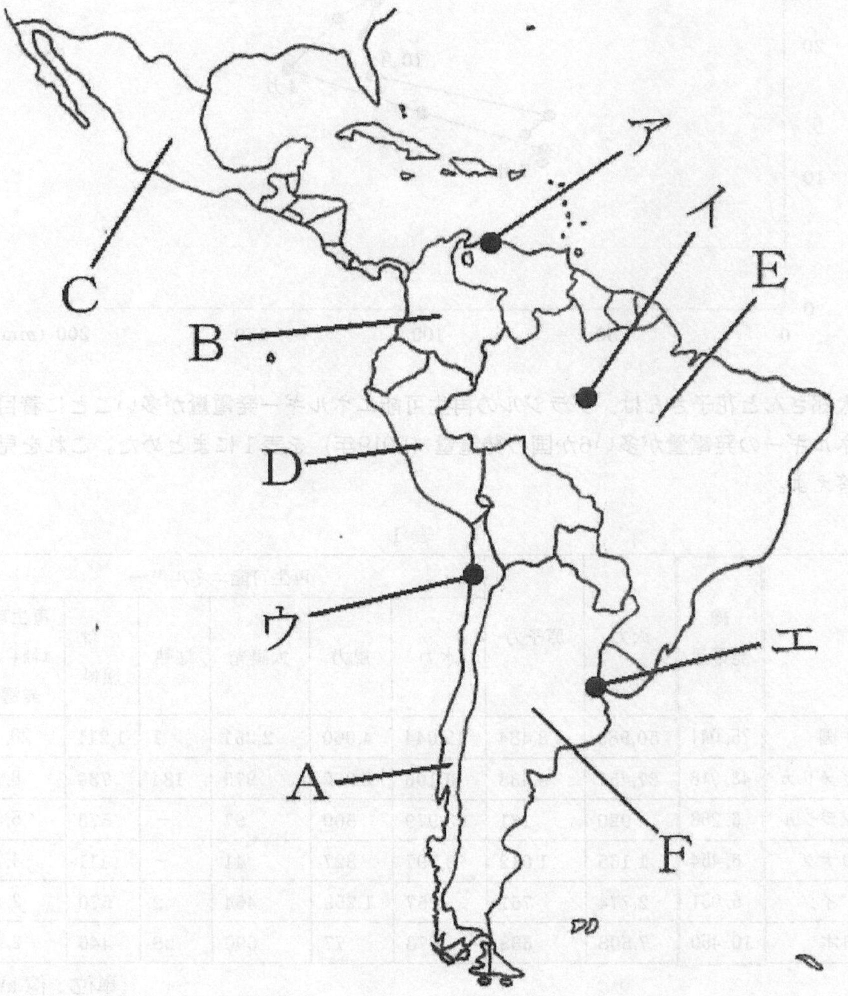

問１　A国南部には，氷河によって削られて形成された細長い湾がみられる。この地形について，次の各問いに答えよ。

(1)　この地形の名称を記せ。

(2)　この地形と同様の地形がみられる国として適切なものを，次のア～エから1つ選び，記号で記せ。

ア．ノルウェー　イ．インド　ウ．エジプト　エ．スペイン

問２　次のページのハイサーグラフが示す都市の場所を，地図中のア～エから１つ選び，記号で記せ。ただし，ハイサーグラフとは，縦軸に気温，横軸に降水量をとり，各月の気温と降水量に対応する点を月の順に結び，折れ線にして表示した図のことである。

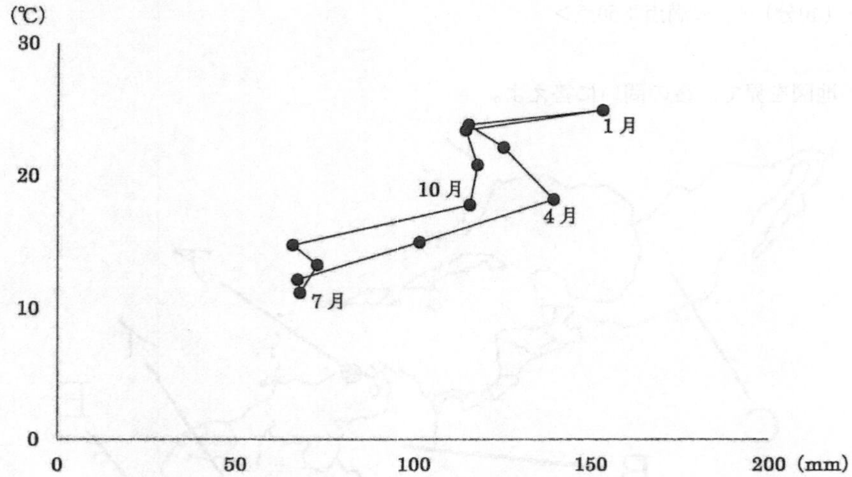

問3　太郎さんと花子さんは，ブラジルの再生可能エネルギー発電量が多いことに着目し，再生可能エネルギーの発電量が多い6か国の発電量（2019年）を表1にまとめた。これを見て，後の問いに答えよ。

表1

	総発電量	火力	原子力	再生可能エネルギー					
				水力	風力	太陽光	地熱	ﾊﾞｲｵ燃料	再生可能ｴﾈﾙｷﾞｰの発電量
中国	75, 041	50,989	3,484	13,044	4,060	2,251	1	1,211	20, 623
アメリカ	43, 918	27,451	8,433	3,106	2,982	975	184	736	8, 025
ブラジル	6, 263	920	161	3,979	560	67	−	573	5, 181
カナダ	6, 454	1,165	1,012	3,797	327	41	−	111	4, 275
ドイツ	6, 091	2,774	751	257	1,259	464	2	570	2, 572
日本	10, 450	7,508	638	873	77	690	28	446	2, 305

（単位：億 kWh）

帝国書院『地理データファイル 2022 年度版』より作成

(1)　太郎さんと花子さんが表を見て話し合っている。次の会話文中の下線部①～③の正誤の組み合わせとして正しいものを，次ページの**ア**～**ク**から1つ選び，記号で記せ。

太郎「再生可能エネルギーによる発電量が多い国には，それぞれどのような特徴があるだろう。」

花子「中国は，①急速な経済成長による大気汚染などの環境問題が深刻になっているため，政府が環境にやさしいエネルギーの普及を進めているようだね。」

太郎「ブラジルは，②氷河が発達しているので水力発電がさかんな上に，さとうきび・木材などから得られるバイオ燃料を使用しているため，再生可能エネルギーの利用が多いと考えられるよ。アメリカも，とうもろこしから得られる燃料を使っているよね。」

花子「ドイツでは主に風力発電がさかんだよ。③１年を通して季節風が吹き続けているため，安定した発電が可能なんだね。」

	ア	イ	ウ	エ	オ	カ	キ	ク
①	正	正	正	正	誤	誤	誤	誤
②	正	正	誤	誤	正	正	誤	誤
③	正	誤	正	誤	正	誤	正	誤

⑵　前のページの表１から読み取れることとして適切なものを，次のア～エから１つ選び，記号で記せ。

ア．総発電量に占める火力発電の割合が最も高い国は，中国である。

イ．総発電量に占める再生可能エネルギー発電量の割合が最も低いのは，アメリカである。

ウ．総発電量に占める原子力発電の割合が最も低い国では，原子力発電所事故が発生したことがある。

エ．地熱発電は，古期造山帯に属する国のみで行われている。

問４　次の表２は，前のページの地図中Ａ・Ｂ・Ｃ・Ｅの国の輸出上位4品目を示したものである。Ｃ国とＥ国を示しているものを，表中のア～エからそれぞれ選び，記号で記せ。

表２

	ア	イ	ウ	エ
１位	銅鉱石	原油	機械類	大豆
２位	銅	石炭	自動車	鉄鉱石
３位	果実	金	精密機械	原油
４位	魚介類	コーヒー豆	原油	肉類

帝国書院『地理データファイル 2022 年度版』より作成

問５　次の⑴～⑶の説明は，19ページの地図中Ｄ～Ｆのいずれかの国の食文化について説明したものである。⑴～⑶の組み合わせとして正しいものを，下のア～カから１つ選び，記号で記せ。

⑴　この国の一部の地域では，「チューニョ」と呼ばれる乾燥させたジャガイモを保存食にしている。ジャガイモを外に放置すると，高地の特徴である昼夜の寒暖差によって水分が浮き出てくるので，それを絞り出して完成する。

⑵　この国の一部の地域では，豆と豚肉，牛肉を煮込んだ「フェジョアーダ」と呼ばれる料理を食べる習慣がある。もとはアフリカから連れてこられた黒人が考案した料理と言われ，当初は祝いの席で食される料理であった。

⑶　この国の一部の地域では，「アサード」と呼ばれる料理を食べる習慣がある。温帯の大草原パンパで放牧された肉牛を使い，炭火焼きで食す料理である。「アサード」はスペイン語で「焼かれたもの」を意味する。

	ア	イ	ウ	エ	オ	カ
(1)	D	D	E	E	F	F
(2)	E	F	D	F	D	E
(3)	F	E	F	D	E	D

【2】 下の各問いに答えよ。

問1　次の3つの図は，松江市・岡山市・高知市のいずれかの雨温図である。A～Cにあてはまる都市の組み合わせとして正しいものを，表中の**ア**～**カ**から1つ選び，記号で記せ。

A　　B　　C

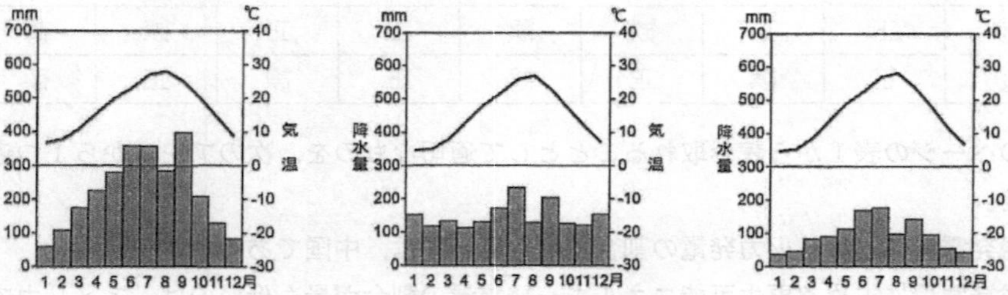

雨温図作成サイト (https://ktgis.net/service/uonzu/) より作成
1991～2020年の平均値を利用

	A	B	C
ア	松江市	岡山市	高知市
イ	松江市	高知市	岡山市
ウ	岡山市	松江市	高知市
エ	岡山市	高知市	松江市
オ	高知市	松江市	岡山市
カ	高知市	岡山市	松江市

問2　次のグラフ中のD～Fは，コンビニエンスストア（以下，コンビニ），ドラッグストア，百貨店のいずれかであり，それぞれにおける販売額の推移を示したものである。それぞれにあてはまる組み合わせとして正しいものを，次のページの表中の**ア**～**カ**から1つ選び，記号で記せ。

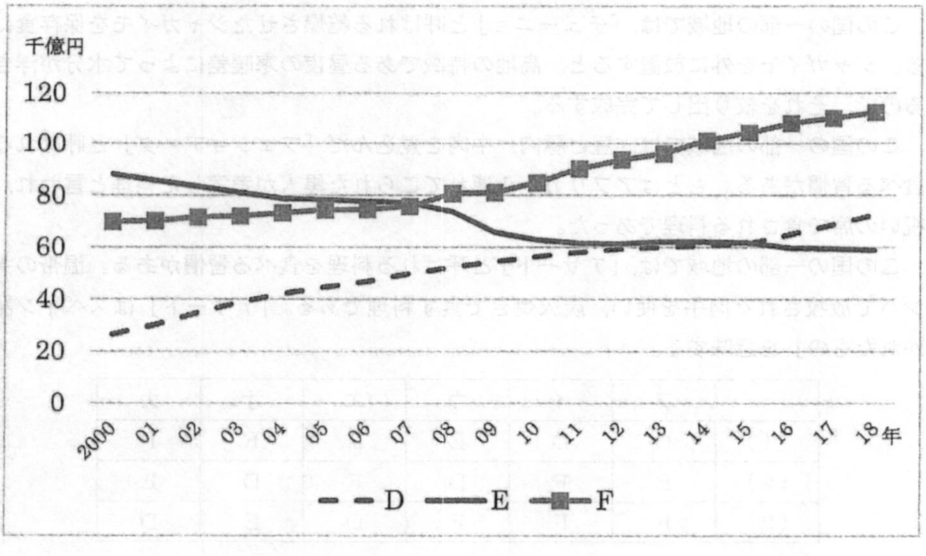

	D	E	F
ア	コンビニ	ドラッグストア	百貨店
イ	コンビニ	百貨店	ドラッグストア
ウ	ドラッグストア	百貨店	コンビニ
エ	ドラッグストア	コンビニ	百貨店
オ	百貨店	コンビニ	ドラッグストア
カ	百貨店	ドラッグストア	コンビニ

日本フランチャイズチェーン協会「フランチャイズチェーン統計調査」
日本チェーンドラッグストア協会「ドラッグストア実態調査」
日本百貨店協会「百貨店売上高」より作成

問３　次の表のＧ～Ｉは，札幌市，川崎市，大阪市のいずれかの都市である。また，この表は，それぞれの都市の人口密度，昼夜間人口比率（昼間人口を夜間人口で割り，100を掛けた値），年間商品販売額のいずれかを表している。表のＧ～Ｉにあてはまる都市の組み合わせとして正しいものを，表中の**ア～カ**から１つ選び，記号で記せ。

	人口密度 （人/㎢）	昼夜間人口比率 （%）	年間商品販売額 （億円）
G	10,756	83.6	30,232
H	1,760	99.7	99,560
I	12,215	132.5	415,636

人口密度・昼夜間人口比率：「総務省統計局『令和２年国勢調査結果』」
年間商品販売額：「経済産業省　平成 28 年『経済センサス』－活動調査」より作成

	G	H	I
ア	札幌市	川崎市	大阪市
イ	札幌市	大阪市	川崎市
ウ	川崎市	札幌市	大阪市
エ	川崎市	大阪市	札幌市
オ	大阪市	札幌市	川崎市
カ	大阪市	川崎市	札幌市

問４　次のページの表のＪ～Ｌは，熊本県，富山県，沖縄県のいずれかの県である。また，この表は，それぞれの県の第１次，第２次，第３次産業の各人口比率のいずれかを表している。表のＪ～Ｌにあてはまる県の組み合わせとして正しいものを，後の表中の**ア～カ**から１つ選び，記号で記せ。

（単位：％）

	第１次産業	第２次産業	第３次産業
J	4.0	15.4	80.7
K	2.7	33.9	63.4
L	9.1	20.7	70.2

二宮書店『地理統計要覧　2022』より作成

	J	K	L
ア	熊本県	富山県	沖縄県
イ	熊本県	沖縄県	富山県
ウ	富山県	熊本県	沖縄県
エ	富山県	沖縄県	熊本県
オ	沖縄県	熊本県	富山県
カ	沖縄県	富山県	熊本県

問５　北海道の本土最北端の宗谷岬と名古屋市（名古屋市役所）の緯度の差として最も近いものを，次のア～オから１つ選び，記号で記せ。

ア．５度　　イ．10度　　ウ．20度　　エ．30度　　オ．40度

問６　日本の最西端の与那国島と名古屋市（名古屋市役所）との距離として最も近いものを，次のア～オから１つ選び，記号で記せ。

ア．450km　　イ．900km　　ウ．1,800km　　エ．2,700km　　オ．4,500km

問７　次のア～エの文は，南鳥島，沖ノ鳥島，父島，与那国島のいずれかの島の説明である。日本の最東端の南鳥島について述べた文として最も適切なものを，次のア～エから１つ選び，記号で記せ。

ア．約1,700人の住人がいる。漁業，農業，畜産業，観光業などが行われている。

イ．約2,100人の住人がいる。農業，漁業などのほか，2011年に，この島は世界自然遺産に指定され，観光業もさかんである。

ウ．無人島である。波の侵食から島を守るため，消波ブロックやコンクリートで島の周囲が保護されている。

エ．一般人の立ち入りは禁止されている。海上自衛隊や気象庁の施設があり，それらの職員が常駐している。

【３】次の文を読んで，あとの問いに答えよ。

都のあり方は，国家のあり方と大きな関連性を持っています。６世紀後半から７世紀後半にかけては，一部の例外を除いて，奈良盆地南部の（　１　）地方に多くの都がつくられました。一つの都が代々受け継がれることはなく，天皇の代替わりや政変などによって，都は別の場所に移ることがしばしばありました。このことは，当時の倭国の政府が，天皇と王族・豪族との人格的な関係を基礎としていたことと関係しています。このような政府では，天皇が替わるたびに，政権を運営する豪族が変わります。新たな天皇がある豪族の協力を得ようとするときに，天皇自身が豪族の本拠地

付近に出向いて，宮殿を構えることもありました。a 7世紀後半に，中央の有力豪族の力が弱まり，天皇が強大な権力を握るようになると，このような都のあり方も変化するようになります。

694年に遷都された（ 2 ）では，豪族たちを本拠地から切り離し，都の内部に集めて天皇の官僚とすることが目指されました。この都は，天皇の下で官僚が統治を担う律令国家にふさわしい都として建設されたといえます。しかし，（ 2 ）は（ 1 ）地方近辺にあったため，豪族たちは従来の本拠地を中心とした支配を続けようとしました。そこで，［ b ］に20km 以上も離れた平城京に都が移されました。

平城京は東西約4km，南北約5kmの広さがあり，中央を南北に走る朱雀大路は幅が約70mもありました。豪族たちの完全な移転は実現できなかったようですが，平城京には多くの役人や庶民が住むようになりました。律令では強大な豪族に高い位が与えられました。平城京では位階が高い立場の人ほど，天皇や役所がおかれた区域に近い場所に邸宅がおかれ，その面積も広かったようです。天皇を頂点とする身分秩序が，建造物の配置や規模で表されていました。

桓武天皇は784年に長岡京に，794年には平安京に都を移しました。平城京と平安京の二つの都には c 同じような特徴もあれば，d 異なっている特徴もありました。805年に，桓武天皇は平安京を造営する役所を廃止しました。当時は平安京の造営事業と並行して，蝦夷の征討が行われていました。この二つの事業による民衆の負担を軽減するため，桓武天皇は都の造営を中止したといわれます。e 考古学的にも，一部の地域は人の住んだ痕跡が見られず，開発すらされていなかったことが分かっています。

その後，何度かの政情不安などで都は移りました。都が天皇の居住する場所であったということは変わらず続きますが，その姿は中国の律令国家をモデルとしたものから，f 租税や商品の流通に適したものに変わっていきます。平安時代以降も，平安京では，陸上交通のみならず鴨川や淀川を利用した河川交通が発達しました。また，時々の権力者によって大きな都市開発も行われました。天皇家や貴族，武家だけでなく，寺社も集まり，さまざまな儀式や行事も行われました。その中でさまざまな産業も発達し，京都は大きな都市に発達していきました。

問1 (1)・(2) に適する語句を記せ。

問2 下線部 a について述べた文として最も適切なものを，次のア～エから1つ選び，記号で記せ。

ア．ワカタケル大王（雄略天皇）が中国の南朝に使いを送ったことにより，豪族たちの権力が弱まった。

イ．推古天皇が冠位十二階を制定したことにより，豪族たちの権力が弱まった。

ウ．天智天皇が白村江の戦いで勝利したことにより，天皇の権力が強まった。

エ．天武天皇が壬申の乱で勝利したことにより，天皇の権力が強まった。

問3 ［b］に適する語句を，次のア～エから1つ選び，記号で記せ。

ア．北　イ．南　ウ．西　エ．東

問4 下線部 c について述べた文として誤っているものを，次のア～エから1つ選び，記号で記せ。

ア．直角に交わる道路で碁盤の目状に区画されていた。

イ．朱雀大路を境に東の右京，西の左京に区分されていた。

ウ．天皇の住まいや役所などが，北部中央の区画に設けられた。

エ．唐の都であった長安を参考にしてつくられた。

問5 下線部 d について，平城京内には多くの寺院がつくられたが，桓武天皇は長岡京や平安京にそれらの寺院が移転することを禁止した。寺院の移転を禁止した理由を，解答欄に適するように記せ。

問６　下線部ｅについて，この学問で判明した事柄として不適切なものを，次のア～エから１つ選び，記号で記せ。

ア．日本列島に旧石器時代が存在したことが分かった。

イ．大人になったことを示す儀式として抜歯を行っていたことが分かった。

ウ．卑弥呼が邪馬台国の女王であったことが分かった。

エ．大和政権の王が九州地方から東北地方南部に至る地域を支配していたことが分かった。

問７　下線部ｆについて，鎌倉時代の租税について述べた次のＡ・Ｂの文の正誤の組み合わせとして正しいものを，下のア～エから1つ選び，記号で記せ。

Ａ　農民は年貢を荘園や公領の領主に納めていた。

Ｂ　一部の荘園では，宋から輸入した銭で年貢を納めるようになった。

ア．Ａ：正　Ｂ：正　　イ．Ａ：正　Ｂ：誤　　ウ．Ａ：誤　Ｂ：正　　エ．Ａ：誤　Ｂ：誤

【4】次の文を読んで，後の問いに答えよ。

日本とロシアとの関係は近代以降のイメージが強いが，ロシア帝国の建国の頃にさかのぼり，ロシアは近世から日本に大きな影響を与えてきた。近世から近代初頭にかけての日ロ関係をみていく。

ロシア帝国の基礎を築いたピョートル１世にモスクワで謁見し，その地で日本語を教えたa伝兵衛という人物の記録がロシアにある。18世紀には，カムチャッカ半島に漂着していた，薩摩出身のゴンザという人物がいた。彼が著した日本語の会話の入門書やスラブ語と日本語の辞書などがbサンクトペテルブルグに残されている。

松平定信が幕政改革を行っていた頃，伊勢のc漂流民（　１　）をともなったラクスマンが根室に来航した。ラクスマンは日本に通商を求めたが，松前藩を介した交渉は長期化し，幕府は長崎への入港許可を与えたが，ラクスマンは帰国した。1804年にその許可をもったレザノフが，仙台の漂流民津太夫らとともに長崎に来航し通商を求めたが，先祖以来のきまりを理由に幕府は，通商を拒否した。これに対し，ロシア船が各地に攻撃をしかけ，ロシアとの関係は緊張した。前後して，幕府は蝦夷地などの北方探索を行っていたが，一つの藩に外交・軍事問題を処理させることに危機を感じた幕府は松前奉行を置き，1807年蝦夷地を直轄化した。淡路商人高田屋嘉兵衛らの努力によって関係が改善がされると，1821年幕府は松前藩に蝦夷地を返還した。1828年長崎で医師として活躍していたシーボルトが，国外への持ち出し禁止の日本地図を所持していたことが発覚した。このことには，シーボルトを通してロシアの情報を入手しようとしていた幕府の役人や，シーボルトの門人らが関与していた。1825年異国船打払令が出されたものの，1843年アヘン戦争の知らせをうけると，幕府は打払令を緩和する天保の（　２　）を出した。1853年ペリー来航と同年，シーボルトの助言をうけたプチャーチンが長崎に来航した。クリミア戦争のため一度日本を離れるも，再来日し，下田で日露和親条約を締結し，その後日露修好通商条約も締結した。アイヌと和人商人との交易をしていた商場があった樺太は，日露和親条約では雑居地とされた。また，函館が開港地とされたことによって，蝦夷地は再び幕府の直轄領となり，函館に奉行所がつくられ，防衛のための五稜郭も建設された。1861年ロシア軍艦が対馬を占拠する事件が起こったが，当時，d貿易で最大の取

引相手国となっていたイギリスの仲介でロシア軍は撤退した。

1868年大政奉還をうけて新政府が発足すると，政府は，外交権を掌握したことや，幕府が結んだ諸条約を引き継ぐことを，諸外国に示した。e1871年から岩倉使節団が欧米諸国を歴訪したが，その中にロシアもあった。皇帝が実権を握る君主国の王室のあり方や，諸外国との儀礼などが，日本の皇室のあり方の参考にされた。使節団が帰国すると，征韓論争が起こり，西郷隆盛や板垣退助らは政府を去った。一方で1872～75年に琉球・台湾・朝鮮との間に緊張があり，清との関係が悪化していた。清・ロシアと同時期の軍事的緊張を避けるために1875年樺太・千島交換条約が結ばれた。条約締結には五稜郭に立てこもって新政府に抵抗した榎本武揚があたった。五稜郭での戦いで新政府側の中心人物であり，榎本の助命を嘆願した（　3　）は，北海道に新たに置かれた開拓使の長官となり，内地重視の立場から北海道の開発や屯田兵などの指揮をした。1881年開拓使の所持していた施設の民間への払い下げが不当に安い値段で行われようとしたことをきっかけに政府への批判が高まると，（　3　）は長官を辞し，政府は，10年後に国会を開くことを約束した。1889年（　3　）は首相として大日本帝国憲法を発布した。

問１　(1) ～ (3) に適する語句を記せ。

問２　下線部ａについて，1970年に開催された大阪万博のソ連館には伝兵衛の自筆の書が展示されていた。1970年代の出来事として正しいものを，次のア～エから１つ選び，記号で記せ。

ア．日本の国連加盟　　イ．キューバ危機　　ウ．石油危機　　エ．東西ドイツ統一

問３　下線部ｂについて，サンクトペテルブルグに面する海の名前として正しいものを，次のア～エから１つ選び，記号で記せ。

ア．カスピ海　　イ．バルト海　　ウ．北海　　エ．黒海

問４　下線部ｃについて，江戸時代に漂流民が発生した原因には，当時の交通や物流の仕組みに関係がある。江戸時代の交通や物流の仕組みとして正しいものを，次のア～エから１つ選び，記号で記せ。

ア．大量の物資を運ぶために各地で整理された港町には，本陣や脇本陣が設けられた。

イ．長崎に設けられた倭館では，中国に輸出するための絹織物や木綿が保管されていた。

ウ．東北地方の年貢米を運ぶために，西廻り航路や東廻り航路が，河村瑞賢らによって整備された。

エ．利根川や富士川などの河川では，菱垣廻船とよばれる大型の船が就航した。

問５　下線部ｄについて，当時の貿易について述べた文として誤っているものを，次のア～エから１つ選び，記号で記せ。

ア．貿易は，朝廷の許可を得ず，幕府が独自に通商条約を結んだことによって始められたため，尊王攘夷運動が盛んになった。

イ．輸入品は毛織物や綿織物などの工業製品が多く，輸出品は生糸や茶などアジアの特産品とされていたものが多かった。

ウ．貿易開始当初は，輸出の方が多かったものの，国内外で金銀の価値が異なっていたため，金が大量に海外に流出した。

エ．海外から安い工業製品が輸入されたために，国内の物価が下落し絹織物業などの手工業が没落した。

問６　下線部ｅについて，岩倉使節団が出発する前に，日清修好条規が結ばれた。これは対等な関

係を持つ条約だった。一方で，日本や清が欧米列強諸国との間で結んだ不平等条約の内容は，それぞれ異なる部分も多かった。このことが明治以降の日本とアジア諸国との間に江戸時代とは異なる状況を生み出した。この生み出された状況についての説明として**誤っているもの**を，次のア～エから１つ選び，記号で記せ。

ア．江戸時代，清は幕府の将軍を日本国王として任命していたが，明治時代になると天皇を日本国王としようとした。

イ．日本政府は，天皇が国の中心になったことを諸外国に伝えた。これを受けて朝鮮では，従来の立場と異なるとして日本との関係を縮小する方向に進んだ。

ウ．清は日本と対等な関係をもったことに対して，自らが欧米諸国と結んでいた不平等条約の内容を日本の条約と同じ程度のものにすることを期待していた。

エ．日本は清と対等な関係を持ったことに対して，清と同じ状態になることを恐れ，清より有利な立場を保持し続けるために周辺諸国に強圧的な態度をとった。

問７　近世では書き言葉と話し言葉が別々であった。ロシア文学の翻訳でも有名な二葉亭四迷がそれらを統一しようとする新しい文体の小説を書いた。この新しい文体を何というか，漢字４字で記せ。

【５】次の会話文を読んで，後の問いに答えよ。

花子：アメリカで，大手コーヒーチェーン店，大手インターネット通販，大手テックメーカーに，あいついで労働組合が結成されたというニュースを聞いたことある？

太郎：あるよ。アメリカといえば，有名な大手企業がある a 資本主義の代表的な国だけど，労働組合の結成も活発なの？

花子：歴史の授業で習ったけど，世界恐慌のあと，不況から乗り切るためにフランクリン＝ルーズベルト大統領が行った b ニューディール政策の一環として，労働組合を保護したみたいよ。政府が労働者を保護して，賃金を向上させ，国内の消費を回復させようとしたんだって習ったわ。

太郎：その後はどうなったの？

花子：世界情勢の変化の中で，国内の労働組合のあり方も変化し，現在は，組合組織率は低下してきたみたい。でも，c ITの普及により，仕事の種類も多様化する中で，過酷な労働条件で働かなければならない労働者が増えたことが，労働組合結成につながっているみたいよ。

太郎：日本の企業はどうなの？

花子：コロナ禍で景気が冷え込んでいる中で，売り上げが減って，倒産してしまった企業も少なくなかったみたいよ。そのため，仕事を失ったり，給料が減らされたりした労働者も多くいたみたい。政府も給付金などで生活が苦しくなった人を支援しているわ。

太郎：政府は，生活が苦しくなった人を助ける仕事もしているんだね。

花子：過酷な生活環境の中で，人類が勝ち取ってきた生存権という権利なんだよ。この権利が，d 初めて憲法に書かれたのはドイツの憲法で，日本でも，憲法第25条で「e 健康で文化的な最低限度の生活を営む権利」として保障されたんだよ。

太郎：労働者が過酷な労働条件で，「健康で文化的な最低限度の生活」を営めなくなるのは分かるけど，それと労働組合の結成が結びつくのはどうしてなのかなあ？

花子：すべての国民は，勤労の権利を有し義務を負うという条文が日本国憲法にはあるわ。このすべての国民には，f 女性も，高齢者も，障がい者も含まれるの。また，雇い主に対して弱い立場に立たされる労働者は，g 労働組合を作る権利，労働組合が賃金やその他の労働条件の改善を求めて使用者と交渉する権利，要求を実現するためにストライキを行う権利が保障されているんだよ。

太郎：労働者が，自分たちの生活を守るために労働組合を結成することも社会権の一つなんだね。どんな時代も自分たちの生活を豊かにするために，社会の出来事に関心を持つことも大切だね。

花子：h 学校で学ぶことも社会権の一つなんだよ。私も，多くのことを学んで，自分らしい人生を歩めるようにしたいわ。

問１　下線部ａについて，初期の資本主義では，子ども（児童）が労働者としてみなされていたが，その理由として誤っているものを，次のア～エから１つ選び，記号で記せ。

ア．子どもの賃金は安いから。

イ．子どものころから高度な知識を身につけさせたいから。

ウ．女の子に教育は必要ないなどの古い風習があるから。

エ．両親も貧困で，子どもも働かなければならないから。

問２　下線部ｂについて，ニューディール政策と同じ理念の政策を，次のア～エから１つ選び，記号で記せ。

ア．公共事業を推し進める。

イ．農産物の生産を自由化する。

ウ．金利を引き締めて通貨量を減らす。

エ．関税を引き下げたり貿易障壁を取り除いたりして，貿易を推奨する。

問３　下線部ｃについて，最近「ギグワーク」という働き方が話題になるが，その説明として最も適切なものを，次のア～エから１つ選び，記号で記せ。

ア．正社員ではなく，勤務時間の一部を選んで働くこと。

イ．派遣元会社に雇用され，派遣先企業で働くこと。

ウ．雇用契約を結ばずに，単発で仕事を請け負って働くこと。

エ．学費を稼ぐなどの理由で，契約を結び時給で働くこと。

問４　下線部ｄについて，この憲法の条文として正しいものを，次のア～エから１つ選び，記号で記せ。

ア．すべての人間は，生まれながらにして自由であり，かつ，尊厳と権利とについて平等である。人間は，理性と良心とを授けられており，互いに同胞の精神をもって行動しなければならない。

イ．我々は以下のことを自明の真理であると信じる。人間はみな平等に創られ，ゆずりわたすことのできない権利を神によって与えられていること，その中には，生命，自由，幸福追求が含まれていること，である。

ウ．いかなる自由民も，正当な裁判または法律によらなければ，逮捕や拘禁されたり，土地を奪われたり，国外に追放されたり，その他の方法によって権利を侵害されたりすることはない。

エ．経済生活の秩序は，全ての人に人間に値する生活を保障することを目指す，正義の諸原則にかなうものでなければならない。

問５　下線部ｅについて，生活保護で扶助されるものとして**誤っているもの**を，次のア～エから１つ選び，記号で記せ。

ア．病気やけがをした時の医療扶助

イ．家賃の補助などの住宅扶助

ウ．デイサービスや訪問介護を受けるための介護扶助

エ．大学進学費用を援助するための教育扶助

問６　下線部ｆについて，次のこれに関する法律についての文として**誤っているもの**を，次のア～エから１つ選び，記号で記せ。

ア．障害者雇用促進法は，一定程度の割合の障がい者を雇用することを義務としたり努力義務としたりする法律である。

イ．男女雇用機会均等法は，性別によって賃金の差を設けることを禁止した法律である。

ウ．高齢者雇用安定法は，働く意欲のある高齢者に働く場を提供することを目的として制定された法律である。

エ．育児・介護休業法は，男性も女性と同様に休暇のとれる制度である。

問７　下線部ｇについて，この権利を何というか。

問８　下線部ｈについて，多様性社会の中で，障がいのある子どももない子どもと同じ教室などで学ぶことを何というか，解答欄に適するように，カタカナで記せ。

【６】次の文を読んで，後の問いに答えよ。

最も基本的な経済活動である生産と $_{a}$消費のうち，生産をになっているのが $_{b}$企業です。企業の形態にはさまざまなものがありますが，代表的な形態である株式会社では，$_{c}$株式の発行によって得られた資金を元に設立されます。株式を発行することで，人々から広く資金を集めることができます。

企業は，資本金や従業員の数によって，大企業と $_{d}$中小企業に分けられます。例えば，テレビでは，大企業のコマーシャルが中心に放送されていることもあり，知名度は大企業の方が高いです。しかし，日本の企業数は，全体の約99％が中小企業であり，全従業員数の70％以上をしめています。日本経済の主役ともいえる中小企業のさらなる発展を目指し，国もさまざまな支援策を行っています。近年では，情報通信分野における急速な技術革新などにより，独自の技術などを基に新たな事業を起こすベンチャー企業も増えてきました。今後の日本経済をより活性化させるためにも，多くの $_{e}$起業が行われる社会を実現していく必要があります。

問１　下線部ａに関連した次のⅠ～Ⅲの文の正誤の組み合わせとして正しいものを，次のページのア～クから１つ選び，記号で記せ。

Ⅰ　注文をしていないのに勝手に商品が送りつけられ，返品しないと代金が請求される悪質商法を，ネガティブオプションという。

Ⅱ　欠陥商品によって消費者が被害を受けたときの企業の責任について定めた，消費者契約法が制定されている。

Ⅲ　コンビニでペンを購入したが，その後，不要となった場合，未使用であれば，購入した店にもっていき，クーリングオフ制度に基づいて返金してもらえる。

	ア	イ	ウ	エ	オ	カ	キ	ク
Ⅰ	正	正	正	正	誤	誤	誤	誤
Ⅱ	正	正	誤	誤	正	正	誤	誤
Ⅲ	正	誤	正	誤	正	誤	正	誤

問２　下線部ｂについて，後の問いに答えよ。

⑴　キャッシュフロー計算書を活用すると，企業の一連の成長段階のなかで，現在がどの段階にあるかが把握できる。下の図は，会社を起業したばかりのスタートアップ期，商品の売り上げが急激に増加した急成長期，安定した売り上げを維持し借金を返済することができるようになったが，まだまだ投資を拡大し成長を図る安定成長期，売り上げが伸び悩むが，有価証券の売却などで資金を得る成熟期までの企業サイクルを示したものである。例えば，スタートアップ期は，まだ商品があまり売れていないため，営業キャッシュフローは「－（マイナス）」に，投資は必要なため，投資キャッシュフローは「－」に，そして，財務キャッシュフローは投資のためのお金を調達する必要があるため「＋（プラス）」になる。下の表中のⅠ～Ⅲにあてはまる「＋」と「－」の組み合わせとして適切なものを，下の**ア～ク**から１つ選び，記号で記せ。

［営業キャッシュフロー］：本来の営業活動によって獲得されたお金の出入り

例：（＋）現金での売り上げによる収入

（－）経費のうち現金で支払った場合の支出

［投資キャッシュフロー］：主に機械設備や土地などといった固定資産の取得や売買によるお金の出入り

例：（＋）有価証券を売却したことによる現金収入

（－）有形固定資産や有価証券を取得したことによる現金支出

［財務キャッシュフロー］：資金の調達と返済によるお金の出入り

例：（＋）社債や株式発行による現金収入

（－）配当金の支払による現金支出

	スタートアップ期	急成長期	安定成長期	成熟期
営業キャッシュフロー	－	＋	Ⅰ	＋
投資キャッシュフロー	－	－	Ⅱ	＋
財務キャッシュフロー	＋	＋	Ⅲ	－

	ア	イ	ウ	エ	オ	カ	キ	ク
Ⅰ	＋	＋	＋	＋	－	－	－	－
Ⅱ	＋	＋	－	－	＋	＋	－	－
Ⅲ	＋	－	＋	－	＋	－	＋	－

⑵　現代の企業についての記述として誤っているものを，次のア～エから１つ選び，記号で記せ。

ア．企業は利潤を追求するだけでなく，企業の社会的責任（CSR）も果たすことが求められている。

イ．企業には，水道やガス，公立病院など，国や地方公共団体が資金を出して運営するものも含まれる。

ウ．企業は，情報公開法に基づいて，企業情報を公開することが求められている。

エ．企業を誘致することは，その地域の景気を高めることにつながる。

問３　下線部ｃについて，株式を購入した出資者である株主についての記述として**誤っているもの**を，次のア～エから１つ選び，記号で記せ。

ア．株主の株式総会での議決権は，持っている株式の数に応じて決まる。

イ．株主が出資した株式会社が倒産した場合，株主は，出資した金額以上の負担は負わない。

ウ．株式の保有率が高い株主が経営者となり，直接経営する形態が特に大企業では一般的である。

エ．株主は，出資した企業の業績に応じて，受け取る配当の額が変動する。

問４　下線部ｄについて，中小企業の定義に**合致していないもの**を，次のア～エから１つ選び，記号で記せ。

ア．資本金2億5,000万円，従業員100人の製造業

イ．資本金5,000万円，従業員250人の卸売業

ウ．資本金2,500万円，従業員50人のサービス業

エ．資本金1,000万円，従業員25人の小売業

問５　下線部ｅについて，主要５か国の起業に関する次の資料から読み取れるものとして適切なものを，後のア～エから１つ選び，記号で記せ。

［主要国における起業無関心者の割合の推移］　（単位：％）

	2008	2009	2010	2011	2012
日本	60.7	62.3	72.3	73.1	77.3
アメリカ	25.2	29.0	27.2	26.2	22.9
ドイツ	33.7	29.6	28.4	30.8	30.6
フランス	45.3	43.6	33.1	37.0	39.2
イギリス	34.5	41.9	34.7	36.7	36.0

［主要国における起業後の企業生存率の推移］　（単位：％）

	起業時	１年後	２年後	３年後	４年後	５年後
日本	100	95.3	91.5	88.1	84.8	81.7
アメリカ	100	78.0	67.1	59.5	53.8	48.9
ドイツ	100	76.9	62.2	52.3	45.4	40.2
フランス	100	83.6	65.9	56.2	48.8	44.5
イギリス	100	91.8	75.1	59.6	49.8	42.3

ともに文部科学省科学技術・学術政策研究所「科学技術指標 2017」より作成

ア．2008年からの５年間，日本の起業無関心者の割合は，毎年増加している一方で，他の４か国は，毎年減少している。

イ．2008年からの５年間の５か国の起業無関心者の割合を比較したとき，毎年アメリカの割合が最も低い。

ウ．日本は他の４か国と比較すると，５年後に企業が生存していない可能性が最も高い。

エ．起業無関心者の割合が低い国ほど，企業生存率は高い傾向がみられる。

か。その説明として最適のものを次の中から選び、記号で答えよ。

ア　西洋と日本の文化的な違いを対比的に捉えることができたことで、日本人として自分の出自に誇りをもって、堂々と迷うことなく目標に向かって進んでいけそうだという、前向きな気持ち。

イ　今の日本の社会に足りないものが意識化されたことで、自分に求められる役割と、これから向かうべき方向性が明確になり、確かな希望をもって前進できそうだという、すっきりとした気持ち。

ウ　明るく街灯に照らされたカナダの夜道を実際に目にして、日本のように個人の足元を照らすだけでなく、町全体が明るいので、これなら人々は遠い行程でも迷うことはないだろうという、羨望の気持ち。

エ　日本社会には男女の格差や家柄の違いなど、越えられない問題が未だに厳然と存在するが、今いるカナダでならば自分も堂々と自信をもって自分の生き方を実現できそうだという、安堵の気持ち。

オ　旧来の日本が縛られていた古いしきたりから解放されたことで、海外にいる自分を自覚するとともに、これからは自由なこの空気に適応してのびのびと歩んでいけそうだという、晴れやかな気持ち。

ア

イ

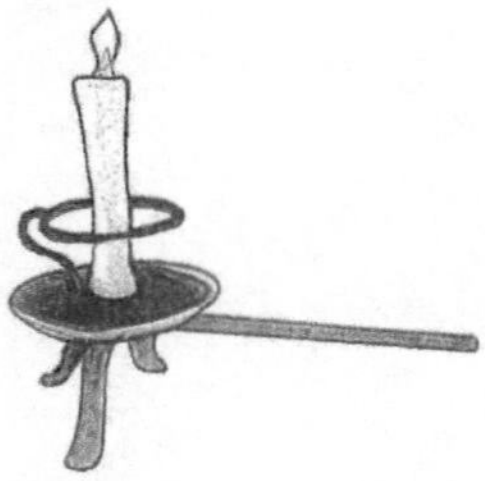

ウ

エ

オ

問8　――線部⑥「『シェア……』」とあるが、このとき道はどのような気持ちでつぶやいたと考えられるか。その説明として最適のものを次の中から選び、記号で答えよ。

ア　提灯と街灯の対比から、日本の社会全体が根深い問題を抱えていることを痛感し、今後の日本社会や人々を啓蒙するという、自分が背負うべき重責に身が引き締まる思いで、ふつふつと湧き上がる使命感を抑えきれないでいる。

イ　提灯と街灯の対比から、自分の手元だけを明るく照らす提灯の不便さを実感しつつ、個人を照らすだけでなく明るさを分け合うことができる街灯の素晴らしさに感銘を受け、欧米社会の発展に驚きと尊敬の念を抱いている。

ウ　提灯と街灯の対比から、シェアの精神は新たな社会を築く人類すべてにとっての希望だと認めつつも、日本社会での実現を考えてみると漠然とした不安を拭いきれず、手放しで賛同することにはかすかな迷いが生じている。

エ　提灯と街灯の対比から、自分の今までの行為は欧米でも理想とされるシェアの精神の実践だったと気づき喜びつつも、日本社会の負の遺産も再認識し、自分が将来成し遂げたいことへの思いをじっくりとかみしめている。

オ　提灯と街灯の対比から、日本社会全体が縛られている何ものかとそれを変えていきうる新しい考え方を知り、あたたかな驚きをもって未来への高揚感に包まれるとともに、シェアの精神の偉大さをほのかに感じとっている。

問9　――線部⑦「夜はずっと暗いままです」とは、ここではどのようなことの比喩表現として使われているか。それを説明した次の文の空欄に当てはまる内容を、簡潔に答えよ。

問題が［　　　　　　　　］ということ。

問10　――線部⑧「どこまででも歩いて行けそうな気持ち」に関して、次の各問いに答えなさい。

(1)　この時、道のなかで生じた感覚を端的に表した表現を本文中から十字以内で抜き出して答えよ。

(2)　「どこまでも歩いて行けそうな気持ち」とは、どのような気持ち

エ　自分の着る衣服は自分の裁量で選びたいものの、メアリーさんが熱心に選んでくれる様子を見ていると断るわけにはいかず、不本意ながらも、任せようと決心する気持ち。

オ　アメリカという新たな世界に渡り、学びを進められる喜びが心に満ちあふれる一方、衣服には興味がないのでメアリーさんに任せてしまおうと、割り切って頼る気持ち。

問４　――線部②「下手でも英語をどんどん話したし、わからないことは女の私にも質問してきた」から分かる新渡戸先生の人柄の説明として最適のものを選び、記号で答えよ。

ア　海外生活に強く憧れ、欧米人と変わらない振る舞いをしようと背伸びする人物。

イ　性別や肌の色による差別を問題だと考え、各所に配慮ができる紳士的な人物。

ウ　日本人であることに気後れし、いざとなると女性に頼ってしまう繊細な人物。

エ　明るくて物怖じせず、誰とでも隔てなく接することのできる向上心旺盛な人物。

オ　好奇心にあふれ、積極的に海外へ出て活躍しようと考える自己顕示欲の強い人物。

問５　――線部③「わあ、なんてロマンチックなんでしょう！」とあるが、ここからは道のどのような心情が読み取れるか。その説明として最適のものを次の中から選び、記号で答えよ。

ア　メアリーさんが、日本とアメリカという国の違い、言葉の違いを乗り越え、さらには父や兄の反対にも屈することなく、身分や財産を捨てて駆け落ちしてもよいと思うほど、一人の男性を深く愛したことに、感動する気持ち。

イ　メアリーさんが、女性の見た目や実家の財産に興味を持って求婚してくる男性たちに目もくれず、また自分自身も男性を見た目や財産で選ばず、一人の人間として心から尊敬できる相手への愛を貫いたことに、感激する気持ち。

ウ　メアリーさんが、裕福な身分を捨ててまで、女子教育や女性の地位向上のための活動と、それを共に実現したいと思う相手への愛の両方を貫き、しかも父や兄の許しが出たのがクリスマスの夜だったことに、感動する気持ち。

エ　メアリーさんが、求婚してくる多くの男性たちに目もくれず、ただ一人への愛を貫いていたものの、家族の反対にあって駆け落ちまで考えるほど苦しんでいたところ、クリスマスの夜に奇跡が起きたことに、感激する気持ち。

オ　メアリーさんが、自身の裕福な身分にとらわれず、恵まれない女性たちの地位向上の研究や活動に尽力し、アメリカにとどまらず遠い日本の女性の権利まで気にかけて行動に移した活動的な女性であることに、感動する気持ち。

問６　――線部④「小部屋」とは何のことだと考えられるか。五字程度で答えよ。

問７　――線部⑤「提灯」とあるが、ここでの「提灯」の図として正しいものを次のページの中から一つ選び、記号で答えよ。

ならば僕は構わないんですが、かえって暴力や貧困、無知からくる争いが、変えようがないこととして、放置され、我慢が当たり前になっているように思います」

　ほの暗い神社の帰り道、バラバラになった河井家、寄宿舎の暗黙の決まりごと、男たちの無言のニヤニヤ笑い、有島さんが道の前向きさを責めること、梅さんと捨松さんを引き裂いたしきたり。そういえば、これまでの人生で胸に引っかかってきた問題は全て、納得のいかないモヤモヤとした理由で曖昧にぼやかされていた。あれらを全部、道が大きな光を持ち込んで、くっきり照らしてしまったらどうだったのだろう。全部取るに足らないどうでもいいことばかりで、誰かの人生を阻む理由にはならない、とみんな気付いたのではないか。道は物事をやさしく、とっつきやすくすることに関しては昔から長《た》けているのだ。

「道さん、これだけ明るいのですから、どうですか？　メアリーも呼んで、みんなで夜の散歩に出かけませんか」

　道は頷き、孝夫ちゃんは躍りあがった。荷ほどきして寝巻きに着替えたら、今日という日はもうおしまいとばかり思っていた。新渡戸先生がステッキを一振りして、孝夫ちゃんの手を引くと、先に部屋を出て行った。

　急に道の中でムクムクと、人生に対する信頼感が膨らんできた。夜がこんなに明るければ、緊張で眠れないことも、異国でひとりぼっちになることも、時々ふと襲ってくる焦りも、怖くはない。

　普段ならそろそろ寝ようかという時間なのに、カナダ最初の夜、道は⑧どこまででも歩いて行けそうな気持ちで、ドアを大きく開けたのだった。

（柚木　麻子・著『らんたん』小学館　による）

【注】＊新渡戸稲造…一八六二～一九三三。日本の教育者・思想家。東京女子大学初代学長。著書に、日本について英文で紹介した『武士道』がある。

＊ブリンマーのランターンの光の海…ブリンマー女子大学ではランタンを一斉に灯す行事があり、道はそのことを聞き及んでいた。

問1　〰〰線部a～eのカタカナを漢字に直せ。（楷書で大きく濃く丁寧に書くこと。）

問2　本文中の空欄 A ～ E に当てはまる最適の言葉を次の中からそれぞれ選び、記号で答えよ。（ただし、同じ選択肢を二度以上使用してはならない。）

ア　最初に　**イ**　気軽に　**ウ**　すぐに
エ　確かに　**オ**　しきりに　**カ**　ついに

問3　――線部①「留学中に着る物の準備は、メアリーさんに頼むことにした」とあるが、この時の道はどのような心情だと考えられるか。その説明として最適のものを次の中から選び、記号で答えよ。

ア　おしゃれなメアリーさんなら素敵な衣服を選んでくれるに違いないと期待する一方、自分の留学にもかかわらず、多忙なメアリーさんに依頼することに気兼ねする気持ち。

イ　アメリカ留学への準備に余念がなく、洋装をすることにも胸が高鳴り、アメリカに行くからには自分に似合う衣服をメアリーさんに選んでほしいと、信頼し期待する気持ち。

ウ　留学中に着る物への興味はあるが、勉学に関わる準備が間に合っておらず、衣服のことはメアリーさんにお願いするしかないと、自分のふがいなさを実感し反省する気持ち。

る可能性もあるし、紙がdヤブけたりもします。それに片手しか使えないのは、足場の悪いところでは命取りです」

ローズさんを迎えに行ったあの暗い雪道や、父と参拝した伊勢神宮が蘇った。新渡戸先生はにっこりした。

「その通りです。では、提灯がそんなに危険なのに、私たち日本人が手放せないのは、どうしてでしょう」

「うーん……、なんででしょう？」

「それは個人が負わなければならない荷物のとても大きな社会だからです。日本人は全てにおいて、何か問題が起きたら、まず一人でなんとかしなくてはいけない。例えば家族に問題が起きた時は、家族だけで解決しないといけない。そんな風に思い込まされていませんか？」

一族の恥だから――。幼い日によく聞いた父の口癖を思い出し、道は、あ、と声をeモらした。

「だから、みんな暗い夜になると、自分の手元だけは明るくしなければ、と必死に提灯を握りしめるしかないのです。でも、自分と家族だけを照らしているようではまだ充分とはいえない。あんな風に大きな光を街の目立つところにともして、みんなで明るさを分け合わないといけない。日本人は共同で何かを行うということを覚えるべきです。つまり、シェア、ということです」

⑥「シェア……」

もちろん知っている言葉だったが、こうして溢《あふ》れんばかりの灯りを眺めていると、舌の上から光が広がり、唇からこぼれていくような気がした。新渡戸先生はじっと夜景を見下ろしている。

「提灯のように個人が光を独占するのではなく、大きな街灯をともして社会全体を照らすこと。僕は道さんにそんな指導者になってもらいたいと思って、どうしても欧米の夜景を見て欲しかったのです。日本ではまだ教育や情報は一部の知識層が独占している。でも、それではダメだ。お互いが助け合い、持っているものを分け合わないといけない。学ぶ機会のない人にまで行き渡らないと意味がない。アメリカではごく普通の人たちでさえ、損得抜きでお互いを助け合います。日本でも今、学校がどんどん出来ていますが、学生は成績を競うばかりだ。このシェアの精神が行き渡らない限り、⑦夜はずっと暗いままです」

青白い光を浴びて道行く人々はみんな堂々と、目的地に向かって自信をもって歩いているように見えた。その人工の無数のきらめきは、夜空にまたたく星よりも、道の心を貫き、深いところにまで光を届けた。

どうしてクリスマスがあんなに好きなのか。道はその時、初めて理解した。お盆やお正月とは大きく違う。そうだ、クリスマスは全ての人に開かれたお祝いなのだ。家族だけではなく地域や貧しい人、まだ会ったことのない誰かの方を向いている。クリスマスツリーの輝きは道行く人をも照らし出すから、あんなにも眩《まぶ》しい。そこに根付く精神が、道の心を満たしたのだった。新渡戸先生は急に話を換えた。

「私の授業には批判があるんですよ」

「え、なんで？　とっても面白くてわかりやすいのに！」

「ええ、まさにそこが批判されています。誰にでもわかるような教え方や明快な話し方なんて深みがない、と嫌がる人もいます。チアフル、つまり明るいということを日本人は見くびる傾向にありませんか？　暗いこと、苦しい、悲しいこと、いわば暗闇を一段高く見る傾向が蔓延《まんえん》している。それで、辛い目に遭っている人たちが尊重され、救済される社会

E 差し出せる、薄めの書物があればいいな、と思っていたのだ。日本について英語で書かれたものといえば、小泉八雲の本が有名だが、神秘の色合いが濃くて、現実の日本とは大きくかけ離れている。新渡戸先生は、ほう、それはいいね、と頷《うなず》いて、それからは何かある度にメモを取り出して、いそいそと書き留めるようになった。

毎日変わらない真っ青な大海原を道はぼんやり眺めた。いつか身近な誰かがアメリカに渡ることがあったら、船の上はとてつもなく暇だということを真っ先に教えてあげなければならない、と胸に刻んだのである。

そんなわけで、夏の夕方のバンクーバーの港がようやく見えた時は、ついに来たという感動より、安堵の方がずっと大きかった。港に降り立つと、東京の比ではないほど高い建物が建ち並び、道を見下ろしている。頬をスッと斬《き》りつけるような乾燥した空気で、沈んでいく夕日さえサラサラと白っぽく眩《まぶ》しかった。行き交う人々の多くは背が高く肩幅があり肌は白いけれど、髪と目の色は人によって全く違う。彼らがゆったり振る舞うのに比べ、黒い肌をした男女は貧しい身なりでいつも忙しそうに立ち働いていた。

くらっとするほど強い香水と、焦げた肉と冷えた柑橘《かんきつ》類が混ざったようなにおいが、どこに行っても漂っている。

その夜、海辺のホテルに着くと、道たちはまず④小部屋に通された。背後で扉が閉まるなり、空間全体がガタガタと震え出し、上方に引っ張り上げられていくので、道は孝夫ちゃんを抱きしめて悲鳴をあげた。三階で扉が開くと、道たちは吐き出された。新渡戸家は三人部屋、道はその隣の一人部屋へと、荷物運びに案内された。部屋に着いたら、道は真っ先に窓を大きく開け、そこに広がる夜景に息を呑《の》んだ。光の洪水が海辺の闇を大きく切り開いていたのだ。

「何を見ているんですか」

後ろからそう問いかけられ振り向くと、新渡戸先生が孝夫ちゃん、女中さんと一緒に、道の残りの荷物を部屋に運び入れてくれているところだった。

「綺麗。夜なのに、こんなにも明るいなんて……。まるで魔法です。カナダって、どこもこうなんですか？」

*ブリンマーのランターンの光の海もこんな具合なのだろうか、と道は思いを巡らせた。

「どうしてこんなに街が明るいと思いますか？」

新渡戸先生は孝夫ちゃんを連れて、隣にやってきた。道は通りにしばらく視線を落とし、身を乗り出して指差した。

「あ、ガス灯がある。それもこんなにたくさん!!」

道路脇に佇《たたず》むガス灯の先端には小さなガラス箱が付いていて、青い炎がcユれていた。同じものが等間隔で配置され、海岸線沿いにどこまでも続いている。孝夫ちゃんも、お星様だ、あっちにも！　と叫んだ。もちろん銀座などで目にしたことはあるが、一度にこんなにたくさんのガス灯を見るのは生まれて初めてだった。

「ねえ、道さん、⑤提灯と街灯、どっちが安全だと思いますか？」

いきなり場違いな日本語が出てきて、道は面食らった。

「そうですね、断然、街灯ですね」

「どうしてそう思いますか？」

「提灯は夜道でうっかり転んだ時に、火が燃え広がるし、誰かに奪われ

た。

「あなたを私の故郷に送り出せるなんて、なんだか、娘がいるみたいで嬉《うれ》しいわ」

　フィラデルフィアに着いたら、エルキントン家に道のサポートをするよう話はしてある、なんでも頼れ、とメアリーさんは言ってくれ、道は感謝でいっぱいになった。亡くなった遠益《トーマス》ちゃんの代わりになれるはずはないけれど、メアリーさんの心がもし、ほんの少しでもまぎれるのであれば、お言葉に甘えてみようと思った。

　淡黄色の地にバラの花が散ったドレスと、頑丈な短靴が届いたのは、出発直前だった。ドレスはブリンマー女子大の卒業生である某婦人が道の噂《うわさ》を聞いて贈ってくれたもので、靴は姉が義兄に頼んで作らせたのだった。梅さんから聞いた、ブリンマーの姉妹の絆《きずな》の話が蘇《よみがえ》った。今まで見た中で一番美しいドレスと靴だと思った。

　メアリーさんが　A　アメリカをbナツかしがるので、新渡戸先生がこれはいい機会だから、と道の渡米に新渡戸家が付き添い、そのままカリフォルニアで静養することを決めた。

　梅さんも、コロラド州デンバーで開かれる万国婦人クラブ大会に日本代表として呼ばれていて渡米したところだった。大会が終わったらひょっとするとあのヘレン・ケラーに紹介してもらえるかもしれない、といつになく楽しんでいる様子が、手紙からも伝わってきた。道が現地に着いたら、　B　落ち合うことが決まっていた。

　初めての長期航海を前に緊張していたので、みんなの気遣いが有り難い。旅券章の保証人は、新渡戸先生が引き受けてくれた。

　明治三十一（一八九八）年七月、梅さんの生徒たちに見送られ、横浜から客船エンプレス・オブ・ジャパン号に乗って、道は新渡戸夫妻と孝夫ちゃん、新渡戸家の女中さんとともに北米へと旅立った。　C　その土を踏むのはカナダのバンクーバーだ。

　太平洋を渡る二週間、道はとにかく暇だった。船酔いに慣れてしまうと、持ってきた本は全部読んでしまった。いくら新渡戸夫妻とはいえ、毎日会っていれば話題にも限界がある。道以上に退屈したのは孝夫ちゃんのようで、いたずらを繰り返し、とうとう甲板を転げまわって泣き出した。新渡戸先生も　D　音を上げ「暇だねえ」と顔を合わせる度に、気だるくぼやくようになった。初めてアメリカに渡ったのは二十二歳の頃で、今の道よりもずっと英語に不慣れだったから、最後の追い込みの勉強をしていて退屈する暇がなかったのだという。

「やることがないというのは、こうも辛いものなんだねえ」

　いつになく、ため息まじりに肩を落とす先生を見て、

「新渡戸先生、せっかくだから、何か書いたらどうですか？」

　道はそう提案してみた。

「論文やら手紙やらは、日本にいる間にあらかた書き上げてしまったよ」

　新渡戸先生が頬《ほお》を膨らませる。そうすると孝夫ちゃんによく似ていた。

「じゃ、今度は英語で書いてみてはどうでしょう。アメリカ人向けの、日本のことを知ってもらうためのガイドブック、なんてどうでしょうか？」

　アメリカ人と親しくなった時に、これさえ読めば日本がわかるわ、と

とっていた＊新渡戸稲造《にとべいなぞう》からも教えを受けた。道の才能を高く評価した新渡戸は、北海道を離れる際、道にも上京を勧める。その後、上京した道は、後に津田塾大学（日本初の女子大学）を創設する津田梅子と意気投合し、アメリカのブリンマー女子大学への留学が決まる。本文は、道が留学準備のため新渡戸夫妻の家を訪ねるところから始まる。

①留学中に着る物の準備は、メアリーさんに頼むことにした。その頃には週末になると必ず、汽車で沼津に通っていた。青い海と富士山を同時に望むお屋敷は、桃の果樹園に囲まれ、いつも甘い香りが漂っていた。ここに来てから新渡戸先生は書き物をするaカタワラ、四歳の孝夫《よしお》ちゃんと手作りのすごろくで遊ぶなどして、いつものんびり過ごされている。孝夫ちゃんは新渡戸先生のお姉さんの息子で、養子として引き取られていた。富士山に毎朝、「おはよう、今日もとっても綺麗《きれい》だね！」と話しかける、ひょうきんなその子は、新渡戸家を明るく照らしていた。

おしゃれなメアリーさんが選んでくれたおさがりのブラウスや上着は、黒や紺色の地味な型ばかりなので、道はがっかりした。北星女学校で短い英語劇をする時、道が衣装のドレスを着ると、背が高いからよく似合う、と先生や生徒から褒められたから、密《ひそ》かに洋装するのを楽しみにしていたのだ。もうちょっと華やかなのはないんですか、と恨めしそうに言うと、

「あら、趣味の良い女性ほど、落ち着いたドレスを着るものよ。こういう飾りけのない服装こそ、女性の美を引き立てるのよ」

とメアリーさんは自信たっぷりに言った。彼女は留学準備の手伝いが楽しくて仕方がないらしい。故郷のフィラデルフィアにあるブリンマーに興味津々なようだ。

「私がこのドレスを着ると、男の人たちはみんな、こぞって優雅だとか、女王様の風格があるとほめそやしたものよ。私は昔はいやっていうくらい、モテたんですからね」

メアリーさんは娘時代の服をふくよかな身体に合わせ、鏡の前でポーズを決めた。その身に纏《まと》う雰囲気や立ち居振る舞いを見ていれば、名門エルキントン家の令嬢として、ほぼ毎日のように求婚されたという伝説も納得できる。でも、だったらどうして、決して裕福とは言えない、それも日本人の新渡戸先生を選んだのだろう。できるだけ失礼にならないようにそう尋ねると、メアリーさんは、縁側で孝夫ちゃんと遊ぶ新渡戸先生の方をちらっと振り向きながら、こう言った。

「そりゃ、稲造と一緒にいるのが楽しいからよ。あの人、他の人と全然違っていたの。②下手でも英語をどんどん話したし、わからないことは女の私にも質問してきた。笑われることをちっとも怖がっていなくて、チャレンジングだった。道もそういう人を見つけたら、絶対に放しちゃダメよ。お金だとか見てくれを気にするのは愚かだわ。名門のお嬢さんでいるより、あの人と一緒に日本に来て、女子教育に関《かか》わる方がずっとやりがいがあると思った。私、女性の地位を向上させるための研究や活動をしていたの。その中で日本の女性は当たり前の権利を持っていないと学んで、ずっと気になっていたわ。彼と一緒にしてくれなきゃ駆け落ちします、と父や兄に反発して、クリスマスの夜にやっと許しをもらったのよ」

「③わあ、なんてロマンチックなんでしょう！」

恋愛の話となると途端に退屈してしまう道も、これにはうっとりし

たが、それはある種の上下関係を前提とした自分の感情の一方的表明にすぎず、木村さんの気持ちを思いやった心性ではなかったということ。

ウ　この事件において、多くの視聴者同士は同じような感情を持つに至ったが、それは自分の感情の一方的表明にすぎず、木村さんの立場を想像し木村さんと感情を共有するという心性ではなかったということ。

エ　この事件において、多くの視聴者は誹謗中傷を行ったが、それは他者への想像力がない一方的でアンバランスな心性で、自分の行為の問題点や社会への影響を想像する心性ではなかったということ。

オ　この事件において、視聴者の多くは木村さんへの誹謗中傷がやり過ぎだと分かってはいたが、それは自分の行為への反省にすぎず、木村さんの気持ちを想像して助けようとする心性ではなかったということ。

問9　この文章の要約として最適のものを次の中から選び、記号で答えよ。

ア　二〇〇〇年代以降になると、共感の広がりを正確に数値化することが可能になった。その結果、感情工学的な操作を行って、共感を計測し、創出し、調達までするようになった。この根本的な大転回が私たちの心性に与えてきた悪影響の大きさを、私たちはあらためて熟考するべきである。

イ　時代の変化に応じて「共感」という言葉の意味や概念は段階的に変化していった。その結果、近年の「共感」は本来の意味を失い、それにつれて人々の心性にアンバランスな面も生まれてきた。私たちは、自身の心性の構造を思い返しながら、この負の側面について熟考するべきである。

ウ　戦後民主主義的な感覚が浸透していくなかで「共感」は急速に普及し、定着していった。その結果、そこから新自由主義的な転回が生まれて「共感」の意味そのものが変容した。この変容を象徴的に表している木村の事件がどのようにして起きたのかを、私たちは熟考するべきである。

エ　新自由主義的な風潮や市場主義的な志向と結びついた「共感」は、量的に捉えられるようになった。その結果「共感の市場化」という国家的プロジェクトが推進されることになった。この転回が私たちの心性にどのような変化をもたらすのかを、私たちはもういちど熟考するべきである。

オ　SNSの普及に伴い、共感の広がりの範囲を正確に計測することが可能になった。その結果、「共感」は「同感」もしくは「好感」という二値変数として再定義されることになった。私たちは、「共感」の本来の意味と照らし合わせながら、この再定義の是非を熟考するべきである。

【三】　次の文章を読んで、後の問いに答えよ。なお、設問の都合により本文を一部改変してある。

「河井《かわい》　道《みち》」は伊勢神宮の神職の家系であったが、明治政府の世襲官職廃止により父は失職。一家は北海道に移り住む。北海道での道《みち》は、寄宿舎で生活しながらキリスト教系の北星女学校で英語を学んだ。その間、札幌農学校で教鞭《きょうべん》を

想定させる言葉の使用が避けられるようになった、ということ。

エ　日本社会から封建的な身分関係の意識が薄れ、自由と平等が尊重されるようになったのと同様に、「他者と同じ感情を持つこと」に対応する日本語も、ある種の上下関係を想起させるので使われなくなり、フラットな関係性を示す語が取ってかわった、ということ。

オ　一八世紀になって、〝sympathy〟という語に深い意味が付与されたことをうけて、日本でも「他者と同じ感情を持つこと」という意味を表す語が、封建的なニュアンスを持つ語から民主主義的なニュアンスを持つ語へと次第に置きかわっていった、ということ。

問6　――線部④「『同情が広がる』とはあまり言わないが、『共感が広がる』とはよく言う」について、先生と生徒が対話している。**生徒A～E**のうち、**誤った理解**をしているものを、次の**ア～オ**の中から**二つ**選び、記号で答えよ。(順不同)

先生　「同情が広がる」とはあまり言わず、「共感が広がる」とよく言う理由について、考えてみて下さい。

ア　生徒A――「同情」は「強い」とか「深い」と言いますが、「広い」とは言わない気がします。これは、「同情」という言葉が、多くの恵まれた者から少数の恵まれない者への感情という、縦方向の感情の特定性・少数性を前提とする言葉だからではないでしょうか。

イ　生徒B――一方で、「共感」について「広がる」という言い回しがされるのは、民主的な社会の成立とともに受け入れられた言葉だからこそ、縦方向の上下関係を前提とせず、感情主体の複数性や多数性と容易に結び付きやすい概念だったからだと思います。

先生　それでは、例えば「あまりの凄惨《せいさん》な光景に、群衆の間には同情が広がっていった」という表現ならばどうですか？

ウ　生徒C――そういう表現を用いる場合はあると思います。その場合、「同情」という言葉でありつつも、光景のあまりの凄惨さが人々の心を打ち、そのような状況にある他者への想像力を多くの人々が共有した、ということではないでしょうか。

エ　生徒D――そうか！　現代社会で「共感が広がる」と言い、「同情が広がる」とは「あまり言わなくなった」のは、現代社会は豊かになっていて、人々が心を痛めるような悲惨な状況や凄惨な状況は少なくなってきたからですね？

オ　生徒E――本当にそうでしょうか？　現代社会で「共感が広がる」と言い、「同情が広がる」とは「あまり言わなくなった」とするなら、そこには人々の感情のあり方に関するもっと深刻な問題があるように思います。

問7　――線部⑤「『共感』の意味そのものが変容を被る」とあるが、どういうことか。変容の理由とともに、百二十字以内で説明せよ。

問8　――線部⑥「その共感性の高さにもかかわらず、本来の意味での共感力、つまり他者への想像力に基づく理解力という意味でのそれが、そこにはすっかり欠けていた」とあるが、どういうことか。その説明として最適のものを次の中から選び、記号で答えよ。

ア　この事件において、多くの視聴者は番組の内容に感情移入していたが、それは現実と想像を混同したアンバランスな心性で、木村さんがどう感じているかを具体的に考える心性ではなかったということ。

イ　この事件において、視聴者の多くは木村さんに共感し同情してい

で新たに作り出された語であるが、両方とも「感情」を表す要素に「共に」という意味が合わさってできた語だということ。

イ　〝sympathy〟はポジティブな心情を伴う語で、「共感」はネガティブな心情を伴う語であるが、両方とも「感情」を表す要素に「同じ」という意味が合わさってできた語だということ。

ウ　〝sympathy〟は西洋で古い起源を持つ語で、「共感」は日本で戦後用いられるようになった語であるが、両方とも「感情」を表す要素に「共に」という意味が合わさってできた語だということ。

エ　〝sympathy〟は物の形容にも用いられる語で、「共感」は人に関わる言動にしか用いない語であるが、両方とも「感情」を表す要素に「同じ」という意味が合わさってできた語だということ。

オ　〝sympathy〟は相手の心情を説明する語で、「共感」は自分の心情を説明する語であるが、両方とも「感情」を表す要素に「共に」という意味が合わさってできた語だということ。

問3　――線部②「そこに深い意味を込めて用いた」とあるが、どういうことか。その説明として最適のものを次の中から選び、記号で答えよ。

ア　〝sympathy〟を、自分と他者の感情が単に同じなのではなく、その前提に、他者への想像力による理解がある語として使ったということ。

イ　「共感」に、自分と他者の感情の共有という意味に加えて、各々が互いの立場を理解しあう必要性も見いだした上で使用したということ。

ウ　〝sympathy〟を、想像の中で自分を他者の立場に置くのみならず、さらに深く、他者と同じになろうとする語として使用したということ。

エ　「共感」の意味を、他者についての観念形成という表面的な内容ではなく、他者への感情移入を推奨する内容に深めて使ったということ。

オ　〝sympathy〟の意味を、単なる感情の状態にとどまらず、感情が生じた原因や先々の展開を考える想像力だと理解して使ったということ。

問4　本文中の空欄 X に入れるのに最適な漢字四字の言葉を、自分で考えて答えよ。

問5　――線部③「この概念の、いわば戦後民主主義的な転回」とあるが、どういうことか。その説明として最適のものを次の中から選び、記号で答えよ。

ア　戦後民主主義的な感覚が国民の間に広く深く浸透していくにつれて、「共感」という言葉も、深まっていくものではなく広がっていくものとして捉えられ、感情の主体の複数性や多数性を前提とした概念として理解されるという大きな変化を遂げた、ということ。

イ　戦後の復興期から高度経済成長期にかけて、日本社会がめざましい発展を遂げたことを背景として、「同情」という言葉も、「他者と同じ感情を持つこと」という一般的な意味では使われなくなり、ネガティブな感情に対してのみ使われるようになった、ということ。

ウ　二〇世紀になって、「他者の立場に身を置き、他者がどう感じているのかを想像すること」という意味を明確に持つ〝empathy〟という言葉が作られたのに伴い、戦後の日本でも、ある種の上下関係をへの想像力を欠き、自分の感情を一方的に表明するばかりだった彼ら彼女らの心性は、ひどくバランスを欠くものだったと言えるだろう。⑥その共感性の高さにもかかわらず、本来の意味での共感力、つまり他者への想像力に基づく理解力という意味でのそれが、そこにはすっかり欠けていたからだ。

　そうしたアンバランスな心性は、あるいは共感市場主義の一つの帰結だったのではないだろうか。というのもそこでは共感が、もっぱら集計されるべき資源、調達されるべき財として集合的に扱われ、その c ニナい手はある種の*消費者セグメントとして集団的に捉えられる。その中の一つ一つの動きを通じて誰が誰を想像し、何を理解しているのかという点が問われることはない。

　先に見たようにネット上の誹謗中傷という現象は、一対一の当事者間のものから多数の第三者によるものへと、それもある種のファン心理に基づく消費行動を意味するものへとその内実を変化させてきた。その経緯は、共感市場主義が共感の構造を作り変え、そのニナい手の心性を変容させてきた、その経緯と重なり合うものだったのではないだろうか。だとすればこの現象は、共感市場主義から生み落とされた、その負の側面の一つだったと見ることもできるだろう。

　古典的自由主義の始祖とされるスミスはかつて、市場主義を論じた『国富論』に先立って『道徳感情論』を著し、共感を通じて公正な社会を構築していくことの必要性を d トいた。そこでは共感は市場主義を支えるとともに、それを是正するものとして考えられていた。

　ところが今日の新自由主義的な風潮のもとでは、共感は市場主義の中に繰り込まれ、ときにそれを暴走させるものとなってしまっている。そうした点についてわれわれは、われわれ自身の心性の構造を e カエリみながら、あらためて考えてみるべきなのではないだろうか。

（伊藤　昌亮・著『炎上社会を考える　自粛警察からキャンセルカルチャーまで』中央公論新社　による）

【注】＊新自由主義…市場の自由競争によって経済の効率化と発展を実現しようとする思想。

＊変数…いろいろな値に変わりうる数量を表す文字。数学で使うxやyなど。

＊今回の木村の事件…女子プロレスラーの木村花さんが、出演していたテレビ番組をはじめとする一連の出来事に関してネット上で誹謗中傷を受け、その後自ら命を絶った事件。

＊消費者セグメント…市場における消費動向において共通の属性を持っている人々の集団。

問1　～～～線部a～eのカタカナを漢字に直せ。（楷書で大きく濃く丁寧に書くこと。）

問2　――線部①「〝sympathy〟は、『共感』と同様の造語構造を持つ」に関して、次の各問いに答えなさい。

(1)　「共感」と同様の造語構造である熟語として最適のものを次の中から選び、記号で答えよ。

ア　私立　イ　未来　ウ　扶助　エ　避難　オ　予知

(2)　「〝sympathy〟は、『共感』と同様の造語構造を持つ」とは、どういうことか。その説明として最適のものを次の中から選び、記号で答えよ。

ア　〝sympathy〟はギリシャ語を英語に訳した語で、「共感」は日本ここには③この概念の、いわば戦後民主主義的な転回があったと見ることができるだろう。

しかし近年、さらにもう一つの転回がそこに加わることになった。*新自由主義的な転回とでも言うべきものだ。

戦後民主主義的な転回の結果、「共感」はそのフラットな水平性のゆえに、深まっていくよりもむしろ広がっていくものとして捉えられるようになったのではないだろうか。④「同情が広がる」とはあまり言わないが、「共感が広がる」とはよく言うだろう。そのため「共感」は、感情の主体の複数性、さらに多数性を前提とした概念として理解されるようになる。

そうした理解がとくに二〇〇〇年代以降、新自由主義的な風潮、そして市場主義的な志向と結び付いていったと考えられる。その結果、共感の広がりが一つの市場として量的に捉えられるようになり、それをいかに大きくするか、そこからいかに収益を上げるかという論点が現れてくる。

とりわけ二〇一〇年ごろからSNSが普及していくと、フォロワー数や「いいね」の数などで、共感の広がりを正確に数値化することが可能となった。その結果、共感は計測可能なものとなり、さらに創出可能、調達可能なものとして、感情工学的な操作の対象となっていく。

例えば二〇一一年には、雑誌『ブレーン』三月号の「ソーシャル時代の共感クリエイティブ」、『宣伝会議』四月号の「共感が時代のテーマ」などを嚆矢《こうし》に、「共感」関連の特集が広告関連の雑誌で続々と組まれていった。その後、そうした議論を実践するかたちでさまざまなメディア企業や、そこで活躍している芸能人、さらにその影響を受けた若者たちが一体となり、「共感の市場化」というプロジェクトを推し進めていく。その結果としてもたらされた「共感至上主義」は、したがって実際には「共感市場主義」を意味するものだったと見ることもできるだろう。

そうしたなかで⑤「共感」の意味そのものが変容を被る。共感を計測し、集計するためには、それを操作的に定義し、より扱いやすい*変数として設定しなければならない。そこで「共感」は、実質的には「同感」もしくは「好感」として再定義されることになった。つまり「他者の言動に賛同するかどうか」もしくは「他者の言動を好ましいと感じるかどうか」を表す二値変数だ。「いいね」やリツイートの数は、その集計のための格好の指標となる。

しかしその結果、「共感」の本来の意味が失われてしまったのではないだろうか。それは本来は、かつてスミスが論じたように、「他者の立場に身を置き、他者がどう感じているのかを想像すること」を意味するものだった。言いかえれば他者への想像力に基づき、他者がどう感じているのかを理解することを含意するものだった。

それに対して「同感」や「好感」は、他者の意見や印象への評価に基づき、あくまでも自分がどう感じているのかを表明することを意味するものだ。そこでは他者の感情の中にまで分け入っていくような、「ある程度まで彼と同じ人物になる」というような想像力が求められることはない。

*今回の木村の事件では、誹謗《ひぼう》中傷を受けることで木村がどう感じているのか、どんな思いをしているのかを想像することが、多くの視聴者には十分にできなかった。強い共感の磁場の中にいながら、しかし他者

【国　語】〈六〇分〉〈満点：一〇〇点〉

【注意】設問に字数制限のあるものは、句読点等も一字に数えるものとする。

【一】　次の文章を読んで、後の問いに答えよ。なお、設問の都合により本文を一部改変してある。

ここで「共感」という語と、この概念の構成についてあらためて考えてみよう。「共に感じる」と記されていることに示されているように、まずその最も基本的な意味は、「他者と同じ感情を持つこと」だと定義されるだろう。

同様の意味の語として英語には〝sympathy〟〝empathy〟などがあるが、〝sym（共に）〟と〝pathy（感情）〟から成る①〝sympathy〟は、「共感」と同様の造語構造を持つものだ。この語はギリシャ語に由来する古い語だが、②そこに深い意味を込めて用いたのは、一八世紀の「スコットランド啓蒙《けいもう》」の思想家たちだった。その一人のアダム・スミスによれば、それは「想像によって自分自身を彼の立場に置き、（中略）ある程度まで彼と同じ人物になる」ことで、「彼が感じていることについて一定の観念を形成し、（中略）彼が感じ取っているものに似た何かを感じさえする」ことだという。つまり「他者の立場に身を置き、他者がどう感じているのかを想像すること」だと定義されるだろう。その後、そうした含意をより明確に持つ語として、ドイツ語の〝Einfulung（感情移入）〟をもとに二〇世紀になって作られたのが〝empathy〟だった。

一方で日本では、この意味を表す語として「共感」が古くから使われてきたわけではない。思想史家の仲島陽一によれば、「共感」がこの意味で国語辞典に最初に a ノったのは一九四九年のことだという。その後、「共感」は急速に普及し、定着していった。

ではそれ以前にこの意味を表していた語は何だったのだろうか。それは主に「同情」だったという。「共感」は戦後になって普及した新しい語だが、「同情」は漢語に由来する古い語であり、戦前は現在の「共感」と同様に、一般的な感情に対して広く使われるものだったという。

しかし「共感」が現れると、一般的な意味はそちらに移行し、「同情」はとくに他者の苦しみや悲しみなど、ネガティブな感情に対して使われるものとなっていく。仲島によれば一九七一年の国語辞典では、「同情」が一般的な意味のみで使われることはなくなっていたという。

こうしたことからすると、とくに一九五〇年代から六〇年代、つまり戦後の復興期から高度経済成長期にかけての時期に、「同情」から「共感」への移行が進み、この概念の再編成が進められていったと見ることができるだろう。その背景には、戦後民主主義的な感覚の浸透という状況があったのではないだろうか。

というのも「同情」というと、恵まれない者に対する恵まれた者からの憐《あわ》れみや b ホドコしが想起され、ある種の上下関係がそこに想定されてしまう。それに対して「共感」は、よりフラットな関係性を含意するものだと言えるだろう。言いかえれば「他者と同じ感情を持つこと」を、「同情」は垂直関係の中で捉えているのに対して、「共感」は［ X ］の中で捉えているのではないだろうか。

そのため戦後民主主義的な感覚が浸透していくなかで、どこか封建的な身分関係に結び付いているかのような上下関係のニュアンスから「同情」が嫌われ、「共感」が好まれるようになったのではないだろうか。そ

2023年度

解　答　と　解　説

《2023年度の配点は解答欄に掲載してあります。》

＜数学解答＞

1.　(1)　$x=\frac{\sqrt{10}}{4}$　　(2)　$\frac{7}{36}$　　(3)　∠ABC＝103°

2.　(1)　A(6, 12)　　(2)　$y=\frac{2}{3}x+8$　　(3)　$F\left(-4,\ \frac{16}{3}\right)$　　(4)　$x=-2\pm\sqrt{10}$

3.　(1)　6%　　(2)　5%　　(3)　9時41分

4.　(1)　12　　(2)　63通り

5.　(1)　$\frac{4\sqrt{5}}{5}$　　(2)　△BFC　　(3)　$\frac{12}{5}$

6.　(1)　$\frac{\sqrt{2}(6-x)}{6}$　　(2)　$\frac{3}{2}$　　(3)　$\frac{9}{8}$

○推定配点○

1.　各5点×3　　2.　(4)　6点　　他　各5点×3　　3.　(3)　6点　　他　各5点×2

4.　各5点×2　　5.　(3)　7点　　他　各6点×2　　6.　(3)　7点　　他　各6点×2

計100点

＜数学解説＞

基本　1.　(平方根，1次方程式，確率，円周角の定理)

(1)　$\sqrt{6}-\sqrt{2}=\sqrt{2}(\sqrt{3}-1)$より，$(\sqrt{6}-\sqrt{2})(\sqrt{3}+1)x=\sqrt{5}$　　$\sqrt{2}(\sqrt{3}-1)(\sqrt{3}+1)x=\sqrt{5}$　$\sqrt{2}\{(\sqrt{3})^2-1^2\}x=\sqrt{5}$　　$\sqrt{2}(3-1)x=\sqrt{5}$　　$2\sqrt{2}x=\sqrt{5}$　　$x=\frac{\sqrt{5}}{2\sqrt{2}}=\frac{\sqrt{10}}{4}$

(2)　1つのさいころを2回投げたときの出る目の組み合わせは，6×6＝36(通り)　　$x+y$が平方数になるのは，$(x,\ y)=(1,\ 3)$，$(2,\ 2)$，$(3,\ 1)$，$(3,\ 6)$，$(4,\ 5)$，$(5,\ 4)$，$(6,\ 3)$の7通り。よって，求める確率は，$\frac{7}{36}$

(3)　△OABは，OA＝OBの二等辺三角形だから，∠OBA＝∠OAB＝∠OAC＋∠BAC＝13°＋41°＝54°　　△OABにおいて，∠AOB＝180°－(∠OBA＋∠OAB)＝180°－(54°＋54°)＝180°－108°＝72°　　円周角の定理より，$\angle ACB=\frac{1}{2}\angle AOB=\frac{1}{2}\times72^\circ=36^\circ$　　△ABCにおいて，∠ABC＝180°－(∠BAC＋∠ACB)＝180°－(41°＋36°)＝180°－77°＝103°

2.　(放物線と1次関数，図形と関数・グラフの融合問題)

基本　(1)　点Aのx座標をtとおいて，$y=\frac{1}{3}x^2$に$x=t$を代入すると，$y=\frac{1}{3}t^2$　　よって，$A\left(t,\ \frac{1}{3}t^2\right)$，$B\left(-t,\ \frac{1}{3}t^2\right)$，$C(t,\ 0)$，$D(-t,\ 0)$　　$AB=t-(-t)=t+t=2t$，$AC=\frac{1}{3}t^2-0=\frac{1}{3}t^2$であり，四角形ABDCは正方形なので，AB＝AC　　$2t=\frac{1}{3}t^2$　　$6t=t^2$　　$t^2-6t=0$　　$t(t-6)=0$　　$t=0,\ 6$　　$t>0$より，$t=6$　　$\frac{1}{3}t^2$に$t=6$を代入すると，$\frac{1}{3}\times6^2=\frac{1}{3}\times36=12$　　よって，A(6, 12)

(2)　(1)より，B$(-6,\ 12)$であり，点Eは線分OBの中点だから，$\mathrm{E}\left(\frac{-6+0}{2},\ \frac{12+0}{2}\right)=\mathrm{E}\left(\frac{-6}{2},\ \frac{12}{2}\right)=\mathrm{E}(-3,\ 6)$　直線AEの傾きは，$\frac{12-6}{6-(-3)}=\frac{6}{6+3}=\frac{6}{9}=\frac{2}{3}$　直線AEを$y=\frac{2}{3}x+b$とおいて，E$(-3,\ 6)$を代入すると，$6=\frac{2}{3}\times(-3)+b$　$6=-2+b$　$b=8$　よって，直線AEは，$y=\frac{2}{3}x+8$

(3)　$y=\frac{1}{3}x^2$と$y=\frac{2}{3}x+8$を連立方程式として解くと，$\frac{1}{3}x^2=\frac{2}{3}x+8$　$x^2=2x+24$　$x^2-2x-24=0$　$(x+4)(x-6)=0$　$x=-4,\ 6$　$x<0$より，$x=-4$　$y=\frac{1}{3}x^2$に$x=-4$を代入すると，$y=\frac{1}{3}\times(-4)^2=\frac{1}{3}\times16=\frac{16}{3}$　よって，$\mathrm{F}\left(-4,\ \frac{16}{3}\right)$

重要　(4)　点Eを通り，直線OFに平行な直線を引き，この直線をlとすると，直線lと放物線$y=\frac{1}{3}x^2$との交点が求めるGである。直線OFの傾きは，$\left(\frac{16}{3}-0\right)\div(-4-0)=\frac{16}{3}\div(-4)=-\frac{16}{3}\times\frac{1}{4}=-\frac{4}{3}$　平行な直線の傾きは等しいから，直線lの傾きは，$-\frac{4}{3}$となるので，直線lを$y=-\frac{4}{3}x+c$とおいて，E$(-3,\ 6)$を代入すると，$6=-\frac{4}{3}\times(-3)+c$　$6=4+c$　$c=2$　よって，直線lは，$y=-\frac{4}{3}x+2$となるので，$y=\frac{1}{3}x^2$と$y=-\frac{4}{3}x+2$を連立方程式として解くと，$\frac{1}{3}x^2=-\frac{4}{3}x+2$　$x^2=-4x+6$　$x^2+4x-6=0$　$x=\frac{-4\pm\sqrt{4^2-4\times1\times(-6)}}{2\times1}=\frac{-4\pm\sqrt{16+24}}{2}=\frac{-4\pm\sqrt{40}}{2}=\frac{-4\pm2\sqrt{10}}{2}=-2\pm\sqrt{10}$

3. (方程式の応用)

重要　(1)　ホースAからは，9時00分から9時20分までの20分間，食塩水が注がれているので，注がれた食塩水は，$1000\times20=20000$(g)，食塩は，$20000\times\frac{1}{100}=200$(g)　ホースBからは，9時10分から9時20分までの10分間，食塩水が注がれているので，注がれた食塩水は，$1000\times10=10000$(g)，食塩は，$10000\times\frac{16}{100}=1600$(g)　合計で，食塩水は，$20000+10000=30000$(g)，食塩は，$200+1600=1800$(g)が容器に入っているので，食塩水の濃度は，$\frac{1800}{30000}\times100=6$(%)

重要　(2)　ホースAからは，9時00分から9時30分までの30分間，食塩水が注がれているので，注がれた食塩水は，$1000\times30=30000$(g)，食塩は，$30000\times\frac{1}{100}=300$(g)　ホースBからは，9時10分から9時30分までの20分間，食塩水が注がれているので，注がれた食塩水は，$1000\times20=20000$(g)，食塩は，$20000\times\frac{16}{100}=3200$(g)　ホースCからは，9時20分から9時30分までの10分間，水が注がれているので，注がれた水は，$2000\times10=20000$(g)　合計で，食塩水は，$30000+20000+20000=70000$(g)，食塩は，$300+3200=3500$(g)が容器に入っているので，食塩水の濃度は，$\frac{3500}{70000}\times100=5$(%)

やや難　(3)　9時x分に容器中の食塩水が5%になるとする。$30<x\leqq40$のとき，ホースAからは，9時00分か

ら9時30分までの30分間，食塩水が注がれているので，注がれた食塩水は，30000(g)，食塩は，300(g)　ホースBからは，9時10分から9時x分までの$(x-10)$分間，食塩水が注がれているので，注がれた食塩水は，$1000\times(x-10)=1000(x-10)$(g)，食塩は，$1000(x-10)\times\dfrac{16}{100}=160(x-10)$(g)　ホースCからは，9時20分から9時$x$分までの$(x-20)$分間，水が注がれているので，注がれた水は，$2000\times(x-20)=2000(x-20)$(g)　合計で，食塩水は，$30000+1000(x-10)+2000(x-20)=30000+1000x-10000+2000x-40000=3000x-20000$(g)，食塩は，$300+160(x-10)=300+160x-1600=160x-1300$(g)が容器に入っている。このときの濃度が5％になればよいので，$(3000x-20000)\times\dfrac{5}{100}=160x-1300$　$150x-1000=160x-1300$　$10x=300$　$x=30$　$30<x\leqq40$より，問題に適さない。$40<x\leqq50$のとき，ホースAからは，9時00分から9時30分までの30分間，食塩水が注がれているので，注がれた食塩水は，30000(g)，食塩は，300(g)　ホースBからは，9時10分から9時40分までの30分間，食塩水が注がれているので，注がれた食塩水は，$1000\times30=30000$(g)，食塩は，$30000\times\dfrac{16}{100}=4800$(g)　ホースCからは，9時20分から9時$x$分までの$(x-20)$分間，水が注がれているので，注がれた水は，$2000\times(x-20)=2000(x-20)$(g)　合計で，食塩水は，$30000+30000+2000(x-20)=30000+30000+2000x-40000=2000x+20000$(g)，食塩は，$300+4800=5100$(g)が容器に入っている。このときの濃度が5％になればよいので，$(2000x+20000)\times\dfrac{5}{100}=5100$　$100x+1000=5100$　$100x=4100$　$x=41$　$40<x\leqq50$より，問題に適する。

重要 **4.** **(資料の活用と確率の融合問題)**

(1)　赤いカードを入れる前の袋の中の数の中央値は8　赤いカードを入れたあとの袋の中の数の中央値が赤いカードを入れる前の袋の中の数の中央値よりも大きくなるので，入れた赤いカードは，8よりも大きい。また，赤いカードを入れる前の袋の中の数の和は，$(1+15)\times\dfrac{15}{2}=16\times\dfrac{15}{2}=120$であり，6の倍数であるから，入れた赤いカードも6の倍数である。よって，入れた赤いカードは，12

(2)　入れた2枚の赤いカードのうち1枚が8であるとき，もう1枚はいくつを入れても，赤いカードを入れたあとの袋の中の数の中央値は8になる。このとき，8と8以外の1から15までの赤いカードの組み合わせになるから，$15-1=14$(通り)　入れた赤いカードが2枚とも8ではないとき，8より小さい数と8より大きい数の赤いカードをそれぞれ1枚ずつ入れる必要があるので，$7\times7=49$(通り)　よって，求める場合の数は，$14+49=63$(通り)

5. **(合同・相似，三平方の定理，円周角の定理，長さ・面積の計量)**

基本 (1)　直径に対する円周角は90°なので，$\angle ACB=\angle AEB=90^\circ$　AC＝BCより，△ABCは直角二等辺三角形となるので，$AC:BC:AB=1:1:\sqrt{2}$であり，$AB=4\sqrt{2}$だから，$AC=BC=4$　点DはBCの中点なので，$BD=CD=2$　△ADCにおいて，三平方の定理より，$AD=\sqrt{4^2+2^2}=\sqrt{16+4}=\sqrt{20}=2\sqrt{5}$　△ADCと△BDEにおいて，$\angle ACD=\angle BED=90^\circ$，$\angle CAD=\angle EBD$より，2組の角がそれぞれ等しいので，$\triangle ADC\backsim\triangle BDE$　相似な図形の対応する辺の比は等しいので，$AC:BE=AD:BD$　$4:BE=2\sqrt{5}:2$　$2\sqrt{5}BE=8$　$BE=\dfrac{8}{2\sqrt{5}}=\dfrac{4\sqrt{5}}{5}$

(2)　△ADCと△BFCにおいて，(1)より，$AC=BC=4$…①　$\angle ACD=\angle BCF=90^\circ$…②　円周角の定理より，$\overset{\frown}{CE}$に対する円周角は等しいので，$\angle CAD=\angle CBF$…③　①～③より，1組の辺

とその両端の角がそれぞれ等しいので，$\triangle ADC \equiv \triangle BFC$

重要 (3)　(2)より，$\triangle BFC=\triangle ADC=\frac{1}{2}\times4\times2=4$　(1)より，$\triangle ADC \backsim \triangle BDE$であり，相似比は，$AD:BD=2\sqrt{5}:2=\sqrt{5}:1$なので，面積比は，$\triangle ADC:\triangle BDE=(\sqrt{5})^2:1^2=5:1$　よって，$4:\triangle BDE=5:1$　$5\triangle BDE=4$　$\triangle BDE=\frac{4}{5}$　$BD=CD$より，$\triangle CDE=\triangle BDE=\frac{4}{5}$　従って，$\triangle CEF=\triangle BFC-(\triangle BDE+\triangle CDE)=4-\left(\frac{4}{5}+\frac{4}{5}\right)=4-\frac{8}{5}=\frac{12}{5}$

6. (合同・相似，三平方の定理，切断，長さの計量)

重要 (1)　図のように，円錐Pの頂点をO，底面の中心をIとする。また，立方体ABCD−EFGHの頂点A，C，E，Gを通るように切断したときの円錐Pの底面の円周との交点をQ，Rとする。円錐Pを底面と平行な面で切ったとき，線分OQとの交点をJ，線分OIとの交点をKとすると，△OQRは，図1のようになる。△OJKと△OQIにおいて，JK//QIより，∠OKJ=∠OIQ=90°，∠JOK=∠QOIより，2組の角がそれぞれ等しいので，$\triangle OJK \backsim \triangle OQI$　相似な図形の対応する辺の比は等しいので，$JK:QI=OK:OI$　求める半径をrとすると，$r:\sqrt{2}=(6-x):6$　$6r=\sqrt{2}(6-x)$　$r=\frac{\sqrt{2}(6-x)}{6}$

重要 (2)　図2のように，線分OIとACとの交点をLとする。立方体ABCD−EFGHの1辺をyとすると，$AE=AB=BC=y$　△ABCにおいて，三平方の定理より，$AB:BC:AC=1:1:\sqrt{2}$だから，$AC=\sqrt{2}y$　点Lは線分ACの中点なので，$AL=CL=\frac{1}{2}AC=\frac{1}{2}\times\sqrt{2}y=\frac{\sqrt{2}y}{2}$　(1)において，$x=y$，$r=\frac{\sqrt{2}y}{2}$とすると，$\frac{\sqrt{2}y}{2}=\frac{\sqrt{2}(6-y)}{6}$　$3\sqrt{2}y=\sqrt{2}(6-y)$　$3\sqrt{2}y=6\sqrt{2}-\sqrt{2}y$　$4\sqrt{2}y=6\sqrt{2}$　$y=\frac{3}{2}$

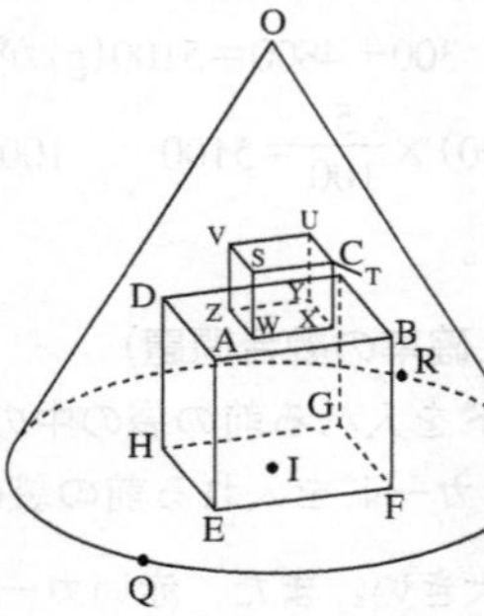

図1

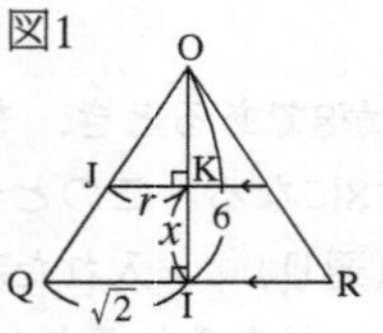

図2

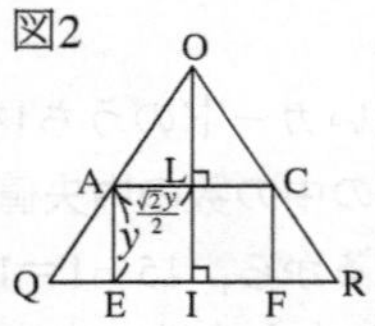

図3

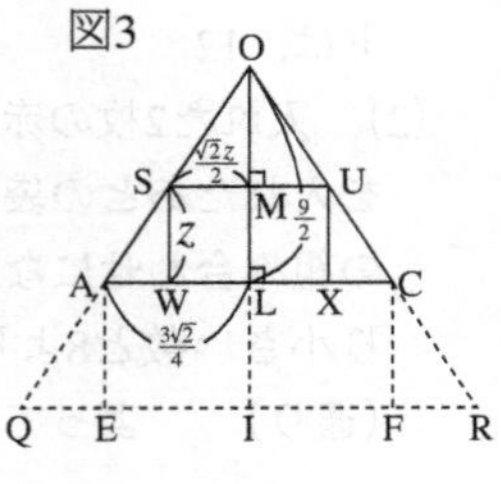

やや難 (3)　求める立方体をSTUV−WXYZとし，1辺をzとする。線分OIとSUとの交点をMとすると，△OQRは，図3のようになる。$SW=ST=TU=z$　△STUにおいて，三平方の定理より，$ST:TU:SU=1:1:\sqrt{2}$だから，$SU=\sqrt{2}z$　点Mは線分SUの中点なので，$SM=UM=\frac{1}{2}SU=\frac{1}{2}\times\sqrt{2}z=\frac{\sqrt{2}z}{2}$　(2)より，$AL=\frac{\sqrt{2}}{2}\times\frac{3}{2}=\frac{3\sqrt{2}}{4}$　$OL=OI-LI=OI-AE=6-\frac{3}{2}=\frac{9}{2}$　△OSMと△OALにおいて，SM//ALより，∠OMS=∠OLA=90°，∠SOM=∠AOLより，2組の角がそれぞれ等しいので，$\triangle OSM \backsim \triangle OAL$　相似な図形の対応する辺の比は等しいので，$SM:AL=OM:OL$　$\frac{\sqrt{2}z}{2}:\frac{3\sqrt{2}}{4}=\left(\frac{9}{2}-z\right):\frac{9}{2}$　$z:\frac{3}{2}=\left(\frac{9}{2}-z\right):\frac{9}{2}$　$\frac{9}{2}z=\frac{3}{2}\left(\frac{9}{2}-z\right)$

$\frac{9}{2}z=\frac{27}{4}-\frac{3}{2}z$　　$6z=\frac{27}{4}$　　$z=\frac{9}{8}$

★ワンポイントアドバイス★

発展問題や思考力を問う問題が多く出題されている。考え方自体は難しくないので，似たような問題を多く解いて，身につけておこう。また，未知の値を文字でおくということも大切である。

＜英語解答＞

【1】 〈問題1〉 (1) エ　(2) エ　(3) ア　(4) イ　(5) ア
〈問題2〉 (1) イ　(2) 全員正解　問2 オ，カ

【2】 (1) to come　(2) apologize for　(3) ancient wisdom
(4) cultural heritage

【3】 (1) time　(2) all　(3) feel　【4】 イ，オ

【5】 (1) A カ　B ウ　(2) A カ　B キ　(3) A イ　B ウ

【6】 ①（例） what we need to write　②（例） fossil fuels may［will / can］ be gone in　③（例） they are good for the environment / we don't need to worry about using them too much

【7】 (1) エ　(2) イ　(3) 彼はコーヒーに塩を入れて飲むことが好きだ
(4) エ→イ→カ→ウ→オ→ア　(5) ア　(6) ウ，カ

【8】 (1) できるだけ多くの人に私たちの惑星にとって前向きな変化を起こすように促そうとする　(2) A grown　B decreasing　(3) Ⅰ エ　Ⅱ ア　Ⅲ ウ
(4) ウ，オ　(5) 春分　(6) ウ

○推定配点○

【1】 各1点×9　【2】～【4】 各2点×9　【5】，【7】，【8】(2)～(6) 各3点×19
【6】，【8】(1) 各4点×4　計100点

＜英語解説＞

【1】 (リスニング問題)

〈問題1〉

(1) A：Hello. This is Mike speaking.
B：Hi, Mike! I want to talk to Jane. Is she home?
A：Oh, she's out now. Maybe she'll be back in an hour.
ア. OK. I'll be back soon.
イ. That's too bad. Hold on a minute.
ウ. All right. May I take a message?
エ. Then, will you tell her to call me back?

(2) A：Ken, hurry up! We must arrive at the station by 8 o'clock.
B：I know, but I can't find my glasses.
A：I saw them on the table.

B：No, they aren't on the table.

A：We have no time to look for your glasses. Why don't you wear contact lenses instead?

ア. I don't remember.

イ. I put them on the table.

ウ. Because I can find them easily.

エ. OK, I will. Just wait a second.

(3) A：John, I need some more apples for apple pies. Will you get them for me?

B：OK. How many apples do you need?

A：I want ten, but I think there are four in the basket.

B：Oh, I ate one for breakfast this morning.

ア. Then, I need seven.

イ. You did? You have to buy six apples.

ウ. Really? I can make more apple pies.

エ. Thank you. You don't have to go to the store.

(4) A：Mary, are you free on Saturday?

B：Yes, what's up?

A：I have two tickets for the baseball game. Will you come with me?

B：Let's see…. Actually, I'm not so interested in baseball. How about asking Jane?

A：I did. But she's already got tickets, and she's going with Bob.

ア. So, how about asking Bob?

イ. All right. I'll go with you.

ウ. That's good. Have a nice day!

エ. That's too bad. I want to go if I'm free.

(5) A：Wake up, Tom. It's already 11 o'clock.

B：What!? Oh, my god! I missed judo practice today!

A：It's Sunday today. Don't you have judo practice only on weekdays?

B：We have special lessons on Sundays this month. We can practice with a famous judo athlete.

A：Probably it's too late to go. You must call your coach now.

ア. I wish it were Saturday today.

イ. I wish I had judo practice today.

ウ. I wish I was able to sleep enough.

エ. I wish you could attend judo practice.

(1) A：もしもし。こちらはマイクです。

B：こんにちは，マイク！　ジェーンと話がしたいのですが。彼女はいますか。

A：ああ，彼女は今外出中です。たぶん1時間で戻りますよ。

ア　わかりました。すぐに戻ります。

イ　それはお気の毒に。電話を切らずに少し待っていてください。

ウ　わかりました。伝言を受けましょうか。

エ　それでは，彼女に折り返し電話をくれるように伝えてもらえますか。

(2) A：ケン，急いで！　私たちは8時までに駅に着かなくてはならないのよ。

B：わかっているけれど，めがねが見つからないんだ。

A：テーブルの上に見たわよ。

B：いいや，テーブルの上にはないよ。

B：あなたのめがねを探す時間はないわ。代わりにコンタクト・レンズをつけたら？

ア　ぼくは覚えていないよ。

イ　ぼくはテーブルの上に置いたよ。

ウ　ぼくは簡単に見つけることができるからだよ。

エ　わかった，そうするよ。ちょっと待ってて。

(3)　A：ジョン，アップルパイを作るのにもう少しリンゴが必要だわ。私の代わりに買ってきてくれる？

B：いいよ。いくつのリンゴが必要なの？

A：10個ほしいんだけど，かごに4つあると思うわ。

B：ああ，今朝朝食に1つ食べたんだ。

ア　それでは7個必要ね。

イ　そうなの？　あなたは6個買わないといけないわ。

ウ　本当？　もっとたくさんアップルパイを作れるわ。

エ　ありがとう。あなたは店に行く必要はないわ。

(4)　A：メアリー，土曜日はひま？

B：ええ，どうしたの？

A：野球の試合のチケットが2枚あるんだ。一緒に行かない？

B：そうねえ…　実は，野球にはあまり興味がないの。ジェーンに聞いてみたら？

A：聞いたよ。でも彼女はもうチケットを持っていて，ボブと一緒に行くんだ。

ア　では，ボブに聞いてみたら？

イ　わかったわ。私があなたと一緒に行くわ。

ウ　それはいいわね。よい1日を！

エ　それはお気の毒に。私がひまだったら行きたいわ。

(5)　A：起きなさい，トム！　もう11時よ！

B：何だって！？　ああ，どうしよう！　今日は柔道の練習があるんだ！

A：今日は日曜日よ。平日しか柔道の練習はないんじゃないの？

B：今月は日曜日に特別の練習があるんだよ。ぼくたちは有名な柔道選手と練習できるんだ。

A：たぶん行くには遅すぎるわね。あなたは今，コーチに電話しなくてはいけないわ。

ア　今日が土曜日だったらなあ。

イ　今日，柔道の練習があったらなあ。

ウ　十分に眠ることができたらなあ。

エ　あなたが柔道の練習に出ることができたらなあ。

〈問題2〉

John is 24 years old. He lives alone, but he visits his parents often. On a Saturday evening, John went to his parents' house for dinner. After dinner, he went to his car to drive home. "Oh, no!" he thought when he saw his car. "My car window is broken! Maybe someone broke into my car!"

John got in the car and looked under the front seat. He usually kept his wallet there. His wallet was gone. Some money, his driver's license, and his credit card were in his wallet.

All his music CDs were gone, too. John called the police. Then he called his credit company. “My credit card was stolen,” he told the company.

That night John drove home without his music CDs. It was a quiet ride home.

John works at a pizza restaurant. On Monday he took a pizza and some soft drinks to a house near the restaurant. A young man answered the door.

“How much is it?” the man asked John.

“$22.89,” John answered.

“Can I pay with a credit card?” the man asked.

“Sure,” John said.

The man gave John a credit card. It was John’s card! John wanted to say, “Hey! This is my card! Give me my wallet and my music CDs!” But he didn’t. He said, “Enjoy your pizza. Have a nice evening.” Then he went back to the restaurant and called the police.

The police went to the man’s house. Inside they found John’s wallet. The money was gone, but his driver’s license and credit card were in the wallet. The police found John’s music CDs in the house, too. They gave John all his things back.

That night John drove home from work with his music CDs in his car. He listened to the CDs and sang along with the music. He smiled all the way home.

出典：Sandra Heyer, Bad Luck, Good Luck, True Stories, PEARSON Longman より一部改変

ジョンは24歳である。彼は1人で暮らしているが，彼はよく両親を訪ねる。ある土曜日の晩，ジョンは夕食を食べに両親の家へ行った。夕食後，彼は帰るために自分の車のところへ行った。彼は車を見たとき，「ああ，困った！」と思った。「窓が割れているぞ！　誰かがぼくの車に押し入ったんだ！」

ジョンは車に乗り込んで前の座席の下を見た。彼は普通そこに財布を置いていたのだ。彼の財布はなくなっていた。いくらかのお金，運転免許証，そしてクレジットカードが財布の中に入っていた。音楽CDもすべてなくなっていた。ジョンは警察を呼んだ。それから彼はクレジット会社に電話をかけた。彼は，「私のクレジットカードが盗まれました」と伝えた。

その夜，彼は音楽CDなしで車で家に帰った。静かな車での帰宅だった。

ジョンはピザレストランで働いている。月曜日に，彼はレストランの近くのある家にピザとソフトドリンクを持って行った。若い男性が応対に出た。

「いくらですか」と男性がジョンに尋ねた。

「22ドル89セントです」とジョンが答えた。

「クレジットカードで支払えますか」と男性が尋ねた。

「はい」とジョンは言った。

男性はジョンにクレジットカードを渡した。それはジョンのものだった！　ジョンは，「おい！これはぼくのカードだぞ！　財布と音楽CDをよこせ！」と言いたかった。しかし彼はそうしなかった。彼は，「ピザをお楽しみください。よい晩を」と言った。彼はレストランに戻って警察に電話をかけた。

警察がその男性の家に行った。中で彼らはジョンの財布を見つけた。お金はなくなっていたが，運転免許証とクレジットカードは財布の中にあった。警察は家の中でジョンの音楽CDも見つけた。彼らはジョンに彼のすべての持ち物を返した。

その日の夜，ジョンは車で音楽CDをかけながら仕事から家に車で帰った。彼はCDを聞き，音楽

に合わせて歌った。彼は家までずっとにこにこしていた。

サンドラ・ヘイヤー『不運と幸運』 True Stories. PEARSON Longman(一部改変)

問1 (1) ジョンの車の中で盗まれなかったのは何ですか。

ア クレジットカード イ 割引券 ウ 音楽CD エ お金

(2) 男性はいくら払いましたか。

ア 12ドル89セント イ 20ドル18セント

ウ 22ドル18セント エ 22ドル89セント

問2 ア ジョンは両親と一緒に暮らす若い男性だ。

イ ジョンが帰宅しようとしたとき，車庫に自分の車が見つからなかった。

ウ ジョンは車の前の座席の下に自分の運転免許証を見つけた。

エ ジョンは男性に彼の持ち物をすべて返すように言ったが，彼は返さなかった。

オ ジョンは若い男性にピザを持って行った後でレストランで警察に電話をかけた。

カ ジョンは財布を取り戻したが，お金を取り戻すことはできなかった。

キ ジョンは財布を取り戻したが，うれしくなくて静かに運転して帰った。

基本 **【2】** (語彙問題)

(1) 「(アイディアなどを)出す[提案する]」は come up with で表す。〈tell ＋人＋ to ＋動詞の原形〉「(人)に～するように言う」を受動態で用いた文。

(2) 「申し訳ございません」は，「お詫びを言う，謝る」の意味の動詞 apologize で表す。apologize for ～ で「～に対してお詫びを言う」という意味を表す。

(3) 「古代の」は ancient,「知恵」は wisdom。wisdom は数えられない名詞なので，複数形にしないことに注意。

(4) 「文化的な」は cultural,「遺産」は heritage。a があるので heritage は単数形。

【3】 (語彙問題)

(1) 上は「夜のその時間にその事故を見た人はほとんどいなかった」，下は「あなたは眠そうです。もう寝る時間です」という意味。「時，時間」の意味の time を入れる。

(2) 上は「メアリーはそのような環境問題にはまったく関心がない」，下は「私たちはいつもそのカフェでスパゲッティーを食べます。他の料理を食べてみませんか」という意味。not ～ at all で「まったく～ない」，all the time で「いつも」の意味を表す。

(3) 上は「私は熱があって何も食べたい気がしない」，下は「今晩時間があるなら，どうぞお気軽に夕食を食べていってください」という意味。feel like ~ing で「～したい気がする」，feel free to ～ で「気軽に[自由に]～する」の意味を表す。

重要 **【4】** (正誤問題：前置詞，受動態，間接疑問文，助動詞，動名詞)

ア 「あなたは外出してもよいが，5時までに帰らなくてはなりません」 until は「期間」を表し，「(ある時)まで(ずっと)」という意味で，ここでは不適切。「(期限)までに」の意味を表す by が適切。

イ 「今夜はほんの少しの星しか見られない」 few「少しの」は数えられる名詞に用いるので，あとに来る名詞は複数形にする。can be seen は受動態〈be動詞＋過去分詞〉に助動詞 can がついた形。正しい英文。

ウ 「トムはいちばん近い駅がどこなのか知らない」 文の中に疑問詞で始まる文が入った間接疑問文。疑問詞以下は〈疑問詞＋主語＋動詞〉の語順になるので，where the nearest station is が正しい。

エ 「私は最終電車に乗り遅れたので，昨夜はタクシーに乗らなければならなかった」「昨夜」という過去のことを述べているので，「～しなければならなかった」は had to ～ で表す。

オ「私の故郷は人口が多い」人口の多さ，少なさは large，small で表す。正しい英文。

カ「私はまたあなたとテニスをすることを楽しみにしています」look forward to ～「～を楽しみにする」の to は不定詞を作る to ではなく，通常の前置詞。後に動詞を続けるときは～ing形(動名詞)にする。

重要 【5】（語句整序問題：不定詞，助動詞）

(1)（I）want everyone to learn the importance of respecting (difference.)「(人)に～してほしい」は〈want ＋人＋ to ＋動詞の原形〉で表す。「～することの大切さ」は，「大切さ」の意味の名詞 importance の後に of respecting differences「違いを尊重すること」を続けて表す。

(2)（That's）why we had to start something new.「だから～だ」は That's why ～. で表す。why の後に「私たちは新しく何かを始める必要があった」を表す英語を続ける。与えられている語から「私たちは何か新しいことを始めなくてはならなかった」と考え，we had to start の後に something new「何か新しいこと」を続ける。

(3)（I）was just about to ask my friends for help.「ちょうど～するところだ，今にも～するところだ」は〈be about to ＋動詞の原形〉で表す。「()に～を頼む[求める]」は〈help ＋人＋ for ～〉で表す。

やや難 【6】（条件英作文問題：間接疑問文，助動詞）

（全訳）A：ねえ，宿題は終わった？

B：うーん…。何の宿題？

A：レポートよ。先週出されたでしょう？

B：ああ，そのことはすっかり忘れていたよ。

A：①(例)私たちは何について書かなくてはならないか覚えている？

B：ぼくたちが近い将来に直面する問題だよね？　君には何か考えがあるの？

A：エネルギー問題はどうかしら？　SDGsに関連付けることができるわ。

B：うーん…，おもしろそうだね。②(例)ぼくはあと100年で化石燃料がなくなるかもしれないことを知っているよ。だから，レポートで再生可能な資源についても書くことができるよ。

A：再生可能な資源って何？

B：水力エネルギーや太陽エネルギーや風力エネルギーなどのように自然から得られる資源だよ。これらにはいくつか利点があるんだ。例えば，これらの資源は危険は化学物質を出さない。③(例)だから，それらは環境にとっていいんだよ。でも，日本は他の国々よりも再生可能な資源を使う量がすくないんだ。

A：まあ，それは知らなかったわ。さあ，それについて書き始めることができるわ。ありがとう！

全訳を参照。　①　レポートの宿題を忘れていたというBは，Aに「～を覚えている？」と問われて，「近い将来に直面する問題」と答えていることから，Aはレポートで書く内容を覚えているかどうかを尋ねたと考えられる。write と need を使い，後に about があることから，remember の後に「私たちは何について書く必要があるか」といった内容の英語を入れる。間接疑問文〈疑問詞＋主語＋動詞〉を使い，what we need to write about などと表すことができる。　②　Bはレポートのテーマとしてエネルギー問題はどうかと言われて興味を示し，下線部の発言の後で「再生可能な資源」について書くこともできると言っている。下線部では fossil fuels「化石燃料」という言葉を使うが，化石燃料は再生可能な資源ではないので，gone を「なくなる」という意味で用いて「化石燃料は100年でなくなる」という内容の英語を I know that「ぼくは～ということを知っている」に続ける。解答例では may「～かもしれない」を使っているが，同じように可能性を表す can や未来の予測を表す will を使ってもよい。③ 下線部の直前で，水，太陽，風などのエネルギーから得られる資源は危険な化学物質を出さないという利点があると述べ，それを So「だから」でつないでいるので，「再生可能な資源は危険な物質を出さない」→「それらは環境にとってよい」という流れが考えられる。解答例の good のほかに，friendly to the environment「環境に優しい」という表現を使うこともできる。また，別の観点から，we don't need to worry about using them too much「それら(＝再生可能な資源)を使いすぎることを心配する必要はない」といった内容も考えられる。

【7】（長文読解問題・物語文：語句選択補充，内容吟味，英文和訳，語句整序）

（全訳） 彼はあるパーティーで彼女に出会った。①彼女はとても魅力的だったので，多くの男性たちが彼女に興味を抱いたが，彼は普通の男性だったので誰も彼を興味深いと思わなかった。パーティーの終わりに，彼はコーヒーを飲もうと彼女を誘った。彼女は驚いたが，彼がとても礼儀正しかったので同意した。

彼らはすてきな喫茶店で席に着いた。彼はあまりに緊張していて何も言えなかった。彼女は不愉快に感じてできるだけ早く家に帰りたかった。突然，彼がウェイターにこう頼んだ。「塩をくださいますか。コーヒーに入れたいのです」誰もが驚いて彼を見た！ ②彼の顔は赤くなったが，それでも彼は自分のコーヒーに塩を入れて飲んだ。彼女は困惑した表情で彼にこう尋ねた。「どうしてコーヒーに塩を入れるのですか」彼はこう答えた。「ぼくは幼かったころ，海の近くに住んでいました。ぼくは海で遊ぶのが好きでした。ぼくは，海の味が塩入りのコーヒーの味のようだと思ったのです。今も塩入りのコーヒーを飲むたびに，子供の頃と故郷のことを思い出すのです。まだそこで暮らしている両親を恋しく思うのです」彼はそう言いながら泣いた。彼女は深く心を動かされた。「あれは心の底からの彼の本当の感情だわ」彼女は自分のホームシックを表現することができる男性は，自分の家庭と家族を愛する男性にちがいないと思った。それから彼女は話し始めた。彼女は自分の遠く離れた故郷，子供のころ，そして自分の家族について話した。それは本当にすばらしい会話で，彼らの物語のすばらしい始まりだった。

彼らはデートを続けた。彼女は，彼は実際に彼女がパートナーに求めるすべてを持っていた。心優しく，あたたかく，誠実で辛抱強く…。彼はとてもよい男性だった！

その後，話は王女が王子と結婚するといったすべてのすばらしい恋物語のようで，彼らは幸せに暮らした…。そして彼女が彼のためにコーヒーを入れるたびに，彼女はコーヒーに塩を入れた，③なぜなら彼はそのようにするのを好むことを彼女は知っていたからだ。

40年後，彼は亡くなり彼女に手紙を残したが，それには次のように書かれていた。

「最愛の妻よ，どうか私を，私の一生続いたうそを許してください。これは私があなたについたただ1つのうそです―塩入りのコーヒーです。私たちが初めてデートしたときのことを覚えていますか。私はその日とても緊張していました。本当は砂糖が欲しかったのですが，塩と言いました。注文を変えるのは難しかったので，そのままにしました。

それが私たちの関係の始まりになろうとは決して思いませんでした！ 私は生涯で何度もあなたにその真実を話そうとしましたが，何についてもあなたにうそはつかないと約束していたので怖くてできませんでした。今，私は死のうとしています。何も恐れるものはないので，あなたに真実を話します。私は塩入りのコーヒーは好きではありません。なんと妙な，ひどい味でしょう！ でも私はあなたに会ってからずっと塩入りのコーヒーを飲んできました。④私があなたのためにしてきたどんなことも気の毒に思わないでね。

あなたと一緒にいることは人生で最大の喜びです。もう1度生きることができたとしたら，私は何も変えません。⑤塩入りのコーヒーさえも」

その手紙は彼女に強い印象を与え，彼女の目に涙が浮かんだ。ある日，誰かが彼女に塩入りのコーヒーはどのような味なのか尋ねた。彼女は「甘いですよ」と答えた。

出典：『甘いコーヒー』 FROPKY（一部改変）

(1) 下線部の while は，ここでは「～だが」の意味。前後の内容が対照的になる意味のエ「一方で」が適切。アは「その結果として」，イは「1つには」，ウは「結局は」という意味。

(2) 下線部の場面までで，女性がコーヒーに塩を入れるのを好むという記述はないのでアは不適切。また，周りに注目されたのは男性の方なので，ウも不適切。下線部の後，女性がコーヒーに塩を入れる理由を尋ねたのに対して，男性は故郷でそのようにして飲んでいたと答えているが，男性が死ぬ直前に彼女に残した手紙の中で，コーヒーに塩を入れるのが好きだというのはうそだったと書いていることから，エも不適切。イについては，最後の手紙の中でも「注文を変えるのは難しかったので，そのままにしました」と書いている。

(3) 下線部の it は「コーヒー」を，that way は「そのようにして」という意味で，ここでは「(コーヒーに)塩を入れて」ということを指している。

(4) (Don't) feel sorry for anything I've done (for you.) Don't で始まる命令文。Don't の後には動詞の原形 feel がくる。〈feel ＋形容詞〉で「～に感じる」の意味になるので，感情を表す形容詞 sorry を続ける。sorry for ～ で「～を気の毒に[すまないと，残念に]思う」という意味。anything は肯定文で用いると「何でも，どんなもの[こと]でも」の意味になり，後にくる I've done for you「私があなたのためにしてきた」が後ろから anything を修飾している。

(5) 下線部の直前で，男性は「もう1度生きることができたとしたら，私は何も変えません」と言っている。これを受けて，「塩入りのコーヒーさえも(変えません)」と言っているので，ア「私は塩入りのコーヒーをまた飲むだろう」が適切。イは「私は塩入りのコーヒーを二度と飲まないだろう」，ウは「塩入りのコーヒーでさえも物事を変えないだろう」，エは「塩入りのコーヒーでさえも甘くなるだろう」という意味で，もう1度生きることができたとしたら，何も変えないという男性の心情に合わない。

(6) ア「彼がメニューにある塩入りのコーヒーを注文したので喫茶店の誰もが驚いた」(×) 第2段落第4文の男性の発言に着目。塩入りのコーヒーはメニューにあったものではなく，男性がウェイターに塩を頼んでコーヒーに入れた。 イ「彼は子供の頃，海岸で塩入りのコーヒーを飲むことが好きだった」(×) 男性は子供の頃に実際に塩入りのコーヒーを飲んでいたのではない。第6段落第4，5文からわかるように，男性は女性と初めてデートしたときに緊張していたため，砂糖と間違えて塩と言ってしまい，それを取りつくろうために子供の頃に塩入りのコーヒーを飲んでいたという作り話をしたのである。 ウ「彼は彼女に，塩入りのコーヒーを飲むことは彼に子供の頃と故郷を思い出させると言った」(○) 第2段落第12文で，男性は女性に「今も塩入りのコーヒーを飲むたびに，子供の頃と故郷のことを思い出すのです」と言っている。 エ「彼らがデートで会うたびに，彼女は彼のために塩入りのコーヒーを注文した」(×) 第3段落第1文から，2人がデートを重ねたことがわかるが，喫茶店で女性が男性のために塩入りのコーヒーを注文したという記述はない。 オ「彼は亡くなる前に，塩入りのコーヒーは生涯でいちばん好きな飲み物だったと彼女に手紙に書いた」(×) 第7段落の男性の手紙の中で，男性は塩入りのコーヒーは好きではなかったと書いている。カ「彼女が彼の手紙を読んだとき，彼女は彼が彼女をどれほど愛していたかを知ったので泣いた」(○) 最終段落第1文に，女性が男性からの手紙に強い印象を受けて泣いたことが述べられている。男性の手紙の最後には，「あなたと一緒にいることは人生で最大の喜びです。もう1度生きることができたとしたら，私は何も変えません」と書かれており，女性への愛情が強く感じられるものなので，一致する。

【8】（長文読解問題・説明文：英文和訳，語句補充，文補充，内容吟味，語句解釈）

（全訳）アース・アワーはあなたに1時間すべての明かりを消すように求める行事である。①それはできるだけ多くの人に私たちの惑星にとって前向きな変化を起こすように促そうとする。アース・アワーは世界自然保護基金（WWF）によって主催され，それは通常は毎年3月末に行われる一大行事である。この日の晩，人々は「暗くなる」。彼らは1時間，同時に家，学校，職場の明かりを消す。アース・アワーは2007年にオーストラリアで始まった。その行事のために，シドニーの220万人の人々が1時間不要な明かりをすべて消したのだ。それ以来，それは国際的な行事と《A》なり，世界中の多くの国々がこの行事に参加してきた。アース・アワーのために暗くなった有名な建物には，シドニーのオペラハウス，ロンドンのバッキンガム宮殿，パリのエッフェル塔，ニューヨークのエンパイア・ステイト・ビルが含まれる。国際宇宙ステーション（ISS）の宇宙飛行士たちでさえ，ステーションでの電力使用を《B》減らすことでそれに参加し，グーグルはその行事のために暗いホームページを作ることで支援を表明してきた。

アース・アワーの背後にある考え方は，環境問題について知る人々の数を増やし，人々に自然を保護するように求め，人々が健康的で幸せで持続可能な暮らしを今後楽しむ手伝いをすることである。【Ⅰ】1時間だけ明かりを消すことがほんの少量の電力の節約にしかならないのは本当である。しかし，これはほんの始まりに過ぎない。あるレベルでは，アース・アワーに参加すれば，人々は気候変動の問題と日常生活の中で自然を保護するために何ができるかについて考えることができる。例えば，食べる肉の量を減らすこと，高エネルギーではなく低エネルギーの電化製品を使うこと，そして環境に優しい移動手段を使うことはすべて地球を救う。しかし，別のレベルでは，多くの人々が全員一緒に行動すると，政府と企業に強いメッセージを送ることができる。それは，重要な決断をするときに法律を変えたり環境問題について考えたりすることで大きな規模で行動を起こすようそれらを促す。

アース・アワーのロゴは「60＋」である。数字の60はアース・アワーの60分を表し，プラス（＋）はアース・アワーが終わった後も人々に行動をとり続けるよう求めている。【Ⅱ】実際，アース・アワーに参加する人々は，それに参加することは彼らに環境のためにもっと多くのことをするよう勇気づけてくれると言う。気候活動家のグレタ・エルンマン・トゥーンベリは，「アース・アワーは毎日の毎時間です」と言っている。

人にできることは明かりを消すことだけではなく，他にもある。電気楽器の代わりにアコースティック・ギター，鍵盤楽器，ドラムなどを使って演奏し，電気の明かりではなくろうそくを使うコンサートがある。【Ⅲ】有名なシェフたちは，家族がろうそくの明かりで調理して食べる特別なレシピを作り出した。植樹の行事，グループで歩いたり走ったりする活動，深く考えることの実践である瞑想の会もある。

なぜアース・アワーは3月に行われるのだろうか。世界の南北で3月の終わり頃は，昼と夜が同じくらいの時間なのだ。それは②春分と呼ばれる。それは，1年のこの時期には両半球で日没が同じ時間ということなので，アース・アワーの消灯のために各国で夕方が暗いのだ。

出典：『アース・アワー』 British Council（一部改変）

(1) 〈try to ＋動詞の原形〉「～しようとする［努力する］」，〈encourage ＋人＋ to ＋動詞の原形〉「（人）に～するように促す」，as ～ as possible「できるだけ～」。主語 It は前文の Earth Hour を指している。文末の our planet「私たちの惑星」は地球のこと。

(2) 《A》 空所を含む文の前ではアース・アワーがオーストラリアで初めて行われたときの状況が述べられ，220万人がその運動に加わったことが述べられ，空所を含む文の後半では世界の多くの国々が加わったことが述べられているので，この運動がオーストラリア1国から大きくなって世界に広まったという流れになるように grow「(成長などをして)~になる」が合う。空所の直前に has があり現在完了の文とわかるので過去分詞 grown とする。《B》 空所を含む文の前では，アース・アワーに参加した国々の有名な建物が明かりを消したことが述べられ，それに続いて「国際宇宙ステーション(ISS)の宇宙飛行士たちでさえ」と続くので，宇宙飛行士たちは国際宇宙ステーションにいながら何らかの形でこの運動に参加したと考えられる。空所の直後に「電力の使用」とあるので，節電に協力したという内容になるように，decrease「減らす」が合う。前置詞 by の後なので動名詞にする。〈by +~ing(動名詞)〉で「~することによって」という意味を表す。

重要 (3) 【Ⅰ】 直後に「これはほんの始まりに過ぎない」とあるので，【Ⅰ】ではある事柄の程度などが大したものではないといった内容が合う。したがって，エ「1時間だけ明かりを消すことがほんの少量の電力の節約にしかならないのは本当である」が適切。【Ⅱ】 直前でアース・アワーのロゴ「60+」の意味が，「数字の60はアース・アワーの60分を表し，プラス(+)はアース・アワーが終わった後も人々に行動をとり続けるよう求めている」と説明されていることから，「60+」にこめられた意味が実際にアース・アワーに参加する人々に与える影響と考えられられるア「実際，アース・アワーに参加する人々は，それに参加することは彼らに環境のためにもっと多くのことをするよう勇気づけてくれると言う」が適切。【Ⅲ】 空所の前では明かりを消す以外の方法で電力の消費を抑える活動の例として電気楽器を使わないコンサートが挙げられている。空所の後にも植樹など，環境に優しい運動や環境について考える活動の具体例が挙げられているので，空所にも同様の具体例であるウ「有名なシェフたちは，家族がろうそくの明かりで調理して食べる特別なレシピを作り出した」が適する。イは「教師は生徒たちに自然を守ることがどれほど大切であるか教えるべきだ」という意味。

(4) 第2段落第4文に「あるレベルでは，アース・アワーに参加すれば，人々は気候変動の問題と日常生活の中で自然を保護するために何ができるかについて考えることができる」とあり，それに続いて，「食べる肉の量を減らす」，「高エネルギーではなく低エネルギーの電化製品を使う」，「環境に優しい移動手段を使う」ことが環境を保護することの例として挙げられている。これらはすべて日常生活の中でできることなので，この3点に合うウ「車を使う代わりに自転車で出勤すること」，オ「使うエネルギーが少ない新しいエアコンを買うこと」が適切。ア「家族と森へキャンプに行くこと」，エ「レストランで牛肉の代わりに鶏肉を食べること」は環境の保護につながる行動とは言えない。イ「買い物に行くときに自分のバッグを持って行くこと」は環境の保護につながる行動と言えるが，第2段落で挙げられている3つの内容に合わないのでここでは不適切。カ「日本政府に自然を保護することに関する法律を変えるために手紙を送ること」は，日常生活の中でできる行動とは言えないので不適切。

(5) 下線部を含む文の直前で，「世界の南北で3月の終わり頃は，昼と夜が同じくらいの時間だ」とあり，この状況を equinox と述べている。春，昼と夜の時間が同じくらいの長さになる時のことなので，「春分」のことである。

(6) ア「アース・アワーはあなたに毎日60分間すべての明かりを消すように求める」(×) アース・アワーが明かりを消すように求めるのは，3月終わりごろのある1日のうちの1時間だけである。イ「地球が太陽と月の間を通るとき，世界中の人々が1時間暗くなる」(×) 第1段落第4文に「この日の晩，人々は『暗くなる』」とあるが，これは天体のう動きによるものではなく，アース・アワーの運動によって，晩の1時間明かりを消すためである。 ウ「シドニーの200万を超える人々がアース・アワーに参加して1時間不要な明かりを消した」(○) 第1段落第6，7文に，アース・アワーが2007年にオーストラリアで始まり，そのときにシドニーの220万人の人々が1時間不要な明かりをすべて消したことが述べられているので一致している。　エ「アース・アワーのロゴは私たちに環境を守るのに役立つように60種類の行動をとるよう促す」(×)　第3段落第1，2文を参照。アース・アワーのロゴ「60＋」の60は明かりを消す60分間のことで，「＋」は，はアース・アワーが終わった後も人々に行動をとり続けるよう求めていると述べられているので一致しない。　オ「アース・アワーに参加することは，人々が自分自身に満足することができるので，やってみる価値のある挑戦となりうる」(×)　本文中に，アース・アワーの活動に参加することで自分自身に満足することができるという記述はない。

★ワンポイントアドバイス★

【3】の語い問題は，各組の空所に入る語がわからなくても，いずれか1つがわかれば正解できる可能性は高まる。両方の空所に共通して入る語が出なければ，いずれか1つの空所に入る語を答えよう。

＜理科解答＞

1.　(1)　(エ)　(2)　(イ)　(3)　水＋光のエネルギー→酸素　(4)　葉緑体
(5)　(エ)　(6)　気孔

2.　(1)　(エ)，(オ)　(2)　①　a　運搬　b　堆積　②　c　扇状地　d　三角州
(3)　(エ)　(4)　凝灰岩　(5)　(ウ)　(6)　(オ)

3.　(1)　H^+　(2)　(ア)　水素　(イ)　水酸化物　(ウ)　電気分解　(エ)　酸素
(オ)　水素　(Ⅰ)　$2H_2O \rightarrow O_2 + 4H^+ + 4e^-$　(Ⅱ)　$2H_2O + 2e^- \rightarrow H_2 + 2OH^-$
(3)　(ア)，(カ)　(4)　陽極　(ウ)　陰極　(キ)

4.　(1)　60N　(2)　300J　(3)　60W　(4)　56W　(5)　1540cm　(6)　1.4秒後
(7)　539cm/秒

○推定配点○

1.　各2点×6　2.　(1)，(5)，(6)　各2点×3((1)完答)　他　各1点×6
3.　(1)，(2)　各1点×8　他　各2点×2((4)完答)　4.　各2点×7　計50点

＜理科解説＞

1.　(植物のからだ―光合成の発見の歴史)

(1)　ヘルモントの実験では，土の質量があまり減っていないのに，ヤナギは大きく成長している。その間に与えたのは水だけなので，植物は水を原料として育つという仮説が成り立つ。アならば土の質量がもっと減っていなければおかしい。イ，ウ，オを確かめる実験は書かれていない。

重要　(2)　イラストの実験では，まずロウソクを燃やして容器の中の酸素を消費している。その中にネズミを入れると，酸素がないので生きることができない。しかし，植物を入れておけばネズミが生きることができるので，植物が酸素を出していると結論できる。問題文から，この内容はプリーストリの実験とわかる。

(3)　問題文によると，インゲンホウスの段階まででは，植物のはたらきによって水が減ることと酸素が生じることは確認できているが，二酸化炭素が消費されることや，デンプンができていることは確認されていない。

(4)　光合成を行うのは，細胞の中の葉緑体とよばれる緑色の構造である。

やや難 (5)　(ア)(ウ)は，この実験では確かめられない。(イ)はCがあてはまらず，(カ)はAがあてはまらない。(エ)だとすれば，Bで光を吸収した後にCで二酸化炭素を吸収しているので，実験結果に合う。(オ)だとすれば，Aで二酸化炭素を吸収するはずで，実験結果に合わない。

(6)　植物の表面には，酸素や二酸化炭素の出入り口となっている小さな気孔が多数あり，特に葉の裏に多い。

2.　(地層と地史―日本の川の特徴)

(1)　問題文より，河況係数が大きいということは，最大流量が最小流量に比べてたいへん多いこと，つまり，流量の変動が大きいことを示している。(ア)～(カ)は，日本の現状としてどれも正しいが，そのうち流量の変動に関係するのは(エ)(オ)である。まず，(オ)のように日本では雨の多い季節がある。その上，(エ)のように降った雨は短時間で下流や海まで流れる。大陸では，降った雨は土地にたくわえられて，少しずつ流れるので，流量は平均され変動は小さい。

(2)　地形に対する流水のはたらきは，削るはたらき(侵食)，運ぶはたらき(運搬)，積もらせるはたらき(堆積)の3つである。cは山地から平地への出口に土石流による砂やレキが積もってできる扇状地，dは河口に砂や泥が積もってできる島のような三角州である。

(3)　礫は2mm以上，砂は$\frac{1}{16}$～2mm，泥は$\frac{1}{16}$mm以下の粒を示す。

(4)　火山灰などの火山噴出物が堆積し，固まってできた岩石を，凝灰岩という。

(5)　問題文によると，「霞堤」では，堤防が不連続で開口部があり，洪水時には開口部から水が逆流するつくりである。(ア)と(オ)は連続していて開口部がない。(イ)(エ)(カ)は，水が逆流するつくりではなく，洪水が終わっても，川の外にたまった水が川に排水されない。

(6)　(ア)：誤り。たまった水は，洪水の後で川に排水されるので，長期間のため池にならない。

(イ)：誤り。水はせまい開口部から排水されるため，一気には流れない。

(ウ)：誤り。逆流するのは上流から流れてきた川の水であり，海の水ではない。なお，「霞堤」があるのは武田信玄の領地で，現在の山梨県甲斐市にあたり，海からは遠い。

(エ)：誤り。堤防がけずられることは利点ではない。なお，セイヨウタンポポが外国から日本に持ち込まれたのは明治時代であり，戦国時代の日本にはない。

(オ)：正しい。洪水のときには，養分の多い山地の土壌が多く運ばれてくる。

3.　(電気分解―イオンの動き)

(1)　塩酸は$HCl \rightarrow H^+ + Cl^-$と電離している。青色リトマス紙が赤色に変わったのは，酸性を示す水素イオンH^+が陰極に向かって移動したためである。

やや難 (2)　陽極付近の青色リトマス紙が赤色に変わったのは，酸性を示す水素イオンH^+が生じたためである。一方，陰極付近の赤色リトマス紙が青色に変わったのは，アルカリ性を示す水酸化物イオンOH^-が生じたためである。これは，硝酸カリウム水溶液の電気分解のためだが，硝酸カリウムは電気分解されないため，実際に起こっているのは水の電気分解である。水の電気分解では，陽極からは酸素，陰極からは水素が発生する。陽極では，H_2OからO_2とH^+ができ，電子e^-が電極に吸収される。陰極ではでは，電子e^-が電極から放出され，H_2OからH_2とOH^-ができる。反応式では，これらを並べて数を合わせればよい。

基本 (3)　図1で水酸化ナトリウム水溶液を使った場合，アルカリ性を示す水酸化物イオンOH^-が陽極へ動くので，陽極側の赤色リトマス紙が青色に変わる。青色リトマス紙は変化しない。

(4)　図3で水酸化ナトリウム水溶液を使った場合，①の変色はなく，(3)の通り陽極側の赤色リトマス紙が青色に変わる。また，②と③の変色は，何をたらしても図3と同じように起こる。

4．（物体の運動―斜面上のトロッコ）

重要 (1)　図1の斜面の長さは，三平方の定理から500cmである。10kgのトロッコにはたらく重力の大きさは100Nで，真下に向かってはたらいている。重力を右図のように斜面に対して斜面方向の成分xと斜面に垂直な成分yに分解する。相似の関係から，500：300＝100：xで，x＝60Nである。よって，手で押す力は60Nである。

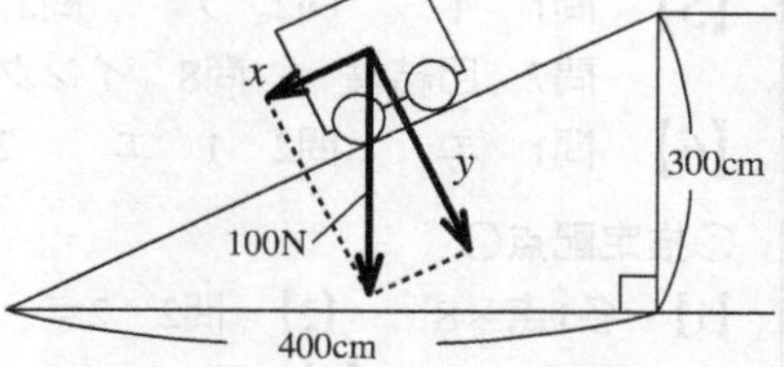

(2)　手はトロッコを，斜面に沿って60Nの力で5m押し上げるので，仕事は60N×5m＝300Jである。または仕事の原理から，斜面を使わずに直接持ち上げても仕事が変わらないので，100N×3m＝300Jと求めてもよい。

(3)　300Jの仕事を5秒間で行うので，仕事率は300J÷5秒＝60Wである。

やや難 (4)　円板の円周は，10×3.1＝31cmであり，1秒間に3回転するので，1秒間にトロッコを引き上げる長さは31×3＝93cmである。トコッロを引く力の大きさは(1)で求めた60Nである。よって，仕事率は，60N×0.93m÷1秒＝55.8Wで，四捨五入により56Wである。

(5)　小さな球は，bc間で等速直線運動をする。図4のグラフでは，2秒から4秒までの2秒間であり，770cm/秒で動いているので，その距離は770×2＝1540cmとなる。

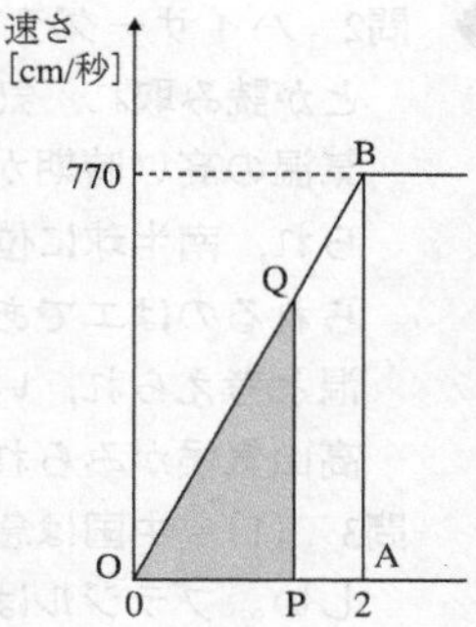

やや難 (6)　ab間の動きは，図4のグラフでは0秒から2秒までである。縦軸に速さを取ったグラフでは，面積が実際の距離を表す。つまり，距離abは右図の△OABの面積で表される。apの長さはabの長さの半分であり，距離apを右図の△OPQの面積と考える。△OPQ∽△OABであり，△OPQの面積は△OABの面積の半分である。面積比が1：2だから，長さの比は1：$\sqrt{2}$＝$\sqrt{2}$：2である。よって，求める時間はOP＝$\sqrt{2}$秒後，つまり1.4秒後である。

(7)　図4グラフで，2秒のときの速さは770cm/秒であり，そこまでは時間と速さが比例している。よって，1.4秒のときの速さは，2：770＝1.4：x　より，x＝539cm/秒となる。

★ワンポイントアドバイス★

問題文から判断する設問が多い。日ごろの学習で学んだ内容を活かしつつ，早合点せずに問題文に沿って答えよう。

＜社会解答＞

【1】 問1　1　フィヨルド　　2　ア　　問2　エ　　問3　1　エ　　2　イ
問4　C　ウ　　E　エ　　問5　ア

【2】 問1　オ　　問2　ウ　　問3　ウ　　問4　カ　　問5　イ　　問6　ウ　　問7　エ

【3】 問1　1　飛鳥　　2　藤原京　　問2　エ　　問3　ア　　問4　イ
問5　（桓武天皇は）　(例)　仏教が政治に介入すること（を改めようと考えたから）
問6　ウ　　問7　ア

【4】 問1　1　大黒屋光太夫　　2　薪水給与令　　3　黒田清隆　　問2　ウ　　問3　イ

問4　ウ　　問5　エ　　問6　ア　　問7　言文一致
【5】 問1　イ　　問2　ア　　問3　ウ　　問4　エ　　問5　エ　　問6　イ
問7　団結権　　問8　インクルーシブ(教育)
【6】 問1　エ　　問2　1　エ　　2　ウ　　問3　ウ　　問4　イ　　問5　イ

○推定配点○
【1】 各1点×8　　【2】 問2　2点　　他　各1点×6　　【3】 問5・問7　各2点×2
他　各1点×6　　【4】 問4　2点　　他　各1点×8　　【5】 各1点×8　　【6】 各1点×6
計50点

＜社会解説＞

【1】（地理―ラテンアメリカ）

問1　(1)　A国はチリを示している。チリ南部にみられる氷河によって削られて形成された細長い湾は，フィヨルドという。　(2)　フィヨルドはチリ南部以外にアのノルウェーでもみられる。

やや難　問2　ハイサーグラフからは，気温が高い時期の降水量が多く，気温が低い時期の降水量が低いことが読み取れ，気温は10度から25度程度の間にあることから，温暖湿潤気候と考えられる。また，気温の高い時期が1月前後，気温の低い時期が7月前後であることから，1月頃が夏であると考えられ，南半球に位置していることもわかる。ア～エのうち，南半球に位置し，温暖湿潤気候がみられるのはエである。アは北半球に位置しており，イは赤道付近に位置していることから年中高温と考えられ，いずれもハイサーグラフとは一致しない。ウはアンデス山脈付近にあることから高山気候がみられる地域と考えられる。

問3　(1)　中国は急速な経済成長による大気汚染などの環境問題が深刻になっているので，①は正しい。ブラジルは氷河は発達しておらず，水力発電がさかんなのはアマゾン川が流れていることなどが背景にあることから，②は誤り。ドイツは1年を通して季節風ではなく偏西風が吹き続けているため，風力発電で安定した発電が可能と考えられるので，③は誤り。よって，エの組み合わせが正しい。　(2)　総発電量に占める火力発電の割合が最も高い国は，中国ではなく日本なので，アは誤り。総発電量に占める再生可能エネルギー発電量の割合が最も低いのはアメリカなので，イが適切。総発電量に占める原子力発電の割合が最も低い国はブラジルであるが，ブラジルは原子力発電所事故が発生したことはないので，ウは誤り。地熱発電は，新期造山帯に属する環太平洋造山帯が含まれる日本やアメリカで行われているので，エは誤り。

問4　Aはチリ，Bはコロンビア，Cはメキシコ，Eはブラジルを示している。銅鉱石や銅が輸出上位にあるアはチリ(A)，原油や石炭などが輸出上位にあるイはコロンビア(B)，機械類や自動車などが輸出上位にあるウはメキシコ(C)，大豆や鉄鉱石が輸出上位にあるエはブラジル(E)となる。

問5　Dはペルー，Eはブラジル，Fはアルゼンチンを示している。(1)はジャガイモや「高地の特徴」などからペルー(D)とわかる。(2)は「もとはアフリカから連れてこられた黒人」から，白人と黒人の混血であるムラートが多いブラジル(E)とわかる。(3)はパンパがアルゼンチンの草原であることから，アルゼンチン(F)とわかる。よって，アの組み合わせが正しい。

【2】（日本の地理―日本の国土と自然，産業，人口）

問1　A～Cのうち，夏を中心に降水量の多いAが太平洋側の気候がみられる高知市，冬の降水量が比較的多いBが日本海側の気候がみられる松江市となり，年間を通して降水量が比較的少ないCが瀬戸内の気候がみられる岡山市となる。よって，オの組み合わせが正しい。

問2　販売額が減少傾向にあるEが百貨店と判断できる。販売額が増加傾向にあるDとFを比べた時に，販売額が多いFがコンビニ，販売額が少ないDがドラッグストアと考えられる。よって，ウの組み合わせが正しい。

重要 問3　札幌市，川崎市，大阪市のなかで，昼夜間人口比率が最も高く年間商品販売額が最も多いIが近畿地方の中心的都市である大阪市，昼夜間人口比率が最も低く年間商品販売額も最も少ないGが東京と横浜市の間に位置しベッドタウンとしての機能がみられる川崎市，人口密度が最も小さいHが札幌市と判断できる。よって，ウの組み合わせが正しい。

問4　第3次産業の割合が最も高いJが沖縄県，第1次産業の割合が最も低く第2次産業の割合が最も高いKが富山県，第1次産業の割合が最も高いLが熊本県となる。よって，カの組み合わせが正しい。

問5　北海道の宗谷岬は北緯45度付近，名古屋市は北緯35度付近なので，緯度の差は約10度となり，イが最も近い。

問6　与那国島と名古屋市（名古屋市役所）との直線距離は，約1800kmとなるので，ウが最も近い。

問7　南鳥島は一般人の立ち入りは禁止されているが，海上自衛隊や気象庁の施設があり人員が常駐しているので，エが適切。アは与那国島，イは父島，ウは沖ノ鳥島についての説明である。

【3】（日本の歴史―古代～中世）

問1　(1)　6世紀後半から7世紀後半にかけては，奈良盆地南部の飛鳥地方に多くの都がつくられた。

(2)　694年に遷都された都は，藤原京である。

問2　アのワカタケル大王（雄略天皇）が中国の南朝に使いを送ったのは5世紀後半。イの冠位十二階は7世紀初頭に制定されている。ウの白村江の戦いに日本は敗北しているので，誤りとわかる。壬申の乱は7世紀後半の672年におこり，勝利した大海人皇子が天武天皇として即位しているので，エが適切。

基本 問3　平城京は，藤原京の北方，奈良盆地の北端につくられたので，アが適する。

問4　平城京も平安京も朱雀大路を境に東の左京，西の右京に区分されていたので，イが誤っている。

問5　桓武天皇が都を平城京から長岡京，平安京へと移した理由の一つに，仏教が政治に介入することで政治が混乱したため，政治を立て直そうとしたことがあるので，都をうつす際に寺院の移転を禁止したと考えられる。

問6　考古学は，遺跡などを発掘して古い時代の様子を明らかにしていくものであるが，ウの邪馬台国の女王が卑弥呼であったことは中国の歴史書である『魏志』倭人伝に記されているので，ウが考古学で判明した事柄として不適切である。ア，イ，エはいずれも遺跡の発掘などによって明らかとなった内容である。

問7　鎌倉時代には，農民は年貢を荘園や公領の領主に納めていたので，Aは正しい。また，鎌倉時代には一部の荘園において宋から輸入した銭で年貢を納めるようになったので，Bは正しい。よって，アの組み合わせが正しい。

【4】（日本と世界の歴史―近世～近代）

問1　(1)　1792年に根室に来航したロシアのラクスマンは，伊勢の大黒屋光太夫をともなっていた。

(2)　アヘン戦争で清がイギリスに敗れたことを知ると，幕府は天保の薪水給与令を出した。

(3)　大日本帝国憲法が発布されたときの首相は，黒田清隆である。黒田清隆は，開拓使官有物払下げ事件が起きたときの開拓使長官でもあった。

基本 問2　アの日本の国連加盟は1956年，イのキューバ危機は1962年，ウの石油危機が1973年，エの東西ドイツ統一は1990年である。よって，1970年代の出来事としてはウが正しい。

問3　サンクトペテルブルグは，イのバルト海に面している。

問4　本陣や脇本陣は港町ではなく宿場町に設けられたので，アは適当でない。倭館は江戸時代に朝鮮の釜山に設けられた居留地なので，イは誤り。東北地方や北陸地方の年貢米を運ぶために，西廻り航路や東廻り航路が，河村瑞賢らによって整備されたので，ウが正しい。菱垣廻船は大阪と江戸を結んだもので，利根川や富士川などの河川には就航していないので，エは誤り。

問5　開国後の貿易によって国内の物価は上昇したので，エが誤っている。なお，開国後には，イギリスから綿織物や綿糸などが輸入され，国内の綿織物や綿糸の生産は打撃を受けている。

問6　江戸時代には，日本と清の間では貿易は行われていたものの正式な国交はなかったので，アが誤りとわかる。なお，室町幕府3代将軍であった足利義満が，日明貿易を始める際に明から「日本国王」に任じられている。

問7　二葉亭四迷を先駆とする，書き言葉と話し言葉を統一しようとする新しい文体は，言文一致(言文一致体)という。

【5】(公民―基本的人権，国民生活と福祉，国際経済)

問1　子どものころから高度な知識を身につけさせるためには教育を受けさせる必要があり，子どもに労働をさせることは教育を受ける機会を奪う可能性が高いことから，イが初期の資本主義において子ども(児童)が労働者としてみなされていた理由として誤っていると判断できる。

問2　ニューディール政策は，農業や工業の生産を調整する一方で，積極的に公共事業をおこして仕事を増やし失業者を助けようとするものなので，アの公共事業を推し進めることがニューディール政策と同じ理念の政策といえる。

問3　「ギグワーク」とは，英語のGigとWorkを合わせた言葉で，一般的には雇用契約を結ばない単発かつ短時間の働き方のことをいうので，ウが適切。

問4　生存権が初めて憲法で規定されたのはドイツのワイマール憲法である。生存権の保障は「人間に値する生活の保障」と捉えることができるので，エがワイマール憲法の条文と判断できる。アは世界人権宣言の第1条，イはアメリカ独立宣言，ウはマグナ・カルタである。また，エはワイマール憲法151条の一部である。

やや難　問5　生活保護の扶助は，生活扶助・教育扶助・住宅扶助・医療扶助・介護扶助・出産扶助・生業扶助及び葬祭扶助があるが，教育扶助は義務教育の修学に必要な費用が対象であり，大学進学費用は対象ではないので，エが誤っているとわかる。

問6　性別によって賃金の差を設けることを禁止した法律は，男女雇用機会均等法ではなく労働基準法なので，イが誤っている。労働基準法は第4条で「使用者は，労働者が女性であることを理由として，賃金について，男性と差別的取扱いをしてはならない。」と規定している。

問7　労働組合を作る権利は，団結権という。なお，労働組合が賃金やその他の労働条件の改善を求めて使用者と交渉する権利は団体交渉権，労働組合が要求を実現するためにストライキを行う権利は団体行動権(争議権)という。

問8　多様性社会の中で，障がいのある子どももない子どもと同じ教室などで学ぶことは，インクルーシブ教育という。

【6】(公民―日本経済，世界経済)

問1　注文していないのに勝手に商品が送りつけられ，返品しないと代金が請求される悪質商法を，ネガティブオプションというので，Ⅰは正しい。欠陥商品によって消費者が被害を受けたときの企業の責任について定めたのは消費者契約法ではなく製造物責任法(PL法)なので，Ⅱは誤り。クーリングオフ制度は訪問販売や電話勧誘販売などが対象であり，コンビニでペンを購入することは対象とならないので，Ⅲは誤り。よって，エの組み合わせが正しい。

問2　(1)　営業キャッシュフローは，安定成長期には安定した売り上げを維持して現金での売り上げによる収入があることから＋と考えられる。投資キャッシュフローは，安定成長期においても投資を拡大することからーと考えられる。財務キャッシュフローは，安定成長期においては借金を返済することができるようになるのでーと考えられる。よって，エの組み合わせが正しい。

(2) 情報公開法の対象は行政機関であり民間企業ではないので，ウが誤っている。

基本 問3 株式会社，特に大企業では株式の保有率が高い株主が経営者となるのではなく，専門的な知識や経験を持つ経営者に任せるのが一般的なので，ウが誤っている。

問4 中小企業の定義では，卸売業は資本金1億円以下・従業員100人以下なので，従業員が250人のイは中小企業の定義に合致していない。中小企業の定義では，製造業は資本金3億円以下・従業員300人以下，小売業は資本金5000万円以下・従業員50人以下，サービス業は資本金5000万円以下・従業員100人以下となっている。

問5 2008年からの5年間，日本の起業無関心者の割合は，毎年増加している一方で，他の4か国はいずれも増減がみられるので，アは適切でない。2008年からの5年間の5か国の起業無関心者の割合を比較したとき，毎年アメリカの割合が最も低いので，イは正しい。日本は5年後の起業生存率が5か国の中で最も高いので，ウは適切でない。日本は起業無関心者の割合が5か国の中で最も高いが，起業生存率も5か国の中で最も高いので，エは適切でない。

★ワンポイントアドバイス★

教科書だけでなく資料集などもしっかりと読んでおこう。

＜国語解答＞

【一】 問1 a 載(った) b 施(し) c 担(い) d 説(いた) e 顧(み)
問2 (1) オ (2) ウ 問3 ア 問4 (例) 水平関係 問5 エ
問6 ア・エ 問7 (例) 共感を数値化し，その広がりを計測し，集計し，操作しようとする共感市場主義が推進された結果，他者を想像力に基づいて理解するという「共感」本来の意味が失われ，他者への自分の感情を一方的に表明する「同感」や「好感」として意味づけられたということ。(120字) 問8 ウ 問9 イ

【二】 問1 a 傍(ら) b 懐(かしがる) c 揺(れて) d 破(け) e 漏(らした)
問2 A オ B ウ C ア D カ E イ 問3 イ 問4 エ
問5 ウ 問6 エレベーター[エレベータ／エレヴェーター／エレヴェータ／リフト／昇降機] 問7 エ 問8 オ 問9 (例) (問題が)これから先も解決しない(ということ。) 問10 (1) 人生に対する信頼感(9字) (2) イ

○推定配点○

【一】 問1・問2(1) 各2点×6 問7 10点 他 各4点×7(問6完答)
【二】 問1・問7 各2点×6 問2 各1点×5 問9 5点 他 各4点×7 計100点

＜国語解説＞

【一】（論説文一大意・要旨，内容吟味，文脈把握，脱語補充，漢字の書き取り，熟語）

基本 問1 ～～～線部aは掲載されること。同訓異字の「乗る」と区別する。bの音読みは「シ・セ」。熟語は「施政」「施主」など。cの音読みは「タン」。熟語は「担当」など。dは物事の道理などをわかるように話すこと。同訓異字の「解く」と区別する。eは振り返ること。同訓異字の「省みる」と区別する。

問2 (1)「共感」とオは上の字が下の字を修飾している構造。アは上下の字が主語・述語の構造。イは上に打消しの接頭語がついた構造。ウは同じような意味の漢字を重ねた構造。エは下の字が上の字の目的語になっている構造。(2) 冒頭の，「共感」は「共に感じる」と記されていることをふまえ，――線部①前後で〝sympathy〟は「〝sym(共に)〟と〝pathy(感情)〟」から成る「ギリシャ語に由来する古い語」であること，「一方で……」から続く3段落で，日本で「共感」が定着したのは戦後であることを述べているのでウが適切。これらの段落内容をふまえていない他の選択肢は不適切。

問3 ――線部②の「そこ」は〝sympathy〟のことで，②の段落で②の説明として，アダム・スミスの言葉を引用し「『他者の立場に身を置き，他者がどう感じているのかを想像すること』だと定義される」と述べているのでアが適切。「そこ」と②の段落内容をふまえていない他の選択肢は不適切。

問4 空欄Xは直前の「同情」のことである「垂直関係」と対照的な意味の言葉で，「戦後民主主義的な……」で始まる段落で「『共感』はそのフラットな水平性のゆえに……」と述べていることもふまえ，「水平関係」が適切。

重要 問5 ――線部③の「この概念」は，「共感」を「フラットな関係性」として「他者と同じ感情を持つこと」という意味で捉えること，「戦後民主主義的な転回」は「封建的な身分関係」から「戦後民主主義的な感覚が浸透していく」のと同様に，「同情」より「共感」が好まれるようになった，ということなのでエが適切。③の段落内容をふまえ，社会の変化とともに「同情」より「共感」が好まれるようになったことを説明していない他の選択肢は不適切。

問6 アの「多くの……少数の……少数性」，エの「現代社会は豊かになって……凄惨な状況は少なくなった」はいずれも本文で述べていない。

やや難 問7 ――線部⑤直前の2段落で，SNSの普及で「共感の広がりを正確に数値化することが可能とな」り，「共感は計測可能なもの……として，操作の対象となってい」き，「共感市場主義」が推し進められたことを述べている。さらに⑤から続く4段落で，「『共感』は……『同感』もしくは『好感』として再定義されることになった」が「『共感』の本来の意味が失われてしまった」「自分の感情を一方的に表明するばかりだった」と述べていることをふまえ，「変容」の理由とともに⑤を具体的に説明する。

重要 問8 ――線部⑥は「多くの視聴者」は「強い共感の磁場の中にいながら……他者への想像力を欠き，自分の感情を一方的に表明するばかり」で「バランスを欠くものだった」ということなのでウが適切。⑥前の内容をふまえ，視聴者同士が同じような感情を持ったという「共感性の高さ」，木村さんの立場に「共感」していないことを説明していない他の選択肢は不適切。

重要 問9 本文は，「共感」という語の意味について，同様の意味の語として英語の〝sympathy〟の意味の説明→日本では，戦後民主主義的な感覚が浸透していくなかで，それまでの上下関係の「同情」からフラットな関係性の「共感」が好まれるようになった→しかし，近年「共感市場主義」の推進により「共感」の本来の意味が失われ，人々の心性もアンバランスになっている→われわれ自身の心性の構造を顧みながら，あらためて考えるべきだ，ということを述べているのでイが適切。

アの「この根本的な……悪影響の大きさ」，ウの「事件がどのようにして起きたのかを，私たちは熟考するべき」，エの「国家的プロジェクト」，オの「この再定義の是非を熟考すべき」はいずれも不適切。

【二】（小説―情景・心情，内容吟味，文脈把握，脱語補充，漢字の書き取り，語句の意味）

基本 問1　――線部aの音読みは「ボウ」。熟語は「傍観」など。bの訓読みはほかに「ふところ」。cの音読みは「ヨウ」。熟語は「動揺」など。dの音読みは「ハ」。熟語は「破片」など。eの音読みは「ロウ」。熟語は「漏水」など。

問2　空欄Aは「たびたび」という意味でオ，Bは「時を置かずに」という意味でウ，Cは「そんなわけで……」で始まる段落内容からア，Dは「とうとう」という意味でカ，Eは「堅苦しくなく簡単に」という意味でイがそれぞれ当てはまる。

問3　――線部①直後の段落で「おしゃれなメアリーさんが選んでくれた……ブラウスや上着は……地味な型ばかりなので，道はがっかりした」という心情が描かれていることから，①では「おしゃれなメアリーさん」なら，自分に似合う服を選んでくれるだろうという信頼と期待があったことが読み取れるのでイが適切。アの「気兼ねする」は不適切。メアリーさんに期待していたことを説明していない他の選択肢も不適切。

問4　――線部②前後で「稲造と一緒にいるのが楽しい」「笑われることをちっとも怖がっていなくて，チャレンジングだった」ということもメアリーさんは話しているのでエが適切。②前後の内容をふまえていない他の選択肢は不適切。

問5　――線部③は，メアリーさんが，裕福とは言えない日本人の新渡戸先生を選んだ理由を道が尋ねたことに対し，名門のお嬢さんでいるより，稲造と女子教育に関わる方がずっとやりがいがあると思い，稲造と一緒になることを父や兄が許してくれたのがクリスマスの夜だった，と答えたことに対するものなのでウが適切。③直前のメアリーさんの話をふまえていない他の選択肢は不適切。

問6　――線部④直後の描写から「エレベーター」あるいは「エレベータ／エレヴェーター／エレヴェータ／リフト／昇降機」などでもよい。

問7　「提灯」は細い竹ひごの骨に紙を張り，中にろうそくを立てて用い，折り畳めるようにした照明器具で，手に提げて持ち歩いて使用することもあるので，持ち手のあるエが正しい。アは「行灯(あんどん)」，イは室内で使用する「燭台(しょくだい)」，ウは軒先などにつるす「釣灯籠(つりどうろう)」，オは小型の行灯として使用する「ぼんぼり」。

重要 問8　――線部⑥前で，街灯のほうが明るいのに日本人が提灯を手放せないのは「『……個人が負わなければならない荷物のとても大きな社会だからです……』『……日本人は共同で何かを行うということを覚えるべきです。つまり，シェア，ということです』」という新渡戸先生の話とともに，⑥直後で「舌の上から光が広がり，唇からこぼれていくような気がした」という道の心情が描かれているのでオが適切。アの「重責」「使命感」，イの「欧米社会～尊敬の念」，ウの「不安」「迷い」，エの「自分の～実践だった」はいずれも不適切。

重要 問9　「『それは個人が……』」で始まる新渡戸先生の言葉から，――線部⑦は，問題が「これから先も解決しない」というような内容の比喩表現として使われている。

やや難 問10　(1)　――線部⑧は直前の段落の「人生に対する信頼感(9字)」から生じている。

(2)　「ほの暗い……」で始まる段落で，「これまでの人生で胸に引っかかってきた問題は全て……曖昧にぼやかされていた」が「道が大きな光を持ち込んで，くっきり照らしてしまったらどうだったのだろう」と思いながら「道は物事をやさしく，とっつきやすくすることに関しては昔から長けているのだ」とも思っている道の心情が描かれているので，これらの心情をふまえたイが適切。この段落の道の心情をふまえていない他の選択肢は不適切。

★ワンポイントアドバイス★

小説では，心情の根拠となる内容もあわせて確認していこう。

2022年度

★★★★★★★★★★★★★★★★★★★★★★★

入　試　問　題

2022年度

滝高等学校入試問題

【数　学】（60分）　＜満点：100点＞

【注意】 答はすべて解答用紙に記入せよ。ただし，円周率はπとし，根号は小数に直さなくてよい。

1. 次の各問いに答えよ。

(1) $\dfrac{(\sqrt{3}+1)^2}{\sqrt{2}}-\dfrac{(\sqrt{6}-\sqrt{2})^2}{2\sqrt{2}}$ を計算せよ。

(2) $x^2-4y^2-8x+16$ を因数分解せよ。

(3) $4(x^2-2x+4)-2(x^2-x)=15-2x$ を解け。

(4) 図１のように，平行四辺形ABCDの辺BC上にBE：EC＝１：２となる点Ｅをとる。対角線BDとAE，ACとの交点をそれぞれＦ，Ｇとし，対角線ACとDEの交点をＨとする。このとき，面積比△AFG：△CDHを求めよ。

(5) 図２のように，四角形ABCDは円に内接している。直線と円は点Ｃで接している。∠ABDの二等分線と∠ADBの二等分線の交点をＩとする。このとき，∠BIDの大きさを求めよ。

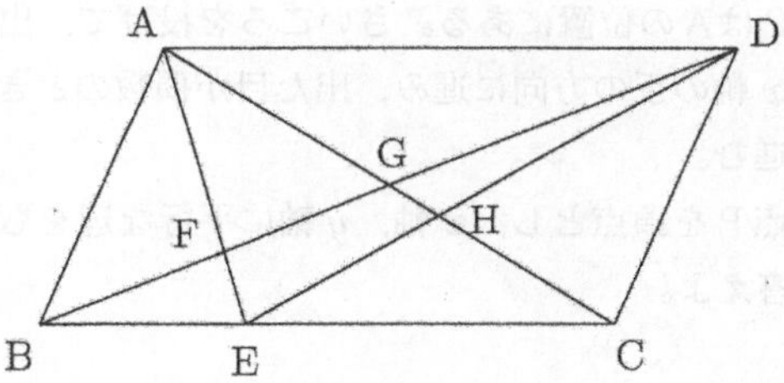

図１

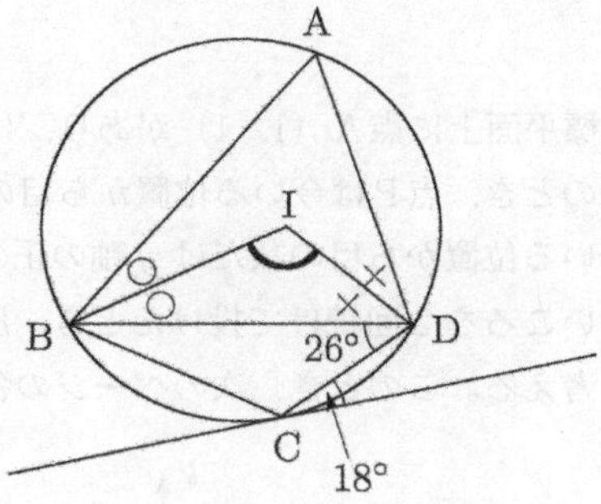

図２

2. 赤玉と白玉が合わせて150個あり，赤玉と白玉の総数の比は14：11である。これらすべてを３個ずつに分けて箱に入れたところ，赤玉１個と白玉２個が入っている箱と，赤玉３個が入っている箱の数が同じであった。また，赤玉２個と白玉１個が入っている箱の数は，白玉３個が入っている箱の数の４倍であった。赤玉３個が入っている箱の数をx，白玉３個が入っている箱の数をyとする。このとき，次の各問いに答えよ。

(1) 箱の数について方程式を作ると，次のようになった。［ア］，［イ］にあてはまる正の整数を入れよ。

［ア］x＋［イ］$y=50$

(2) x，yの値を求めよ。

3. ∠ABC＝90°の直角三角形ABCがある。下図のように，BC上に点Dをとり，DCを直径とする円Oをつくる。直線CAと円の交点のうち，Cでない方をE，直線ADと円の交点のうち，Dでない方をFとする。OC＝3，AF＝6，CF＝$2\sqrt{5}$のとき，次の各問いに答えよ。

(1) DFの長さを求めよ。

(2) ABの長さを求めよ。

(3) △ADEの面積を求めよ。

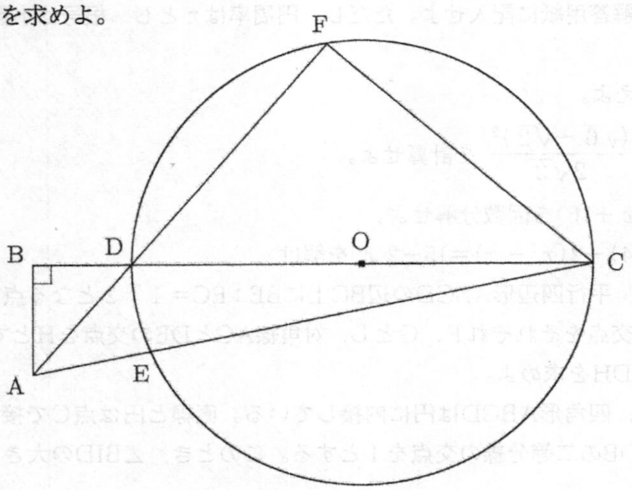

4. 座標平面上に点A（1，1）があり，はじめ点PはAの位置にある。さいころを投げて，出た目が奇数のとき，点Pは今いる位置から目の数だけ x 軸の正の方向に進み，出た目が偶数のとき，点Pは今いる位置から目の数だけ y 軸の正の方向に進む。

さいころを２回続けて投げたとき，原点Oと点Pを頂点とし，x 軸，y 軸に平行な辺をもつ長方形を考える。このとき，次のページの各問いに答えよ。

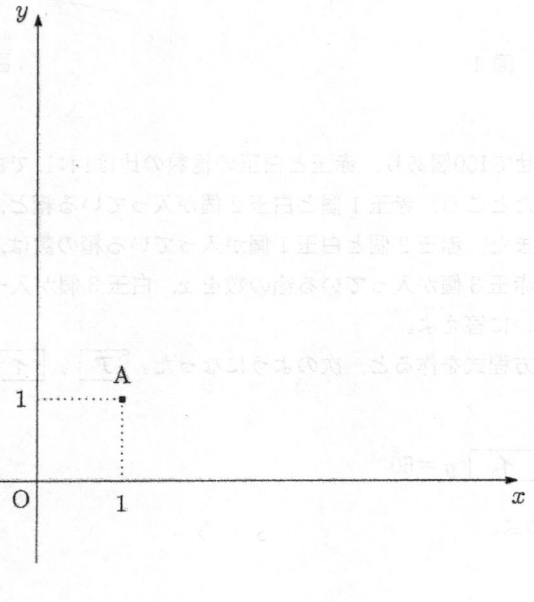

(1)　1回目に4の目が出て，2回目に5の目が出るとき，長方形の面積を求めよ。

(2)　1回目に2の目が出て，2回目に6の目が出るとき，長方形の面積を求めよ。

(3)　長方形の面積が素数になる可能性がある目の出方は，次の①～④のうちどれか。すべて選び，番号で答えよ。

①　1回目に奇数の目が出て，2回目に奇数の目が出る

②　1回目に奇数の目が出て，2回目に偶数の目が出る

③　1回目に偶数の目が出て，2回目に奇数の目が出る

④　1回目に偶数の目が出て，2回目に偶数の目が出る

(4)　長方形の面積が12以上になる確率を求めよ。

5. 関数 $y=4x^2$ 上に2点A，Bがある。ただし，Aの x 座標は負，Bの x 座標は正である。また，関数 $y=\frac{1}{2}x^2$ 上に点Cがある。ただし，BとCの x 座標は等しい。このとき，次の各問いに答えよ。

(1)　Aの y 座標が16で，$\angle ABC=90°$ であるときを考える。

(ア)　△ABCの面積を求めよ。

(イ)　直線ACの式を求めよ。

(2)　Cの x 座標を t とする。△ABCが正三角形になるとき，t の値を求めよ。

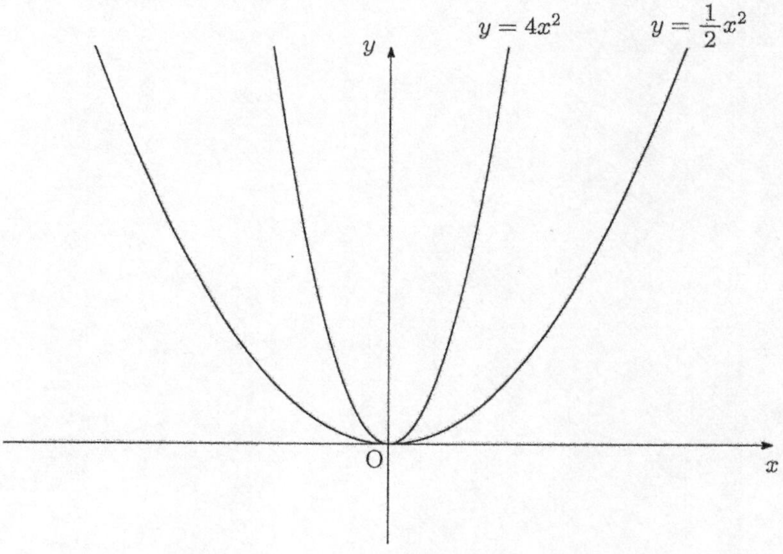

6. 1辺の長さが4の正四面体ABCDにおいて，辺BCの中点をEとする。
いま，辺CD上に $EF=\sqrt{3}$ となるように点Fをとる。このとき，次の各問いに答えよ。

（図は次のページにあります。）

(1)　AEおよびAFの長さを求めよ。

(2)　△AEFの面積を求めよ。

(3)　正四面体ABCDの高さを求めよ。

(4)　三角錐《すい》ACEFについて，△AEFを底面としたときの高さを求めよ。

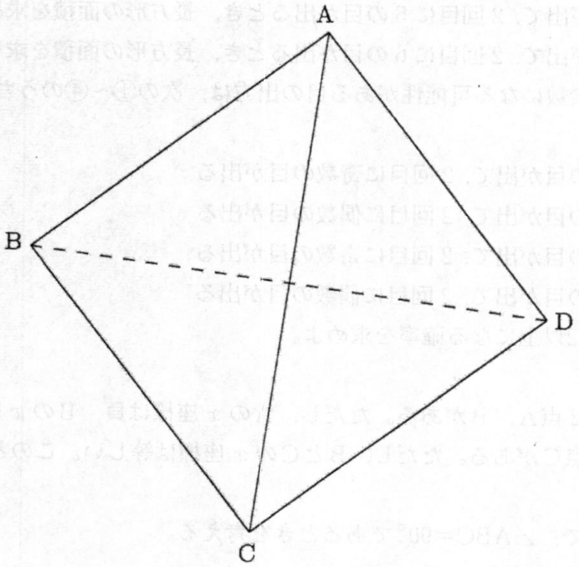
A
B
C
D

【英　語】（60分）　＜満点：100点＞　※リスニングテストの音声は弊社HPにアクセスの上，音声データをダウンロードしてご利用ください。

【１】 次の〈問題１〉～〈問題２〉は放送による問題です。それぞれ，放送の指示に従って答えなさい。放送を聞きながらメモをとってもかまいません。

〈問題１〉 これから会話が読まれます。図を参考にして，(1)～(4)の質問の答えとして最も適当なものをそれぞれの選択肢の中から１つずつ選び，記号で答えなさい。会話は１度だけ読まれます。

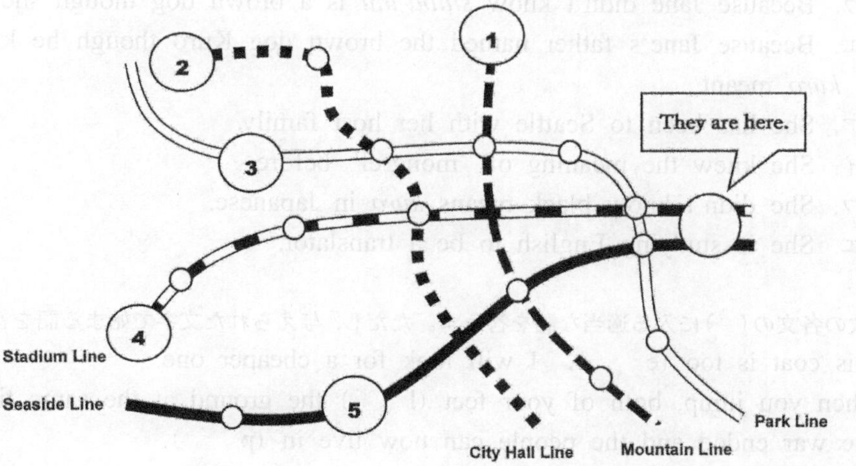

(1) Where are they?

ア. At the city hall.　　イ. At the train station.

ウ. At the taxi stand.　　エ. At the bus station.

(2) What is the woman going to do first?

ア. Change trains.　　イ. Take a shuttle bus.

ウ. Go to the right platform.　　エ. Go to the ticket office.

(3) Which is Airport Station on the route map?

ア. 1　　イ. 2　　ウ. 3　　エ. 4　　オ. 5

(4) How long does it take to get to the airport?

ア. About 10 minutes.　　イ. About 20 minutes.

ウ. About 30 minutes.　　エ. About 3 hours.

〈問題２〉 これから Jane, Tom, Keiko の３人の会話とそれに関する質問が読まれます。(1)～(4)の質問の答えとして最も適当なものをア～エの中からそれぞれ１つずつ選び，記号で答えなさい。会話と質問は２度読まれます。

(1) ア. She is going to meet her grandmother.

イ. She is going to go to church with her family.

ウ. She is going to have Christmas dinner at home.

エ. She is going to visit her grandparents in Seattle.

(2) ア. He likes to play baseball, but he doesn't like to play any other sports.
イ. He likes to play baseball, so he wants to be a famous baseball player.
ウ. He doesn't play baseball, but he is good at playing baseball video games.
エ. He likes to play baseball video games, but he doesn't like to watch baseball.

(3) ア. Because Jane wants a *puppy though she already has three dogs. ＊子犬
イ. Because Jane and her family call her dog Kuro though it is brown.
ウ. Because Jane didn't know *shiba-inu* is a brown dog though she has one.
エ. Because Jane's father named the brown dog Kuro though he knew what *kuro* meant.

(4) ア. She has been to Seattle with her host family.
イ. She knew the meaning of 'mongrel' before.
ウ. She didn't know black means *kuro* in Japanese.
エ. She is studying English to be a translator.

【2】 次の各文の(　)に入る適当な語を答えよ。ただし，与えられた文字で始まる語を答えること。

(1) This coat is too (e　　). I will look for a cheaper one.
(2) When you jump, both of your feet (l　　) the ground at the same time.
(3) The war ended and the people can now live in (p　　).
(4) We must save endangered species from (e　　).

【3】 次の日本語を参考にして，(　)に入る適当な語を答えよ。ただし(　)内に文字が与えられている場合は，その文字で始まる語を答えること。

(1) 時間ほど大切なものはない。
(　　) is more (p　) than time.
(2) 明日は休日です。そんなに早起きしなくてもいいよ。
Tomorrow is a holiday. (　　) won't be (　　) for you to get up so early.
(3) 先月は食費にいくらかかったのですか。
How (　　) did you (　　) on food last month?
(4) 彼女の感情を害するのが怖くて，僕は何も言わなかった。
I didn't say anything because I was (　) of (h　　) her feelings.

【4】 次の各組の英文がほぼ同じ意味を表すように，(　)に入る適当な語を答えよ。

(1) How was the weather in Okinawa yesterday?
(　　) was the weather (　　) in Okinawa yesterday?
(2) It would be nice if I were rich.
I (　　) I (　　) a lot of money.
(3) I don't know the owner of this house.
I don't know (　　)(　) this is.

(4) I have never seen such a beautiful dress as this.
This is the (　　) beautiful dress I have (　) seen.

【5】 次の日本語を参考にして，[ ] 内の語（句）を □ に入れて英文を作るとき，A と B の位置にくる語(句)の記号を答えよ。ただし，文頭にくる語も小文字で書いてある。

(1) 明日も寒い日になりそうだ。

□ □ A □ □ B □ □ tomorrow.

[ア. another　イ. day　ウ. be　エ. there　オ. going　カ. to　キ. cold　ク. is]

(2) 手遅れにならないうちに，できることは全てやっておきなさい。

Do □ □ A □ □ B □ too late.

[ア. is　イ. you　ウ. before　エ. everything　オ. it　カ. can　キ. do]

(3) 寝ずに勉強を頑張るのは体によくない。

□ □ A □ □ B □ □.

[ア. for　イ. good　ウ. hard　エ. isn't　オ. sleeping　カ. studying　キ. your health　ク. without]

(4) この本を読んだおかげで，江戸時代の生活がいくらかわかった。

□ □ □ A □ □ B □ the Edo period.

[ア. idea　イ. some　ウ. life　エ. this book　オ. me　カ. gave　キ. of　ク. in]

【6】 自動販売機（a vending machine）の前で外国人旅行者があなたに話しかけている。自然な流れになるように，次のページの下線部①，②の [ ] にそれぞれ8語以上の英語を入れ，対話文を完成せよ。ただし，下線部①，②はそれぞれ1文ずつとし，I'm などの短縮形は1語として数え，コンマ（,）は語数に含まない。

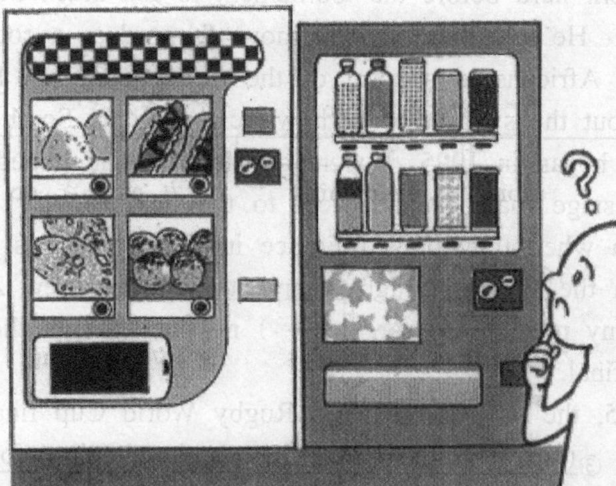

Tourist : Excuse me. What are these?
You : Oh, they're vending machines.
Tourist : What is a vending machine?
You : ① In Japan [______________________________].
Tourist : Wow! It's very convenient. Well, I'll try some drinks. Could you tell me how to use this machine?
You : Sure. ② [______________________________].
Tourist : Sounds easy. Thank you very much.
You : You're welcome. Have a good time in Japan!

【7】 次の英文を読んで，後の問いに答えよ。

South Africa before 1995 was a very mixed country. The country had black and white South Africans. The new president of the country was a black man named Nelson Mandela. He had spent all his life fighting for the freedom of black South Africans. The white South Africans were < A > what would happen to their country. Nelson Mandela had to look for ways to bring his country together. In 1995, he found the answer. He wanted the country to become one through rugby.

Rugby in South Africa was a mostly white sport at the time. The South African rugby team had only one black player and the fans of the team were all mostly white people. The black people of South Africa did not like rugby. But Nelson Mandela understood that rugby was an important sport to white South Africans. He also understood the power of sports. He believed sports have the power to change the world. He decided that the slogan of the 1995 South African rugby team would be "One Team, One Country."

Mandela had to work hard before the tournament to ask black South Africans to forget about the past. He told them that to move forward as a country, they must join the white South Africans in support of the rugby team. ① He believed the team could win without the support of both white and black South Africans.

As the World Cup began in 1995, it went as Mandela had hoped. South Africa won all their *pool stage matches and went to the next round. The excitement grew in South Africa when they played France in the semi-finals and won. The final match was with the strongest rugby team at the time, New Zealand. South Africa did not lose any matches so far, (②) no one thought the South African team could win the final.

On June 24th, 1995, the day of the 1995 Rugby World Cup finals, black South Africans were just as ③(to / excited / as / the match / begin / for) white South Africans. Before the match began, Nelson Mandela walked on the field to shake each player's hand. Something amazing happened then. [____] Even though the people in the crowd were mostly white South Africans, they were cheering in support of their President. They were < B > their President. Nelson Mandela's plan had worked! Through the power of sports, he was successful in bringing the country together.

With the support of their home fans, South Africa won the 1995 Rugby World Cup. The win not only showed how great the South African rugby team was, but it also showed the world the power of sports.

（注） pool stage matches：予選リーグ

(1) ＜A＞・＜B＞に入る最も適当なものをア～オの中からそれぞれ１つずつ選び，記号で答えよ。

ア. busy with　イ. proud of　ウ. surprised at

エ. worried about　オ. bored of

(2) 下線部①は１語欠けているので文脈にそぐわない文になっている。その欠けている１語を答えよ。

(3) (②) に入る最も適当な語をア～エの中から１つ選び，記号で答えよ。

ア. or　イ. but　ウ. so　エ. because

(4) 下線部③の（　）内の語（句）を正しく並べかえて英文を完成せよ。

(5) [　　] に入る最も適当な文をア～エの中から１つ選び，記号で答えよ。

ア. The crowd began to call out "Nel-son! Nel-son! Nel-son!"

イ. The crowd was just looking at their President.

ウ. Nelson Mandela came down on the field.

エ. Nelson Mandela gave the gold medals to the players.

(6) 次の質問に日本語で答えるとき，空所に入る部分を45字以内で答えよ。ただし，句読点も字数に数える。

質問　Why did Nelson Mandela choose to use rugby to bring the country together?

答え　南アフリカの黒人はあまりラグビーが好きではなかったが，[　　　　　　　　　　]から。

(7) 本文の内容と一致する英文をア～オの中から１つ選び，記号で答えよ。

ア. Nelson Mandela made the first rugby team in South Africa.

イ. Before 1995, black South Africans couldn't join any sports.

ウ. Nelson Mandela made the slogan of the 1995 Rugby World Cup "One Team, One Country."

エ. France was the strongest rugby team at the time, but it lost the match with New Zealand in 1995.

オ. The South African rugby team won all the matches in the World Cup in 1995.

【8】 次の英文を読んで，後の問いに答えよ。

Maggie and Dion got married a few months ago. They moved to a new town and lived in a small apartment. Maggie often felt lonely. Dion was out at work every day and she didn't know anyone in the town.

One Friday morning, Dion was late for work. He picked up his bag and hurried to the door. Then he stopped. "I forgot to tell you. I will be home at 6:30. Pam and Brian are coming with me for dinner. Have a good day!" Maggie ran to the open door. Dion was still saying something as he ran down the stairs, but Maggie couldn't hear what he was saying. She closed the door and went back inside.

Maggie thought, "A dinner party! This is exciting. Pam and Brian will be our first visitors. But I am a terrible cook! What can I make for dinner? Dion is a very good cook. But Dion will have no time tonight to cook for our visitors. I will have to make something." Then Maggie phoned her mother and asked < a-1 > advice. She said to Maggie, "Maggie! You can't cook, so please make something simple. How about a roast chicken? You can cook some potatoes in the oven with the chicken and make a salad and an apple pie. Good luck." Maggie looked on the Internet. She found many recipes < a-2 > roasting a chicken. It didn't seem difficult. "Maybe I can do this," she thought. "And maybe I can buy an apple pie from the bakery."

Maggie made a list and a timetable, so she knew what time to start cooking the chicken. She prepared everything for the salad. She put flowers from the supermarket in vases. She set the table and said, "I can use ①(ア as イ all ウ gifts エ we オ given カ the キ were) wedding presents. The table will look beautiful." Maggie felt very happy.

It was late in the afternoon when Maggie read her timetable. "I have to put the chicken in the oven at 4：30. Then I will prepare the potatoes and put them in the oven with the chicken." Maggie followed the recipe from the Internet carefully. She did everything written < b-1 > the recipe. She set the *temperature for the oven and put the chicken in. She prepared the potatoes and put them in the oven too. Everything was done and Maggie relaxed. She set the alarm < b-2 > her phone for 6:00 pm and rested.

When the alarm went off, she went to the kitchen. "That's strange," she thought. "I can't smell anything. Maybe I should check." Maggie took the chicken and potatoes out of the oven. The chicken was white and cold. The potatoes were raw. "Oh, no! The oven is broken! I only have snacks, salad and apple pie!"

Dion came home. He was very cheerful. "We left work early. Pam and Brian are parking their cars. They'll be here in a few minutes." He looked at Maggie. She had tears running down her face. "Oh, Dion! The oven is broken. We have no food to give them!" "You cooked dinner? ② But....." He went to the oven and opened the door. The oven was cold. He looked at the oven controls.

He hugged Maggie. “Did you look at a recipe?” “Yes. I wrote everything down!” Dion laughed. “Put the chicken and potatoes in the refrigerator quickly. We’ll eat them tomorrow. I told you this morning that I would buy pizzas on the way home. Brian is bringing them now.”

“Oh,” said Maggie. “I know you said something, but I didn’t hear.” Brian and Pam were at the door. They had the pizzas and wine. It was a great dinner party.

Maggie’s salad was good. Everyone liked the apple pie. When Pam and Brian left, Maggie said to Dion. “We must call the *repairman tomorrow. The oven is broken.”

Dion laughed and said, “Mmm. The oven is not broken. You set the temperature but you didn’t turn the oven on!” “Oh,” said Maggie. “The recipe didn’t say anything about turning the oven on!”

（注） temperature：温度　repairman：修理工

出典：*The Dinner Party*, I TALK YOU TALK PRESS EXTRA, https://italk-youtalk.com より一部改変

(1) 次の文は本文の要約である。本文の内容と合うように（ 1 ）～（ 10 ）に入る適当な語を答えよ。[ ] 内に文字が与えられているものは，その文字で始まる語を答えること。

Maggie and Dion were a newly married (1). During the day, Maggie was always at home and she felt lonely. One morning, Dion told his wife he would (2) his friends to their apartment.

She was excited because they would have their first (3 [g]). She searched on the Internet and decided to make a roast chicken and a salad.

She followed the recipe and put a chicken and (4) in the oven and set the alarm for 6:00 pm. When the alarm went off, she could (5) nothing. She thought the oven was (6).

When Dion came home, Maggie was (7 [c]) because she though they had nothing to eat. She explained about the oven to him and he checked it. (8) was wrong with the oven. Maggie just (9) to turn it on.

Anyway, all of them (10) themselves at the party though they didn’t eat the chicken.

(2) 本文中の＜ a-1 ＞・＜ a-2 ＞に共通して入る１語を答えよ。

(3) 本文中の＜ b-1 ＞・＜ b-2 ＞に共通して入る１語を答えよ。

(4) 下線部①の（ ）内の語を正しく並べかえて英文を完成させるとき，（ ）内で２番目と５番目にくる語を記号で答えよ。

(5) 下線部②の But の後で Dion が言いたかった１文を文中から探し，その文の最初の３語を答えよ。

【理 科】(40分) ＜満点：50点＞

1. 次の両生類についての文章を読み，以下の問いに答えよ。

両生類は，魚類やハチュウ類，鳥類と同じ（ a ）動物の仲間で，主に水辺やそれに近いところで生活しています。両生類の最も古い化石は地質年代では(あ)古生代のデボン紀に見られ，魚類の次に地球に現れた（ a ）動物と考えられています。

両生類には大きく二つの仲間があり，(い)成体になっても長い尾が残るもの（有尾類）と，(う)成体になると尾がなくなり，跳ねるようになるもの（無尾類）があります。両生類は普通，（ Ⅰ ）卵を産み，ふ化した幼生はいずれ変態をします。それに伴い呼吸方法もえら呼吸から（ Ⅱ ）呼吸や（ Ⅲ ）呼吸に変化し，心臓のつくりも(え)（ w ）心房（ x ）心室から（ y ）心房（ z ）心室に作り替えられます。雑食性から肉食性に食べ物が変わることもあり，口の形や目のつくりも変化し，目のつき方の変化で（ b ）視ができるようになります。

人間と両生類のかかわりに，俳句にも登場するほど身近なものでした。ところが，現在では環境の変化で絶滅が心配されているものもあります。オオサンショウウオは，種指定の特別（ c ）に指定され，保護されています。

一方で，食用を目的として持ち込まれたウシガエルが野生化し，生態系に大きな影響を与えています。そのため，ウシガエルは飼育や移動が禁止されている特定（ d ）に指定されています。

(1) 空欄（a）～（d）に当てはまる語を答えよ。

(2) 下線部(あ)古生代の示準化石となる生物として，最も適当なものを，次の(ア)～(エ)から1つ選び，記号で答えよ。

(ア) フズリナ　(イ) アンモナイト　(ウ) ナウマンゾウ　(エ) ビカリア

(3) 下線部(い)・(う)の例を，オオサンショウウオ，ウシガエル以外で1つずつ答えよ。

(4) 空欄（Ⅰ）に当てはまる語句として最も適当なものを，次の(ア)～(エ)から1つ選び，記号で答えよ。

(ア) 水中に，殻《から》のない　(イ) 水中に，殻のある

(ウ) 陸上に，殻のない　(エ) 陸上に，殻のある

(5) 空欄（Ⅱ）・（Ⅲ）に適する語を答えよ。（順不同）

(6) 下線部(え)について，空欄（w）～（z）に適する数字の組み合わせとして適当なものを，次の(ア)～(オ)から1つ選び，記号で答えよ。

	w	x	y	z
(ア)	1	1	1	2
(イ)	1	1	2	1
(ウ)	1	1	2	2
(エ)	1	2	2	2
(オ)	2	1	2	2

2. 次の会話を読み，以下の問いに答えよ。

博士、質問があります。通常の地震と核実験による人工的な地震は、どうして区別がつくのですか?

いい質問ですね。地震のゆれを地震計で記録すると、最初に小さな波、しばらくしてやや大きな波が記録されます。「最初の波」をPrimary wave（P波）、「2番目の波」をSecondary wave（S波）とよぶことは学校で習いましたね。

はい。でも、P波とS波の違いがよくわかりません。

P波は、波の進行方向に対して押したり引いたりしながら伝わる波で、S波は、波の進行方向に対して横に（直交方向に）ずれるようにしながら伝わる波です。地下の岩盤の硬さによっても違いますが、通常は、P波の伝わる速度は秒速 7 km、S波の伝わる速度は秒速 4 km として計算すればいいでしょう。

なるほど。よくわかりました。

さて、地下で核実験などによる爆発があった場合、地震計の記録で爆発があったかどうかを判別することができます。一般に爆発は押し波（外へ押し出す波）、つまりP波しか出ないため、大ざっぱに言えば、S波のない波形になるのです。実際には、爆発による波は地下深部で反射や屈折を繰り返すため、その際にS波が生成されて弱いS波を観測することはあります。ただし、P波に比べてS波が小さすぎるなど、自然地震の記録とは大きく異なるのです。これによって、自然地震か核実験などによる人工的な地震かは区別がつくのです。

ちゃんと区別がつくなんて、すごいですね。

自然地震の際には、地層がずれることでS波が生じます。この「ずれ」を（　a　）といいましたね。S波は横に「ずれ」ながら伝わっていくため、地層をつくる岩盤のような固い物質がずれなければ伝わらないことになります。

博士、とてもよくわかりました。東北地方太平洋沖地震の時に仙台に住んでいる叔父は、ゆれが大きくなる前に緊急地震速報のアラームが鳴り、身構えていたため、本棚が倒れてもきても、けがをせずに済んだそうです。でも、１か月後にまた大きな地震が起こったときは、緊急地震速報とほぼ同時に強いゆれがきたので、身構える余裕がなく、危うくけがをするところだったそうです。

震源に近い場合は緊急地震速報が間に合わないことがあります。あらかじめ、大きな家具は固定するなど、日頃から地震に備えておくことが大切ですね。

本当にそうですよね。

地震はプレートの動きによって生じます。陸のプレートと海のプレートの様子を模式的に表しましたので、確認しておきましょう。

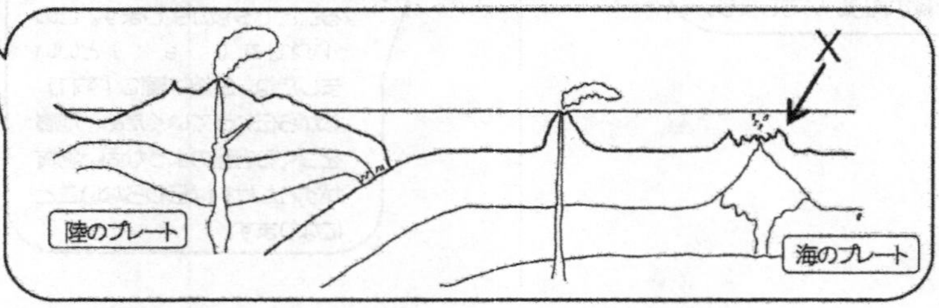

図の X のような海底の大山脈を、たしか（　b　）と言いましたよね。

そうです。ここは（　Y　）でしたね。東北地方太平洋沖地震の時には、太平洋側の（　c　）プレートと、陸側の（　d　）プレートの境界面でずれが生じました。また、観測の結果、東北地方太平洋沖地震発生前に起こっていた地震と、発生直後の余震では、地震のタイプに違いが見られることも明らかになりました。

(1)　会話文中の空欄（ａ）～（ｄ）に適する語を答えよ。

(2)　東北地方太平洋沖地震を海上で経験した船の船長は，当時の様子について，次のページのように語っている。

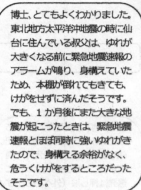

「港に帰る途中で，急にドンという強い衝撃があった。そのあと急いで船を陸から離れる方向に進ませた。途中で大きな波に遭遇したが，無事乗り越えることができた。」

① 船長が感じた衝撃はＰ波によるものか，Ｓ波によるものか。どちらかを選び，選んだ理由を10字以上20字以内で答えよ。

② 下線部の大きな波は一般に何とよばれるか。

(3) 東北地方太平洋沖地震の１か月後に発生した地震では，緊急地震速報の到達とほぼ同時にＳ波によると思われる強いゆれが仙台を襲ったと考えられる。

① 仮に，仙台での初期微動継続時間が３秒であったとする。このとき，仙台における震源からの距離を求めよ。ただし，答えが割り切れない場合は，小数第一位を四捨五入し，整数値で答えよ。

② この地震の震央は，仙台から26.2㎞，松島から33.5㎞離れた地点であることが判明した。震央の候補となる地点は何か所あるか。ただし，仙台と松島の距離は20㎞離れているものとする。

(4) 空欄Ｙに当てはまる文として最も適当なものを，次の(ア)～(エ)から１つ選び，記号で答えよ。

(ア) 海のプレートと陸のプレートができるところ

(イ) 地球内部から高温の物質がわき上がっているところ

(ウ) 昔の陸上の大山脈が海底に水没したところ

(エ) 太平洋に特有な地形で，大西洋やインド洋には見られないところ

(5) 東北地方太平洋沖を震源とする地震について，海洋研究開発機構（JAMSTEC）による海のプレート内地震の調査によると，深さ約40㎞の深い領域では，東北地方太平洋沖地震発生前の地震と，発生直後の余震で地震のタイプに違いが見られた。その違いを述べた文として最も適当なものを，次の(ア)～(エ)から１つ選び，記号で答えよ。

(ア) 東北地方太平洋沖地震発生前は，東西に押し縮められて引き起こされる地震が多く，余震では，東西に引っ張られて引き起こされる地震が多い傾向にあった。

(イ) 東北地方太平洋沖地震発生前は，東西に引っ張られて引き起こされる地震が多く，余震では，東西に押し縮められて引き起こされる地震が多い傾向にあった。

(ウ) 東北地方太平洋沖地震発生前は，陸のプレートが海のプレートに冷やされることで引き起こされる地震が多く，余震では，海のプレートが陸のプレートに冷やされることで引き起こされる地震が多い傾向にあった。

(エ) 東北地方太平洋沖地震発生前は，海のプレートが陸のプレートに冷やされることで引き起こされる地震が多く，余震では，陸のプレートが海のプレートに冷やされることで引き起こされる地震が多い傾向にあった。

3. 次の文章を読み，以下の問いに答えよ。

化学の研究では，化合物に含まれる原子の種類や質量を調べ，化学式を特定することが重要である。現在では，電子機器を用いて自動で測定が行われているが，かつては次のページのような装置を用いていた。この装置を用いた方法は，一般に(あ)炭素を含む化合物である（ ａ ）に対して行われる。

（ ａ ）に十分な酸素を加えて完全燃焼させると，（ ａ ）に含まれる炭素は（ ｂ ）に変化し，水素は（ ｃ ）に変化する。

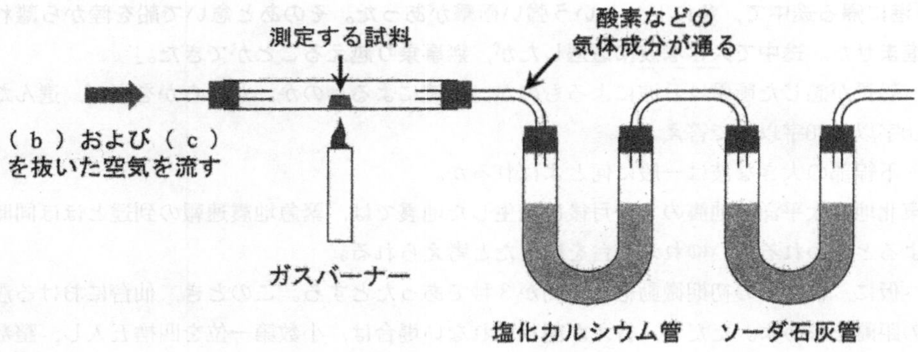

この装置では，塩化カルシウム管では（　c　），※ソーダ石灰管では（　b　）が吸収されるので，それぞれの管の質量変化を調べれば，(い)化合物に含まれる炭素原子や水素原子の質量の割合を算出することができ，炭素と水素の個数の比を求めることができる。

※　ソーダ石灰　酸化カルシウムに濃い水酸化ナトリウム水溶液を吸収させて，加熱乾燥させたもの

(1)　空欄（a）～（c）に適する語を答えよ。ただし，（b）・（c）は物質の名称で答えること。

(2)　下線部(あ)について，文中の（a）に分類される物質を，次の(ア)～(オ)からすべて選び，記号で答えよ。

(ア)　ステンレス　　(イ)　砂糖　　(ウ)　プラスチック　　(エ)　食塩　　(オ)　ガラス

(3)　メタンCH_4を完全燃焼させたときの反応を，化学反応式で示せ。

下線部(い)について，その計算方法を以下のようにまとめた。ただし，以下の（b）・（c）は上の（b）・（c）と同一の語が当てはまる。

水素原子，炭素原子，酸素原子の質量比は1：12：16である。これを用いて考えると，炭素原子と（b）および水素原子と（c）の質量の比は，それぞれ以下のようになる。

炭素原子：（b）＝（　d　）：（　e　）
水素原子：（c）＝（　f　）：（　g　）

このことから，ソーダ石灰管の増加した質量をx[g]，塩化カルシウム管の増加した質量をy[g]とおくと，化合物中に含まれる炭素原子や水素原子の質量は以下のように求めることができる。

$$化合物中の炭素原子の質量 = x \times \frac{(\ d\ )}{(\ e\ )}$$

$$化合物中の水素原子の質量 = y \times \frac{(\ f\ ) \times 2}{(\ g\ )}$$

(う)炭素と水素のみからなるある化合物について測定を行ったところ，ソーダ石灰管は2.2g，塩化カルシウム管は0.9gだけ質量が増加した。このとき，化合物に含まれる炭素原子は（　h　）g，水素原子は（　i　）gであることがわかる。

このようにして，炭素原子と水素原子の質量比を求めることができるが，この方法では(え)化合物に含まれる酸素原子の質量を直接測定することはできない。

⑷　空欄（d）～（i）に当てはまる数値を答えよ。ただし，比は最も簡単な整数比になるように表せ。

⑸　下線部(う)について，この化合物の化学式として考えられるものを，次の(ア)～(エ)からすべて選び，記号で答えよ。

(ア)　C_2H_4　(イ)　C_2H_6　(ウ)　C_4H_8　(エ)　C_4H_{10}

⑹　下線部(え)について，その理由として適当なものを，次の(ア)～(エ)から１つ選び，記号で答えよ。

(ア)　化合物には，水素や塩素のように酸素原子を含まないものもあるから。

(イ)　化合物を空気中に放置すると，酸素と反応してしまうことがあるから。

(ウ)　燃焼させる際に反応した（外部から加えられた）酸素と，はじめから化合物に含まれる酸素を区別することができないから。

(エ)　酸素を含む化合物は空気中では安定に存在しており，反応しにくいから。

⑺　炭素，水素，酸素のみを含む化合物について，化合物の質量をX[g]，化合物に含まれる炭素原子の質量をY[g]，水素原子の質量をZ[g]とする。このとき，化合物に含まれる酸素原子の質量[g]を，X，Y，Zを用いて表せ。

4. 次のⅠ～Ⅳの文章を読み，以下の問いに答えよ。

Ⅰ

熱の伝わり方は３つある。１つ目は，高温のものと低温のものが接触しているとき，熱が温度の高いほうから低いほうへ移動するような伝わり方である。このような熱の伝わり方を（　a　）という。２つ目は，加熱された液体が膨張して密度が小さくなり上部へ移動し，上部の冷たい液体と入れかわるような伝わり方である。このように物質が循環して熱が伝わる現象を（　b　）という。３つ目は，温められた物体から外部へ熱が出ていくような伝わり方である。このような熱の伝わり方を放射という。

⑴　空欄（a），（b）に適する語を答えよ。

Ⅱ

物体の放射による放射量E（放射されるエネルギー量）は，その物体の絶対温度T[K]の４乗に比例する。つまり，以下の式となる。

$$E\,[\mathrm{W/m^2}] = k \cdot T^4$$

（絶対温度T[K]は，セ氏温度t[℃]を用いて，T[K]＝273＋t[℃]と表される。）

これを黒体放射の法則という。なお，kは比例定数である。この式からの理論計算で，太陽表面の平均温度は5780K，地球表面の平均温度は255Kと求められた。

ところが，地球の表面温度は，実際には280K～290Kである。これは地球の大気による（　c　）の影響と考えられる。

⑵　空欄（c）に適する語を漢字４文字で答えよ。

⑶　放射量Eの単位［$\mathrm{W/m^2}$］の説明として最も適当なものを，次の(ア)～(カ)から１つ選び，記号で答えよ。

(ア)　物体の表面１$\mathrm{m^2}$あたりから放射されるエネルギー量［J］

(イ)　物体の表面1 m^2 あたりから放射されるエネルギーの変換効率［%］

(ウ)　1秒あたりに，物体の表面から放射されるエネルギー量［J］

(エ)　1秒あたりに，物体の表面から放射されるエネルギーの変換効率［%］

(オ)　1秒あたりに，物体の表面1 m^2 から放射されるエネルギー量［J］

(カ)　1秒あたりに，物体の表面1 m^2 から放射されるエネルギーの変換効率［%］

Ⅲ

地球は太陽の周りを公転している。この軌道を円軌道とみなしたとき，太陽から地球までの距離を1天文単位［au］という。なお，1 auを光の速さ（秒速30万km）で進むと，8分20秒かかる。

(4)　1天文単位は何kmか。最も適当なものを，次の(ア)～(カ)から1つ選び，記号で答えよ。なお，$1000=10^3$，$10000=10^4$ のように表す。

(ア)　1.5×10^4　(イ)　1.5×10^5　(ウ)　1.5×10^6　(エ)　1.5×10^7

(オ)　1.5×10^8　(カ)　1.5×10^9

Ⅳ

太陽が出す放射エネルギーを太陽放射という。1 auの距離で，太陽光に垂直な面1 m^2 が1秒あたりに受ける太陽放射のエネルギー量を太陽定数Fという。

入射した太陽放射のエネルギー量に対する反射エネルギー量の割合をAとする。地球の場合，Fのうち70%が吸収され，30%が反射されるから，A＝0.3である。

ここで，地球を完全な球体とみなし，その半径をr［m］とすると，1秒あたりに地球が吸収する太陽放射のエネルギー量H［W］は，太陽定数F［W/m^2］に地球の断面積 πr^2 と吸収率（太陽放射のエネルギー量に対する吸収エネルギー量の割合）をかけたものとなる。

(5)　1秒あたりに地球が吸収する太陽放射のエネルギー量H［W］を，π，r，Fを用いて表せ。

(6)　1秒あたりに地球が吸収する太陽放射のエネルギー量H［W］はいくらか。最も適当なものを，次の(ア)～(カ)から1つ選び，記号で答えよ。

なお，F＝1400［W/m^2］，r＝6.4×10^6［m］とし，$\pi=3$ として計算せよ。

(ア)　1.2×10^{13}　(イ)　1.2×10^{14}　(ウ)　1.2×10^{15}　(エ)　1.2×10^{16}

(オ)　1.2×10^{17}　(カ)　1.2×10^{18}

【社　会】（40分）　＜満点：50点＞

【1】 次の文を読んで，あとの問いに答えよ。

古くから生まれた国を離れ，移民として他国で暮らした人は多くいた。現在までその動きは続いている。

アメリカ合衆国の移民は，a17世紀～20世紀初頭まではヨーロッパの出身者が多かった。第一次世界大戦後には移民を制限する法律が制定されて，一時的に移民は減少したが，1960年代以降再び増加している。彼らはメキシコやキューバなどのbラテンアメリカ諸国，中国やインドなどのcアジア諸国の出身である。

ドイツでは，第二次世界大戦後の好景気の時期に，おもにトルコなどから移民がやってきた。そして，彼らはドイツの経済成長を支えた。その後，好景気が終了しても彼らは帰国せず，ドイツ国内に残る人が多かったため，移民を排斥しようとする動きが国内で沸き起こった。現在もd移民に対する賛否はあるものの，移民は増加している。

オーストラリアは，18世紀には宗主国のイギリスから流刑地として扱われた。その後，牧牛や牧羊に従事する人々がやってきた。1851年にゴールドラッシュが起こると，白人だけでなくアジア系の移民も流入したため，20世紀初頭に移民を制限し，白豪主義を採用した。しかし，1970年代に入るとeアジアとの結びつきを強め，多文化政策を実施したことにより，アジア系の移民が多くなっている。

サウジアラビアやfアラブ首長国連邦は，砂漠が多く人口が少ない。そのため，南アジアからの移民を受け入れている。

問1　下線部aについて，17世紀初頭に北アメリカ大陸の大西洋沿岸に，植民地を開いて移民を入植させた国を，次のア～エから1つ選び，記号で記せ。

ア．スペイン　イ．イギリス　ウ．ドイツ　エ．ロシア

問2　下線部bについて，この地域からアメリカ合衆国にやってきた移民を何というか。

問3　下線部cについて，下の地図でアジア系人種の比率がもっとも高い地域はどこか。次のア～オから1つ選び，記号で記せ。

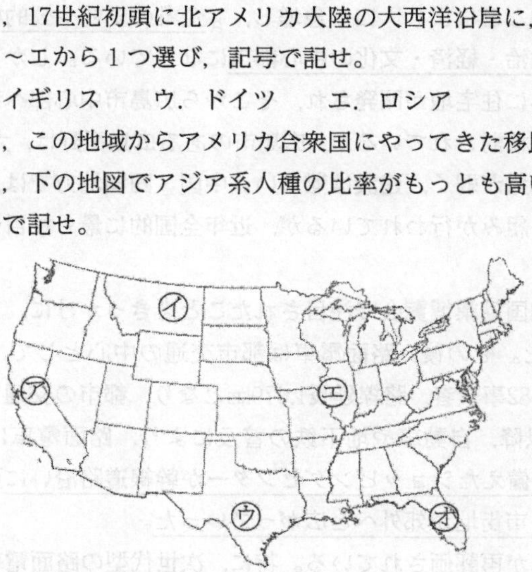

問4　下線部dについて，なぜドイツでは，移民の受け入れに反対の意見があるのか，理由として誤っているものを，次のア～エから1つ選び，記号で記せ。

ア．移民の多くを占めるトルコ人は，イスラム教徒が多いので，文化的な摩擦が起こるから。

イ．移民は社会階層が低く，彼らの生活を救済するために，ドイツ人の社会保障費の負担が大きくなるから。

ウ．第二次世界大戦の時に，多くのユダヤ人を受け入れて圧政から救済したが，その政策が失敗に終わった経験があるから。

エ．安い労働力の移民が多く流入すると，ドイツ人の失業率が高くなるから。

問５　下線部ｅについて，アジアとの結びつきを強めたオーストラリアは，貿易の方針も変更した。どのように変更したか，以下の語句を用いて説明せよ。なお使用した指定語句には下線を引くこと。

APEC

問６　下線部ｆについて，４人の生徒がアラブ首長国連邦，日本，中国，ナイジェリアの人口に関する統計をみて意見を述べている。次の彼らの発言のうち，アラブ首長国連邦の人口について述べている生徒を１人選び，ア～エの記号で記せ。

ア．太郎：世界でもっとも少子高齢化が進んだ国の一つだから，死亡率も高くなっていると思うよ。

イ．花子：1970年代以降に，人口増加率が低下しているのは，国の政策が原因の一つだと思うわ。

ウ．次郎：15歳未満の人口が全体の40％以上を占めているので，今後は経済成長が期待できると思うよ。

エ．菊子：20～30歳代の男性外国人労働者の人口が多いのは，この国の産業と深い関係がありそうね。

【２】　次の文を読んで，あとの問いに答えよ。

私たちが利用する交通手段には様々なものがあるが，中でも安全性や定時性に優れた交通手段が鉄道である。鉄道はその利便性から，人口が増加している地域での導入が注目されている。

広島市は，市町村合併などにより人口が急増し，ａ企業の支社や公的機関，教育機関などが集まる，中国・四国地方の政治・経済・文化の中心都市になっている。しかし，それに伴って過密化が進んだため，近年は郊外に住宅地が開発され，そこから広島市中心部へ新たな鉄道が開通した。高速道路や地下鉄の建設も検討されているが，広島市のある広島平野は，太田川が形成する（　１　）上に位置しているため地盤が弱く，建設は難しい。中国・四国地方では，他の都市でも公共交通機関の利用を促進する取り組みが行われているが，近年全国的に最も注目を浴びているのは路面電車である。

電気鉄道が1890年の内国勧業博覧会で注目されたことをきっかけに，1895年に日本で初めての路面電車が京都に開通した。その後，路面電車は都市交通の中心として，全国に普及していった。1932年には全国65都市，82事業者，路線延長1,479kmとなり，都市の交通手段として欠かせないものとなったが，1960年代以降，自動車や地下鉄の普及により，路面電車は衰退していった。それに伴って，ｂ広い駐車場を備えたショッピングセンターが幹線道路沿いに建設されたり，工場などが建設されたりするなど，市街地が郊外へと広がっていった。

しかし近年，路面電車が再評価されている。特に，次世代型の路面電車システムのことをｃLRTと呼び，日本では富山市が初めて本格的に導入した。富山市は生活に必要な機能を中心部に集めることで，公共交通機関や徒歩で生活できるような都市を整備する（　２　）の取り組みを進め，路面電車の利用者を増やそうとしている。その一環として，郊外から都心へ向かう人には，駅に併設された駐車場に自動車を停め，LRTに乗り換える（　３　）方式を採用している。LRTは日本では現在，ｄ富山市のほか，札幌市や松山市，鹿児島市などで既に導入されており，宇都宮市で導入予定である。宇都宮市は既存の路面電車路線がない都市であるが，令和５年の開業を目指し，工事が進められている。

問１（１）～（３）に適する語句をカタカナで記せ。

問２　下線部ａについて，ある地方の政治・経済・文化の中心都市のことを何というか。

問３　下線部ｂについて，このような現象が起こると，どのような影響があると考えられるか。それについて述べた次のＡ・Ｂの文の正誤の組み合わせとして正しいものを，下のア～エから１つ選び，記号で記せ。

Ａ　自動車免許を持たない高齢者が買い物をしやすくなる。

Ｂ　市街地の拡大にともなう道路や水道の整備，維持に莫大な費用がかかる。

ア．Ａ：正　Ｂ：正　イ．Ａ：正　Ｂ：誤

ウ．Ａ：誤　Ｂ：正　エ．Ａ：誤　Ｂ：誤

問４　下線部ｃについて，LRTの導入について述べた文として誤っているものを，次のア～エから１つ選び，記号で記せ。

ア．地下鉄に比べて建設が容易で費用が安くすみ，短期間で導入することができる。

イ．LRTは中心市街地から郊外へと路線が伸びているため，人々は郊外へ移り住む傾向が強くなる。

ウ．都市中心部に乗り入れる自動車が減るため，交通渋滞を緩和することができる。

エ．自動車やバスに比べて二酸化炭素の排出量が少なく，持続可能な社会を目指す上で有効である。

問５　下線部ｄについて，次の表は，日降水量が１㎜以上の日数（1981年から2010年までの平均値）を月ごとにまとめたものである。表中のア～エは，富山市，札幌市，松山市，鹿児島市のいずれかを示している。富山市にあてはまるものを表中のア～エから１つ選び，記号で記せ。

	1月	2月	3月	4月	5月	6月	7月	8月	9月	10月	11月	12月
ア	18.1	16.0	14.2	9.0	8.5	6.5	8.0	8.5	9.7	11.7	13.9	15.4
イ	7.4	7.0	10.4	9.3	9.5	11.5	9.1	6.8	8.9	6.9	6.8	6.4
ウ	8.9	8.8	12.9	10.4	10.0	14.6	11.2	10.5	10.2	7.2	7.3	7.7
エ	22.3	18.1	16.7	12.0	10.8	10.9	13.5	9.8	12.6	12.7	16.5	20.7

（単位：日）

『理科年表 2021』より作成

【３】　次の文を読んで，あとの問いに答えよ。

徳政とは，本来，王による善政を意味する言葉であった。中国では，多くの国がうまれ，争い，統廃合がくりかえされた。その中で，劣った王の下では，自然災害などが起こり，優れた王の下では，天気が安定することなどで王の徳が示されると考えられた。この考え方は儒教を国の中心にすえたａ漢の時代にはじまったとされる。

中国では，王や国が滅ぼされ，新しい王や国にかわるということは，天の意思（＝天命）が革《あらた》まることという意味で革命と呼ばれた。新しい王は，滅ぼした国に対して自らの善政の優位性を示すことに力を注いだ。それは，儀式を行うことや b 歴史書を整備することなどで，行われた。

日本は，中国から様々な制度を取り入れながら，国の体制を整えていった。一方で，天皇家が代々続く中で，革命という考え方は定着しなかった。また日本では，豊かな自然がある反面，自然災害や疫病など，天変地異が多い。c 仏教には，それらから国を守る役割が期待され，奈良時代から平安時代にかけて，積極的に新しい教えや経典などが求められていった。

長く続いた天武天皇の血筋がとだえ，d 天智天皇の血筋の天皇に替わると，その血筋の優位性を示すために様々な政策が行われた。徳政という考え方も広まり，天皇の交代を機とした，制度や儀式，歴史書などを整えることも行われた。

東国に，軍事力を基盤とした鎌倉幕府が生まれ，実権を拡大していく中，軍事力を持たない朝廷は，その政治や裁判を徳政と呼ぶようになっていた。当時の裁判は，土地の権利や税の納入に関するものが多かった。裁判結果を実現するためには，軍事力が必要であり，権利を失った側が，権利の回復を求めて，幕府に裁判を持ち込むことが急増した。e 幕府は，武家社会独自の法をつくる一方で，朝廷の仕組みを取り入れながら，それらに対応していった。そして幕府が徳政を行うことが，人々から求められるようになっていった。

鎌倉時代後半から広がった貨幣経済は，室町時代にはさらに広がった。種もみ代などが銭で貸し付けられ，税の納入にも代銭納が広まっていった。借りた銭が返せない人は，労働を強制されたり身分を失ったりした。そのような人々は，f 借金の帳消しをする徳政令を室町幕府に求め，将軍の代替わりなどに土一揆を起こした。当初は，拒否していた室町幕府は，争われる債権・債務の何割かを幕府に納入することで，借り手や貸し手を保護する徳政令や徳政禁令を何度も出すようになった。応仁の乱以降，動員された武士たちが京都周辺で借金をすることがあったが，それが徳政令で帳消しにされる事態が起こるようになると，人々は徳政令を嫌うようになっていった。

問1　下線部aについて，漢の時代に最も近い出来事として正しいものを，次のア～エから１つ選び，記号で記せ。

ア．モヘンジョ・ダロの都市国家が栄えた。

イ．アレクサンドロス大王が巨大な帝国を作り上げた。

ウ．ローマが地中海を囲む地域に支配を広げた。

エ．ムハンマドが神に絶対的に従うことを説いた。

問2　下線部bについて，次のA～Cの中国の歴史書に記されている内容を古い順に並びかえたとき，正しいものを，下のア～カから１つ選び，記号で記せ。

A　『宋書』には，倭王武からの手紙が記されている。

B　『魏書』には，倭の女王の使者に対して金印などを与えたことが記されている。

C　『隋書』には，倭からの使者が「天子」を名乗ったことに中国の皇帝が怒ったことが記されている。

ア．A→B→C　イ．A→C→B　ウ．B→A→C

エ．B→C→A　オ．C→A→B　カ．C→B→A

問3　下線部cについて，仏教にこのようなはたらきを期待したある天皇は，全国に寺院を建てる命令をだした。この天皇の時代の年号をつけた文化を何というか，記せ。

問4　下線部dについて，次の史料は，天智天皇の血筋のある天皇が徳政を行うためにどうすれば良いかを家臣に議論させた時にのべられた意見の現代語訳である。史料中にある「軍事」とまとめられている出来事の中で，朝廷と争った人物や氏族として正しいものを，下のア～エから１つ選び，記号で記せ。

> 今，民衆を苦しめているのは軍事と平安京の造営です。この二つを停止すれば，人々は安らかになるでしょう。

ア．アテルイ　　イ．奥州藤原氏　　ウ．コシャマイン　　エ．平将門

問５　下線部ｅについて，鎌倉時代の朝幕関係について述べた次のＡ・Ｂの文の正誤の組み合わせとして正しいものを，下のア～エから１つ選び，記号で記せ。

Ａ　鎌倉幕府の御家人たちの奉公の中には，天皇の住まいの警備をすることもあった。

Ｂ　荘園・公領の領主は都の皇族や貴族，寺社であることが多く，鎌倉幕府の地頭の中には彼らへの年貢の納入を請け負うこともあった。

ア．Ａ：正　Ｂ：正　　イ．Ａ：正　Ｂ：誤

ウ．Ａ：誤　Ｂ：正　　エ．Ａ：誤　Ｂ：誤

問６　下線部ｆについて，貨幣経済の発達した室町時代には金融業を営むものがいた。土一揆に襲われる対象となった金融業者を２つ記せ。

問７　次のＡ～Ｃは，徳政にかかわる史料の現代語訳である。設問の都合上，一部変更がある。

> Ａ
>
> 一　この城下町は楽市としたので，いろいろな座は廃止し，さまざまな税や労役などは免除する。…（中略）…
>
> 一　領国内に徳政令を出したとしても，この城下町は除外する。

> Ｂ
>
> 正長元年以前の借金は神戸四か郷では帳消しにする。

> Ｃ
>
> 領地の質入れや売買は，御家人の生活が苦しくなるもとなので，今後は禁止する。…（中略）…御家人以外の庶民が御家人から買った土地については，売買後の年数に関わりなく，返さなければならない。

⑴　Ａ・Ｂの史料がつくられた場所の組み合わせとして正しいものを，次のア～エから１つ選び，記号で記せ。

ア．Ａ：安土　Ｂ：柳生　　イ．Ａ：安土　Ｂ：草戸千軒

ウ．Ａ：姫路　Ｂ：柳生　　エ．Ａ：姫路　Ｂ：草戸千軒

⑵　Ａ～Ｃを年代の古い順に並びかえたとき，正しいものを，次のア～カから１つ選び，記号で記せ。

ア．Ａ→Ｂ→Ｃ　　イ．Ａ→Ｃ→Ｂ　　ウ．Ｂ→Ａ→Ｃ

エ．Ｂ→Ｃ→Ａ　　オ．Ｃ→Ａ→Ｂ　　カ．Ｃ→Ｂ→Ａ

問８　江戸時代，将軍の代替わりごとに出され，大名たちに読み聞かせられたきまりがある。それは何か，記せ。

【4】 次の文を読んで，あとの問いに答えよ。

近代の日本が文明国になるということは，アジアではじめての帝国主義国家になるということでもありました。$_{a}$下関条約で，清からゆずりわたされた台湾を，当時の日本ははじめての「外地」としました。そして，$_{b}$日露戦争での勝利によって，日本は「外地」を更に拡大していきました。

しかし，その過程で，それら「外地」の支配のあり方が問題になりました。フランスのように植民地を本国と「同化」する方針にするか，イギリスのように本国と別のものとして植民地を扱うかという議論がなされ，地域の実情に応じた様々な形の支配が行われました。たとえば，内地では（　1　）の協賛を得ることなく法律をつくることはできませんでしたが，日本の植民地となった台湾や朝鮮において，総督府は立法の機能を持っていたため法令を出すことができました。ただし，本国との「同化」を主張する人たちは，そのような行為を憲法違反であると批判しました。一方，樺太では，樺太が日本に近いことや，日本人の移住者が多かっかために，法令や政治を日本に近づける方針が進められました。

しかし，20世紀になると，軍隊を用いた武力による支配に対して，住民の反発が拡大します。$_{c}$そのような反発が大きな運動としてあらわれたのが，朝鮮で起こった三・一独立運動でした。日本は，$_{d}$国内のデモクラシーの風潮や，第一次世界大戦後の欧米諸国の国際協調の動きの中，朝鮮や台湾の民族主義をおさえる目的で，植民地と本国を文化的に「同化」させる方針を強めました。

$_{e}$満州事変を経て日本が国際連盟を脱退して孤立すると，日本は国際連盟に代わる国際秩序を求め，日本を中心とするアジアの秩序をつくろうとしました。この考え方は，1921年から翌年にかけて開催された（　2　）会議によってつくられた，アジア・太平洋の国際協調体制にかわる秩序として，日本が中国やヨーロッパと戦う理由とされました。政府が神社参拝の強制など同化政策の強化を朝鮮や台湾などに対して行うようになったのはこの頃からです。戦争が長期化し，本土で人的資源が不足するようになると，朝鮮や台湾では徴兵制が導入されたり，東南アジアでも厳しい動員が行われるようになりました。この頃の動員の実態が，戦後の対外問題として引き継がれるようになったのです。

問1　（1）・（2）に適する語句を記せ。ただし，（1）は漢字4字で記すこと。

問2　下線部ａについて，次の台湾（高山国）の歴史に関連するＡ～Ｃの出来事を年代の古い順に並びかえたとき，正しいものを，下のア～カから1つ選び，記号で記せ。

Ａ　近松門左衛門が，台湾を拠点に抵抗運動を行った人物を題材とした人形浄瑠璃の脚本をつくった。

Ｂ　日本政府が，琉球漁民の殺害に抗議し，台湾に出兵した。

Ｃ　豊臣秀吉が，高山国に対し，自らのもとに朝貢をするように要求した。

ア．Ａ→Ｂ→Ｃ　　イ．Ａ→Ｃ→Ｂ　　ウ．Ｂ→Ａ→Ｃ

エ．Ｂ→Ｃ→Ａ　　オ．Ｃ→Ａ→Ｂ　　カ．Ｃ→Ｂ→Ａ

問3　下線部ｂについて，日露戦争によって拡大された「外地」の説明として，正誤の組み合わせとして正しいものを，下のア～エから1つ選び，記号で記せ。

Ａ　千島列島のすべてを日本領として領有した。

Ｂ　山東半島の旅順や大連の租借権を手に入れた。

ア．Ａ：正　Ｂ：正　イ．Ａ：正　Ｂ：誤

ウ．Ａ：誤　Ｂ：正　エ．Ａ：誤　Ｂ：誤

問４　下線部ｃについて，三・一独立運動は，第一次世界大戦中に各地で起きた社会の変動を背景に始められた。第一次世界大戦中に起きた出来事として正しいものを，次のア～エから１つ選び，記号で記せ。

ア．ロシアでは，レーニンらが，史上初の社会主義の革命政府をつくった。

イ．ドイツでは，ビスマルクの指導のもと，統一帝国がつくられた。

ウ．インドでは，ガンディーらが，「塩の行進」を行った。

エ．中国では，毛沢東ら共産党が，国民党の弾圧から逃れるために，大移動を始めた。

問５　下線部ｄについて，【資料１】・【資料２】は，三・一独立運動当時の総理大臣である原敬と政治学者である吉野作造の，朝鮮の同化政策についての考えを記したものである。【資料１】・【資料２】の文章と，【資料に関する説明文】を読み，後の問いに答えよ。

【資料１】原敬の同化政策についての考え

私は，朝鮮人を内地の人びとの待遇と同じにするべきだと考える。英米が人種，宗教，言語，歴史の異なっている人びとを治めるような考え方で朝鮮を治めるのは誤りである。現在［　Ⅰ　］ので，内地と同じ方針で朝鮮を統一したい。ただし，文明の程度や生活の程度は今日すぐに一足飛びに内地と同じように取り扱うことができないのはもちろんである。

【資料２】吉野作造の同化政策についての考え

異民族を統治して，心の底から喜んで従わせることは全く不可能ではないとしても，非常に困難なものである。したがって，私個人の考えとしては，異民族統治は，民族としての独立を尊重し，その独立の完成によって最終的には［　Ⅱ　］方針が理想であると言いたい。…（中略）…私はもちろん，朝鮮民族が同化してすっかり日本民族と一つになるということを必ずしも全く不可能であると軽々と断定する者ではないが，今の日本人の状態では非常に困難であるということだけは認めざるを得ない。少なくとも同化のための様々な努力をまったく政府や役所に任せて，人びとが全く歩調を合わせず，事あるごとに朝鮮人を蔑視《べっし》し，虐待しているようでは，到底同化させることはできない。

【資料に関する説明文】

【資料１】は，三･一独立運動当時総理大臣であった原敬の1919年の日記を要約したもので，【資料２】は，吉野作造が朝鮮を視察した後に書いた文章を要約したものです。原敬は，三･一独立運動への対応を背景に，同化政策を肯定する立場を取っています。

一方，吉野作造は，主に［　Ⅲ　］を問題として，同化政策に批判的な立場を取っています。これは，吉野がこの頃，［　Ⅳ　］と主張していたこととも関係があると考えられます。ただし，例えば吉野が［　Ⅱ　］方針を異民族統治の理想とするという表現にとどめているように，両者とも帝国主義を維持する前提で，同化政策に関する主張を行っていることを，意識して読まなければなりません。

(1) ［Ⅰ］・［Ⅱ］に適するａ～ｄの言葉の組み合わせとして正しいものを，下のア～エから１つ選び，記号で記せ。

［Ⅰ］　ａ．日本も朝鮮も全く同じ国に朝貢している
　　　　ｂ．日本と朝鮮は全く同じ国である

［Ⅱ］　ｃ．政治的な自治権を与える
　　　　ｄ．植民地支配から解放する

ア．ａ・ｃ　イ．ａ・ｄ　ウ．ｂ・ｃ　エ．ｂ・ｄ

(2) ［Ⅲ］・［Ⅳ］に適するａ～ｄの言葉の組み合わせとして正しいものを，下のア～エから１つ選び，記号で記せ。

［Ⅲ］　ａ．日本政府や役所の朝鮮の民族に対する態度
　　　　ｂ．日本の人びとの朝鮮の民族に対する態度

［Ⅳ］　ｃ．国民主権のもと，議院内閣制を導入するべきである
　　　　ｄ．一般民衆の意向に沿って政策を決定するべきである

ア．ａ・ｃ　イ．ａ・ｄ　ウ．ｂ・ｃ　エ．ｂ・ｄ

(3) 原敬が総理大臣として行った政策について，正誤の組み合わせとして正しいものを，下のア～エから１つ選び，記号で記せ。

Ａ　米騒動が全国に広まったため，軍隊を出動させて鎮圧した。

Ｂ　普通選挙法を制定し，満25歳以上の男子に選挙権を与えた。

ア．Ａ：正　Ｂ：正
イ．Ａ：正　Ｂ：誤
ウ．Ａ：誤　Ｂ：正
エ．Ａ：誤　Ｂ：誤

問６　下線部ｅについて，次のＡ～Ｃの出来事を年代の古い順に並びかえたとき，正しいものを，下のア～カから１つ選び，記号で記せ。

Ａ　南満州鉄道の線路が爆破され，関東軍が軍事行動をはじめた。
Ｂ　日本とドイツが日独防共協定を結んだ。
Ｃ　犬養毅首相が，首相官邸で暗殺された。

ア．Ａ→Ｂ→Ｃ　イ．Ａ→Ｃ→Ｂ　ウ．Ｂ→Ａ→Ｃ
エ．Ｂ→Ｃ→Ａ　オ．Ｃ→Ａ→Ｂ　カ．Ｃ→Ｂ→Ａ

【５】　次の会話文を読んで，あとの問いに答えよ。

先　生：今日の公民の授業では，前回の温暖化を中心とする気候変動問題に引き続き，気候変動と政治や経済との関係について考えてみたいと思います。まずは，気候変動と政治との関係について考えてみましょう。具体的には，どんな出来事がありますか。

生徒Ａ：気候変動と政治との関係というと，前の$_a$アメリカ大統領によるパリ協定離脱が思い浮かびます。バイデン大統領に代わってアメリカはパリ協定に復帰しました。

先　生：よく勉強していますね。

生徒Ｂ：私は，気候変動による異常気象や海面上昇が原因で住むところを追われ，$_b$移動した先で治安が悪化したり，紛争が生じたりすることも政治的問題だと考えます。アフリカのチャ

ド湖周辺では，砂漠化が進み，水や食料不足がおきました。東南アジアでは，海水の温暖化によって魚の生息地が変わり，漁獲量が減ったことで，c海賊行為をする漁民が増えているところもあるそうです。このような生活によって不安定な民衆が増加すると，過激派組織が勢力を拡大し，国際的な破壊行為を引き起こすなど，まさにd政治問題に発展してしまいます。

先　生：本当によく調べていますね。それでは，e気候変動と経済との関係はどうでしょうか。

生徒Ａ：数年前に，fタイで発生した大規模な洪水のため，現地の日系企業の操業が止まり，日本の経済も影響を受けたと聞きました。これは，気候変動で経済も大きな打撃を受ける典型的な例だと思います。

生徒Ｂ：頻発する台風や洪水，熱波などによる干ばつといった気候変動が，食糧不足や水力発電の電力不足を引き起こし，経済の停滞を引き起こしていると考えられます。特にホンジュラス，グアテマラ，エルサルバドルなどの中米諸国では移住を求める人々がメキシコとの国境に殺到しています。

先　生：太平洋の島々の国では，海面上昇により居住地がなくなることもあって，ニュージーランドやオーストラリアへの移住を求める人々も増えています。難民問題も以前の授業で学習しましたが，経済的，環境的な理由での移住は現在のところg国際法上は「難民」と認定されないのです。「難民」の定義も時代とともに変えていくべきではないかという意見もあります。

生徒Ａ：気候変動の問題は，私たちの生活のあり方を考える重要な問題なのですね。今日の授業で，ますます気候変動に対する関心が高まりました。

生徒Ｂ：今度は，どんな政策をとれば，気候変動を止めることができるかを，みんなで調べたいと思います。

先　生：次回の授業も楽しみですね。

問１　下線部ａについて，次の歴代アメリカ大統領の政策を述べた文として**誤りを含むもの**を，次のア～エから１つ選び，記号で記せ。

ア．リンカン大統領は，南北戦争中に，奴隷解放宣言を発表した。

イ．ウィルソン大統領は，14か条の平和原則で，国際連盟の創設を提唱した。

ウ．ケネディ大統領は，共産主義を封じ込めるため，朝鮮戦争に介入した。

エ．オバマ大統領は，核のない世界を目指し，プラハ演説を行った。

問２　下線部ｂについて，国だけでなく一人一人の人間性に着目し，その生命や人権を大切にするという考え方を何というか，７字で記せ。

問３　下線部ｃについて，日本では，ソマリア沖などで海賊対策として自衛隊が船舶を護衛することもある。このことに関する次の文のうち正しいものを，次のア～エから１つ選び，記号で記せ。

ア．この行為は，PKO（国連平和維持活動）協力法として行われている。

イ．この行為は，2014年に集団的自衛権の行使が可能という政府見解に変更されたことによって行われている。

ウ．この行為は，日米安全保障条約の改正によって行われている。

エ．この行為は，国会で特別な措置法を制定して行われている。

問４　下線部ｄについて，次のページの出来事Ａ～Ｃを年代の古い順に並びかえたとき，正しいものを，下のア～カから１つ選び，記号で記せ。

A　アメリカ同時多発テロ

B　第１次中東戦争

C　ユーゴスラビア紛争

ア．A→B→C　　イ．A→C→B　　ウ．B→A→C

エ．B→C→A　　オ．C→A→B　　カ．C→B→A

問５　下線部ｅについて，

(1)　現在，気候変動を安定化させるため，カーボンプライシングが導入されている。そのうちの１つとして，家庭や企業が排出した二酸化炭素などに金銭的な負担を課す炭素税がある。これは，金銭的負担を課すことで世界全体の二酸化炭素の供給量を減らそうとする仕組みである。このように金銭的な負担を課すことで供給量を調整しようとする仕組みを使っているとは**いえない事例**を次のア～エから１つ選び，記号で記せ。

ア．レジ袋の有料化を義務づけ，プラスチックの使用量を減らした。

イ．たばこの間接税率を上げ，喫煙者の数を減らした。

ウ．ビンなどの容器代を事前に価格に上乗せし，返却する際に返金して容器を回収した。

エ．混雑時の鉄道の運賃を上乗せし，車内の混雑を解消した。

(2)　次の表は，ある財の需要と供給を示した線である。温暖化を防止するために，二酸化炭素を排出する財などに課す税金の率を上げることによって生産費用が増え，かつ，政府のキャンペーンによってその財の需要が落ち込むことを想定すると，均衡点はどちらに移動するか，次のア～エから１つ選び，記号で記せ。

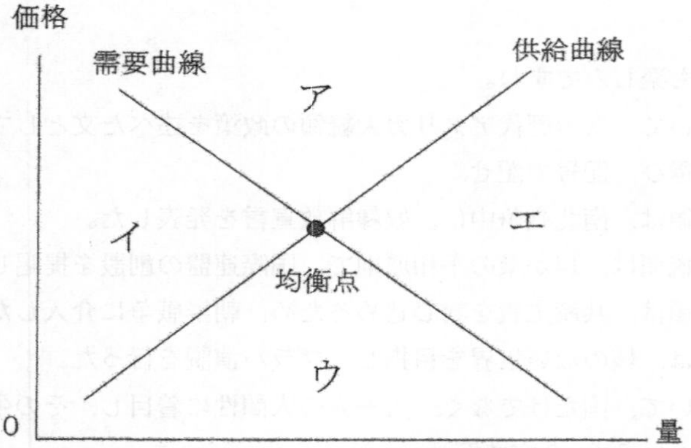

問６　下線部ｆについて，このように現在の国際経済では，供給網が国境を越えてつながり合っている。この供給網のことを何というか，次のア～エから１つ選び，記号で記せ。

ア．オンデマンド　　　　イ．トレーサビリティ

ウ．デジタルデバイド　　エ．サプライチェーン

問７　下線部ｇについて，次のページのカードは，国際法や国際社会に関する調べ学習を発表したものである。班の主張ではなく**調べた事実に誤りを含んでいるもの**を，次のページのア～エから１つ選び，記号で記せ。

ア.

私たちは，国際法について調べました。国際法は，国家間で結ばれる文書になった条約と，長年の国際慣行で守られてきた国際慣習法に分類できます。国際社会には，国際司法裁判所などの裁判所があります。私たちは，日本がかかえる領土紛争なども国際裁判で解決すべきだと考えます。

イ.

私たちは，国際関係の成り立ちについて調べました。国際関係の基本的な単位は主権国家です。この考え方は17世紀のヨーロッパにおいて成立しました。これまでアフリカや東欧諸国などの独立によって，主権国家の数は増えてきています。そのため，国連に加盟することが主権国家の条件となっています。東ティモールや南スーダンは主権国家です。これからの国際社会には主権国家間の協力が不可欠です。

ウ.

私たちは，難民が発生しやすい中東地域やアジア・アフリカの国々を調べました。これらの国々は，かつてヨーロッパの国々に植民地支配をされていた国々が多く，産業基盤が弱いため，貧困の危機と隣り合わせの国も多いです。そのため，そうした国の中では，少ない資源をめぐって，国同士や民族同士の争いが多く起こることもあります。その解決は困難なため，国際的な協力が不可欠だと考えます。

エ.

私たちは，日本の外交や私たちのできることについて調べました。日本の難民認定数は，欧米諸国に比べて少ないです。これは，日本が難民の発生する地域から遠い国であるという地理的条件もあるかもしれません。しかし，日本の人口減や国際貢献を考えた場合，積極的に受け入れていくという考え方もあるのではないでしょうか。

【6】 次の文を読んで，あとの問いに答えよ。

経済のグローバル化で，私たちの生活は，ますます外国と密接なものになってきています。それにともない，a貿易の規模も拡大してきています。

貿易には，b自由貿易と保護貿易という考え方があります。自由貿易では，国家が貿易に介入せず，市場の働きに任せた自由な取り引きが行われます。一方，保護貿易では，国が関税をかけたり，輸入制限を行ったりします。

1929年に始まった世界恐慌のときに，各国は相次いで自国産業の保護に走り，イギリスやフランスは，植民地との関係を密接にするとともに，それ以外の国々からの輸入品への関税を高くする［　c　］圏を形成しました。結果として，これが第二次世界大戦の一因となりました。戦後は，自由貿易を進めようとする国際的な動きが起こりました。そして，1948年にGATT（関税と貿易に関する一般協定）が発足しました。その後，協定にすぎなかったGATTは，より強い統制力を持たせるため，1995年に発展的に解消され，dWTO（世界貿易機関）が設立されました。

一方で，特定の国や地域との間で自由貿易や経済連携を目指すようになり，FTA（自由貿易協定）やEPA（経済連携協定）の締結国が増大しました。また，複数の国での e地域経済統合もさかんになりました。f日本もこのような流れに乗り出し，現在14か国とEPAを締結しており，2018年には，TPP（環太平洋経済連携協定）という大規模な協定にも調印しています。

自由貿易の流れは，市場を拡大し，競争を促進し，国際経済を活性化させるために非常に重要です。ただ，この流れには問題もあります。例えば，日本のケースでは，輸出が増大し，輸入製品も安くなるというメリットがある一方で，農業の弱体化や g食料自給率の低下などの問題なども生み出します。様々な特質を持つ国々がひとつになることは容易なことではありません。しかし，それぞれの国々が粘り強く h交渉を続けていくことが，よりよい社会を作り上げていくためには不可欠です。

問１　下線部ａについて，次の図は，2019年の日本の貿易額を示した表である。表のＡ～Ｃには，アメリカ・中国・ＥＵ（ヨーロッパ連合）のいずれかが入る。組み合わせとして正しいものを，下のア～カから１つ選び，記号で記せ。

（単位：百万円）

	輸出	輸入
A	15,254,513	8,640,165
B	8,955,277	9,722,197
C	14,681,945	18,453,731

『令和２年分貿易統計（速報）の概要』（財務省）より作成

ア．Ａ－アメリカ　Ｂ－中国　Ｃ－EU
イ．Ａ－アメリカ　Ｂ－EU　Ｃ－中国
ウ．Ａ－中国　Ｂ－アメリカ　Ｃ－EU
エ．Ａ－中国　Ｂ－EU　Ｃ－アメリカ
オ．Ａ－EU　Ｂ－アメリカ　Ｃ－中国
カ．Ａ－EU　Ｂ－中国　Ｃ－アメリカ

問２　下線部ｂについて，国際分業についての次の文章の［Ｘ］～［Ｚ］に適する数字を記せ。

Ａ・Ｂ各国は，パソコンと冷蔵庫のみをそれぞれ生産している。Ａ国は，パソコンを１台作るのに10万円かかる。一方，冷蔵庫を１台作るのに50万円かかる。Ｂ国は，パソコンを１台作るのに60万円かかる。一方，冷蔵庫を１台作るのに20万円かかる。Ａ国のパソコンと冷蔵庫の生産予算を60万円，Ｂ国のパソコンと冷蔵庫の生産予算を80万円とすると，分業しなかった場合は，Ａ・Ｂ両国で，パソコン２台，冷蔵庫２台が作られることになる。

次に，Ａ・Ｂ両国で分業し，それぞれの国が得意な製品のみを，Ａ国は60万円，Ｂ国は80万円の予算で作るとする。そうすると，Ａ・Ｂ両国で，パソコンは［　Ｘ　］台，冷蔵庫は［　Ｙ　］台作られることになり，Ａ・Ｂ両国の生産量は，分業する前と比べて［　Ｚ　］倍に増加する。

問３　［ｃ］に適する語句を記せ。

問４　下線部ｄについての記述として正しいものを，あとのア～エから１つ選び，記号で記せ。

ア．WTOは，GATTの基本原則である「自由・平等・無差別」を継承している。
イ．WTOは，サービスや知的財産権の分野でも経済連携を目指している。

ウ．WTO加盟国すべての国や地域で，鉱工業品分野の関税はゼロとなっている。

エ．WTOは，未加盟の国や地域との貿易を禁止している。

問５　下線部ｅについての記述として正しいものを，次のア～エから１つ選び，記号で記せ。

ア．アメリカは，一度TPPに調印したが，その後，離脱している。

イ．MERCOSUR（南米南部共同市場）には，現在，南アメリカ大陸にあるすべての国家が加盟している。

ウ．社会主義国家であるベトナムは，ASEAN（東南アジア諸国連合）には含まれていない。

エ．EUでは，すべての加盟国が自国の通貨を廃止して，共通の通貨であるユーロを導入している。

問６　下線部ｆについて，日本が現在EPAを締結している国や地域を，次のア～エから１つ選び，記号で記せ。

ア．ブラジル　　イ．南アフリカ共和国　　ウ．ロシア連邦　　エ．シンガポール

問７　下線部ｇについて，次の表は，世界各国の食料自給率（カロリーベース）を示したものである。この表を読んだ上で，食料自給率に関する記述として**誤っているもの**を，下のア～エから１つ選び，記号で記せ。

（単位：％）

	2012年	2013年	2014年	2015年	2016年	2017年
アメリカ	126	130	133	129	138	131
カナダ	244	264	232	255	257	255
ドイツ	96	95	100	93	91	95
フランス	134	127	124	132	119	130
イギリス	67	63	74	71	65	68
オーストラリア	229	223	213	214	202	233
韓国	39	42	42	43	39	38
日本	39	39	39	39	38	38

※　日本のみ年度のデータを使用。

『諸外国・地域の食料自給率等について』（農林水産省）より作成

ア．表中の国の中で，2012年と2017年を比較して，最も自給率の増加率が高い国は，カナダである。

イ，ドイツの食料自給率が減少した年は，イギリスも食料自給率が減少している。

ウ．表中の国の中で，国土面積が大きい上位３か国は，2012年から2017年にかけて，常に，食料自給率が高い上位３か国となっている。

エ．2012年から2017年にかけて，その年のGDP（国内総生産）が世界第１位の国は，食料自給率が100％を超えている。

問８　下線部ｈについて，G20は，もともと主要国の首脳が集まり，世界の様々な問題について話し合う会議であった。この会議を「山の頂上」になぞらえて通称何と呼ぶか，カタカナで記せ。

アドバイスをくれたが、飲み物や食べ物、さらに他の力士との関係まで含め、自分の小さな心の内などすべて見透かされたようで、本音としてはおもしろくなかったから。

オ　明日の取組を前に自主練習をしてみたものの、坂口さんの登場で集中力が途切れてしまい、さらに近所の人の目や部屋のメンバーに見つかる可能性まで指摘されると、もともと高くはなかったやる気にブレーキがかかってしまったから。

問8　――線部⑥「明日こそは失敗してはいけない。そう自分に言い聞かせ、篤は物置に籠った」とあるが、「篤」がこのような行動を取ったのは、「篤」の心情にどのような変化があったからだと考えられるか。その説明として最適のものを次の中から選び、記号で答えよ。

ア　昨日までの篤は呼出の仕事に誇りを持てていなかったが、失敗を周囲に非難されたことで、どんな仕事でも自信と誇りを持って向き合うことの大切さに気づくことができたから。

イ　昨日までの篤にとって呼出の仕事は、自分が力士になるまでの稽古の一環だったが、今日の失敗を糧にして、強い力士として成長したいという願いが今まで以上に強くなったから。

ウ　今まではただ無気力に呼出の仕事と向き合っていたが、その中途半端な姿勢が今日のような失敗を招いたことを深く反省し、もう誰にも叱られまいと強く決意することができたから。

エ　今までは呼出の仕事に熱意を持てていなかったが、失敗をしたことで、自分が周囲の人々に支えられていることに気づき、これからは自分の仕事と向き合おうという気持ちになれたから。

オ　自分にとって呼出の仕事は、お金を稼ぐための手段に過ぎないと割り切っていたが、今日の失敗を受けて、呼出の兄弟子を追い抜いてでも出世してやろうという熱意がこみ上げてきたから。

問9　――線部⑦「わざとらしく口を尖らせ、坂口さんが篤の肩をつつく」とあるが、「坂口さん」がこのような言動を取ったのはなぜか。本文中の言葉を用いて七十五字以内で説明せよ。

ウ　生徒C――篤が坂口に配慮したということだね。坂口が劣等感を抱さながら相撲をとっていたことは明白だし、篤が坂口に気をつかって間をおいたんだと読み取れるよ。

エ　生徒D――篤の練習が気まぐれだったことを、坂口は知っていたのかもしれないよ。ただ、後輩が自主練習を始めること自体が、坂口を焦らせることにつながっているみたいだね。

オ　生徒E――坂口の「ため息」には、相撲に向き合う姿勢が大きく関係していると思う。頭では理解しているのに行動に移せないもどかしさが、「ため息」となって表れたんだろうね。

問5　――線部③「みな、見て見ぬふりをしていた」とあるが、ここから分かる力士たちの様子の説明として最適のものを次の中から選び、記号で答えよ。

ア　自主的な練習をした方がいいとは分かっているが、実際には日々の練習で精一杯で、自分がこれ以上昇進できない事実を認めたくないと思っている。

イ　自主的な練習をした方がいいとは分かっているが、実際には全くやる気が起きないので、ただ一人隠れて練習を続ける武藤の姿に嫌気がさしている。

ウ　自主的な練習をした方がいいとは分かっているが、実際には勝てるようになるには時間がかかるので、自分が練習をしなくても済むように目をそらしている。

エ　自主的な練習をした方がいいとは分かっているが、実際にはそれほどの意欲がもてないので、行動に移せない自分と向き合うことから逃げようとしている。

オ　自主的な練習をした方がいいとは分かっているが、実際には昇進できる保証はないので、自由時間を楽しむことを優先させて欲しいと言えないでいる。

問6　――線部④「武藤さんの呼び方だけは『武藤』だ」とあるが、兄弟子である「坂口さん」がこのような態度をとるのはなぜか。五十五字以内で説明せよ。

問7　――線部⑤「坂口さんの姿が見えなくなっても、練習を再開する気にはなれなかった」とあるが、それはなぜか。その説明として最適のものを次の中から選び、記号で答えよ。

ア　明日の取組に向けて自主練習を始めてみたが、坂口さんが図らずも指摘したように、結局は家出少年で反抗ばかりしてきた自分には、今さらまじめな練習など似合わないのではないかと、練習を続けることへのためらいが生じたから。

イ　明日の取組に向けての自主練習は誰にも見つかりたくなかったのに、坂口さんに見つかった挙げ句、近所の人や公園を近道で通る部屋の他の力士にとっても迷惑になると言われ、これからどう練習して良いか途方に暮れてしまったから。

ウ　明日の取組を前に自主練習をしていた自分を、坂口さんが見つけて褒めてくれたものの、自分は武藤さんのような人間ではなく練習もただの気まぐれだったので、自分が坂口さんの評価に本当に値するのかどうか不安になってきたから。

エ　明日の取組に向けて自主練習していた自分に坂口さんは役に立つ

その組み合わせとして最適のものを、次のア～オの中から選び、記号で答えよ。

A 坂口さんこそ何やってたんですか、と聞き返す声は、つい恨めしげになった。

B 坂口さんと武藤さんは毎回稽古で十番程度相撲を取るが、坂口さんが武藤さんに勝つことはほとんどない。

C 「ああもう、この話は、やめた！ 俺はもう帰るから！」と、坂口さんが何かを放り投げてきた。

D 顔を上げると坂口さんと目が合った。

E 坂口さんは頭を掻くと、もしもし、と言葉を続けた。

F 口に含むと、ほのかな甘さが沁みわたった。

ア A C／B E／D F
イ A C E／B／D F
ウ A C E／B D／F
エ A C F／B E／D
オ A C F／B／D E

問3 ――線部①「坂口さんこそ何やってたんですか、と聞き返す声は、つい恨めしげになった」とあるが、篤が「恨めしげになった」のはなぜか。その説明として、最適のものを次の中から選び、記号で答えよ。

ア 背後から声をかけられて悲鳴をあげるほど驚いたが、坂口は驚いたと言いつつも笑っており、自分だけが驚かされたような形になったことを不服に思ったから。

イ 相撲にはあまり興味がないものの、兄弟子である坂口に見つかったことで、真剣に呼び上げの練習をせざるを得なくなってしまったことを面倒に思ったから。

ウ 本番に向けて呼び上げの練習をしていたのに、坂口に突然背後から声をかけられ驚かされたことで、練習が中断させられたことを不愉快に思ったから。

エ 兄弟子たちにからかわれると考えて隠れて練習をしていたが、坂口に見つかってしまい、師匠や他の兄弟子たちに伝えられることを不安に思ったから。

オ 坂口に背後から声をかけられて非常に驚いたが、当の坂口が悪びれもせず、篤の練習の声に驚かされたと笑っていることを不満に思ったから。

問4 ――線部②「そう言おうとしたのに、正直な言葉は出てこなかった。坂口さんがひとつ、ため息をつく」について、先生と生徒が対話している。**生徒A～E**のうち、**誤った解釈**をしているものを、次のア～オの中から一つ選び、記号で答えよ。

先生 この場面では篤と坂口の複雑な心情が表れています。ここから読み取れる二人の心情について議論してみましょう。

ア **生徒A**――「正直な言葉」が出てこなかったのは、坂口の反応が意外なものだったからじゃないかな。からかわれると予想していたのに褒められて、あっけにとられたんだと思う。

イ **生徒B**――気まぐれで自主練習しただけなのに坂口から褒められたという状況にも注目する必要があるよ。「そう言おうとしたのに」とあるから、篤は後ろめたさも感じているんじゃないかな。

「まあそうだよな」

坂口さんは頭を掻《か》くと、もしも、と言葉を続けた。

「お前が昨日の一回きりで練習やめてたら、俺も今日普通にゲームしてたかもしれない」

え？　と聞き返すと坂口さんは遠くをちらりと見て、重々しく口を開いた。

「俺、一緒にトレーニングしたいって武藤に言おうと思う」

坂口さんの視線の先には、電気のついた一室があった。武藤さんが毎晩籠っているトレーニングルームだ。あの部屋で、武藤さんは今もダンベルを持ち上げているのだろう。

「そうなんすか」

坂口さんは真剣な目をしていたのに、ありきたりな相づちしか打てなかった。兄弟子としてのプライドをいったん捨て、弟弟子と一緒にトレーニングしようと決意するまでに、当然葛藤があったはずだ。その葛藤はきっと坂口さんにしかわからない。

「あ、俺のこと見直したがろ？　差し入れも買ってきてやったし、ちゃんと俺を敬《うやま》えよ」

⑦わざとらしく口を尖《とが》らせ、坂口さんが篤の肩をつつく。坂口さんの葛藤はわからなくても、冗談を言って強がろうとしていることはわかった。

頑張ってくださいと坂口さんを送り出してから、篤はふたたび扉を閉めた。さすがに蒸し暑かったので、もらったミルクティーのボトルを開けた。口に含むと、ほのかな甘さが沁《し》みわたった。三分の一ほどを飲むと、また、ひがあああしいいいーー、と何度も繰り返した。

《鈴村　ふみ・著『櫓太鼓《やぐらだいこ》がきこえる』集英社　による》

【注】＊呼出…大相撲での取組の際に力士の四股名を呼び上げたり、土俵整備や太鼓叩きなど競技の進行を行う者。

＊呼び上げ…大相撲での取組の際に力士の四股名を独特な節回しで呼ぶ、呼出の仕事の一つ。

【登場人物】

・武藤義治――朝霧部屋の部屋頭。無口で、誰よりも真面目。最近は幕下十五枚目前後の番付にいる。

・坂口翔太――朝霧部屋の力士。高校相撲を経て入門。部屋で一番身長が高く、体重も重い。幕下と三段目を行ったり来たりしている。

・柏木将志――朝霧部屋の力士。中学時代県大会で準優勝した経歴を持ち、スカウトされて中学卒業後に入門。宮川と同期。現在は三段目で低迷している。

・宮川凌平――朝霧部屋の力士。相撲は未経験だったが、母に苦労をかけまいと高校卒業後に入門。プロレスが好き。三段目。

・師匠――元小結。厳しいながらも、朝霧部屋の弟子たちをしっかり見守っている。

・進――白波部屋のベテランの幕内呼出で、俳優のような男前。若手呼出の憧れの的でもある。篤が入門した際の指導役で、その後も篤を気にかけている。

問1　〰〰線部a～eのカタカナを漢字に直せ。（楷書で大きく丁寧に書くこと。）

問2　次のページの各文は本文中の表現である。═══線部「と」を〈意味〉〈用法〉によって分類した場合、どのような組み合わせになるか。

正論だ。とりあえず、そうっすね、気をつけますと返事をしておく。

「それから、大通りのセブンに行くときこの公園通り抜けると近いって、お前知ってた？　部屋の奴《やつ》らはみんな知ってるから、ここで練習したってバレるぞ。まあ、今日のことは凌平《りょうへい》とかには黙っておくからさ」

凌平とは宮川さんの下の名前だ。何かと篤をからかってくる宮川さんたちに見つかりたくないことまでバレていたらしい。

コンビニに行く近道は、今はじめて知った。どうりで、坂口さんがこの公園に現れるわけだ。

「練習するなら、うちの部屋の物置にしたら？　物は多いけど、さすがに足の踏み場ぐらいはあるだろうから。どっちにしろ、凌平とかにはバレるけどな」

坂口さんは兄弟子らしくアドバイスをくれたが、他の兄弟子に見つかるリスクを背負ってまで練習を続ける熱意は、今のところ持てなかった。

「まあ、お前のことは家出少年だと思ってたからさ。ちょっと意外だったよ。じゃあお先」

それだけ言って、坂口さんは部屋へ帰って行った。⑤坂口さんの姿が見えなくなっても、練習を再開する気にはなれなかった。

【中略】

翌日の取組で、篤は力士の四股名《しこな》を間違えて呼び出してしまった。別部屋所属で呼出の兄弟子、光太郎に「辞めれば？」と嫌味を言われたが、進さんが助け船を出してくれる。篤は呼出を続ける自信を失いかけるが、帰ると同部屋の力士たちは温かく迎えてくれた。しかし、その後帰ってきた師匠から自室に呼ばれ、「自分がどうすべきかちゃんと考えろ」と叱られた。

「篤、そこにいるんだろ」

声がするのとほぼ同時に、扉が開いた。扉の外にいたのは坂口さんだった。手には、ミルクティーのペットボトル。二十四時間ほど前にも見た、デジャヴのような光景だ。

「ほれ、差し入れ。お前、昨日もの欲しそうな顔してたから買ってきてやったんだぞ。感謝しろよ」

坂口さんがぶっきらぼうに言ってペットボトルを差し出す。ありがとうございますと軽く頭を下げ、それを受け取った。結局今日はミルクティーを飲み損ねていたので、この差し入れはありがたい。顔を上げると坂口さんと目が合った。

「お前、今日も練習するんだな」

「ああ、はい」

「嫌になんねえの。せっかくやる気出したdトタン、失敗してめちゃくちゃ怒られて」

さきほどよりも声を落として、坂口さんが尋ねる。

「……なんか失敗したからこそ、やらなきゃいけない気がして」

光太郎と呼ばれた兄弟子の嫌味な口調を思い出すと、胃がきゅっとeシボられるように痛む。

それでも、進さんが助けてくれた。師匠も、わざわざ篤に話をしてくれた。

⑥明日こそは失敗してはいけない。そう自分に言い聞かせ、篤は物置に籠った。

棒に刺さったアイスが小さくなったところで、坂口さんがぽつりと言った。

「お前、えらいな」

思わぬ反応に、え、と声が出た。別にえらくなんかない。今日の今日まで、自主練習をしたこともない。今日の練習だって、ただの気まぐれだ。

②そう言おうとしたのに、正直な言葉は出てこなかった。坂口さんがひとつ、ため息をつく。アイスはいつの間にか食べ終えたようだ。

「俺も、本当は買い食いとかしてる場合じゃないんだけどさ。俺がこうしている間にも、武藤はトレーニングしてるって考えると、何やってるんだろうって、すげえ思うもん」

坂口さんの言葉に、黙って頷《うなず》く。公園に来る前に見た、電気の点《つ》いていたあの一室。トレーニングルームになっているその部屋は、自由時間になると出入りする者はほとんどいない。ただ一人、武藤さんを除いては。

坂口さんだけではなく、柏木《かしわぎ》さんや宮川さん、力士ではない篤でさえ、武藤さんが毎晩あの部屋でトレーニングをしていることは知っていた。しかし③みな、見て見ぬふりをしていた。

「あいつ、俺より二年あとに入ってきたわけ。俺はちょうど武藤が入門したくらいに幕下に上がって部屋頭にもなって、まあ順調な出世だって褒められてたの。あいつは最初から真面目だったけど細くて相撲も下手で、ぶっちゃけ弱かった。なのに、気づいたらいつの間にか追い抜かされてた」

そう語る坂口さんの表情は硬かった。坂口さんは弟弟子をみんな下の名前で呼ぶのに、④武藤さんの呼び方だけは「武藤」だ。

「もう稽古場でもあいつに勝てなくなって。年でいったら、あいつ俺より五つも下だよ？　なのに、あっさり俺の最高位よりも上に行ってさ。俺は、最近幕下でも成績残せないし、今日も負けたし」

坂口さんの言葉を聞きながら、篤は部屋での稽古を思い出していた。兄弟子たちが相撲を取った番数をノートに記すのも篤の仕事なので、稽古は普段からよく見る。坂口さんと武藤さんは毎回稽古で十番程度相撲を取るが、坂口さんが武藤さんに勝つことはほとんどない。坂口さんは、稽古場の壁に打ちつけられるほど、勢いよく押し出されることもある。そんなとき、坂口さんはいつも淡々と、でも悔しさを隠し切れないような顔で土俵に戻っている。

今の坂口さんは、そのときと同じ顔をしていた。元々は、丸顔で愛嬌《あいきょう》のある顔つきだが、そのｃオモカゲもないほど悔しさを滲《にじ》ませた顔に、篤は何も言えなくなってしまった。ここはどう反応するのが正解なのだろう。考えあぐねていると、

「ああもう、この話は、やめた！　俺はもう帰るから！」と、坂口さんが何かを放り投げてきた。さっき飲んでいたペットボトルだ。中身はもうすっかり空《から》になっていた。

「それ、捨てといて」

さきほどまで坂口さんは唇を固く結んでいたが、もう口元に力は入っていなかった。

「あとお前、練習するのはいいけど、公園はやめた方がいいぞ。人通りが少ないとはいえ、いきなりひがーしーとか聞こえてきたら、近所の人から通報されんぞ」

ア　基本色名の数が多ければ多いほど文化レベルが高い。
イ　基本色名の数に応じて広げたり狭《せば》めたりしなければならない。
ウ　基本色名の数が少なければ広く、多ければ細分化されて狭い。
エ　基本色名ごとに異なり、文化水準や序列によっても増減する。
オ　基本色名の数に関係なく決まっており、必要に応じて基本色名が増える。

問8　本文の図中の空欄A～Jに当てはまる色の組み合わせとして、最適のものを次の中から選び、記号で答えよ。

ア　A青　F赤　　イ　A赤　G赤
ウ　A青　J青　　エ　B青　G青
オ　D青　G青　　カ　D赤　G赤

問9　――線部⑤「進化の過程は、一般のパターンとは少し違う」とあるが、どのような点が違うのか。五十五字以上六十五字以内で説明せよ。

【二】　次の文章を読んで、後の問いに答えよ。なお、設問の都合により本文を一部改変してある。

篤は十七歳。不登校で高校を中退した後、両親と不仲になった。もともと相撲には興味はなかったが、叔父の勧めで、大相撲の朝霧部屋に＊呼出《よびだし》見習いとして入門した。ある日、篤は、部屋から歩いて五分のところにある公園に行き、＊呼び上げの練習をしていた。

「お前、何やってんの」

「うわっ」

背後から声をかけられて、悲鳴が出た。思わず目を見開いて後ろを振り返る。声の主は、縦にも横にも大きく、髷《まげ》がついていた。突然のことに声も出せずにいたら、話しかけてきた当の本人、坂口さんはケタケタ笑っていた。

「お前、ビビりすぎ。さっきの声すごかったぞ？　うわって。あんなん、俺の方がびっくりするわ」

笑い転げている坂口さんは、ちっとも驚いたように見えない。①坂口さんこそ何やってたんですか、と聞き返す声は、つい恨めしげになった。

いやあ、なんか急にこれ飲みたくなって、と坂口さんは手にしていたレジ袋からペットボトルのミルクティーを取り出した。部屋の横に置かれた自販機にはないメーカーのものだ。きっと近くのコンビニで買ってきたのだろう。

ミルクティーが坂口さんの喉に流し込まれ、あっという間に四分の一ほどの量になった。ミルクが優しくaトけた色に、思わず生唾を飲み込む。明日は国技館の自販機でミルクティーを買おう。

「ってかさ。お前、呼び上げの練習してたの？　なんだ、かわいいとこあんじゃーん」

坂口さんがバシンと篤の肩を叩《たた》いた。手加減してくれているようだが、なんせ相手は百七十二キロだ。それなりに痛い。

「練習っていうか、その」

からかわれるかと思い、言葉にbツまった。しかし坂口さんはそれ以上追求してこず、ふたたびレジ袋を漁《あさ》った。どうやら買ってきたのはミルクティーだけではないらしく、今度はソーダ味の棒つきアイスを齧《かじ》りだした。それを見て、明日はアイスも買って帰ろうとぼんやり思う。

語でも同じであるということ。

ウ　色名には古くから用いられているものとそうではないものがあり、前者は言語が発展すると増加していくが、後者は徐々に淘汰《とうた》され、数が少なくなっていくということ。

エ　色名には基本的で重要な色名とそうではない色名が存在し、前者は色を系統立てる上で早くから出現し、後者はそれと比較すると順番が遅いということ。

オ　色を認識するにあたっては優先して認識される色とそうではない色があり、前者が認知できたとしても、後者は認知できないことがあるということ。

問5　――線部③「緑色の信号を『青信号』と呼ぶのも同じことだ」とあるが、どういうことか。その説明として最適のものを次の中から選び、記号で答えよ。

ア　現在の日本語では、緑色を青色という色名で表現することがあるが、それは日本語の基本色名が分化して数も徐々に増えていき、それぞれの指し示す色合いの幅が広くなった結果、表現の仕方が曖昧《あいまい》になったからだということ。

イ　現在の日本語では、緑色をしている植物や信号に対して「青」と表現することがあるが、それは基本色名が段々と進化し青に加えて緑が誕生しつつも、まだ完全には区別されていないという時期に日本語があるからだということ。

ウ　現在の日本語では、緑色そのものや緑色をした信号を「青」と表現することがあるが、それは基本色名として新しく進化した緑色がまだ十分認知されておらず、昔から使用している色名を無意識に使ってしまうからだということ。

エ　現在の日本語では、明らかに緑色をしている植物や信号を「青」と表現することがあるが、それは基本色名が進化した結果、青色と緑色が誤解され始め、互いに逆の概念として使われるような事態が生じてきたからだということ。

オ　現在の日本語では、青に近い色合いの緑色を「青々とした緑」、緑に近い色合いの信号を「青信号」と表現することがあるが、それは青が緑と呼ばれはじめ、さらに今も違う色合いへと進化しようとしている最中だからだということ。

問6　――線部④「基本色名の指す色は進化を通して変化する」とあるが、どういうことか。その説明として最適のものを次の中から選び、記号で答えよ。

ア　基本色名としては同じでも、色数の少ない段階の色合いと色数が増えた後の段階の色合いとでは、異なってくるということ。

イ　基本色名は最も少ない二色から始まり、生活上の必要性や文化の成熟度などに従って、徐々に色数が増えていくということ。

ウ　基本色名の数は言語によって幅があっても、それが進化していく過程には人類に共通するパターンが見いだせるということ。

エ　基本色名のステージ1における「黒」は明度の低い色全般のことであり、「白」は明度の高い色全般のことであるということ。

オ　基本色名は「黒」「白」の段階に「赤」が登場して、ステージが1から2になり、その後7段階で色が追加されるということ。

問7　空欄 X に当てはまる文として最適のものを次の中から選び、記号で答えよ。

る。というのも、これらはどれも白い、黒い、赤い、青いのように「い」をつけるだけで形容詞にすることができる。それに対して、緑や黄などそれ以外の色について、〝緑い〟や〝黄い〟とは言わない。〝緑色の〟とか〝黄色い〟のように、色であることを明示したうえで形容詞にするのである。色を表す単語として、後発だからだろう。

　こうして見ると、バーリンとケイの法則はそのまま日本語に当てはまるわけでなく、緑や黄より前に、青が基本色だったと考えられる。

《伊藤　浩介・著『ドレミファソラシは虹の七色？　知られざる「共感覚」の世界』光文社　による》

【注】＊バーリンとケイ…ブレント・バーリン（１９３６～）とポール・ケイ（１９３４～）のこと。ともにアメリカ合衆国の人類学者。

問１　～～～線部ａ～ｅのカタカナを漢字に直せ。（楷書で大きく丁寧に書くこと。）

問２　═══線部「どの言語にも共通する」とあるが、「どの～にも共通する」という意味を表す言葉を本文中から五字以内で抜き出して答えよ。

問３　――線部①「皆さんが既によく知っていることを、序列という言葉で表現し直している」とあるが、本文における「序列」の意味を踏まえた例として、最適のものを次の中から選び、記号で答えよ。

ア　音楽には数え切れないほどのジャンルが存在するが、その中で「クラシック音楽」には長い歴史があるのに、「ポピュラー音楽」は数年で色あせてしまうことを踏まえると、「クラシック音楽」の方が優位な位置にあると考えられる。

イ　三色の信号機では「青色」「黄色」「赤色」の三色が使用され、二色の信号機では「青色」と「赤色」が使用されるという世界的な傾向を踏まえると、あらゆる言語の「青色」と「赤色」は、「黄色」よりも優位な位置にあると考えられる。

ウ　一日に三回食事をとる風習は世界中で浸透しているが、糖が人間の活動に不可欠なエネルギー源であり、睡眠時に血糖値が最も低くなる傾向を踏まえると、「朝食」は「昼食」や「夕食」と比べると重要度が高いと定義づけられる。

エ　日本の森林は主に「針葉樹林」と「広葉樹林」で構成されているが、「針葉樹林」のほとんどが人工林で、「広葉樹林」のほとんどが天然林であることを考慮すると、人の手のかからない「広葉樹林」の方が重要度が高いと考えられる。

オ　日本語には様々な音が存在するが、「母音」は単独で一音になることができて、「子音」は「母音」と結びつくことでしか一音になれない点に注目すれば、「母音」は「子音」に比べて優位な位置にあると定義づけることができる。

問４　――線部②「色には序列の高いものと低いものがある」とあるが、どういうことか。その説明として最適のものを次の中から選び、記号で答えよ。

ア　色には基本的で重要なものとそうではないものがあり、前者は他の色の組み合わせでは表すことはできないが、後者は前者の組み合わせで全て表すことができるということ。

イ　色名には基本的な色名と、それらを補うために作られた色名とがあり、前者は言語によって異なるが、後者が出現する順番はどの言色名が存在し得るという序列がある。

バーリンとケイは、こうした規則を言語進化の七つのステージという概念で整理した。ここでは、基本色名が最も少ない二色の段階をステージ1、最も多い八から十一色の段階をステージ7として、この進化の過程で色が段階的に加わっていく様子が図式化されている。(左図参照)

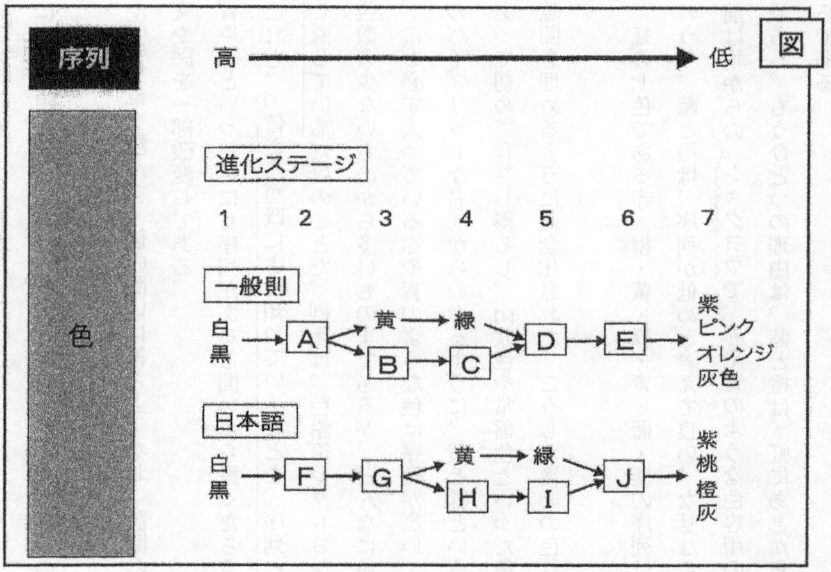

ステージ1における基本色名は二つで、それは「黒」と「白」だ。この二色しか色単語のない言語は、ニューギニア高地のdミンゾクに例があるそうだ。ただし、ここでいう黒は我々にとっての黒とは異なり、明度の低い色を広く含む概念である。同様に、白も明度の高い色を全般に指す言葉である。だから、レモンのような鮮やかな黄は「白」で、濃く染まったデニムの紺は「黒」ということになる。このように、④基本色名の指す色は進化を通して変化する。そして一般論として、ひとつの基本色名がカバーする色の範囲は、[X]

ステージ2では基本色名に「赤」が加わる。つまり、言語のレパートリーに最初に登場する有彩色が赤である。次に、ステージ3で「緑」か「黄」のいずれかが加わり、ステージ4では「緑」か「黄」のうちステージ3で出現しなかった方が加わる。すなわち、赤の次には緑と黄が加わるが、その順番は前後し得るということだ。こうして赤と緑と黄が出そろうと、ステージ5で「青」が加わり、次にステージ6で「茶」が現れ、最後のステージ7では「紫」「ピンク」「オレンジ」「灰色」の四つの色が順不同で登場する。

日本語の「青」

バーリンとケイによれば日本語の基本色名は十一色で、これはステージ7の進化レベルに相当する。ただその⑤進化の過程は、一般のパターンとは少し違うようだ。「青信号」や「青々とした緑」という表現からわかるように、日本語では青はもともと緑も含む広い概念で、緑よりもeキゲンが古いと推測されるからである。

日本語の白黒赤青の四色が別格なことは、言葉そのものが語ってい

【国　語】（六〇分）〈満点：一〇〇点〉

※設問に字数制限のあるものは、句読点等も一字に数えるものとする。

【一】　次の文章を読んで、後の問いに答えよ。なお、設問の都合により本文や図を一部改変してある。

赤や青や緑といった色にも序列があると聞いたら驚くだろうか？

実はこれも、①皆さんが既によく知っていることを、序列という言葉で表現し直しているだけのことだ。例えば、色鉛筆やクレヨンのセットには、色数の少ないものから多いものまであるが、どんなに色数の少ないセットにも必ず入っている赤や青のような色は序列が高い。また黄緑は、そのハイブリッドな名前からわかるように、黄と緑という二つの色が先にあって初めて存在し得るし、山吹色や常盤色《ときわいろ》といった色は、既存の色の隙間を埋めるように概念化された。こうした後発の色は、序列が低い。

では、虹の七色である赤・橙《だいだい》・黄・緑・青・藍・紫の序列はどうだろう。このうち、藍と橙は、序列が低めと考えて良い。なぜなら、この二色の名前は物からのａシャクヨウで、赤や青のような色専用の単語でないからである。もうひとつの理由は、藍と橙は、虹にあとから加わった色だからである。

このように②色には序列の高いものと低いものがある。

色名が進化する

こうした色の序列を、文化人類学の手法で総合的に調べたのが、＊バーリンとケイによる「基本色名の進化」の研究だ。基本色名とは、色を表す単語のうち、最も基本的で重要なものを指す。例えば、赤や青は基本色名だが、芥子色《からしいろ》や焦げ茶色はそうではない。つまり基本色名とは、序列の高い色に付いた名前である。

しかし「基本色名が進化する」とは、どういうことか。

視覚入力としての様々な光をいくつの基本色名で表すかは、言語によって違っても不思議はない。ただ、どの言語においても、基本色名の数は徐々に増えていくという一般的な傾向がある。生存のためや文化の成熟などにより、色の認知が細分化されることで、基本語彙としての色名が増えていくのだ。これが、基本色名の進化である。

例えば、「青々とした緑」という表現は、この進化の証拠だ。緑なのに青いのだから、ｂムジュンとも取れるおかしな表現だが、これは青という色名が、昔の日本語では緑までを含む広い概念だったｃナゴリである。③緑色の信号を「青信号」と呼ぶのも同じことだ。今の日本語は、青という基本色名が青と緑の二つに分かれる、その最中なのだろう。

驚くことに、このようにして基本色名が増える過程には、世界中のどの言語にも共通する法則がある、というのがバーリンとケイによる研究成果だ。彼らは、３２９色の色見本を平面上にグラデーションを作るように順序よく並べ、そこにいくつの基本色があるかを百近い言語で調査した。すると基本色の数は、言語によって二色から十一色までひろい幅があったが、どの色が優先的に基本色として言語化されるのか、人類に普遍的な序列があるというのだ。

例えば、ある言語に青という基本色名があるなら、赤も必ず基本色名である。しかし逆に、赤が基本色名だからといって、青も基本色名とは限らない。つまり、赤という基本色名が存在して初めて、青という基本

2022年度

解 答 と 解 説

《2022年度の配点は解答欄に掲載してあります。》

＜数学解答＞

1. (1) $2\sqrt{6}$　(2) $(x+2y-4)(x-2y-4)$　(3) $x=\dfrac{2\pm\sqrt{2}}{2}$
(4) △AFG：△CDH＝5：8　(5) ∠BID＝112°

2. (1) ア＝2，イ＝5　(2) $x=5$，$y=8$

3. (1) DF＝4　(2) AB＝$\dfrac{2\sqrt{5}}{3}$　(3) △ADE＝$\dfrac{3\sqrt{5}}{7}$

4. (1) 30　(2) 9　(3) ①，④　(4) $\dfrac{5}{12}$

5. (1) (ア) △ABC＝28　(イ) $y=-\dfrac{7}{2}x+9$　(2) $t=\dfrac{\sqrt{3}}{3}$

6. (1) AE＝$2\sqrt{3}$，AF＝$\sqrt{13}$　(2) △AEF＝$\dfrac{\sqrt{35}}{2}$　(3) $\dfrac{4\sqrt{6}}{3}$　(4) $\dfrac{4\sqrt{70}}{35}$

○推定配点○

1. 各5点×5　2. 各5点×2(各完答)　3. (1) 4点　(2) 5点　(3) 6点
4. (3) 4点　(4) 6点　他 各3点×2　5. (1) 各4点×2　(2) 6点
6. (1) 各3点×2　(4) 6点　他 各4点×2　計100点

＜数学解説＞

1. (小問群—平方根の計算，式の展開，因数分解，2次方程式，平行線と線分の比，面積の比)

(1) $\dfrac{(\sqrt{3}+1)^2}{\sqrt{2}}-\dfrac{(\sqrt{6}-\sqrt{2})^2}{2\sqrt{2}}=\dfrac{(\sqrt{3}+1)^2}{\sqrt{2}}-\dfrac{(\sqrt{2})^2(\sqrt{3}-1)^2}{2\sqrt{2}}=\dfrac{(\sqrt{3}+1)^2-(\sqrt{3}-1)^2}{\sqrt{2}}=\dfrac{4\sqrt{3}}{\sqrt{2}}=\dfrac{4\sqrt{6}}{2}=2\sqrt{6}$

(2) $x^2-4y^2-8x+16=(x^2-8x+16)-4y^2=(x-4)^2-(2y)^2=\{(x-4)+2y\}\{(x-4)-2y\}=(x+2y-4)(x-2y-4)$

(3) $4(x^2-2x+4)-2(x^2-x)=15-2x$　$4x^2-8x+16-2x^2+2x+2x-15=0$　$2x^2-4x+1=0$
2次方程式の解の公式を用いると，$x=\dfrac{4\pm\sqrt{16-8}}{4}=\dfrac{2\pm\sqrt{2}}{2}$

重要 (4) 平行線と線分の比の関係から，BF：DF＝BE：DA＝1：3　BF＝$\dfrac{1}{4}$BD…①　BG：DG＝BC：DA＝1：1　BG＝$\dfrac{1}{2}$BD…②　①，②から，FG＝$\dfrac{1}{2}$BD－$\dfrac{1}{4}$BD＝$\dfrac{1}{4}$BD　△AFGと△ABDはFG，BDをそれぞれの三角形の底辺とみたときの高さが共通だから，面積の比は底辺の比に等しい。よって，△AFG＝$\dfrac{1}{4}$△ABD…③　CH：AH＝CE：AD＝2：3　CH：CA＝2：5　△CDH＝$\dfrac{2}{5}$△ACD…④　△ABD＝△ACDなので，③，④から，△AFG：△CDH＝$\dfrac{1}{4}$：$\dfrac{2}{5}$＝5：8

重要 (5) 円の接線と接点を通る弦CDの作る角(18°の角)は，その角内にある弧CDに対する円周角

$\angle$CBDに等しいから，$\angle \mathrm{CBD}=18^\circ$　よって，$\angle \mathrm{BCD}=180^\circ-18^\circ-26^\circ=136^\circ$　円に内接する四角形は向かい合う内角の和が180°なので，$\angle \mathrm{A}=180^\circ-136^\circ=44^\circ$　$\angle \mathrm{BID}=180^\circ-(\angle \mathrm{IBD}+\angle \mathrm{IDB})=180^\circ-\frac{1}{2}(2\angle \mathrm{IBD}+2\angle \mathrm{IDB})=180^\circ-\frac{1}{2}(\angle \mathrm{ABD}+\angle \mathrm{ADB})=180^\circ-\frac{1}{2}(180^\circ-\angle \mathrm{A})=180^\circ-90^\circ+\frac{1}{2}\angle \mathrm{A}=90^\circ+\frac{1}{2}\times 44^\circ=112^\circ$

2. (方程式の応用―玉の色と数・箱の数，比例式)

(1)　赤玉1個と白玉2個が入っている箱の数と赤玉3個が入っている箱の数がx，白玉3個が入っている箱の数がy，赤玉2個と白玉1個が入っている箱の数が$4y$なので，$x+x+y+4y=50$　よって，$2x+5y=50$

(2)　赤玉の個数は$x+3x+2\times 4y=4x+8y$　白玉の個数は$2x+4y+3y=2x+7y$　赤玉と白玉の総数の比が14：11だから，$(4x+8y):(2x+7y)=14:11$　$44x+88y=28x+98y$　$16x=10y$　$8x=5y$　これを$2x+5y=50$に代入すると，$10x=50$，$x=5$　$5y=40$から，$y=8$

3. (平面図形―円の性質，三平方の定理，相似，長さ，面積)

基本 (1)　直径に対する円周角は90°なので，△DFCは直角三角形である。よって，三平方の定理を用いると，$\mathrm{DF}=\sqrt{\mathrm{DC}^2-\mathrm{CF}^2}=\sqrt{36-20}=4$

(2)　△ABDと△CFDにおいて，$\angle \mathrm{ABD}=\angle \mathrm{CFD}=90^\circ$　対頂角は等しいから，$\angle \mathrm{ADB}=\angle \mathrm{CDF}$　2組の角がそれぞれ等しいので△ABD∽△CFD　よって，AB：CF＝AD：CD　AD＝AF－DF＝2だから，$\mathrm{AB}:2\sqrt{5}=2:6$　$\mathrm{AB}=\frac{2\sqrt{5}}{3}$

やや難 (3)　△ADEと△ACFにおいて，直径に対する円周角∠DECが直角なので，$\angle \mathrm{AED}=\angle \mathrm{AFC}=90^\circ$　共通なので∠DAE＝∠CAF　2組の角がそれぞれ等しいので△ADE∽△ACF　相似な図形では面積の比は相似比の2乗に等しいから，$\triangle \mathrm{ADE}:\triangle \mathrm{ACF}=\mathrm{AD}^2:\mathrm{AC}^2$　BD：FD＝AB：CFから，$\mathrm{BD}:4=\frac{2\sqrt{5}}{3}:2\sqrt{5}=1:3$　$\mathrm{BD}=\frac{4}{3}$　よって，$\mathrm{BC}=\frac{4}{3}+6=\frac{22}{3}$　△ACBで三平方の定理を用いると，$\mathrm{AC}=\sqrt{\mathrm{AB}^2+\mathrm{BC}^2}=\sqrt{\frac{20}{9}+\frac{484}{9}}=\sqrt{\frac{504}{9}}=\sqrt{56}=2\sqrt{14}$　また，△ACFの面積は，$\frac{1}{2}\times 2\sqrt{5}\times 6=6\sqrt{5}$　したがって，$\triangle \mathrm{ADE}:6\sqrt{5}=2^2:(2\sqrt{14})^2=1:14$　$\triangle \mathrm{ADE}=\frac{6\sqrt{5}}{14}=\frac{3\sqrt{5}}{7}$

4. (座標と確率―さいころの目，長方形の面積，素数)

2回目 1回目	1	2	3	4	5	6
1(2, 1)	(3, 1)	(2, 3)	(5, 1)	(2, 5)	(7, 1)	(2, 7)
2(1, 3)	(2, 3)	(1, 5)	(4, 3)	(1, 7)	(6, 3)	(1, 9)
3(4, 1)	(5, 1)	(4, 3)	(7, 1)	(4, 5)	(9, 1)	(4, 7)
4(1, 5)	(2, 5)	(1, 7)	(4, 5)	(1, 9)	(6, 5)	(1, 11)
5(6, 1)	(7, 1)	(6, 3)	(9, 1)	(6, 5)	(11, 1)	(6, 7)
6(1, 7)	(2, 7)	(1, 9)	(4, 7)	(1, 11)	(6, 7)	(1, 13)

基本 (1)　1回目に4の目が出ると，Pは(1，5)に進み，2回目に5の目が出るとPは(6，5)に進むから，長方形の面積は$6\times 5=30$

基本 (2)　1回目に2の目が出ると，Pは(1，3)に進み，2回目に6の目が出るとPは(1，9)に進むから，長方形の面積は$1\times 9=9$

(3)　素数は1とその数自身しか約数をもたない。よって，2回目のPの座標のx座標，またはy座標が1であるときに長方形の面積が素数となる可能性がある。よって，2回とも奇数が出ないか，または2回とも偶数がでないときである。よって，①と④のときである。

(4)　長方形の面積が12以上になるのは，表から15通りあるので，その確率は$\frac{15}{36}=\frac{5}{12}$

5.（関数・グラフと図形―座標，面積，直線の式，三平方の定理，2次方程式）

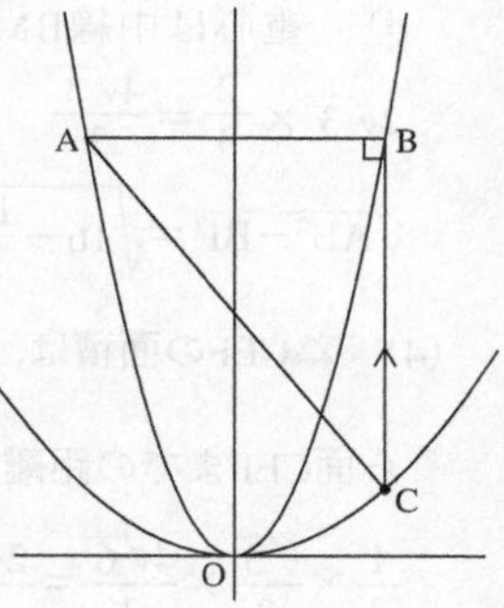

基本 (1)　(ア)　$\angle ABC=90^\circ$のとき，ABはx軸に平行でAとBのx座標の絶対値は等しく，y座標は等しい。$16=4x^2$から，$x=\pm\sqrt{4}=\pm2$　よって，A$(-2,\ 16)$，B$(2,\ 16)$　　BとCのx座標は等しいから，$y=\frac{1}{2}\times2^2=2$　　C$(2,\ 2)$　　よって，$AB=4$，$BC=14$

△ABCの面積は，$\frac{1}{2}\times4\times14=28$

(イ)　ACの傾きは$\frac{2-16}{2-(-2)}=-\frac{7}{2}$　　$y=-\frac{7}{2}x+b$として(2, 2)を代入すると，$2=-7+b$　　$b=9$　　よって，直線ACの式は$y=-\frac{7}{2}x+9$

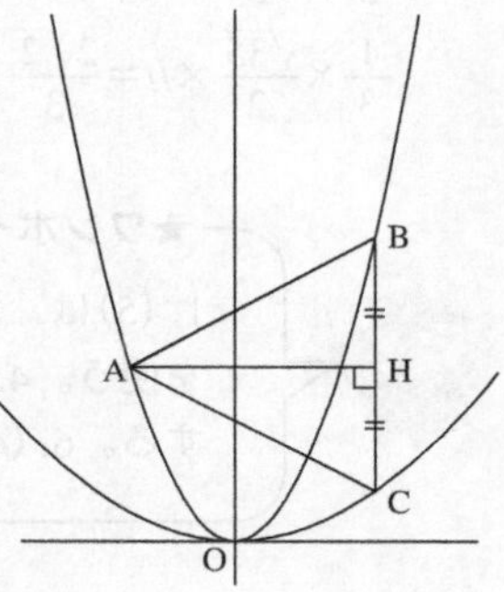

重要 (2)　Cのx座標をtとすると，C$\left(t,\ \frac{1}{2}t^2\right)$，B$\left(t,\ 4t^2\right)$　　△ABCが正三角形のとき，点AからBCに垂線AHを引くと，HはBCの中点になる。Hのy座標は，$\left(\frac{1}{2}t^2+4t^2\right)\div2=\frac{9}{4}t^2$　　H$\left(t,\ \frac{9}{4}t^2\right)$

点Aのy座標も$\frac{9}{4}t^2$なので，$\frac{9}{4}t^2=4x^2$　　$x^2=\frac{9}{16}t^2$　　点Aのx座標は負だから，$x=-\frac{3}{4}t$　　△ACHは内角の大きさが30°，60°，90°の直角三角形となるので，AH：CH$=\sqrt{3}$：1　　$\left\{t-\left(-\frac{3}{4}t\right)\right\}:\left(\frac{9}{4}t^2-\frac{1}{2}t^2\right)=\frac{7}{4}t:\frac{7}{4}t^2=t:t^2=\sqrt{3}:1$　　$\sqrt{3}\,t^2=t$　　tは0ではないので，$\sqrt{3}\,t=1$　　$t=\frac{1}{\sqrt{3}}=\frac{\sqrt{3}}{3}$

6.（空間図形―4個のさいころの目，方程式，数の性質）

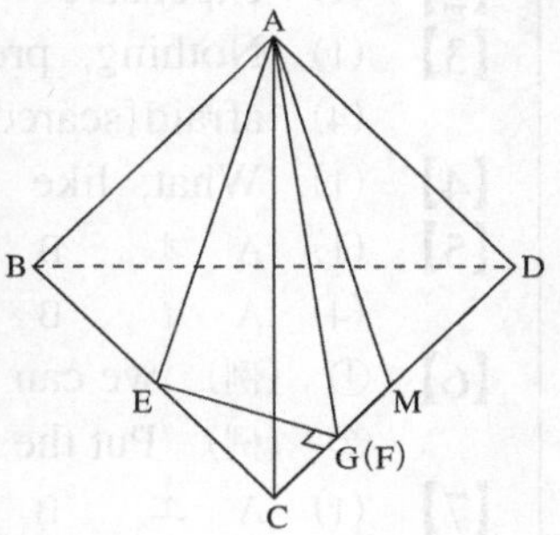

重要 (1)　△ABEは内角の大きさが30°，60°，90°の直角三角形となるので，AB：AE$=2:\sqrt{3}$　　$AB=4$だから，$AE=2\sqrt{3}$　　点EからCDに垂線EGを引くと，△ECGは内角の大きさが30°，60°，90°の直角三角形であり，$EC=2$だから$EG=\sqrt{3}$　　よって，点Gは点Fと一致する。また，EC：CF＝2：1となるので，$CF=1$　CDの中点をMとすると，$AM=2\sqrt{3}$，$CM=2$　　よって，$FM=1$　　△AFMで三平方の定理を用いると，$AF=\sqrt{FM^2+AM^2}=\sqrt{13}$

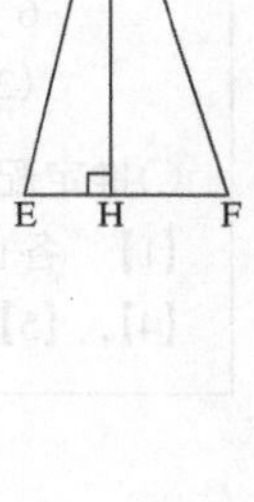

やや難 (2)　点AからEFに垂線AHを引いて，$EH=x$とすると$FH=\sqrt{3}-x$　△AEHと△AFHで三平方の定理を用いてAH^2を2通りに表すことで，$(2\sqrt{3})^2-x^2=(\sqrt{13})^2-(\sqrt{3}-x)^2$　　$12-x^2=13-(3-2\sqrt{3}\,x+x^2)$　　$2\sqrt{3}\,x=2$　　$x=\frac{1}{\sqrt{3}}$

$AH^2=(2\sqrt{3})^2-\left(\frac{1}{\sqrt{3}}\right)^2=12-\frac{1}{3}=\frac{35}{3}$　　$AH=\frac{\sqrt{35}}{\sqrt{3}}$　　よって，△AEFの面積は，$\frac{1}{2}\times\sqrt{3}\times\frac{\sqrt{35}}{\sqrt{3}}=\frac{\sqrt{35}}{2}$

重要 (3)　点Aから△BCDに垂線AIを引くと，Iは△BCDの重心であり，重心は中線BMを2：1に分け，BM＝$2\sqrt{3}$だから，BI＝$2\sqrt{3}\times\frac{2}{3}=\frac{4\sqrt{3}}{3}$　△ABIで三平方の定理を用いると，AI＝$\sqrt{AB^2-BI^2}=\sqrt{16-\frac{16}{3}}=\frac{4\sqrt{2}}{\sqrt{3}}=\frac{4\sqrt{6}}{3}$

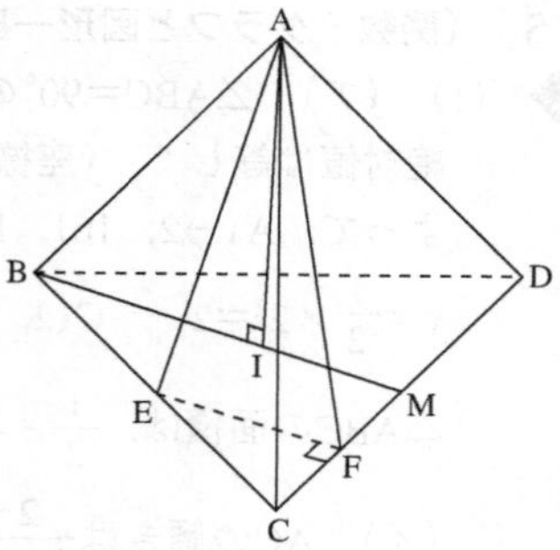

(4)　△CEFの面積は，$\frac{1}{2}\times CF\times EF=\frac{1}{2}\times 1\times\sqrt{3}=\frac{\sqrt{3}}{2}$　点Aから面CEFまでの距離は$\frac{4\sqrt{6}}{3}$　よって，三角錐ACEFの体積は，$\frac{1}{3}\times\frac{\sqrt{3}}{2}\times\frac{4\sqrt{6}}{3}=\frac{2\sqrt{2}}{3}$　△AEFの面積は$\frac{\sqrt{35}}{2}$なので，点Cから面AEFまでの距離をhとすると，$\frac{1}{3}\times\frac{\sqrt{35}}{2}\times h=\frac{2\sqrt{2}}{3}$　$h=\frac{2\sqrt{2}}{3}\div\frac{\sqrt{35}}{6}=\frac{4\sqrt{2}}{\sqrt{35}}=\frac{4\sqrt{70}}{35}$

★ワンポイントアドバイス★

1. (5)は，面積の比と底辺の比の関係を考える。3. は三平方の定理と三角形の相似を使う。4. (4)は表に表すのがよい。5. (2)は正三角形の辺の長さと高さの比を利用する。6. (4)は体積を2通りに表す。

＜英語解答＞

【1】〈問題1〉(1) イ　(2) ウ　(3) イ　(4) ウ
〈問題2〉(1) ア　(2) ウ　(3) イ　(4) エ

【2】(1) expensive　(2) leave　(3) peace　(4) extinction

【3】(1) Nothing, precious　(2) It, necessary　(3) much, spend
(4) afraid [scared], hurting

【4】(1) What, like　(2) wish, had　(3) whose, house　(4) most, ever

【5】(1) A オ　B ア　(2) A カ　B オ　(3) A ク　B イ
(4) A イ　B ウ

【6】① (例) we can buy many kinds of things from these machines
② (例) Put the money into the machine and push the button

【7】(1) A エ　B イ　(2) not [never]　(3) イ　(4) excited for the match to begin as　(5) ア　(6) (例) 白人にとっては重要なスポーツであり，ネルソン・マンデラはスポーツの力を信じていた　(7) オ

【8】(1) 1 couple　2 invite [bring]　3 guests　4 potatoes　5 smell　6 broken　7 crying　8 Nothing　9 forgot [failed]　10 enjoyed
(2) for　(3) on　(4) 2番目 カ　5番目 キ　(5) I told you

○推定配点○

【1】 各1点×8　【2】，【3】，【7】，【8】 各2点×30(【3】，【8】(4)各完答)
【4】，【5】 各3点×8(各完答)　【6】 各4点×2　計100点

＜英語解説＞

【1】（リスニング問題）

〈問題1〉

A：Excuse me. I would like to go to the airport. Which line should I take? I think I'm completely lost. My flight is in 3 hours. I might miss my flight!

B：First of all, please calm down. Then, I'll tell you the way to the airport. OK? You should breathe deeply.

A：[Take a deep breath] OK. Now I'm ready.

B：Good. At first, you are on the wrong platform. This is Platform 4. You should go to Platform 6. To Platform 6, go down the stairs, go straight and turn right.

A：Yes, I got it. What's next?

B：Perfect. Next, you should take the Stadium Line and change trains at the second stop from here. You can catch an airport express train and it will take you straight to Airport Station. You got it? Be careful not to take the Seaside Line.

A：It's all good. Thank you …. Wait. How long does it take from here to the airport?

B：Let me check …. To Airport Station, you need about 20 minutes, but you also need a 10 minutes' bus ride to the airport.

A：OK. I think I can probably make it. Thank you so much.

B：No problem. Have a nice flight!

A：すみません。空港に行きたいのですが。どの線に乗ればよいのでしょうか。私はすっかり道に迷っていると思います。私が乗る便はあと3時間で出ます。便に乗り遅れてしまうかもしれません！

B：まず最初に，どうか落ち着いてください。それから，空港への行き方を教えます。大丈夫ですか？　息を深く吸うといいですよ。

A：[深く息をついて]大丈夫です。さあ，いいですよ。

B：よかった。最初に，あなたはホームを間違えています。ここは4番ホームです。あなたは6番ホームに行かなくてはなりません。6番ホームへは，階段を下りて，まっすぐ進んで右に曲がってください。

A：はい，わかりました。次はどうですか。

B：いいですね。次に，スタジアム線に乗ってここから2つ目の駅で乗りかえます。空港への急行電車に乗れて，まっすぐ空港駅まで行きます。わかりましたか。シーサイド線に乗らないように気をつけてください。

A：すべて大丈夫です。ありがとうございます…待って。ここから空港まではどれくらい時間がかかりますか。

B：調べてみましょう…空港駅までは20分くらいかかりますが，さらに空港まではバスで10分かかります。

A：わかりました。たぶん間に合うと思います。どうもありがとうございました。

B：どういたしまして。すてきな空の旅を！

(1)　彼らはどこにいますか。

ア　市役所に。　イ　鉄道の駅に。　ウ　タクシー乗り場に。　エ　バス停に。

(2)　女性は最初に何をするでしょうか。

ア　電車を乗りかえる。　イ　シャトルバスに乗る。

ウ　正しいホームへ行く。　　エ　切符売り場へ行く。

(3)　路線図のどれが空港駅ですか。

ア　1　　イ　2　　ウ　3　　エ　4　　オ　5

(4)　空港に着くのにどれくらい時間がかかりますか。

ア　およそ10分。　イ　およそ20分。　ウ　およそ30分。　エ　およそ3時間。

〈問題2〉

Jane : Christmas is just around the corner!

Tom : Yeah, I can't wait.

Keiko : Me, neither.

Jane : My grandmother will come home on Christmas. I haven't met her for a year, so I'm looking forward to seeing her.

Tom : What are you going to do, Keiko?

Keiko : My host family and I are going to church and then having dinner at home. I'm looking forward to eating Christmas dinner. How about you, Tom?

Tom : My family spend Christmas with my grandparents in Seattle every year.

Keiko : That's nice! I have never been to Seattle. I'll ask my host parents to take me there someday.

Jane : Well, what do you want for Christmas?

Tom : I want a video game! Tomorrow, the new baseball video game will go on sale!

Jane : You really like baseball.

Keiko : Are you good at playing baseball?

Tom : No way. I don't play any sports. I like watching baseball games and playing baseball video games. Actually, I'm very good at online baseball. I'm a little famous.

Keiko : I see. Jane, what do you want for Christmas?

Jane : I want a puppy. Yesterday, I went to a pet shop and saw a very cute puppy.

Keiko : What kind of puppy?

Jane : It's a mongrel.

Keiko : What is a mon...

Jane : Mongrel. It means a mixed breed.

Keiko : Oh, mixed. I understand.

Tom : But you already have three dogs, don't you?

Jane : Yes. But I don't have a black dog. Two of them are white, and the other is brown. Oh, Keiko, the brown one is a Japanese dog, *shiba-inu*. We call her Kuro.

Keiko : Kuro? That's strange. Kuro means 'black' in English.

Jane : I know, but my father chose the name. Actually, we thought kuro meant brown then. We learned that kuro means black two years later!

Tom : That's funny.

Jane : Then, what do you want for Christmas, Keiko?

Keiko : Well, I want some English books and dictionaries. I want to study English more.

Tom : Wow, you're diligent. You speak English very well.

Keiko : Thank you. I want to be a translator in the future.

Tom　: I want to be a famous baseball player!
Jane　: Online, right?
Tom　: That's right.

Questions

(1)　What is Jane going to do on Christmas?
(2)　Which is true about Tom?
(3)　Why did Tom say, "That's funny?"
(4)　Which is true about Keiko?

ジェーン：もうじきクリスマスね。
トム　　：うん，待ちきれないよ。
ケイコ　：私もよ。
ジェーン：クリスマスに私の祖母がうちに来るの。私は彼女に1年間会っていないから，彼女に会うのが楽しみだわ。
トム　　：君はどうするつもりなの，ケイコ？
ケイコ　：私のホストファミリーと私は教会に行って，それから家でごちそうを食べる予定よ。クリスマスのごちそうを食べるのを楽しみにしているわ。あなたはどう，トム？
トム　　：ぼくの家族は毎年，シアトルの祖父母の家でクリスマスを過ごすんだ。
ケイコ　：それはいいわね！　私はシアトルに行ったことがないの。ホストファミリーにいつかそこに連れて行ってくれるように頼むつもりよ。
ジェーン：ええと，クリスマスには何がほしい？
トム　　：ぼくはテレビゲームがほしいな！　明日，新しい野球のテレビゲームが発売されるんだ！
ジェーン：あなたは本当に野球が好きね。
ケイコ　：あなたは野球をするのが上手なの？
トム　　：とんでもない。ぼくはどんなスポーツもしないよ。ぼくは野球の試合を見ることと，野球のテレビゲームをすることが好きなんだ。実は，オンラインでの野球はとても上手だよ。ぼくは少し有名なんだ。
ケイコ　：なるほど。ジェーン，あなたはクリスマスに何がほしいの？
ジェーン：私は子犬がほしいわ。昨日，私はペットショップに行って，とてもかわいい子犬を見たの。
ケイコ　：どんな種類の子犬？
ジェーン：モングレル(雑種)よ。
ケイコ　：モン…って何？
ジェーン：モングレル。混交種よ。
ケイコ　：ああ，混交したものね。わかったわ。
トム　　：でも君はもう3匹の犬を飼っているよね？
ジェーン：うん。でも黒い犬がいないの。それらのうちの2匹は白で，もう1匹は茶色なの。ああ，ケイコ，茶色いのは日本の犬の柴犬よ。私たちは彼女をクロと呼んでいるの。
ケイコ　：クロ？　それは変ね。クロは英語の black のことよ。
ジェーン：知っているけれど，私の父がその名前を選んだの。実は，私たちはそのとき，「クロ」は brown のことだと思っていたの。私たちは2年後に「クロ」が black のことだと知ったのよ。

トム　　：それはおもしろいな。
ジェーン：それじゃあ，あなたはクリスマスに何がほしいの，ケイコ？
ケイコ　：ええと，私は英語の本と辞書が何冊かほしいの。私はもっと英語を勉強したいわ。
トム　　：うわあ，君はまじめだね。君はとても上手に英語を話すよ。
ケイコ　：ありがとう。私は将来通訳者になりたいの。
トム　　：ぼくは有名な野球選手になりたいな！
ジェーン：オンラインのね？
トム　　：その通り。

質問

(1)　ジェーンはクリスマスに何をするつもりですか。
　ア　彼女は祖母に会うつもりだ。
　イ　彼女は家族と一緒に教会へ行くつもりだ。
　ウ　彼女は家でクリスマスのごちそうを食べるつもりだ。
　エ　彼女はシアトルの祖父母を訪ねるつもりだ。

(2) トムについて正しいものはどれですか。
　ア　彼は野球をすることが好きだが，他のどのスポーツもすることが好きではない。
　イ　彼は野球をすることが好きなので，有名な野球選手になりたがっている。
　ウ　彼は野球をしないが，野球のテレビゲームをすることが上手だ。
　エ　彼は野球のテレビゲームをすることが好きだが，野球を見ることは好きではない。

(3)　トムはなぜ「それはおもしろいな」と言ったのですか。
　ア　ジェーンはすでに3匹の犬を飼っているのに子犬をほしがっているから。
　イ　ジェーンと彼女の家族が，彼女の犬が茶色いのにそれをクロと呼んでいるから。
　ウ　ジェーンは1匹飼っているのに柴犬が茶色い犬だと知らなかったから。
　エ　ジェーンの父親は「黒」が何を意味するのか知っていたのに茶色い犬をクロと名づけたから。

(4) ケイコについて正しいものはどれですか。
　ア　彼女は彼女のホストファミリーと一緒にシアトルに行ったことがある。
　イ　彼女は以前，「モングレル」の意味を知っていた。
　ウ　彼女はblackが日本語の「黒」を意味することを知らなかった。
　エ　彼女は通訳者になるために英語を勉強している。

基本 **【2】**（語彙問題）

(1)「このコートは高すぎます。もっと安いのを探します」　後半の内容から，最初の文にあるThis coat「このコート」の値段が高いことがわかる。「(値段が)高い」の意味のexpensiveが適切。

(2)「飛び跳ねるとき，両足は同時に地面を離れる」　飛び跳ねるときの両足の様子の説明として，空所にleave「～を離れる」を入れると文意が成り立つ。

(3)「戦争が終わって，人々は今，平和に暮らすことができる」「戦争が終わった」という状況から，peace「平和」を入れる。in peaceで「平和に」という意味を表す。

(4)「私たちは絶滅危惧種を絶滅から救わなくてはならない」「絶滅危惧種」を何から救うかということなので，「絶滅」という意味の名詞extinctionを入れる。

【3】（語句補充問題：不定詞，動名詞）

(1)「～なものはない」はnothingを主語にして表すことができる。nothingのような否定を表す語を主語にする場合，後に続く部分は肯定文の形になり，空所には「大切な，貴重な」という意味を表す precious を入れる。

(2)　2番目の空所の後の for you to get up so early という形から，〈It is ~ for ＋人＋ to ＋動詞の原形〉「…することは(人)にとって~だ」の構文にする。最初の空所には形式的な主語 It を入れ，2番目の空所には「必要だ」の意味の形容詞 necessary を入れる。

(3)　金額を尋ねているので，最初の空所には much を入れる。「(金額)を使う」の意味を表す動詞 spend を2番目の空所に入れる。spend ~ on … で「…に~(金額)を使う」という意味を表す。

(4)　「~が怖い，~を恐れる」は be afraid of ~ または be scared of ~ で表す。「()を害する[傷つける]」の意味の動詞は hurt で，前置詞 of に続くので動名詞 hurting を2番目の空所に入れる。

重要 **【4】**（同意文書きかえ問題：前置詞，間接疑問文，比較）

(1)　上は「昨日，沖縄の天気はどうでしたか」という意味。様子を尋ねるときに使う how は，what ~ like でも表すことができる。この like は「~のような」の意味。

(2)　上は「私がお金持ちだったらいいだろうに」という意味で，仮定法の文なので助動詞の過去形 would，be動詞の過去形 were が用いられている。同じように仮定法の表現で，現実に反することに対する願望を表す〈I wish ＋主語＋動詞の過去形〉「~だったらいいのに」を用いて書きかえる。

(3)　上は「私はこの家の持ち主を知らない」という意味。owner は「持ち主」という意味の名詞。下は know の目的語を「これが誰の家なのか」と考えて，whose house と入れて間接疑問文にする。

(4)　上は「私はこのような美しいドレスを見たことがない」という，経験用法の現在完了の文。下の文は This is ~. の形なので，「これは私が今まで見た中で最も美しいドレスだ」という文にする。「私が~した中で最も…な一」は〈the ＋最上級の形容詞＋名詞＋(that) I have ever ＋過去分詞〉で表す。beautiful の最上級は most beautiful。

重要 **【5】**（語句整序問題：助動詞，接続詞，動名詞，）

(1)　There is going to be another cold day (tomorrow.)　There is[are] ~. の文に〈be going to ＋動詞の原形〉を入れた形の文。another cold day は，「今日とはまた別の寒い1日」ということを表している。

(2)　(Do) everything you can do before it is (too late.)　「できること全て」は everything の後に you can do を続けて表す。「~しないうちに」は「~する前に」ということなので，接続詞 before で表す。it は漠然と周囲の状況を指す用法。

(3)　Studying hard without sleeping isn't good for your health.　「寝ずに勉強を頑張るの[こと]」は「眠ることなしで一生懸命に勉強すること」と考えて，動名詞を用いて Studying hard without sleeping と表す。

(4)　This book gave me some idea of life in (the Edo period.)　与えられている語句に read「読む」やその変化形がないので，this book を主語にして「この本は私に江戸時代の生活についてある知識を与えてくれた」と考える。

やや難 **【6】**（条件英作文問題：助動詞，前置詞）

（全訳）旅行者：すみません。これらは何ですか。

あなた：ああ，それらは自動販売機です。

旅行者：自動販売機とは何ですか。

あなた：①日本では，これらの機械からいろいろな種類の物を買うことができます。

旅行者：うわあ！　それはとても便利ですね。ええと，いくつか飲み物を試してみよう。この機械の使い方を教えていただけますか。

あなた：はい。②機械にお金を入れてあなたが選ぶ飲み物のボタンを押してください。

旅行者：簡単そうですね。どうもありがとうございます。

あなた：どういたしまして。日本で楽しくお過ごしください！

全訳を参照。　①には自動販売機の説明が入る。「これらの機械で物が買える」という内容が適切。解答例は，In Japan に合わせて we を主語にしている。また，実際には自動販売機で買える物はたくさんあるので，many kinds of things と表している。these machines を主語にして，these machines sell us many kinds of things「これらの機械は私たちにいろいろな種類の物を売ってくれる」としてもよい。　②には自動販売機の使い方の説明が入るので，「お金を入れる」，「ボタンを押す」という動作を入れる必要がある。直前の旅行者の発言から，旅行者が飲み物を買おうとしていることがわかるので，the button of the drink you choose と表されている。道などを教える場合と同じように，普通の命令文で表してよい。「お金を機械に入れる」は put の他に insert という動詞を用いることもできる。

【7】（長文読解問題・説明文：語句選択補充，語句整序，文補充，内容吟味，）

（全訳）1995年以前の南アフリカはとても人種が入り交じった国だった。その国には黒人と白人の南アフリカ人がいた。その国の新しい大統領は，ネルソン・マンデラという名の黒人男性だった。彼はすべての人生を黒人南アフリカ人の自由のために戦って過ごした。白人南アフリカ人たちは自分たちの国に何が起こるのか〈A〉不安に思っていた。ネルソン・マンデラは国を1つにまとめるための方法を探さなくてはならなかった。1995年に彼は答えを見つけた。彼はラグビーを通じて国が1つになることを望んだ。

当時，南アフリカのラグビーはほとんど白人のスポーツだった。南アフリカ人のラグビー・チームには黒人選手が1人しかおらず，チームのファンたちもほとんど全員が白人だった。南アフリカの黒人たちはラグビーが好きではなかった。しかし，ネルソン・マンデラはラグビーは白人南アフリカ人たちにとって重要なスポーツであることを理解していた。彼はまた，スポーツの力も理解していた。彼は，スポーツには世界を変える力があると信じていた。彼は1995年の南アフリカ・ラグビー・チームの標語が「1つのチーム，1つの国」となることを決めた。

マンデラは，トーナメントの前に，黒人南アフリカ人たちに過去のことは忘れるように頼むために懸命に働かなくてはならなかった。彼は彼らに，国として前に進むために，ラグビー・チームの支援で白人南アフリカ人たちと一緒にならなくてはいけないと言った。彼は，白人と黒人両方の南アフリカ人の支援がなければチームは勝てないと信じていた。

1995年にワールド・カップが始まると，それはマンデラが望んだ通りに進んだ。南アフリカは予選リーグのすべてに勝ち，次のラウンドに進んだ。準決勝でフランスと戦って勝つと，南アフリカに興奮が起こった。決勝戦は，当時の最強ラグビー・チームのニュージーランドとの試合だった。南アフリカはそれまで一戦も負けなかったが，誰も南アフリカチームが決勝戦に勝つとは思っていなかった。

1995年6月24日，1995年ラグビー・ワールド・カップ決勝戦の日，黒人南アフリカ人たちは，白人南アフリカ人たちとちょうど同じくらい試合が始まって興奮していた。試合が始まる前，ネルソン・マンデラは一人一人の選手と握手をするためにフィールドを歩いた。そのとき，驚くべきことが起こった。群衆が「ネルソン！　ネルソン！　ネルソン！」と声を上げ始めたのだ。群衆の人々はほとんどが白人南アフリカ人だったが，彼らは自分たちの大統領を支持して応援していた。彼らは自分たちの大統領を〈B〉誇りに思っていたのだった。ネルソン・マンデラの計画がうまくいったのだ！　スポーツの力を通じて，彼は国を1つにまとめることに成功した。

自国のファンたちの支援により，南アフリカは1995年ラグビー・ワールド・カップで優勝した。その勝利は南アフリカ・ラグビー・チームがどれほど強いかを示しただけでなく，それはまた，世界にスポーツの力も示したのだ。

(1) 〈A〉 空所を含む文の次の文「ネルソン・マンデラは国を1つにまとめるための方法を探さなくてはならなかった」から，当時，南アフリカでは黒人と白人が対立する状況にあったことがわかる。そうした状況の中で黒人が大統領になったのだから，白人南アフリカ人たちは不安に思っていたと考えられる。したがって，エ「～を不安に思う[心配する]」が適切。〈B〉 試合会場にいた群衆はほとんどが白人南アフリカ人だったが，ネルソン・マンデラ大統領がフィールドに現れると，彼を支持して応援したことから，イ「～を誇りに思う」が適切。

(2) 下線部は，「彼は，白人と黒人両方の南アフリカ人の支援なしでチームは勝てると信じていた」という意味。当時は白人南アフリカ人と黒人南アフリカ人が対立している状況だったこと，第1段落第6文「ネルソン・マンデラは国を1つにまとめるための方法を探さなくてはならなかった」から，チームが勝つためには白人と黒人両方の南アフリカ人が1つとなってチームを支援する必要があったことになる。したがって，下線部は could の後に not を入れて，「彼は，白人と黒人両方の南アフリカ人の支援がなければチームは勝てないと信じていた」とすると文意が文脈に合う。

(3) 「南アフリカはそれまで一戦も負けなかった」と「誰も南アフリカチームが決勝戦に勝つとは思っていなかった」という対照的な内容をつなぐので，イの but が適切。

(4) (… black South Africans were just as) excited for the match to begin as (white South Africans.) 並べかえる部分の直前に as があり，並べかえる部分にも as があることから，as ～ as …「…と同じくらい～」の形を使って as excited as とすると「…と同じくらい興奮していた」となる。for は不定詞〈to ＋動詞の原形〉の主語を表すときに用いるので，for the match to begin とまとめ，excited の前に置くと，興奮している状態になった原因・理由を表すことができる。

(5) 空所に入る文は，直前にある「驚くべきこと」を具体的に表す。また，空所の直後の「群衆の人々はほとんどが白人南アフリカ人だったが，彼らは自分たちの大統領を支持して応援していた」から，群衆がネルソン・マンデラ大統領を支持していることを表す内容と考えられるので，ア「群衆が『ネルソン！ ネルソン！ ネルソン！』と声を上げ始めたのだ。」が適切。イ「群衆はただ自分たちの大統領を見ているだけだった」，ウ「ネルソン・マンデラはフィールド上に降りてきた」，エ「ネルソン・マンデラは選手たちに金メダルを与えた」はいずれも空所前後をつなぐ内容ではない。

重要 (6) 質問は，「ネルソン・マンデラはなぜ国をまとめるためにラグビーを使うことを選んだか」という意味。ネルソン・マンデラは，白人と黒人の対立を解消して国を1つにまとめようと考えていて，その手段としてラグビーを選んでいることを前提に考える。答えの前半に与えられている「南アフリカの黒人たちはあまりラグビーが好きではなかった」は第2段落第3文で述べられており，それに続いて，「ネルソン・マンデラはラグビーは白人南アフリカ人たちにとって重要なスポーツであることを理解していた。彼はまた，スポーツの力も理解していた。彼は，スポーツには世界を変える力があると信じていた」とある。この3文から，白人にとってラグビーは重要なスポーツだったからこそ，そこに黒人が加わることで対立の解消に役立ち，そしてスポーツには世界を変える大きな力がある，という2つのことがラグビーを選んだ理由として成り立つ。

(7) ア「ネルソン・マンデラは南アフリカで初めてのラグビー・チームを作った」(×) ネルソン・マンデラがラグビー・チームを作ったという記述は本文にない。 イ「1995年までは，黒人南アフリカ人はどんなスポーツにも参加できなかった」(×) 第2段落第2文に当時の南アフリカ・ラグビー・チームに1人の黒人選手がいたことが述べられているので，一致しない。 ウ「ネルソン・マンデラは1995年ラグビー・ワールド・カップの標語を『1つのチーム，1つの国』にした」(×) 第2段落最終文を参照。「1つのチーム，1つの国」は1995年ラグビー・ワールド・カップの標語ではなく，南アフリカ・ラグビー・チームの標語である。 エ「フランスは当時最強のラグビー・チームだったが，1995年にニュージーランドとの試合に負けた」(×) 第4段落第4文を参照。当時最強のラグビー・チームはフランスではなくニュージーランドだった。 オ「南アフリカのラグビー・チームは1995年のワールド・カップですべての試合に勝った」(○) 第4段落第2，3文および，最終段落第1文の内容と一致する。

【8】 (長文読解問題・物語文：要旨把握，語句補充，語句整序，文補充)

(全訳) マギーとディオンは数か月前に結婚した。彼らは新しい町に引っ越して小さなアパートに住んだ。マギーはよく孤独を感じた。ディオンは毎日仕事にでかけ，彼女はその町で誰も知らなかった。

ある金曜日の朝，ディオンが仕事に遅れた。彼はバッグを取り上げて急いでドアのところへ行った。そのとき彼は立ち止った。「君に言い忘れていたよ。6時半に帰るよ。パムとブライアンがぼくと夕食を食べに来るんだ。よい一日を！」マギーは走ってドアを開けに行った。ディオンは階段を駆け下りながらまだ何か言っていたが，マギーには彼が何を言っているのか聞こえなかった。彼女はドアを閉めて中に戻った。

マギーは，「夕食会ね！ これはわくわくするわ。パムとブライアンが私たちの最初のお客さんね。でも私は料理がとても下手だわ！ 夕食に何を作れるかしら？ ディオンは料理がとても上手だわ。でもディオンは今夜，お客さんたちのために料理をする時間はない。私が何かを作らなければ」それからマギーは母親に電話をして助言を求めた。彼女はマギーに，「マギー！ あなたは料理ができないから，簡単なものを作ってちょうだい。ローストチキンはどう？ チキンと一緒にオーブンでジャガイモを料理できるし，サラダとアップルパイを作れるわ。頑張ってね」と言った。マギーはインターネットで調べた。彼女はチキンを焼くためのたくさんのレシピを見つけた。それは難しそうではなかった。「たぶんこれならできるわ」と彼女は思った。「それに，たぶんパン屋さんでアップルパイを買えるわ」

マギーは一覧表と予定表を作ったので，何時にチキンを料理し始めればよいかがわかった。彼女はサラダのためにすべてのものを用意した。彼女は花びんにスーパーマーケットで買った花を入れた。彼女はテーブルを整えて，「私は結婚のプレゼントとして私たちがもらったすべての贈り物を使うことができるわ。テーブルはきれいに見えるでしょう」と言った。マギーはとてもうれしく感じた。

マギーが予定表を読んだとき，午後遅い時間になっていた。「4時半にチキンをオーブンに入れなくては。それからジャガイモの準備をしてチキンと一緒にオーブンに入れるわ」マギーは注意深くインターネットで得たレシピに従った。彼女はレシピに書かれているすべてのことをした。彼女はオーブンの温度を設定してチキンを入れた。彼女はジャガイモを準備してそれらもオーブンに入れた。すべてが終わってマギーはくつろいだ。彼女は電話のアラームを午後6時にセットして休んだ。

アラームが鳴り出すと，彼女は台所へ行った。「変だわ，何もにおわないわ。調べた方がいいかもしれないわ」と彼女は思った。マギーはオーブンからチキンとジャガイモを取り出した。チキンは白くて冷たかった。ジャガイモは生だった。「まあ，いけない！ オーブンが壊れているわ！ 軽食とサラダとパイしかないわ！」

ディオンが帰って来た。彼はとても陽気だった。「早く仕事を終えたんだ。パムとブライアンは車を停めているよ。彼らは数分でここに来る」彼はマギーを見た。彼女の顔には涙が流れていた。「ああ，ディオン！　オーブンが壊れているの。彼らにあげる食べ物が何もないのよ！」「君が料理をしたの？　でも…」彼はオーブンのところへ行ってとびらを開けた。オーブンは冷たかった。彼はオーブンの操作装置を見た。彼はマギーを抱きしめた。「君はレシピを見たの？」「ええ。全部書き留めたわ！」ディオンが笑った。「すぐにチキンとジャガイモを冷蔵庫に入れるんだ。それは明日食べよう。ぼくは今朝，君に帰る途中でピザを買うと言ったんだよ。今，ブライアンが持ってくるよ」

「まあ，あなたが何か言ったのは知っているけれど，聞こえなかったの」パムとブライアンがドアのところに来た。彼らはピザとワインを持っていた。それはすばらしい夕食会だった。

マギーのサラダはおいしかった。みんなアップルパイが気に入った。パムとブライアンが出て行ったとき，マギーがディオンに言った。「明日，修理工に電話をしないといけないわね。オーブンが壊れているわ」

ディオンは笑って，「うーん。オーブンは壊れていないよ。君は温度を設定したけれど，オーブンをつけなかったんだよ！」と言った。「まあ，レシピにはオーブンをつけることについて何も書いてなかったわ！」とマギーが言った。

出典：『夕食会』 I TALK YOU TALK PRESS EXTRA（一部改変）

(1) （要約文全訳） マギーとディオンは新婚の1夫婦だった。昼間，マギーはいつも家にいて孤独を感じていた。ある朝，ディオンは妻に，友達をアパートに2連れて来ると言った。／初めての3客があるので彼女はわくわくした。彼女はインターネットを検索してローストチキンとサラダを作ることにした。／彼女はレシピに従ってチキンと4ジャガイモをオーブンに入れ，アラームを午後6時に設定した。アラームが鳴り出したとき，彼女は何も5においがしなかった。彼女はオーブンが6壊れているのだと思った。／ディオンが帰宅したとき，マギーは食べるものが何もなかったので7泣いていた。彼女はオーブンについて彼に説明し，彼はそれを調べた。オーブンは8何も悪いところはなかった。マギーはただそれをつけるのを9忘れていたのだった。／とにもかくにも，彼らはチキンは食べなかったが，みなパーティーで10楽しく過ごした。

全体として過去形で述べられているので，動詞の形に注意する。1の couple は一組の男女のことで，基本的には「夫婦」の意味。2は bring「連れて来る」の他に，invite「招待する」でもよい。5の smell は「においがする，～のにおいをかぐ」という意味。9は forget「忘れる」の他に，fail「～しない，～しそこなう」でもよい。10の enjoy oneself は「楽しく過ごす」という意味。

(2) 〈a-1〉 ask for ～「～を求める」　〈a-2〉 recipes for roasting a chicken「チキンを焼くことのためのレシピ」

(3) 〈b-1〉 written on the recipe「レシピに書かれている」〈b-2〉 the alarm on her phone「電話のアラーム」

(4) (I can use) all the gifts we were given as (wedding presents.)　use の目的語として all the gifts「すべての贈り物」を置く。gifts の後に we were given「私たちがもらった」を続けて後ろから gifts を修飾する。as は「～として」の意味の前置詞。

(5) 下線部の直前で，ディオンは「君が料理をしたの？」とマギーが夕食を作ったことに対して疑問に思っている。これに続いて But で始めて次の言葉を言おうとしているので，「料理をした」ことについて否定的な内容や対照的な内容の発言が続く。その後の会話の中で，実はマギーは夕食を料理する必要はなかったことがわかるので，そのことを表している第８段落最後から2番目のディオンの I told you this morning that I would buy pizza on the way home.「ぼくは今朝，君に帰る途中でピザを買うと言ったんだよ」という発言が適切。

★ワンポイントアドバイス★

【7】(6)では，与えられている日本語の内容が本文のどこに書かれているかを探すのがコツ。空所に入れる内容はその近くにあるはずなので，その近くを注意深く読むことで正解にたどり着ける可能性が高まる。

＜理科解答＞

1. (1) a セキツイ b 立体 c 天然記念物 d 外来生物 (2) (ア)
(3) (い) (例) アカハライモリ (う) (例) アマガエル (4) (ア)
(5) (Ⅱ) 肺 (Ⅲ) 皮ふ (6) イ

2. (1) a 断層 b 海嶺 c 太平洋 d 北アメリカ
(2) ① P波 理由 S波は海水中を伝わらないから。 ② 津波 (3) ① 28km
② 2か所 (4) (イ) (5) (ア)

3. (1) a 有機物 b 二酸化炭素 c 水 (2) (イ)・(ウ)
(3) $CH_4+2O_2 \rightarrow CO_2+2H_2O$ (4) d 3 e 11 f 1 g 18 h 0.6 i 0.1
(5) (ア)・(ウ) (6) (ウ) (7) X－(Y＋Z)[g]

4. (1) a 伝導 b 対流 (2) 温室効果 (3) (オ) (4) (オ)
(5) $0.7\pi r^2F$[W] (6) (オ)

○推定配点○
1. 各1点×11 2. (1)・(2) 各1点×6((2)①完答) 他 各2点×4 3. 各1点×14
4. (1)・(2) 各1点×3 他 各2点×4 計50点

＜理科解説＞

1. (動物の種類―両生類のからだ)

(1) (a) 両生類，魚類などは，すべて背骨を中心とした内骨格を持つセキツイ動物である。
(b) 肉食性の動物は，両目の視野が重なる範囲が広い。これは，周囲を立体的に見ることで，獲物までの距離を把握しやすいことに役立っている。 (c) 動物，植物，地質鉱物，保護区域が天然記念物に指定されると，保護される対象になるので，理科の学習であっても無許可で採集することはできない。そのうち，特に価値の高いものを特別天然記念物という。2022年現在，動物21件，植物30件など，計75件がある。 (d) 特定外来生物は，海外から入ってきた動物や植物のうち，生態系によくない影響を与え，また，農業などの人間生活に被害を与えるものが指定されている。2022年現在，動物137種，植物19種が指定されている。

(2) (ア)は古生代後半の海に生息した，炭酸カルシウムの殻をもつプランクトンである。(イ)は古生代後半に出現し，中生代に繁栄した軟体動物である。(ウ)は新生代第四紀の大型ホ乳類で，ヒトとも時期が一部重なる。(エ)は新生代新第三紀の亜熱帯に生息していた巻貝である。

(3) 両生類のうち，(い)には，サンショウウオのなかまのほか，イモリのなかまなどがある。一方，(う)はカエルのなかまであり，多くの種類がある。これらから1つずつ答えればよい。

重要 (4) 魚類と両生類の多くは，水中に殻のない卵を産み，体外受精をおこなう。ハ虫類と鳥類の多くは，陸上に殻のある卵を産み，体内受精をおこなう。殻は，内部を乾燥から守っている。

(5)　両生類は，幼生はえら呼吸をおこなうが，成体は肺呼吸をおこなう。しかし，肺呼吸だけでは不足するので，呼吸の全量の半分程度は皮膚呼吸をおこなっている。

(6)　両生類の成体の心臓は，2心房1心室である。

2.（地震―地震とプレート）

(1)　(a)　地下の地層が切断されてずれることで，断層が生じ，地震が発生する。　(b)　海底に連なる大山脈は海嶺とよばれる。海嶺ではプレートが生成し，両側へ移動する。　(c)・(d)　東日本では，海側の太平洋プレートが，陸側の北アメリカプレートの下に沈み込む。西日本では，海側のフィリピン海プレートが，陸側のユーラシアプレートの下に沈み込む。

(2)　①　海上で感じる地震は，海震とよばれ，地震波のP波が海底から海水中に伝わったものである。問題の会話文にもあるように，P波は押し引きの波である。これは音波と同じで，海水中でも伝わる。しかし，S波はずれるように伝わるため，液体である海水中を伝わらない。　②　海底の直下で地震が起こると，海底が陥没したり隆起したりして，海水を海底から揺らす。これによって津波が発生する。津波は地震波ではなく，海底で新たに生じる波である。

重要　(3)　①　問題の会話文中の数値を用いる。震源から仙台までの距離をx[km]とすると，距離÷速さ＝時間だから，P波が伝わる時間は，$\frac{x}{7}$[秒]　S波が伝わる時間は$\frac{x}{4}$[秒]である。このことから，初期微動継続時間について，$\frac{x}{4}-\frac{x}{7}=3$[秒]となり，解いて$x=28$kmとなる。　②　仙台と松島を結ぶ線分の長さが20kmで，仙台から26.2km，松島から33.5kmとなるような点は，三角形の作図を考えて，2か所の候補がある。

(4)　海嶺では，海底の下でマグマが生成して湧き出し，海洋プレートが生成する。海洋プレートは両側へ分かれるように動く。　(ア)　両側とも海のプレートである。　(ウ)　現在も活動している。　(エ)　太平洋，大西洋，インド洋のどれにも存在する。

(5)　日本列島はプレートの沈み込み帯にあたるため，ふだんから東西方向に圧縮する力がはたらいており，その力でひずんだ部分が地震を起こすことが多い。問題の2011年に起こった東北地方太平洋沖地震も，そのタイプの地震である。余震では，変形した岩盤を戻すように，引っ張りの力による地震が起こることもある。(ウ)・(エ)のようなことは起こらない

3.（酸化―有機物の燃焼）

(1)　(a)　炭素原子を含み，他に酸素原子や水素原子などでできている化合物が，有機物である。　(b)・(c)　有機物が完全燃焼すると，炭素原子は二酸化炭素に，水素原子は水になる。

(2)　有機物が燃焼するとエネルギーが発生し，二酸化炭素と水を放出する。大半は，生物が由来の物質である。砂糖は植物からつくられる。プラスチックの原料の石油は，かつてのプランクトンである。なお，ステンレスは鉄に少量のクロムを混ぜた金属，食塩は塩化ナトリウム，ガラスは主に二酸化ケイ素であり，これらは炭素を含まない。

重要　(3)　メタンCH_4も有機物であり，燃焼すると二酸化炭素CO_2と水H_2Oが生じる。まず，化学式を並べると，$CH_4+O_2 \rightarrow CO_2+H_2O$となる。次に，数合わせをするが，左辺と右辺で3か所にあるOは後回しにして，CとHの数を合わせると，$CH_4+O_2 \rightarrow CO_2+2H_2O$となる。最後にOの数を合わせると，$CH_4+2O_2 \rightarrow CO_2+2H_2O$で完成する。

(4)　炭素原子Cと(b)二酸化炭素CO_2の質量比は，12：(12＋16×2)＝12：44＝3：11である。また，水素原子Hと(c)H_2Oの質量比は，1：(1×2＋16)＝1：18である。ソーダ石灰管は(b)二酸化炭素を吸収して2.2g増えたので，そのうちの炭素原子の質量は$2.2\times\frac{3}{11}=0.6$(g)である。塩化カルシウム

管は(c)水を吸収して0.9g増えたので，そのうちの水素原子の質量は$0.9\times\frac{1\times2}{18}=0.1$(g)である。

(5)　下線部(う)の化合物は，炭素と水素のみからできている。(4)の計算から，炭素と水素の質量比は0.6：0.1である。炭素原子1個と水素原子1個の質量比は12：1だから，炭素と水素の個数の比は，(0.6÷12)：(0.1÷1)＝1：2となる。よって，この化合物の化学式として考えられるのは，CH_2，C_2H_4，C_3H_6，C_4H_8，…などである。

(6)　この実験で発生したCO_2のうちのCや，H_2OのうちのHは，化合物中にあったものである。しかし，それぞれのOは，化合物の中にあったものか，空気中にあったものかわからない。

(7)　酸素原子の質量は，測定しなくとも，もとの化合物の質量Xから，炭素原子の質量Yと水素原子の質量Zを引けば求められる。

4. (熱—太陽の放射エネルギー)

(1)　接触している2つの物体間で，直接に熱が伝わるのは伝導である。また，液体や気体の体積が変化し，動きながら熱も伝わるのは対流である。

(2)　問題文によると，太陽放射の熱量と地球放射の熱量のつり合いだけを考えて地球の表面温度を理論計算すると255K(－18℃)である。しかし，実際の地球の平均表面温度は，280～290K(7℃～17℃)で，理論計算よりも高い。これは，地表が放射した赤外線を大気が吸収し，大気が放射した赤外線を地表が吸収するという温室効果がはたらいているためである。

重要　(3)　単位〔W〕は，〔J/秒〕と同じ意味である。つまり，〔W〕は1秒あたりのエネルギー〔J〕を表す。よって，〔W/m^2〕は，1秒あたりに$1m^2$から放射されるエネルギー〔J〕を表す。

(4)　1天文単位(1au)は，光が8分20秒で進む距離である。8分20秒は，60×8＋20＝500(秒)だから，その距離は，30万×500＝15000万＝1.5億，つまり1.5×108kmである。

(5)　入射した太陽放射エネルギー量に対する反射エネルギー量の割合が30％(0.3)だから，吸収エネルギー量の割合は70％(0.7)である。そこで，問題文の通りに式をつくると，HはFにπr^2と吸収率0.7を掛ければよいので，$H=0.7\pi r^2F$となる。意味は，1秒間に$1m^2$に入射する太陽放射エネルギーがFで，太陽から見た地球の断面積はπr^2だから，地球に入射する全エネルギーはπr^2Fとなり，その70％を地球が吸収するということである。

(6)　(5)の式に数値を代入すると，$H=0.7\pi r^2F=0.7\times3\times(6.4\times10^6)^2\times1400=120422.4\times10^{12}=1.204224\times10^{17}$となる。四捨五入して，$1.2\times10^{17}$Wとなる。

★ワンポイントアドバイス★

知っている知識に加え，問題文から必要な情報を入手して解き進める必要がある。よく読んで上手に活用しよう。

＜社会解答＞

【1】 問1 イ　問2 ヒスパニック　問3 ア　問4 ウ　問5 （例） APEC成立以前は，貿易相手はイギリス中心であったが，成立後は中国や日本などアジア諸国中心になった。
問6 エ

【2】 問1 1 デルタ　2 コンパクトシティ　3 パークアンドライド
問2 地方中枢都市　問3 ウ　問4 イ　問5 エ

【3】 問1 ウ　問2 ウ　問3 天平文化　問4 ア　問5 ア
問6 土倉，酒屋　問7 （1） ア　（2） カ　問8 武家諸法度

【4】 問1 （1） 帝国議会　（2） ワシントン　問2 オ　問3 エ　問4 ア
問5 （1） ウ　（2） エ　（3） エ　問6 イ

【5】 問1 ウ　問2 人間の安全保障　問3 エ　問4 エ　問5 （1） ウ　（2） イ
問6 エ　問7 イ

【6】 問1 イ　問2 X 6　Y 4　Z 2.5　問3 ブロック経済　問4 イ
問5 ア　問6 エ　問7 ウ　問8 サミット

○推定配点○

【1】 問5 2点　他 各1点×5　【2】 各1点×7　【3】 各1点×9　【4】 各1点×9
【5】 各1点×8　【6】 各1点×10　計50点

＜社会解説＞

【1】 （地理―アジア，北アメリカ，南アメリカ，ヨーロッパ，オセアニア）

問1 17世紀初頭に北アメリカ大陸の大西洋岸に植民地を開いて移民を入植させたのは，イのイギリスである。

問2 ラテンアメリカ諸国からアメリカ合衆国にやってきた，スペイン語を母語とする移民やその子孫を，ヒスパニックという。

問3 アメリカ合衆国において，アジア系人種は東アジアから太平洋を渡って到達できる西海岸に多いと考えられるので，アのカリフォルニア州がアジア系人種の比率が高いと考えられる。

問4 ドイツでは第二次世界大戦の時にユダヤ人への迫害が行われていたので，ウが誤っている。

やや難 問5 オーストラリアは，かつては旧宗主国のイギリスなどヨーロッパとの貿易が盛んであったが，APEC（アジア太平洋経済協力会議）が成立した後は，中国や日本などアジア諸国との貿易が中心となっている。

問6 アラブ首長国連邦は中東の産油国で，イスラム教国であることから，20～30歳代の男性外国人労働者の人口が多いと考えられ，エと判断できる。アは「世界でもっとも少子高齢化が進んだ国の一つ」から日本とわかる。イは「1970年代以降に，人口増加率が低下しているのは，国の政策が原因の一つ」から，かつて一人っ子政策を導入していた中国とわかる。ナイジェリアは人口ピラミッドが富士山型で15歳未満の人口の割合が高いと考えられるので，ウとなる。

【2】 （日本の地理―日本の国土と自然，交通，人口）

問1 （1） 広島平野は，太田川の三角州（デルタ）上に位置している。 （2） 富山市などで進められている，公共交通機関や徒歩で生活できるような都市を整備する取り組みを，コンパクトシティ政策という。 （3） 郊外から都心へ向かう場合に，郊外の駅に併設された駐車場に自動車を停め，鉄道やLRTなどに乗りかえて都心へ移動する方式を，パークアンドライド方式という。

基本 問2 ある地方の政治・経済・文化の中心都市のことを，地方中枢都市という。北海道の札幌市や

東北地方の仙台市，中国・四国地方の広島市，九州地方の福岡市などが地方中枢都市として挙げられる。

問3　郊外の幹線道路沿いに広い駐車場を備えたショッピングセンターが建設されると，自動車で買い物に訪れることが前提となるため，自動車免許を持たない人にとっては買い物をしにくくなるため，Aは誤り。郊外に市街地が拡大すると，市街地の拡大にともなう道路や水道などの維持，整備に莫大な費用がかかることになるので，Bは正しい。よって，ウの組み合わせが正しい。

問4　LRTは必ずしも中心市街地から郊外へと延びる路線だけが導入されるわけではなく，都心部で導入されている例もある。また，LRTが導入されることで人々が郊外へ移り住む傾向が強くなるわけでもない。よって，イが誤っていると判断できる。LRTは地下鉄に比べると建設費用が安く，短期間で導入することができるので，アは適当。LRTを都心部で導入すると，都心部に乗り入れる自動車が減るため，交通渋滞を緩和することができると考えられており，ウは適当。LRTは自動車やバスに比べて二酸化炭素の排出量が少ないことから，持続可能な社会を目指す上で有効と考えられるので，エは適当。

問5　富山市は，日本海側に位置しており，冬に降水量が多いことから，12月や1月の日降水量が1mm以上の日数が最も多いエと判断できる。

【3】（日本と世界の歴史―古代～近世）

問1　漢は紀元前202年に中国を統一し，220年に滅んでいる。ウのローマが地中海を囲む地域を統一したのは紀元前30年なので，漢の時代に最も近い。アのモヘンジョ・ダロは紀元前2600年頃～紀元前1800年頃のインダス文明における都市遺跡。イのアレクサンドロス大王が巨大な帝国を作り上げたのは紀元前4世紀。エのムハンマドが神に絶対的に従うことを説いてイスラム教を開いたのは7世紀。

問2　Aの倭王武が中国に使者を送ったのは5世紀。Bの『魏書』に書かれた中国に使者を送った倭の女王は邪馬台国の卑弥呼である。卑弥呼は239年に魏に使者を送っている。Cの『隋書』に書かれている倭からの使者は遣隋使なので，7世紀初頭の出来事。古い順に並びかえるとB→A→Cとなり，ウが正しい。

問3　全国に寺院を建てる命令を出したのは，奈良時代の聖武天皇である。聖武天皇の時代の年号をつけた奈良時代の文化は，天平文化である。

問4　平安京は794年に桓武天皇が遷都している。桓武天皇の頃に朝廷と争っていたのは東北地方の蝦夷で，蝦夷の指導者はアのアテルイである。イの奥州藤原氏は11世紀後半から12世紀後半にかけて平泉を拠点に奥羽を支配した豪族。ウのコマシャインはアイヌの首長で15世紀半ばに和人に対して蜂起した中心人物。エの平将門は10世紀前半に関東地方で朝廷に対して反乱を起こした人物。

問5　鎌倉幕府の御家人たちの奉公のなかには，京都の天皇の住まいや鎌倉の幕府を警備することがあったので，Aは正しい。鎌倉時代の荘園・公領の領主は都の皇族・貴族や寺社であることが多く，鎌倉幕府の地頭の中には彼らへの年貢の納入を請け負う者もいたので，Bは正しい。よって，アの組み合わせが正しい。

問6　室町時代に土一揆に襲われる対象となった金融業者は，土倉と酒屋である。

重要　問7　(1)　Aは楽市令で織田信長が安土城下に対して出したもの。Bは正長の土一揆について記した「柳生の徳政碑文」である。よって，アの組み合わせが正しい。　(2)　Aは安土桃山時代のものである。Bについて，正長の土一揆は室町時代の出来事である。Cは1297年に出された永仁の徳政令である。よって，年代の古い順に並びかえるとC→B→Aとなり，カが正しい。

問8　江戸時代に将軍の代替わりごとに大名に対して出されたきまりは，武家諸法度である。

【4】（日本と世界の歴史―近世～近代）

問1 （1） 大日本帝国憲法では，「天皇ハ帝国議会ノ協賛ヲ以テ立法権ヲ行フ」規定しており，帝国議会の協賛を得ることなく法律をつくることはできなかった。 （2） 1921年から1922年にかけて開かれた，アジア・太平洋の国際協調体制がつくられるなどした会議は，ワシントン会議である。ワシントン会議では，太平洋地域の現状維持や，中国の独立と領土の保全が確認されている。

重要 問2 Aの近松門左衛門は江戸時代の人形浄瑠璃の脚本家であり，「台湾を拠点に抵抗運動を行った人物を題材とした」人形浄瑠璃の脚本は，『国姓爺合戦』である。Bの日本政府が琉球漁民の殺害に抗議し台湾に出兵したのは明治時代初期の1874年。Cの豊臣秀吉は安土桃山時代の人物。よって，年代の古い順に並びかえるとC→A→Bとなり，オが正しい。

問3 Aについて，千島列島は1875年の樺太・千島交換条約で日本領となっているので，Aは誤り。日露戦争の講和条約であるポーツマス条約で，日本は旅順や大連の租借権を手に入れているが，旅順や大連は山東半島ではなく遼東半島に位置しているので，Bは誤り。よって，エの組み合わせが正しい。

問4 第一次世界大戦は1914年に勃発し，1918年に終結している。ロシアでレーニンらが史上初の社会主義の革命政府をつくったロシア革命は1917年なので，アが第一次世界大戦中に起きた出来事として正しい。イについて，ドイツでビスマルクの指導のもとに統一帝国がつくられたのは1871年。ウについて，インドでガンディーらがイギリスによる塩の専売制に反対する抗議運動として「塩の行進」を行ったのは1930年。エについて，中国で毛沢東ら共産党が国民党の弾圧から逃れるために大移動を行ったのは1930年代半ばである。

問5 （1） Ⅰについて，原敬が総理大臣となった1918年より前の1910年に韓国併合が行われており，朝鮮は日本の植民地となっており，bの「日本と朝鮮は全く同じ国である」があてはまる。Ⅱについて，「異民族統治は，民族としての独立を尊重し」とあることから，最終的にはcの「政治的な自治権を与える」があてはまると考えられる。よって，ウの組み合わせが正しい。 （2） 資料2で吉野作造は「事あるごとに朝鮮人を蔑視し，虐待しているようでは，到底同化させることはできない」と述べており，日本の人びとの朝鮮の民族に対する態度を問題として同化政策に批判的な立場を取っていると判断できるので，Ⅲはbとなる。Ⅳについて，吉野作造は民本主義を唱えたことで知られており，民本主義は，一般民衆の意向に沿って政策を決定すべきであるという主張なので，dがあてはまる。よって，エの組み合わせが正しい。 （3） 原敬は米騒動後に総理大臣となっており，Aは誤り。米騒動は寺内内閣が軍隊を出動させて鎮圧している。普通選挙法を制定したのは原敬内閣ではなく加藤高明内閣なので，Bは誤り。よって，エの組み合わせが正しい。

問6 Aの南満州鉄道の線路が爆破され，関東軍が軍事行動をはじめたのは1931年で，満州事変の始まりである。Bの日本とドイツが日独防共協定を結んだのは1936年。Cの犬養毅首相が首相官邸で暗殺されたのは1932年の五・一五事件である。年代の古い順に並びかえると，A→C→Bとなり，イが正しい。

【5】（公民―経済のしくみ，国際社会と平和，環境問題）

問1 朝鮮戦争にアメリカ軍を中心とした国連軍が介入した時のアメリカ大統領は，ケネディではなくトルーマンなので，ウが誤りを含む。なお，ケネディはキューバ危機の時のアメリカ大統領である。

問2 国だけでなく一人ひとりの人間性に着目し，その生命や人権を大切にするという考え方を，人間の安全保障という。

やや難 問3　日本がソマリア沖などで海賊対策として自衛隊が船舶を護衛する行為は，2009年に制定された海賊対処法(海賊行為の処罰及び海賊行為への対処に関する法律)に基づくものなので，エが正しく，ア・イ・ウは誤りとわかる。

問4　Aのアメリカ同時多発テロは2001年の出来事。Bの第一次中東戦争は1948～49年の出来事。Cのユーゴスラビア紛争は1991年に始まっている。年代の古い順に並びかえるとB→C→Aとなり，エが正しい。

問5 (1)　ビンなどの容器代を事前に価格に上乗せし，返却する際に返金して容器を回収する方法を，デポジット制度というが，返却時に上乗せした金額は返却されるので，ウが「金銭的な負担を課すことで供給量を調整しようとする仕組み」を使っているとはいえない事例とわかる。

(2)　生産費用が増えると供給曲線は左へ移動すると考えられる。また，政府のキャンペーンによって財の需要が落ち込むと需要曲線が左へ移動すると考えられる。供給曲線が左へ移動し，需要曲線が左へ移動したときの均衡点は，イとなる。

問6　供給網のことは，エのサプライチェーンという。

問7　主権国家であることが国連に加盟する条件となっているが，国連に加盟することは主権国家の条件とはなっていないので，イが誤りを含んでいる。なお，日本が承認している国家のなかにも，バチカンのなど国連非加盟の国もある。

【6】（地理，公民－貿易，国際経済，国際社会と平和）

問1　日本からの輸出額が最大であるが，輸入額は輸出額に比べて大幅に少ないAはアメリカ，輸出額・輸入額を合わせた金額が最大のCは中国とわかるので，BがEU(ヨーロッパ連合)となる。よって，イの組み合わせが正しい。

問2　A国はパソコン1台作るのに10万円かかる一方，B国はパソコン1台作るのに60万円かかる。また，A国は冷蔵庫を1台作るのに50万円かかる一方，B国は冷蔵庫を1台作るのに20万円かかる。よって，A国はパソコンを作るのが得意で，B国は冷蔵庫を作るのが得意と考えられる。それぞれの国が得意な製品のみを作り，A国は60万円，B国は80万円の予算の場合，A国はパソコンを60万円÷10万円で6台，B国は冷蔵庫を80万円÷20万円で4台，それぞれ作られるとわかる。分業する前はパソコンと冷蔵庫を合わせて4台作られたものが，分業後は合わせて10台作られているので，10÷4＝2.5で2.5倍に増加しているとわかる。よって，Xは6，Yは4，Zは2.5があてはまる。

基本 問3　世界恐慌のときに，イギリスやフランスは植民地との関係を密接にするとともに，それ以外の国々からの輸入品への関税を高くするブロック経済圏を形成した。

問4　GATTの基本原則は，「自由・無差別・多角主義」であり，アは誤り。WTOはGATTのウルグアイ・ラウンドでルールが確立されたサービス貿易や知的財産権の保護などについて継承しており，イが正しい。WTO加盟国すべての国や地域で鉱工業品分野の関税がゼロになっているわけではないので，ウは誤り。WTOは未加盟の国や地域との貿易を禁止していないので，エは誤り。

問5　アメリカを含めた12か国で2016年に署名されたTPPから，2017年にアメリカは離脱しており，アが正しい。MERCOSURはアルゼンチンやブラジル，パラグアイなどが加盟しているが，南アメリカ大陸にあるすべての国家が加盟しているわけではないので，イは誤り。ベトナムはASEAN(東南アジア諸国連合)に加盟しているので，ウは誤り。EUは共通の通貨であるユーロを導入しているが，すべての加盟国が導入しているわけではないので，エは誤り。

問6　日本は2002年にシンガポールとのEPAが発効しており，エが適当。

問7　表中の国の中で，国土面積が大きい上位3か国はカナダ，アメリカ，オーストラリアとなるが，2012年から2017年にかけて食料自給率が高い上位3か国は2012年と2015年はアメリカにかわってフランスが入るので，ウが誤っている。

問8　主要国の首脳が集まり，世界の様々な問題について話し合う会議は，「山の頂上」になぞらえてサミットと通称されている。

★ワンポイントアドバイス★

背景や理由についてもしっかりとおさえておこう。

＜国語解答＞

【一】　問1　a　借用　　b　矛盾　　c　名残　　d　民族　　e　起源　　問2　普遍的(な)
問3　オ　　問4　エ　　問5　イ　　問6　ア　　問7　ウ　　問8　オ
問9　(例)　一般的な基本色名の進化では「青」より先に「緑」や「黄」が登場するが，日本語では「青」の方が先に登場していたと考えられる点。

【二】　問1　a　溶(けた)　　b　詰(まった)　　c　面影　　d　途端　　e　絞(られる)
問2　イ　　問3　ア　　問4　ウ　　問5　エ　　問6　(例)　武藤さんは実力も体格も自分より劣っていたが，毎日自主練習をして自分を追い抜いたことに一目置いているから。
問7　オ　　問8　エ　　問9　(例)　篤に触発されて，自分も兄弟子としてのプライドを捨てて武藤さんとトレーニングをする決意をしたが，それを篤に告白した自分が恥ずかしく照れくさかったから。

○推定配点○
【一】　問1　各2点×5　　問9　10点　　他　各4点×7
【二】　問1・問2　各2点×6　　問6・問9　各10点×2　　他　各4点×5　　計100点

＜国語解説＞

【一】　(説明文－大意・要旨，内容吟味，文脈把握，脱文・脱語補充，漢字の読み書き，語句の意味)

問1　a　借りて用いること。　b　二つの物事がくい違っていて，つじつまが合わないこと。「矛」の訓読みは「ほこ」で，「盾」の訓読みは「たて」。　c　物事が過ぎ去った後に，影響が残っていること。　d　歴史や文化などをもとにして，同族だと意識する人々の集団。　e　物事の始まり。「源」の訓読みは「みなもと」。

基本　問2　同じ段落の，すべてのものにあてはまるという意味を表す「普遍的」に着目する。

問3　直後の文以降で「色鉛筆」に必ず入っている色が優位で，次にハイブリッドな名前の色，さらに隙間を埋めるように概念化された「後発の色」ができるという例を挙げており，基本となるものを優位としその基本をもとに派生していくことを「序列」と表現している。この内容に「母音」という基本をもとに「子音」が派生するという例を挙げて「序列」としているオが最適。他の選択肢は，基本と，基本となるものをもとに派生するという「序列」の例になっていない。

問4　──線部②の直前に「このように」とあるので，前の内容に着目する。一つ前の段落の「赤や青のような色は序列が高い。また黄緑は……黄と緑という二つの色が先にあって初めて存在し得るし，山吹色や常盤色といった……後発の色は，序列が低い」から，早くから出現するものほど序列が高いとしていることが読み取れる。この内容を述べているエを選ぶ。アの「組み合わせ」ができるかどうかは序列には関係がない。イの「言語」は，色の序列とは関係がない。ウの色の「淘汰」や，オの「認知できない色」については述べていない。

問5　直前の文の「これは青という色名が，昔の日本語では緑までを含む広い概念だった」や，直後の文「今の日本語は，青という基本色名が青と緑の二つに分かれる，その最中なのだろう」が意味するところを読み解く。――線部③にあるように，現在の日本語で「緑」と「青」が完全に区別されないのは，「青という基本色名が青と緑の二つに分かれる，その最中」だから，と言う内容を言い換えて説明しているイが最適。アの「色合いの幅が広くなった結果，表現の仕方が曖昧になった」や，エの「青色と緑色が誤解され始め」は，直後の文の内容に合わない。ウの「緑色がまだ十分認知されておらず」は，現在の状況に合わない。オの「今も違う色合いへと進化しようとしている」とは述べていない。

やや難　問6　――線部④の直前に「このように」とあるので，前の内容に注目する。同じ段落で，「黒」と「白」しか色単語がないニューギニア高地の民族の例を挙げ，「レモンのような鮮やかな黄は『白』で，濃く染まったデニムの紺は『黒』ということになる」と述べている。基本色名としては同じでも色数が少ない場合は幅広い色合いを持つということになり，この内容を述べているアが最適。イは――線部④の「基本色名の指す色」の違いを述べていない。――線部④の「進化を通して変化する」に，ウやエは合わない。オは基本色の序列について述べており，――線部④の「基本色名の指す色」ではない。

問7　同じ段落の「ここでいう黒は我々にとっての黒とは異なり，明度の低い色を広く含む概念である。同様に，白も明度の高い色を全般に指す言葉である」から，基本色名の数が少なければ「ひとつの基本色名がカバーする色の範囲」はどのようになるのかを考える。「レモンのような鮮やかな黄は『白』で，濃く染まったデニムの紺は『黒』ということになる」という例も踏まえると，基本色名の数が少なければ「ひとつの基本色名がカバーする色の範囲」は広くなるとわかる。この内容を述べているウが当てはまる。他の選択肢は，同じ段落の内容に合わない。

問8　図は，[一般則]と[日本語]の色の序列の違いを述べている。「ステージ2では」で始まる段落に「ステージ5で青が加わり」とあるので，[D]に当てはまるのは「青」。「バーリンとケイ」で始まる段落に「日本語では青は……緑よりもキゲンが古いと推測される」とあるので，[H]の「緑」の前の[G]に「青」が当てはまる。

重要　問9　一般的な基本色名の進化の過程と，日本語の基本色名の進化の過程の違いをまとめる。「ステージ2で」で始まる段落で，「一般的な基本色名の進化の過程」について「赤と緑と黄が出そろうと，ステージ5で『青』が加わり」と説明している。一方，日本語については，――線部⑤の直後の文で「日本語では青はもともと緑も含む広い概念で，緑よりもキゲンが古いと推測される」と説明しており，この内容を簡潔に言い換えてまとめる。

【二】　(小説―情景・心情，内容吟味，文脈把握，漢字の読み書き，品詞・用法)

問1　a　音読みは「ヨウ」で，「溶解」「溶岩」などの熟語がある。　b　音読みは「キツ」で，「詰問」「難詰」などの熟語がある。　c　心に思い浮かべる顔や姿。「面」の他の訓読みは「おもて」「つら」。　d　あることが行われたその瞬間。　e　「絞」の他の訓読みは「し(まる)」。音読みは「コウ」。

基本　問2　ACEは引用を表す格助詞，Bは動作の相手を表す格助詞，DFは「と同時に」という意味を表す接続助詞。

やや難　問3　背後から突然声をかけられて驚く篤に対して，坂口さんは「お前，ビビりすぎ……あんなん，俺の方がびっくりするわ」と言って笑い転げているという状況である。直前の「笑い転げている坂口さんは，ちっとも驚いたように見えない」から，篤は自分だけが驚かされたような形になったことを不服に思っていることが読み取れ，この内容に最適のものはア。ウの「練習が中断されたことを不愉快に思った」様子は読み取れない。イの「真剣に呼び出しの練習をせざるを得なくなってしまったことを面倒に思った」や，ウの「師匠や他の兄弟子たちに伝えられることを不安に思った」とは述べていない。坂口は，オの「篤の練習の声に驚かされた」わけではない。

問4　直前の「別にえらくなんかない。今日の今日まで，自主練習をしたこともない。今日の練習だって，ただの気まぐれだ」と篤は言おうとしたのに，言えなかったという場面である。篤が言おうとしたのは自分の練習に関することで，坂口に対する配慮は読み取れない。したがって，「篤が坂口に配慮したということ」とある生徒Cの解釈は誤っている。

問5　前の「俺も，本当は買い食いとかしてる場合じゃないんだけどさ。俺がこうしている間にも，武藤はトレーニングしてるって考えると，何やってるんだろうって，すげえ思うもん」という坂口の言葉からは，自主的な練習をした方がいいとは分かっているが，実際には行動に移せない自分に対する焦りが感じられる。この心情を「自分と向き合うことから逃げようとしている」と表現しているエが最適。坂口の言葉に「日々の練習で精一杯」とあるアや，「自分が練習をしなくても済むように」とあるウは合わない。武藤のトレーニングについてはみんな知っているので「ただ一人隠れて練習を続ける」とあるイも合わない。オの「自由時間を楽しむことを優先させてほしい」と坂口は言っていない。

問6　――線部④「武藤さんの呼び方だけは『武藤』だ」は，坂口が武藤を他の弟弟子のように気安く下の名前で呼べないでいることを言っている。坂口は武藤について，前で「あいつ……最初から真面目だったけど細くて相撲も下手で，ぶっちゃけ弱かった。なのに，気づいたらいつの間にか追い抜かされてた」，後で「もう稽古場でもあいつに勝てなくなって。年でいったら，あいつ俺より五つも下だよ？なのに，あっさり俺の最高位よりも上に行ってさ」と言っており，ここから，坂口は毎日自主練習をして自分を追い抜いていった武藤に対して一目置いていることが読み取れる。この内容を理由として簡潔にまとめる。

問7　前の「坂口さんは兄弟子らしくアドバイスをくれたが，他の兄弟子に見つかるリスクを背負ってまで練習を続ける熱意は，今のところ持てなかった」に着目する。篤にとって今日の自主練習は「ただの気まぐれ」で，さらに「リスクを背負ってまで練習を続ける熱意は，今のところ持てなかった」という心情を，「もともと高くはなかったやる気にブレーキがかかってしまった」と言い換えているオが最適。この心情に，アの「練習を続けることへのためらい」，イの「途方に暮れてしまった」，ウの「坂口さんの評価に本当に値するのかどうか」，エの「本音としてはおもしろくなかった」はそぐわない。

重要　問8　直前の「『……なんか失敗したからこそ，やらなきゃいけない気がして』……それでも，進さんが助けてくれた。師匠も，わざわざ篤に話をしてくれた」から，篤の心情を読み解く。篤は，失敗はしたけれどいろんな人に支えられていることを知り，しっかりと練習をしなくてはならないと思っている。この心情を述べているのはエ。この心情にウの「もう誰にも叱られまいと強く決意する」や，オの「兄弟子を追い抜いてでも出世してやろう」は合わない。アの「誇り」に関する叙述はない。篤は，イの「強い力士」になりたいわけではない。

やや難　問9　――線部⑦「わざとらしく口を尖らせ」や，直前の「あ，俺のこと見直しただろ？……ちゃんと俺を敬えよ」という言葉からは，坂口が照れくさく感じている様子が読み取れる。坂口が何に対して照れくさく感じたのかを，前の「お前が昨日の一回きりで練習やめてたら，俺も今日普通にゲームしてたかもしれない」「俺，一緒にトレーニングしたいって武藤に言おうと思う」という言葉から読み取る。坂口が篤の自主練習に触発され，兄弟子としてのプライドを捨てて武藤とトレーニングをする決意を篤に告白したことを述べ，そのことに対して照れくさかったから，と加えてまとめる。

★ワンポイントアドバイス★

選択肢は長文で紛らわしいものが多い。選択肢の一部で判断しないよう，解答時間を確保して選択肢の全文に注意深く目を通すことを意識しよう。

2021年度

★★★★★★★★★★★★★★★★★★★★★★★★★★

入　試　問　題

2021年度

滝高等学校入試問題

【数　学】（60分）　＜満点：100点＞

【注意】　答はすべて解答用紙に記入せよ。ただし，円周率はπとし，根号は小数に直さなくてよい。

1． 次の各問いに答えよ。

⑴　$(\sqrt{7}-\sqrt{5})(\sqrt{21}+\sqrt{15})$ を計算せよ。

⑵　２次方程式 $x(x-3)=-1$ を解け。

⑶　２つのクラスＡ組，Ｂ組にはそれぞれ40名の生徒がいる。この２クラスを対象に10点満点のテストを行ったところ，Ａ組の生徒の点数の中央値は4.5点，Ｂ組の生徒の点数の中央値は５点であった。Ａ組とＢ組の生徒の点数について正しく記述されているものをすべて選べ。ただし，点数はすべて０以上の整数とする。

①　Ａ組の生徒の点数を高い方から順に並べたとき，20番目は５点で，21番目は４点である。

②　Ａ組の上位20名とＢ組の上位20名を入れ替えたとき，2クラスの中央値が変わらない場合があり得る。

③　Ｂ組40名の生徒に，Ａ組の生徒の中から最高点の生徒１名と最低点の生徒１名を加え，計42名の生徒の点数の平均値を計算したとき，最初のＢ組40名の生徒の点数の平均値よりも低くなる。

④　Ａ組の生徒の中で10点をとる生徒は多くても19名である。

⑷　１辺の長さ２の正八面体の体積を求めよ。

⑸　右の図のように，点Ｏを中心とする円周上に２点Ａ，Ｂをとる。円の外の点Ｃに対して，線分ACと円との交点をＤとする。BD＝CD，∠ACB＝36°のとき，∠AOBの大きさを求めよ。

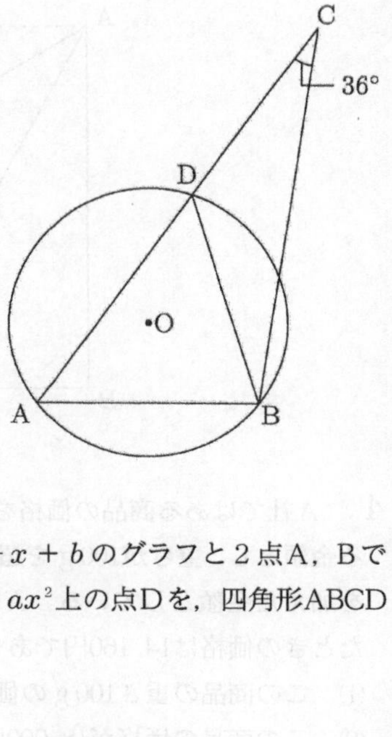

2． 次のページの図のように，関数 $y=ax^2$ のグラフが関数 $y=\frac{1}{3}x+b$ のグラフと２点Ａ，Ｂで交わっており，点Ｂの座標は（3，3）である。y 軸上の点Ｃと $y=ax^2$ 上の点Ｄを，四角形ABCDが平行四辺形になるようにとる。次の問いに答えよ。

⑴　a，b の値をそれぞれ求めよ。

⑵　点Ａの座標を求めよ。

⑶　２点C，Dの座標をそれぞれ求めよ。

⑷　平行四辺形ABCDの面積を求めよ。

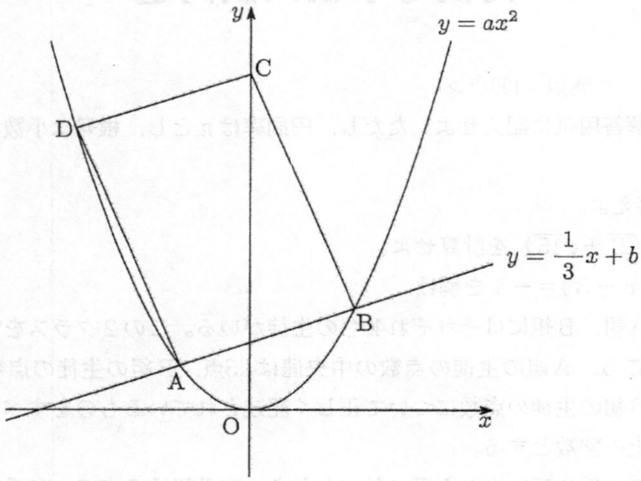

3． 下の図は，正方形ABCDを，辺CD上に点Ｅをとり，線分AEで折り返したものである。直線AEと直線BCの交点をG，直線AFと直線ＢＣの交点をHとする。BH＝８，FH＝２のとき，次の問いに答えよ。

⑴　正方形ABCDの１辺の長さを求めよ。

⑵　線分GHの長さを求めよ。

⑶　線分AEの長さを求めよ。

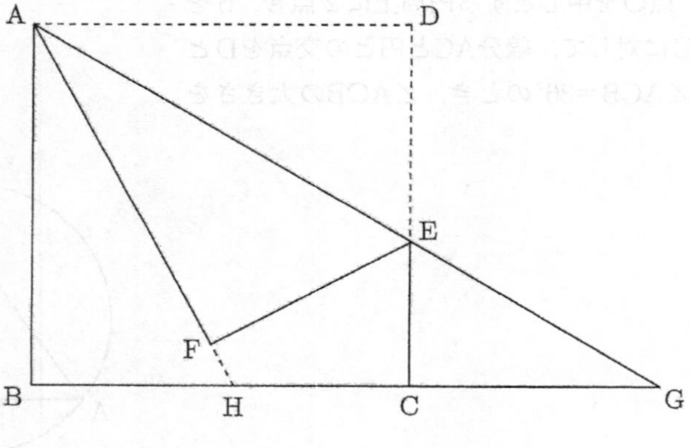

4． A社ではある商品の価格を，次のように定めている。重さが100ｇ以下の場合は，重さに比例する金額とし，重さが100ｇを超えた場合は，100ｇの金額に，100ｇを超えた分の重さに比例する金額を加えた金額としている。Ａ社でこの商品を112ｇ購入したときの価格は8,880円で，134ｇ購入したときの価格は14,160円であった。このとき，次の問いに答えよ。

⑴　この商品の重さ100ｇの価格を求めよ。

⑵　この商品の価格が18,000円となるのは，何ｇ購入したときか求めよ。

⑶　B社でもこの商品を販売しており，B社ではこの商品の価格を，常に重さの２乗に比例する金額と決めていて，100 g 購入したときの価格は7,500円であった。この商品を購入するとき，A社とB社の価格が同じになるのは何 g のときかすべて求めよ。

5． 下の図のように，半径$3\sqrt{6}$の半円Oの内部に，半径が等しい３つの円A，B，Cがある。円A，B，Cは半円の弧と接しており，円A，Cは半円の直径とも接している。また，円Aと円B，円Bと円Cは互いに接している。このとき，次の問いに答えよ。

⑴　△OABの面積を求めよ。

⑵　下の図の斜線部分の面積を求めよ。

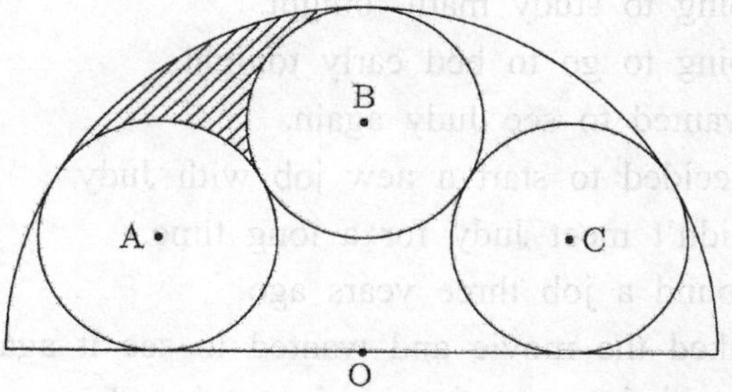

6． １から６までの目が等しい確率で出るサイコロX，Y，Z，Wをそれぞれこの順に１回ずつ投げ，出た目によって a，b，c，d を以下のように定める。

a：サイコロXの出た目の数

b：サイコロYの出た目の数が奇数ならば３，偶数ならば２

c：サイコロZの出た目の数

d：サイコロWの出た目の数が素数ならば $b+1$，素数でなければ $-b$

この a，b，c，d に対して，x の方程式 $a+bx=c+dx$ …①を考える。次の問いに答えよ。

⑴　サイコロX，Y，Z，Wの出た目の数がそれぞれ4，5，2，4であるとき，方程式①を解け。

⑵　方程式①の解が $x=0$ となる確率を求めよ。

⑶　方程式①の解が $x=4$ となる確率を求めよ。

【英　語】（60分）　＜満点：100点＞　※リスニングテストの音声は弊社HPにアクセスの上，音声データをダウンロードしてご利用ください。

【1】 次の〈問題1〉～〈問題3〉は放送による問題です。それぞれ，放送の指示に従って答えなさい。放送を聞きながらメモをとってもかまいません。

〈問題1〉 これから，3つの会話が読まれます。それぞれの会話の内容と一致するものを，ア～エの中からそれぞれ1つずつ選び，記号で答えなさい。会話は1度だけ読まれます。

⑴ ア．Mary is going to go to hospital today.
イ．Mary is going to write a report tonight.
ウ．Mary is going to study math tonight.
エ．Mary is going to go to bed early tonight.

⑵ ア．The man wanted to see Judy again.
イ．The man decided to start a new job with Judy.
ウ．The man didn't meet Judy for a long time.
エ．The man found a job three years ago.

⑶ ア．The man liked the movie and wanted to see it again.
イ．The man decided to see the movie another day.
ウ．The man decided to see another movie.
エ．The man saw the 6:30 show.

〈問題2〉 これから，電話でレストランを予約するときの会話が読まれます。それに関する⑴～⑶の質問の答えとして最も適当なものを，ア～エの中からそれぞれ1つずつ選び，記号で答えなさい。会話は1度だけ読まれます。

⑴ When did the man call Robinson's?
ア．January 19th.
イ．January 20th.
ウ．January 21st.
エ．January 22nd.

⑵ When will the man have dinner at this restaurant?
ア．6 p.m., January 21st.
イ．7:30 p.m., January 21st.
ウ．8:30 p.m., January 22nd.
エ．9 p.m., January 22nd.

⑶ Which is true about the conversation?
ア．The man changed the time to 6 o'clock after he changed the number of people who would come.
イ．The man told the staff how to spell his name.
ウ．The man didn't want to move to the table that is nearer to the kitchen.
エ．The man called the restaurant again the next day.

〈問題３〉 これから，会話が読まれます。地図を参考にして，⑴と⑵の質問の答えとして最も適当なものを，ア～エの中からそれぞれ１つずつ選び，記号で答えなさい。会話は２度読まれます。

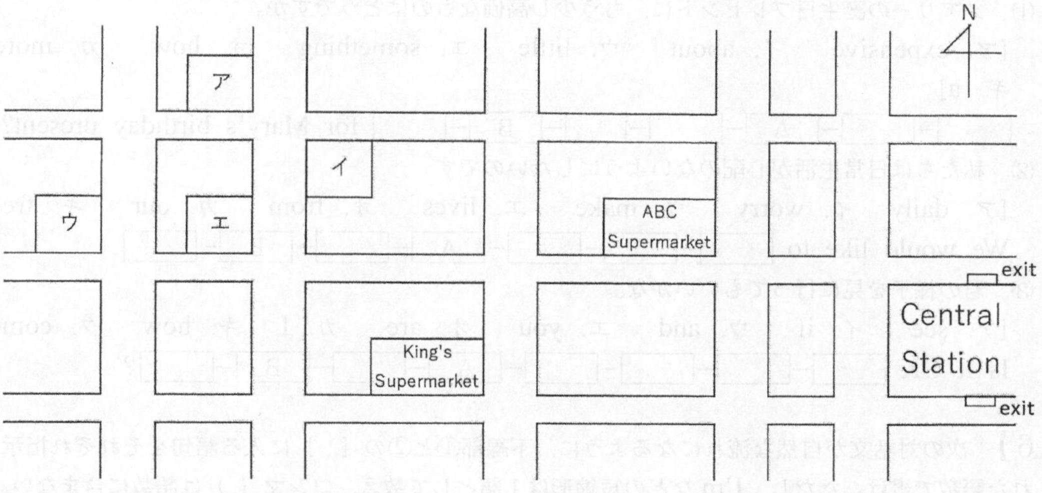

⑴ Where is Susan's house? Choose the correct place from the map.

⑵ What can you tell from the conversation and the map?

ア. The coffee shop and ABC Supermarket are on the same street.

イ. Emily and David turned right at the same supermarket.

ウ. David didn't see Susan's house but saw Katy's house on his way to the party.

エ. David couldn't go to the party because he had to go to the coffee shop.

【２】 次の単語の下線部と同じ発音を含む語を，ア～エの中からそれぞれ１つ選び，記号で答えよ。

⑴ clothes ［ア. product イ. wrong ウ. global エ. borrow］

⑵ pleasure ［ア. beautiful イ. weather ウ. area エ. please］

⑶ news ［ア. design イ. treasure ウ. sure エ. rescue］

【３】 次の各組の文の（ ）に共通して入る語を答えよ。

⑴ Tears（ ）down my face when I heard the news.

We had no idea what to do when we（ ）out of fuel.

⑵ How many（ ）is Konan Station from here?

I'll study in the library until it（ ）raining.

【４】 次の各組の英文がほぼ同じ意味を表すように，（ ）に入る適当な語を答えよ。

⑴ We can't live if there is no food.

We can't live（ ）（ ）.

⑵ This box is half as large as that box.

This box is half the（ ）（ ）that box.

【５】 次の日本文を参考にして，[ ]内の語を □ に入れて英文を作るとき，Ａ と Ｂ の位置にくる語の記号を答えよ。ただし，文頭にくる語も小文字で書いてある。

(1) メアリーの誕生日プレゼントに，もう少し高価なものはどうですか。

[ア. expensive イ. about ウ. little エ. something オ. how カ. more キ. a]

□－□－Ａ－□－□－Ｂ－□ for Mary's birthday present?

(2) 私たちは日常生活が心配のないようにしたいのです。

[ア. daily イ. worry ウ. make エ. lives オ. from カ. our キ. free]

We would like to □－□－□－Ａ－□－Ｂ－□.

(3) 君の様子を見に行ってもいいかな。

[ア. see イ. if ウ. and エ. you オ. are カ. I キ. how ク. come]

Is it OK □－□－□－□－Ａ－□－Ｂ－□?

【６】 次の対話文が自然な流れになるように，下線部①と②の [ ] に入る語句をそれぞれ指示された語数で書け。ただし，I'm などの短縮形は１語として数え，コンマ（,）は語数に含まない。

Ben : On New Year's Day, I saw a kid in my neighborhood receive an envelope from an adult, maybe from her uncle. What was that?

Mai : It's *otoshidama*. *Otoshidama* is New Year's gift money ①[５～10語]. They use it to buy something they want, or they save it.

Ben : I see. My neighbor Shiho asked me for money to get a concert ticket for a popular musician.

Mai : Did you give her some money?

Ben : I didn't. I didn't know the Japanese custom of giving money during the New Year. Did you give *otoshidama* to children this year?

Mai : Actually, I gave six children 30,000 yen in total. For adults, New Year holidays can become expensive. Also, we usually give older children more money than younger children, so just thinking about how ②[５～10語] is really a big headache.

Ben : *Otoshidama* is like our custom of giving sweets to kids on Halloween, but candies and cookies do not cost so much.

Mai : *Otoshidama* is one of the exciting traditions of the New Year which children look forward to very much.

【７】 次の英文を読んで，後の問いに答えよ。

Stephanie Taylor is a 12-year-old school girl from Oceanside, USA. She loves animals. She always tries to save young animals like chicks, puppies and kittens from danger. She has also taken care of injured animals. Of course, her parents encouraged her [1] her efforts and helped her around. They gave Stephanie every chance to see all the animal shows in the zoo or on TV. Stephanie often got animal books, CDs and *encyclopedias for her birthday and Christmas.

One evening, Stephanie and her father were watching the news on TV. The newscaster was [2] the story of a police guard dog that had died while it was helping the police. Smokey, the brave dog, had run after a *robber who had a gun. The robber shot at Smokey and the *bullet hit the dog. But the dog had held on to his leg until the police arrested him. That news not (ア) made Stephanie sad but also made her think that the police dog did not have to die. Then she called up the local police station to ask why the dog had not been wearing a bulletproof jacket. The local police officer was [3] when he talked with her on the phone. He connected the call to the special *department taking care of the guard dogs. She learned that the police department did not have the money to buy bulletproof jackets for its police dogs. The cost of each jacket was over $800.

Stephanie decided to begin making money for the bulletproof jackets. She came up with a good idea. She started a lemonade stand. She sold lemonade after school and saved the money. She put up signs telling people about ①her plan. People realized (イ) wonderful her plan was and soon a lot of people came to buy Stephanie's lemonade. She ②[friends / her / help / ask / had / to / to] her at the lemonade stand and within a month she had made her first $800. She sent it to the police dog department and the police bought the first bulletproof jacket for dogs with it. They sent her the picture of the dog [4] the first jacket. She put the photograph up at the stand.

Journalists became interested in her activity. Stephanie appeared on the front page of all leading newspapers. She also appeared on several TV programs. People all over America [　　　　]. Stephanie began to receive a lot of money from all over the country. With the money, she was able to buy jackets for about 100 police dogs.

Stephanie received a letter of thanks from the government for her efforts. She is now very busy with her new project: a mobile vet van which moves around and gives medical service to sick or injured animals.

(注) encyclopedia 百科事典　robber 強盗　bullet 銃弾　department 部署

出典：http://www.english-for-students.com/stephanie-taylor.html （一部改変）

⑴ ［1］～［4］に入る適当な語を下の語群から選び，それぞれ正しい形に変えて答えよ。ただし，答えが2語になってもよい。

continue / impress / tell / wear

⑵ （ア）・（イ）に入る適当な単語1語をそれぞれ答えよ。

⑶ 下線部①のher planの具体的な内容を，30字～40字の日本語で説明せよ。ただし，句読点も字数に数える。

(4)　下線部②の［　］内の語を正しく並べかえて英文を完成させるとき，［　］内で３番目と６番目にくる語をそれぞれ答えよ。

(5)　□ に入る最も適当なものをア～エの中から１つ選び，記号で答えよ。

ア. liked Stephanie's idea and made bulletproof jackets for her

イ. thought it was useless to buy bulletproof jackets for the police dogs

ウ. wanted to support her and it grew into a big movement

エ. agreed with her idea but they thought she was too young to do the project

(6)　本文の内容と一致する英文をア～カの中から２つ選び，記号で答えよ。

ア. Stephanie loved animals so much that her parents wanted her to be an animal doctor.

イ. Stephanie's parents did as much as they could to make her interested in animals.

ウ. Stephanie asked the government for help to buy bulletproof jackets for its police dogs.

エ. Stephanie got enough money from the lemonade stand to buy about 100 bulletproof jackets for police dogs.

オ. Thanks to Stephanie's efforts, many police dogs can work more safely than before.

カ. Stephanie bought a van to sell lemonade to animal doctors.

【８】次の英文を読んで，後の問いに答えよ。

If you ask a Canadian who is the most famous person who talks about living things in the wild and the environment, many Canadians will answer with the name, David Suzuki. Who is David Suzuki? David Suzuki is a man who was born in 1936 and was a famous TV personality for many years in Canada. He was not a comedian or a newscaster, but a man who *hosted a TV show about nature.

The TV show David Suzuki hosted was called "The Nature of Things". It was a TV program in Canada and he taught us many things about living things in the wild and the environment. He was also one of the earliest people I can remember, and he talked about global warming and how we must protect our environment. He talked about ①living a sustainable life. This means living in a way that does not damage the environment and keeps it in a good condition for our children, and our children's children.

David Suzuki was born in Vancouver, British Columbia. As you may be able to tell from his last name, he is of *Japanese descent. [1] [2] [3] [4]

When David Suzuki speaks about the environment, ②everyone in Canada listens to him. He is known for his very strong opinions on global warming and has been fighting for a long time against companies that damage the environment.

These are problems David Suzuki has spoken about since the 1980s. His ideas are unique and many people who are thinking about these problems have agreed with him. He influences many Canadians. David Suzuki is well known for his long white hair, white *beard and glasses. For many Canadians in my generation, David Suzuki is like a grandfather to us.

David Suzuki is well known in many countries, because his TV show is also watched in over 40 countries. He has also received many *honors and awards for the great work he has done for the environment. In 2004, a TV program on the greatest Canadians of all time showed that David Suzuki was ranked fifth.

Now in his old age, it is difficult for David Suzuki to lead the fight against global warming. So, we have to continue the fight against global warming instead of David Suzuki. We should also remember the ideas David Suzuki taught. In English, the earth is often called Mother Earth. This is because we are all born from the earth and the earth takes care of us like a peaceful family. In that way, the earth is like our mother. So as David Suzuki says, "We need to take care of our mother". It should be just as important to us as taking care of our own mother.

（注） host （テレビ番組）を司会する　Japanese descent 日系　beard あごひげ
honor and awards 名声と賞

⑴ 下線部①とは，どのようなことであるのか。本文の内容に沿って，40字以内の日本語で説明せよ。ただし，句読点も字数に数える。

⑵ [1] ～ [4] に入る最も適当な英文をア～エの中からそれぞれ１つずつ選び，記号で答えよ。

ア. So, the environment became David Suzuki's life work.

イ. David Suzuki's family lived through very difficult times for Japanese Canadians living in Canada, but David Suzuki's father taught him from a very young age about the beauty of nature.

ウ. David Suzuki's grandparents moved from Japan to Canada, so Suzuki is a 3rd generation Japanese Canadian, Canadian *Sansei*.

エ. He often took David Suzuki camping and through those experiences, David Suzuki became interested in the environment.

⑶ 下線部②の状況になる理由として最も適当なものをア～エの中から１つ選び，記号で答えよ。

ア. 彼はカナダでは有名な報道記者であり，多くのテレビ番組に出演して，独自の見解を持っているから。

イ. 彼は世界中で環境問題の評論家としてテレビに出演し，独自の見解を持っているために有名な人であるから。

ウ. 彼は環境問題と地球温暖化について長い間調査研究を重ねてきており，世界から称賛を集める学者であるから。

エ. 彼は独自の見解を持って数十年に渡り環境問題に取り組んでおり，その問題に関心のある人の支持を得ているから。

(4) 以下の文は筆者の考えをまとめたものである。(ア)・(イ) に入る日本語をそれぞれ答えよ。

地球の恩恵で私たち人類は（　ア　）のように平和に暮らすことができる。従って，私たちは地球を（　イ　）のように大切にするべきである。

(5) 本文の内容と一致する英文をア～キの中から３つ選び，記号で答えよ。

ア. David Suzuki produced so many TV programs about nature that he became famous in Canada.

イ "The Nature of Things" is a TV program that is seen in Vancouver, British Columbia.

ウ. Global warming and the way we protect the environment are the problems David Suzuki has long talked about.

エ. David Suzuki is well known in many countries all over the world because of the prizes he was given.

オ. In 2004, David Suzuki was chosen as one of the greatest five people in the history of Canada on a TV program.

カ. We need to fight against global warming like David Suzuki because he is too old to do it now.

キ. David Suzuki's ideas on the environment are unique because he has led the fighting against global warming by himself for a long time.

【理　科】（40分）＜満点：50点＞

1．以下の問いに答えよ。

図１は，ヒトの目のつくりを示したものである。

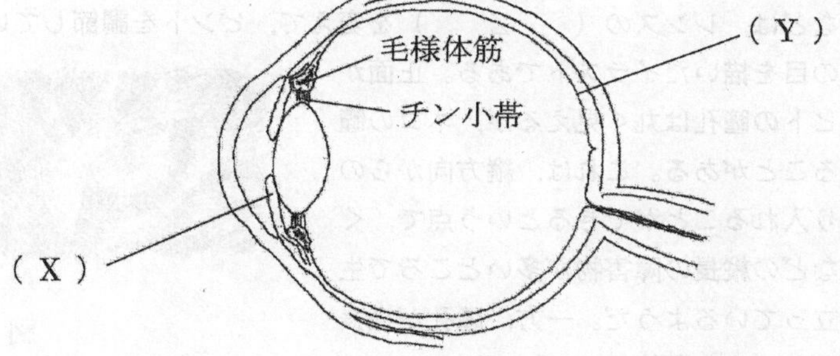

図１

⑴　（Ｘ），（Ｙ）の名称を答えよ。

⑵　（Ｘ）の役割を10字から15字で説明せよ。

⑶　ヒトはレンズの厚みを変えてピントを調節している。遠くのものを見るときに比べて，近くのものを見るときには，レンズはどう変化するか。次の(ア)，(イ)から，どちらか適当なものを選び，記号で答えよ。

(ア)　レンズの厚みが厚くなる。

(イ)　レンズの厚みがうすくなる。

図２は，毛様体筋，レンズ，チン小帯を正面から見た図である。ヒトのレンズの厚みは，レンズの周囲を取り囲んだ環状の筋肉である毛様体筋によって調節されている。例えば，毛様体筋が縮むとその円周が小さくなる。毛様体筋が縮んだり，ゆるんだりすることで，その力がチン小帯を通じてレンズに伝わり，レンズの厚みが変わる。

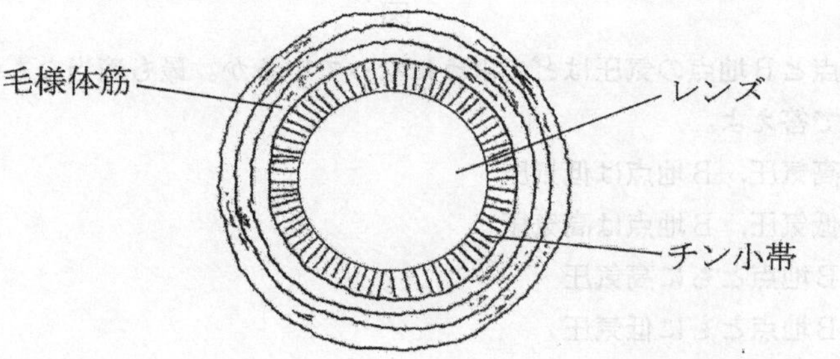

図２

⑷　毛様体筋の動きとレンズの厚みの関係を説明した次の(ア)～(エ)の文のうち，正しいものを１つ選び，記号で答えよ。

(ア)　毛様体筋が縮むと，チン小帯が引っ張られるので，レンズの厚みは厚くなる。

(イ)　毛様体筋が縮むと，チン小帯が引っ張られるので，レンズの厚みはうすくなる。

(ウ)　毛様体筋がゆるむと，チン小帯が引っ張られるので，レンズの厚みは厚くなる。

(エ)　毛様体筋がゆるむと，チン小帯が引っ張られるので，レンズの厚みはうすくなる。

(5)　魚類やヘビなどは，目のレンズの厚みを変えることができない。魚類やヘビなどは，どのようにしてピントを調節しているか。その方法を説明した次の文の（Z）に，適当な言葉を入れよ。

魚類やヘビなどは，レンズの（　　Z　　）を変えて，ピントを調節している。

(6)　図３はネコの目を描いたイラストである。正面から見たとき，ヒトの瞳孔は丸く見えるが，ネコの瞳孔は縦長になることがある。これは，縦方向からの光を幅広く取り入れることができるという点で，くさむらや茂みなどの縦長の障害物が多いところで生活するのに役立っているようだ。一方，瞳孔が横長になる動物もいる。その動物を次の(ア)～(オ)から１つ選び，記号で答えよ。

図３

(ア)　イヌ　　(イ)　ウマ　　(ウ)　サル　　(エ)　タカ　　(オ)　ライオン

２．以下の問いに答えよ。

図は，日本付近に見られた等圧線のようすを表したものである。

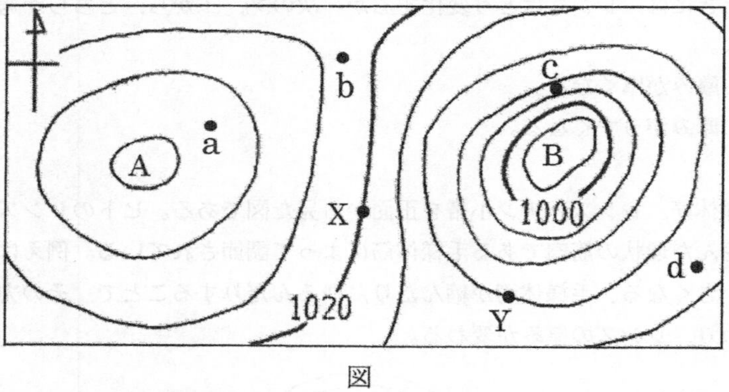

図

(1)　図中のＡ地点とＢ地点の気圧はどのようになっているか。最も適当なものを次の(ア)～(エ)から１つ選び，記号で答えよ。

(ア)　Ａ地点は高気圧，Ｂ地点は低気圧

(イ)　Ａ地点は低気圧，Ｂ地点は高気圧

(ウ)　Ａ地点，Ｂ地点ともに高気圧

(エ)　Ａ地点，Ｂ地点ともに低気圧

(2)　Ｘ地点の風向きはどうなっているか。最も適当なものを次の(ア)～(エ)から１つ選び，記号で答えよ。

(ア)　北東　　(イ)　南東　　(ウ)　北西　　(エ)　南西

(3)　Ｙ地点の気圧は何hPaか。

(4)　図中のａ～ｄのうち，風が最も強いと考えられるのはどこか，記号で答えよ。

⑸ 次の天気を表す天気記号を書け。

① 晴れ ② 雪

⑹ 次の文①～⑥のうち，誤っているものの番号の組み合わせとして最も適当なものを，以下の㋐～㋘から１つ選び，記号で答えよ。

① 気体は温度が高くなるほど体積が増す。富士山山頂は気温が低いので，ふもとから持っていったお菓子の袋がしぼむ。

② 富士山山頂で空にしたペットボトルをしっかりと栓をして下山すると，ペットボトルはへこむ。

③ 飲みかけの１リットル紙パックのジュースは，夏に冷蔵庫から取り出し，数分放置しておけば，中身を確認することなく，中身の残量を知ることができる。

④ 冬の寒い日に，しめきった部屋を暖房で暖めると，ガラス窓の屋外側が結露する。

⑤ 晴れた日の夜間と曇った日の夜間とでは，晴れた日の夜間の方が気温の下がり方が大きくなる傾向にある。

⑥ 北東を向き，反時計回りに67.5度回転したとき，北北西を向く。

㋐ ①，② ㋑ ①，④ ㋒ ④，⑤
㋓ ④，⑥ ㋔ ①，②，④ ㋕ ①，③，⑥
㋖ ①，④，⑥ ㋗ ①，②，④，⑥ ㋘ ③，④，⑤，⑥

３．次の文章を読み，以下の問いに答えよ。

市販されている消毒液の多くは，エタノールという物質の水溶液である。これを実際につくることを考えた。

使用する水はきれいなものが必要であり，実験室にある精製水を使用することにした。しかし，①用意した精製水に電気を通したところ電流が流れたため，何らかの物質が溶けていることがわかった。そこで，②精製水を加熱して沸騰させ，生じた水蒸気を集めて冷却すると純粋な水（純水）を得ることができた。

⑴ 下線部①の「何らかの物質」のように，水に溶けるとその水溶液が電気を通す物質を何というか。また，その具体例を１つ，化学式で答えよ。

⑵ 下線部②のようにして，混合物から目的の液体のみを得る操作を何というか。

25℃において，エタノール，純水，およびエタノール水溶液の密度はそれぞれ下表のようになる。このデータをもとにして，質量パーセント濃度が50％のエタノール水溶液および80％のエタノール水溶液をつくる。

表 液体の密度

	密度〔g/cm³〕
エタノール	0.79
純水	1.0
50％のエタノール水溶液	0.91
80％のエタノール水溶液	0.84

⑶　50％のエタノール水溶液100ｇをつくるのに必要なエタノールおよび水の体積は，それぞれ何cm^{3}か。答えが割り切れない場合は，小数第２位を四捨五入して，小数第１位まで示せ。

⑷　80％のエタノール水溶液をつくる方法として，以下の２つを考えた。(ア)，(イ)に適する数値を答えよ。答えが割り切れない場合は，小数第２位を四捨五入して，小数第１位まで示せ。

・エタノール（　ア　）ｇをはかりとり，純水を加えて質量を100ｇとする。

・エタノール（　イ　）cm^{3}をはかりとり，純水を加えて体積を100cm^{3}とする。

⑸　液体どうしを混ぜて溶液をつくるとき，以下のようなことに注意する必要がある。(ウ)，(エ)に適する語をそれぞれ答えよ。

混ぜる前の２種類の液体と混ぜた後の溶液を比較すると，（　ウ　）の合計は変化しないが，（　エ　）の合計は変化する可能性がある。

⑹　次のそれぞれの反応を，化学反応式で示せ。

①　エタノール（C_2H_6O）を完全に燃焼させる。

②　グルコース（$C_6H_{12}O_6$）は，酵素のはたらきにより，エタノールと二酸化炭素に分解される。

４．以下の問いに答えよ。

30Ωと40Ωの抵抗を電源装置に接続して，図１のような回路をつくった。

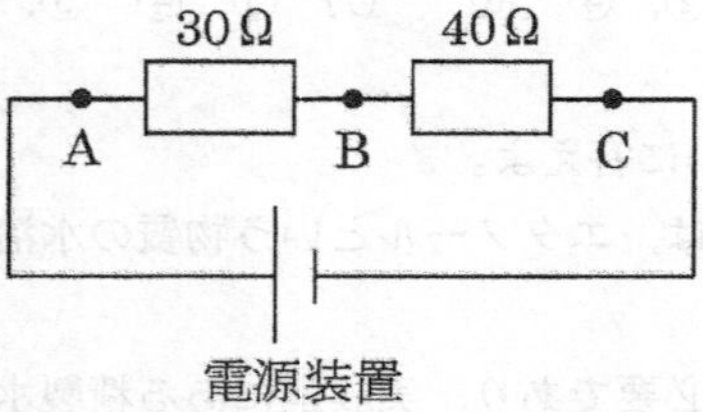

図１

⑴　電源装置の電圧を調整し，BC間の電圧が2.8Ｖとなるようにした。このときの電源装置の電圧は何Ｖか。

次に，30Ω，40Ω，60Ωの抵抗をそれぞれ１個ずつ用いて図２のような回路をつくり，R_1，R_2，R_3の位置に入れる抵抗を替えて電源装置の電圧を変化させた。電源装置の電圧と図２の点Ｄを流れる電流の大きさを調べて，測定結果から図３のグラフを得た。

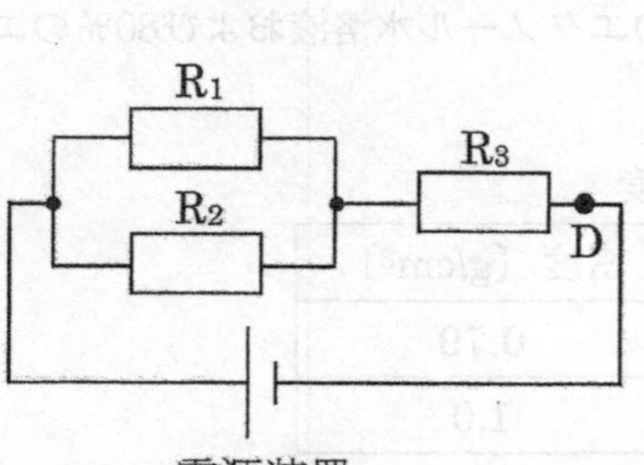

図２

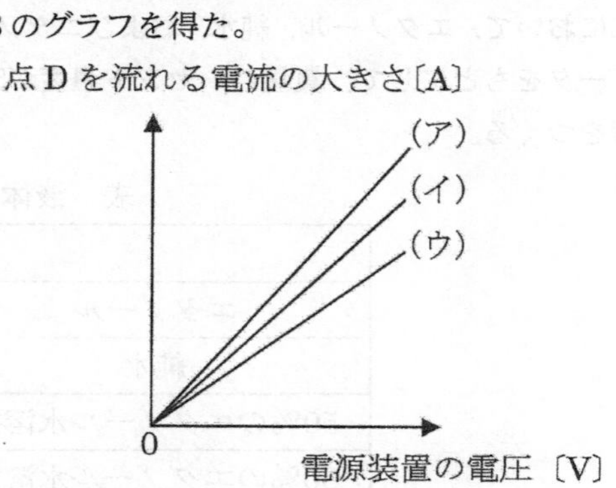

図３

⑵　測定結果として，前のページ図３の(ウ)を得たときのR_3の位置に入れた抵抗は何Ωか。

⑶　⑵のとき，電源装置の電圧を5.4Vとなるようにした。このときの点Dを流れる電流の大きさは何Aと測定できたか。

次に，30Ω，40Ω，60Ωの抵抗をそれぞれ３個ずつ合計９個用意し，その中から６個を選び，図４のような回路をつくった。R_5とR_9の位置に30Ω，R_4とR_8の位置に40Ω，R_6とR_7の位置に60Ωの抵抗を入れた。R_7の位置の抵抗に常に0.02Aの大きさの電流が流れるように電源装置の電圧を調整した。

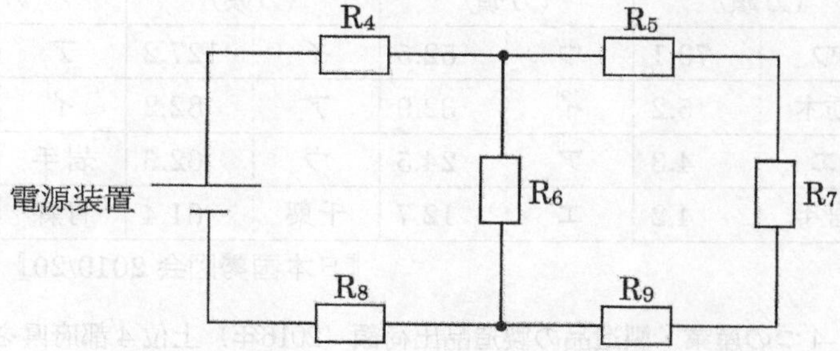

図４

⑷　R_5の抵抗に加わる電圧は何Vか。

⑸　R_6を流れる電流の大きさは何Aか。また，このときの電源装置の電圧は何Vか。

最後に，R_4～R_9の抵抗の位置に，用意した９個の抵抗を使って入れ替える実験をした。R_7の位置に入れた抵抗に常に0.02Aの大きさの電流が流れるように電源装置の電圧を調整し，すべての場合を調べた。

⑹　この実験で，電源装置の電圧が最大値を示したときのR_4とR_6の位置に入れた抵抗はそれぞれ何Ωか。

⑺　⑹のとき，電源装置の電圧は何Vか。

【社　会】（40分）＜満点：50点＞

【１】次の各問いに答えよ。

問１　次の表は，乳用牛，肉用牛，豚，ブロイラーの都道府県別頭数（羽数）（2018年）の上位４道県を示したものである。表中のア～エは北海道，熊本，宮崎，鹿児島のいずれかを示している。鹿児島にあてはまるものを，表中のア～エから１つ選び，記号で記せ。

	乳用牛（万頭）		肉用牛（万頭）		豚（万頭）		ブロイラー（万羽）	
１位	ウ	79.1	ウ	52.5	イ	127.2	ア	2842
２位	栃木	5.2	イ	32.9	ア	82.2	イ	2674
３位	エ	4.3	ア	24.5	ウ	62.6	岩手	2244
４位	岩手	4.2	エ	12.7	千葉	61.4	青森	702

『日本国勢図会 2019/20』より作成

問２　次の表は，４つの産業・製造品の製造品出荷額（2016年）上位４都府県をまとめたものである。Aにあてはまる産業・製造品名を，次のア～エから１つ選び，記号で記せ。

ア．鉄鋼業

イ．窯業・土石製品

ウ．パルプ・紙・紙加工品

エ．印刷・同関連業

	製造品出荷額（億円）							
	１位		２位		３位		４位	
A	静岡	8,192	愛媛	5,753	埼玉	4,533	愛知	4,323
B	愛知	8,085	岐阜	3,758	福岡	3,690	滋賀	3,325
C	東京	8,192	埼玉	7,483	大阪	5,035	愛知	3,424
D	愛知	20,462	兵庫	17,415	千葉	14,946	大阪	12,185

※窯業・土石製品とは、板ガラス及びその他のガラス製品、セメント及び同製品、建設用粘土製品、陶磁器などを製造する産業である。

『日本国勢図会 2019/20』より作成

問３　次のページの表は，港別の主要輸出品目の上位４品目と輸出額（2018年）をまとめたものである。表中のア～エは，千葉港，横浜港，三河港，関西国際空港のいずれかを示している。三河港にあてはまるものを，表中のア～エから１つ選び，記号で記せ。

	ア	
	輸出品目	百万円
1位	石油製品	212,391
2位	鉄鋼	161,059
3位	自動車	154,315
4位	有機化合物	149,212
	計	896,105

	イ	
	輸出品目	百万円
1位	集積回路	791,577
2位	科学光学機器	409,306
3位	電気回路用品	350,854
4位	個別半導体	331,777
	計	5,266,042

	ウ	
	輸出品目	百万円
1位	自動車	1,707,075
2位	自動車部品	381,860
3位	内燃機関	329,030
4位	プラスチック	278,029
	計	7,718,697

	エ	
	輸出品目	百万円
1位	自動車	2,498,692
2位	船舶	28,980
3位	鉄鋼	24,926
4位	荷役機械	10,808
	計	2,639,526

※科学光学機器とは、光の作用や性質を利用した機器の総称で、レンズや写真機などを指す。

※内燃機関とは、燃料の燃焼を機械の内部で行い、熱エネルギーを機械エネルギーに変える機械のことを指す。

※荷役機械とは、荷上げや運搬を行う機械の総称である。

『日本国勢図会 2019/20』より作成

問4　次のグラフは，地域別の農業産出額の割合（2017年）を示したものである。グラフ中のA～Dは東北，関東・東山，北陸，九州・沖縄のいずれかを示している。Dにあてはまる地域を，次のページのア～エから1つ選び，記号で記せ。

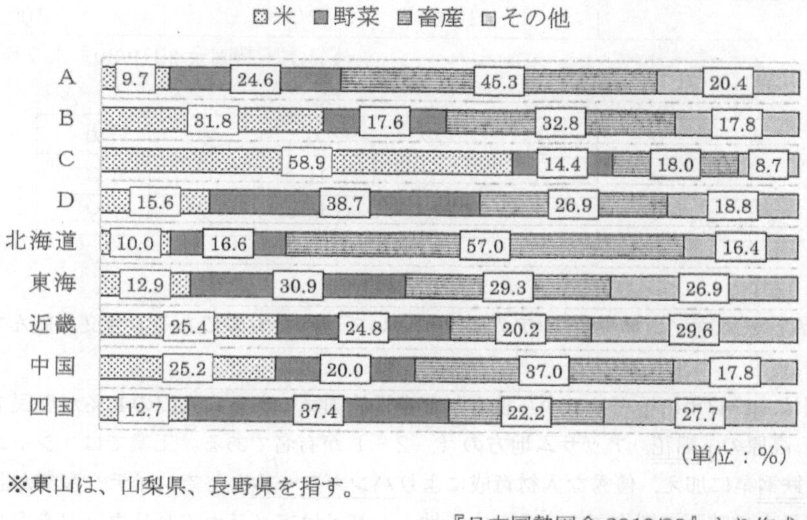

※東山は、山梨県、長野県を指す。

『日本国勢図会 2019/20』より作成

ア．東北　　イ．関東・東山　　ウ．北陸　　エ．九州・沖縄

問５　次の図１は，1990年と2018年の主副業別農家数の構成比を示したものであり，図中Ａ～Ｃは主業農家，準主業農家，副業的農家のいずれかを示している。また，表１は販売農家の経営耕地規模別の割合を示したものであり，Ｘ，Ｙは北海道と北海道以外の全都府県を示している。副業的農家と北海道の組み合わせとして正しいものを，下の**ア～カ**から１つ選び，記号で記せ。

図１

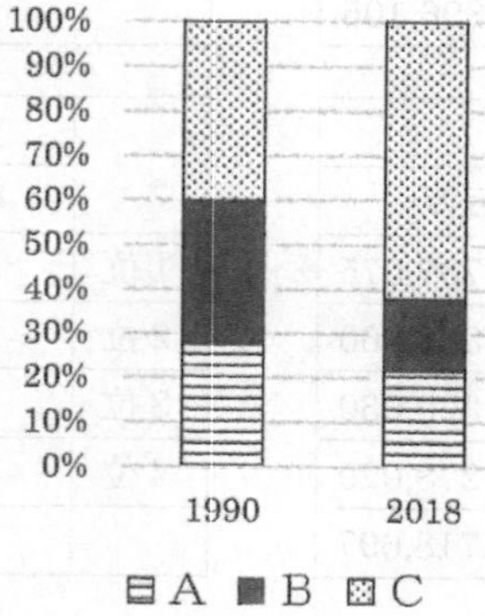

表１

X		Y	
規模	%	規模	%
1.0ha 未満	7.3	1.0ha 未満	53.9
1.0～10.0ha	30.4	1.0～ 5.0ha	40.4
10.0～30.0ha	33.8	5.0～10.0ha	3.9
30.0～50.0ha	15.6	10.0～20.0ha	1.3
50.0ha 以上	13.1	20.0ha 以上	0.5
	100.0		100.0

『日本国勢図会 2019/20』より作成

	ア	イ	ウ	エ	オ	カ
図１	A	A	B	B	C	C
表１	X	Y	X	Y	X	Y

【２】　次のＡ～Ｆは南アジア・西アジアの国々について述べたものである。各文を読んで，あとの問いに答えよ。

Ａ　この国は，1947年にイギリスから独立した多民族国家である。人口の45％が農民で，中央部の（　１　）高原の①綿花，アッサム地方の（　２　）が有名である。工業では，ジャムシェドプルなどの②鉄鋼業に加え，優秀な人材育成により<u>バンガロール</u>などでハイテク産業が急成長している。世界最大の映画の製作国で，その中心地ムンバイはアメリカのハリウッドをもじって，ボリ

ウッドとよばれる。

B　この国は，かつてセイロンとよばれた島国である。世界的な（　2　）の輸出国であり，国土の中央部の高地がその主産地である。霧の発生の多い標高の高い場所で栽培されたものほど高級とされる。多数派のシンハラ人を優遇する政策に少数派のタミール人が反発し内戦になったが，2009年に終結した。

C　この国は，国土の大部分は，ガンジス川が形成したデルタの低湿地である。モンスーンの影響が強く，耕地面積が国土の65%を占める農業国で，③米やジュートが主作物である。夏季に降雨が集中し，低湿地であるためサイクロンによる洪水が深刻で，毎年多くの人々が命を落としている。この国で設立されたグラミン銀行は，貧困層の支援を行い，ノーベル平和賞を受賞した。

D　この国は，国土の大部分が砂漠で，メッカ・メディナの２つの聖地をもつ。ガワール油田など，主要な油田は東部の（　3　）湾岸に集中している。ＯＰＥＣの中心的な国であるが，労働力不足のため近隣諸国からの外国人労働者に頼っている。女性に車の運転を認めてこなかった世界で唯一の国であったが，2018年６月にこれを解禁した。

E　この国は，ボスポラス海峡をはさんで，ヨーロッパとアジアにまたがって国土をもつ。［　X　］に属し，たびたび大地震が発生している。小麦・綿花・タバコなどの栽培がさかんで，④自動車と繊維製品が重要な輸出品である。西欧への出稼ぎ労働者からの送金と観光収入が重要な外貨獲得源になっている。ＥＵへの加盟を希望し，現在も交渉を続けている。

F　この国は，地中海の東岸に位置し，1948年にユダヤ人が建国した。周辺のアラブ諸国と対立し，４回にわたって中東戦争がおこった。ユダヤ教，キリスト教，イスラム教の聖地（　4　）があり，現在も争いがたえない。この国と隣国ヨルダンにまたがる死海は，海水の約10倍の塩分濃度がある。この水は多くのミネラル成分を含み，美肌効果もあるため，西アジア屈指のリゾート地になっている。

問１　（１）～（４）に適する語句を記せ。

問２　［X］に適する語句を，次のア～ウから１つ選び，記号で記せ。

ア．安定陸塊

イ．古期造山帯

ウ．新期造山帯

問３　Ｅ・Ｆの文が表している国の名前を記せ。

問４　Ａ・Ｃの文が表している国の宗教について，信者数が最も多いものを，次のア～エから１つずつ選び，記号で記せ。

ア．キリスト教

イ．イスラム教

ウ．仏教

エ．ヒンドゥー教

問５　下線部について，**バンガロール**を通過する経線は東経80度である。Ａ～Ｆの文が表している国のうち，国土の**全部**が東経80度より西側に位置する国を**すべて**選び，Ａ～Ｆの記号で記せ。

問６　次のページの表は，二重下線部①～④の作物または工業製品（綿花，鉄鋼，米，自動車）のいずれかの生産上位国とその割合を表している。鉄鋼にあてはまるものを，あとの**ア～エ**から１つ選び，記号で記せ。

ア		イ		ウ		エ	
中　国	51.9	中　国	29.8	インド	23.7	中　国	27.6
インド	5.9	アメリカ	11.5	中　国	23.6	インド	21.9
日　本	5.8	日　本	10.0	アメリカ	13.7	インドネシア	10.6
アメリカ	4.8	ドイツ	5.8	パキスタン	9.1	バングラデシュ	6.4
韓　国	4.0	インド	4.9	ブラジル	5.2	ベトナム	5.6

（単位：%）

『統計要覧　2020年度版』より作成

問７　地図中の斜線の地域（斜線の楕円）は，稲作のさかんな地域である。また，地図中の（点線の楕円）で囲んだ１・２・３はそれぞれ，ヒンドスタン平原，大インド砂漠，西ガーツ山脈のある場所を指している。（斜線の楕円）で稲作がさかんな理由を，以下の２つの条件を満たして説明せよ。

条件１：「ヒンドスタン平原，大インド砂漠，西ガーツ山脈」のいずれかの地名を使う。

条件２：（斜線の楕円）に吹く**風の名前**とその**風向**をはっきり示す。

地図

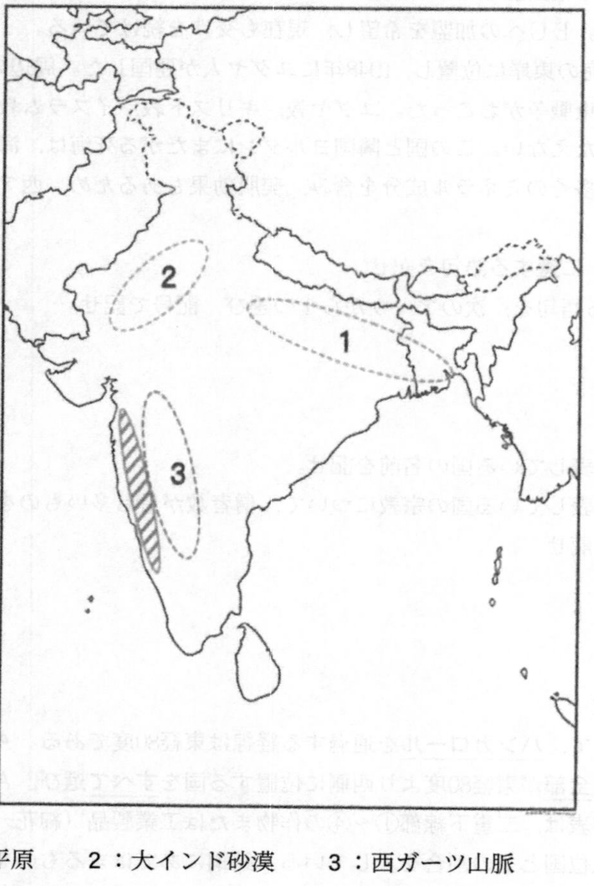

１：ヒンドスタン平原　２：大インド砂漠　３：西ガーツ山脈

【3】 次の文を読んで，あとの問いに答えよ。

人類の歴史は病気とともにありました。日本には非常に古くから病気に関する記録があります。『古事記』には，神話なのか実際の出来事なのかの区別は出来ませんが，10代天皇の崇神《すじん》天皇の時代に流行病で多くの人が亡くなったことが記されています。また，a大王による国づくりが進んでいた時代には朝鮮半島から医博士が来日したという記録があります。しかし，当時の医療は，まじないのようなものだったと考えられています。病気の原因が分からなかった時代，病気になることは，b祟《たた》りや呪《のろ》いなどによるものだと考えられていたため，うらみを残して亡くなった人物の祟りを恐れて，神としてまつることも行われました。6世紀に伝わった仏教にはそれらをなくす力があると信じられていました。一方で，c聖徳太子が摂政として政治を行っていた時代には，薬草をとることが，朝廷の行事として行われていました。

発熱や発疹《はっしん》などの症状をみて病気を治そうとする考えは中国で発達し，症状に合わせて薬草などをのむことを記した本が2000年ほど前には成立していたといわれています。遣隋使や遣唐使を通じて様々な中国の文物が伝えられましたが，中国の制度をもとに8世紀に定められたd律令では，医者や薬を扱う役人や，それらの人々を育成する仕組みがとりいれられました。

聖武天皇の時代に天然痘という病気が大流行し，平城京でも一般の人から朝廷の高い位をもつ役人まで多くの人々が，次々に亡くなりました。反乱や天災などもあり，そのような様々な災いから国を守るものとしてe大仏がつくられました。そのころ正しい仏教を伝えるために多くの困難を乗りこえ日本へやってきた（　f　）は唐招提寺をつくったり，多くの薬草を持参して病気の治療法なども伝えたりしたとされています。遣唐使などによって中国からもたらされた薬やその目録が，正倉院に残されています。

平安時代になると，中国から伝えられた医学や薬草に関する書物をもとに，日本人による医学書がつくられるようになります。医者は家業として特定の家の人によってつがれることが多くなりました。一方，g病気になったときには，寺院に行き，僧による回復の祈りをしてもらったり，仏に願ったりすることはより広く行われるようになりました。

問1　下線部aについて，このころのようすを述べた文として正しいものを，次のア～エから1つ選び，記号で記せ。

ア．後漢の光武帝から印綬（印とそれを結びとめるひも）が贈られた。

イ．蝦夷を征服するために征夷大将軍の役職が設けられた。

ウ．かぶとやよろいを身につけた埴輪がつくられるようになった。

エ．成人の通過儀礼として抜歯の風習が広く行われるようになった。

問2　下線部bについて，これに関して述べた次の各文の正誤の組み合わせとして正しいものを，下のア～エから1つ選び，記号で記せ。

A　大宰府に左遷されてそこで亡くなった菅原道真を天神としてまつるため，京都に北野天満宮がつくられた。

B　モンゴル襲来で亡くなった武士をまつるために，鎌倉で祇園祭が開かれるようになった。

ア．A：正　B：正　　イ．A：正　B：誤

ウ．A：誤　B：正　　エ．A：誤　B：誤

問3　下線部cについて，このころの文化を述べた文として正しいものを，次のページのア～エから1つ選び，記号で記せ。

ア．豪族や王族たちは，古墳に代わって寺院をつくることで自らの権威を示すようになった。

イ．神への信仰を仏教に取り込んだ神仏習合が広がり，神道の新たな教えも生まれた。

ウ．寺院の部屋の様式を住居に取り入れた書院造の建物として，東求堂同仁斎がつくられた。

エ．高野山に金剛峯寺が建設され，山中で学問や修行に励むことが行われた。

問４　下線部ｄについて述べた文として誤っているものを，次のア～エから１つ選び，記号で記せ。

ア．中央組織として太政官や神祇官などが置かれ，政務を分担した。

イ．地方の国には都から国司が派遣されて，地方豪族から任命された郡司を指揮して政治を行った。

ウ．庸は都での労役の代わりに布を納める税で，成年男性のみが負担した。

エ．新しく開墾した土地は，開墾した農民の私有地にすることが認められていた。

問５　下線部ｅについて述べた次の各文の正誤の組み合わせとして正しいものを，下のア～エから１つ選び，記号で記せ。

Ａ　極楽浄土の仏とされる阿弥陀仏の像で，巨大な木をいくつか組み合わせて作成された。

Ｂ　源平の争乱で焼け落ちたため，鎌倉時代に貴族や武士，庶民の寄付によって再建された。

ア．Ａ：正　Ｂ：正　　イ．Ａ：正　Ｂ：誤

ウ．Ａ：誤　Ｂ：正　　エ．Ａ：誤　Ｂ：誤

問６　（ｆ）に適する人名を記せ。

問７　下線部ｇについて，このような状況が『源氏物語』に記されているが，『源氏物語絵巻』を，次のア～エから１つ選び，記号で記せ。

ア

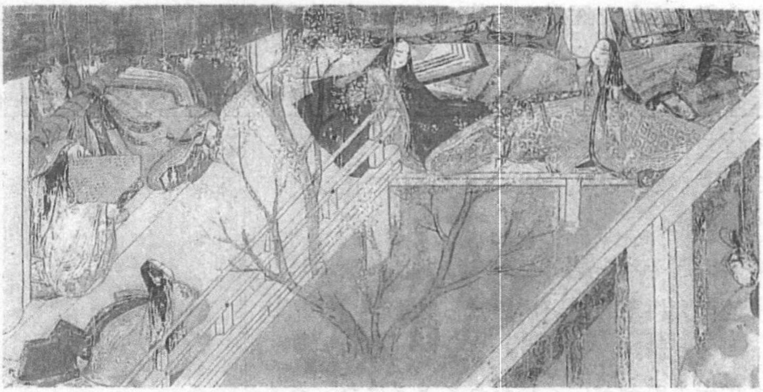

イ

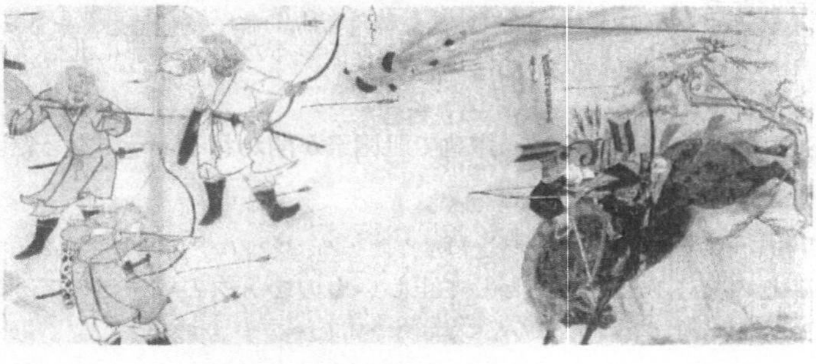

ウ

エ

問８　本文を読んで，次のＡ～Ｃの出来事を時代の古い順に並び替えたとき正しいものを，下のア～カから１つ選び，記号で記せ。

Ａ　日本人による医書がはじめてつくられた。

Ｂ　医博士がはじめて日本にきた。

Ｃ　医師を養成する制度が定められた。

ア．Ａ→Ｂ→Ｃ　　イ．Ａ→Ｃ→Ｂ　　ウ．Ｂ→Ａ→Ｃ

エ．Ｂ→Ｃ→Ａ　　オ．Ｃ→Ａ→Ｂ　　カ．Ｃ→Ｂ→Ａ

【４】　次の文を読んで，あとの問いに答えよ。

18世紀に江戸の蘭学は医学分野を中心に発達しました。『解体新書』の出版後，多くの科学分野の書物が翻訳され，出版されるようになりました。蘭学者の中には渡辺崋山や，（　１　）のように鎖国政策を強化する幕府を批判して処罰されるものも現れました。一方で，幕府はオランダ人医師に日本人医師の養成を依頼し，外国人医師に学んだ人々が，日本の医学の基礎を築いていきました。

19世紀になり世界で帝国主義が広がる中で，地域的な病気が，一気に全世界に拡大することがおこるようになりました。インドの風土病だったコレラという病気が，中国や日本にも広がり，多くの病死者が発生するようになりました。ａアロー戦争の結果を伝えるために，1858年に長崎に来港したｂアメリカの軍艦からコレラが広がったこともありました。この時は九州から大阪・京都に広がり，さらに江戸でも多くの感染者がでて数多くの方が亡くなりました。蘭学を学んだ人々は，新たな病気の治療法を用いて活躍しました。

明治時代になり，政府は（　２　）を団長とした使節団を欧米に派遣します。この使節団のもとで欧米の医療体制も調査されました。そして医師の資格や教育，病院の設置を国が管理する制度が整えられていきました。19世紀には多くの感染症が，病原体によって引き起こされることが明らかになっていました。ドイツやアメリカに留学した日本人の中には，新たな病原菌の発見をする人や，感染症の治療に c 大きな貢献をする人も現れるようになりました。慶應義塾をつくった（ 3 ）らの寄付によって，1892年ドイツに次いで，世界で２番目の伝染病研究所が東京につくられました。

明治維新後，台湾や朝鮮半島に軍を派遣することが何度もあり，激しい戦闘も行われるようになりました。日清戦争では，戦死する兵士の人数よりも，派遣されている最中に病気にかかり，病死する兵士の人数の方が多いほどでした。

外国からの船が，コレラやペストなどの伝染病を持ち込まないようにするための海港検疫法という法律は，治外法権を回復した d 日英通商航海条約が発効する1899年に成立しました。医学や医療制度が整えられていく一方で， e 第一次世界大戦中に世界中に流行したインフルエンザは日本にも伝わり，わずか２年の間に25万人以上の命を奪いました。これは日露戦争での戦死者の倍以上の数です。しかし，戦前日本の国家予算においては，病気の治療や病院の建設などにかかる費用よりも，軍事費は常に多くの額をしめていました。

問１　（１）～（３）に適する人名を記せ。

問２　下線部ａについて，アロー戦争とともにアジアでの大きな事件が日本に伝えられた。その事件として正しいものを，次のア～エから１つ選び，記号で記せ。

ア．アヘン戦争　　イ．インド大反乱　　ウ．義和団事件　　エ．辛亥革命

問３　下線部ｂについて，この軍艦は日米修好通商条約の調印にも使われた。下の史料は，その条約の一部を現代語訳した条文である。

> 史料
>
> 日本人に対して法を犯したアメリカ人は，［ A ］において取り調べの上，［ B ］によって罰すること。
>
> アメリカ人に対して法を犯した日本人は，［ C ］が取り調べの上，［ D ］をもって処罰すること。

①　この条文中の［A］～［D］のうち，［A］と［C］に適する語句の組み合わせとして正しいものを，次のア～エから１つ選び，記号で記せ。

ア．A：アメリカの領事裁判所　　C：アメリカ役人
イ．A：アメリカの領事裁判所　　C：日本役人
ウ．A：日本の奉行所　　C：アメリカ役人
エ．A：日本の奉行所　　C：日本役人

②　この条文は不平等な内容とされている。対等な条文にするためには，どのようにすればよかったのか。［A］～［D］のうち，［B］と［D］に適する語句の組み合わせとして正しいものを，次のア～エから１つ選び，記号で記せ。

ア．B：アメリカの法律　　D：アメリカの法律
イ．B：アメリカの法律　　D：日本の法律
ウ．B：日本の法律　　D：アメリカの法律
エ．B：日本の法律　　D：日本の法律

問4　下線部cについて，貢献した内容と人の組み合わせとして誤っているものを，次のア～エから1つ選び，記号で記せ。

ア．破傷風菌の発見：北里柴三郎

イ．赤痢菌の発見：志賀潔

ウ．ビタミンの研究：渋沢栄一

エ．黄熱病の研究：野口英世

問5　下線部dについて，次のA～Cの出来事を古い順に並び替えたとき正しいものを，下のア～カから1つ選び，記号で記せ。

A　日英通商航海条約が調印された。

B　鹿鳴館が完成した。

C　シベリア鉄道が完成した。

ア．A→B→C　　イ．A→C→B　　ウ．B→A→C

エ．B→C→A　　オ．C→A→B　　カ．C→B→A

問6　下線部eについて，第一次世界大戦中の出来事として誤っているものを，次のア～エから1つ選び，記号で記せ。

ア．日本はヨーロッパの戦争には不介入の方針をとった。

イ．イギリスは植民地の人々に協力を求めた。

ウ．ロシアでは皇帝に反対して革命が起こった。

エ．アメリカは戦争中に14カ条の平和原則を発表した。

【5】　次の文は，中学の公民の授業で「香川県のネット・ゲーム条例」に関してディベートをしたときの会話の一部である。これを読んで，あとの問いに答えよ。

先　生：昨年4月に香川県で「ネット・ゲーム条例」が施行されました。この条例では，小中学生は夜9時以降，ネット・ゲームをしないことや平日の使用時間を60分，休日の使用時間を90分までにすることなどを定めました。今日は，この条例の賛否について，ディベートをします。今回のディベートのルールは，まず，賛成派，反対派のそれぞれの立論，その後，反対派，賛成派それぞれから反駁《はんばく》，そして，最後にクラスのみんなで公正なジャッジを行い，勝敗を決します。それでは，賛成派の立論からお願いします。

賛成派：私たちが，ネット・ゲーム条例に賛成する理由は2つあります。1つ目は，インターネットやコンピューターゲームの過剰な利用は，ゲーム中毒を引き起こすということです。a世界保健機関は，「ゲーム障害」を正式に疾病《しっぺい》と認定しています。2つ目は，依存症から子どもを守るためには，家庭だけではなく社会全体で守っていく必要があるからです。子どもは大人よりも理性をつかさどる脳の働きが弱く，子どもが依存症になると大人の薬物中毒同様に抜け出すことが困難になります。国や県が，法律を整備したり医療体制を充実させたり研修体制を構築したりしなければいけません。よって，私たちは「ネット・ゲーム条例」が必要だと主張します。

先　生：では，反対派の立論をお願いします。

反対派：私たちが，ネット・ゲーム条例に反対する理由は，3つあります。1つ目は，利用時間の制限により，通信事業者の経済的権利を妨害してしまうという点です。日本国憲法では，第

22条で職業選択の自由が保障されており，これは経済活動の自由を意味しています。b条例による制限は，この営業妨害にあたる可能性があります。２つ目は，ゲームをするかしないかはc個人の自己決定権や幸福追求権で保障されるものです。行政がこれを制約してはならないと考えます。３つ目は，ゲームの利用時間を管理するということは，第三者が介入することを意味し，これはdプライバシーの侵害に当たります。以上の点から，私たちはこの条例に反対します。

先　生：では，反対派の反駁をどうぞ。

反対派：賛成派の意見では，１つ目に，ゲームは依存症であると主張していますが，テレビや漫画にも中毒性があり，なぜゲームだけに条例が制定されるのか疑問に思います。ゲームに対する偏見があるのではないでしょうか。また，２つ目の，子どもを社会全体で守っていくという主張に対してですが，それもゲームの依存だけが対象でよいのでしょうか。学校に通えない生徒や外国籍の生徒，障がいをもつ生徒などの学習環境を整えることは，e憲法第26条に教育を受ける権利が保障されており，国や自治体が社会的責任を負うのは当然と考えます。ゲームだけをとりあげて規制をするのは，やはり行き過ぎのような気がします。

先　生：では，続いて，賛成派の反駁をどうぞ。

賛成派：第１に，通信事業者の経済活動の自由の制約になるというご指摘についてですが，憲法第22条には「公共の福祉に反しない限り」という規定があります。f経済活動の自由は無制限ではないということです。第２に，個人の自己決定権や幸福追求権を侵害するというご指摘についてです。例えば，シートベルトをしない方が「幸福」を感じる人もいるかもしれませんが，道路交通法では，シートベルトの着用が義務付けられています。第13条の幸福追求権も無制限ではないのではないでしょうか。第３に，プライバシーの権利についてです。この条例は，ガイドラインを示したもので，罰則はありません。つまり，第三者による監視は想定していません。

先　生：白熱した討論でしたね。それでは，公正なジャッジをお願いします。

問１　下線部ａについて，世界保健機関は，国連の専門機関の１つである。国連に関する文のうち正しいものを，次のア～エから１つ選び，記号で記せ。

ア．国連児童基金は，文化面で世界平和に貢献することを目的に，文化財の保護や識字教育などの活動をしている。

イ．国連総会は，世界の平和と安全を維持することを目的としており，15の理事国で構成され，常任理事国には拒否権がある。

ウ．国際司法裁判所は，戦争犯罪や大量虐殺を行った個人を裁く裁判所で，スイスのジュネーブにおかれている。

エ．国連平和維持活動は，紛争後の平和の実現のために，停戦や選挙の監視などを行っている。

問２　下線部ｂについて，条例による制限が認められているものを，次のア～エから１つ選び，記号で記せ。

ア．女性は満16歳で結婚できるが，男性は満18歳にならないと結婚できないこと。

イ．路上での歩きたばこを禁止すること。

ウ．衆議院議員は満25歳で立候補できるが，知事は満30歳にならないと立候補できないこと。

エ．高校生のアルバイトを禁止すること。

問3　下線部cについて，個人が自分の生き方や生活の仕方について自由に決定することを自己決定権という。今，病気などの終末期に延命治療をこばむ尊厳死を認める法律を制定することの是非をディベートした場合を考えてみる。この法律制定に賛成の意見を述べているものを，次のア～エから1つ選び，記号で記せ。

ア．人生最後のあり方を自分自身で決めることができるようになるのではないか。

イ．自分の本心よりも，家族の負担などを考えてしまい，家族の意思を尊重するようになるのではないか。

ウ．医学は進歩しており，終末期の定義は変わる可能性があるのではないか。

エ．自死との境界線を引くことが難しいのではないか。

問4　下線部dについて，プライバシーの権利として保護されない例を，次のア～エから1つ選び，記号で記せ。

ア．自分の顔を写真にとられ，SNS（ソーシャル・ネットワーキング・サービス）上のクラスのグループに掲載された。

イ．自分の生い立ちや家族構成を，友人のブログに掲載された。

ウ．政治家の資産が新聞社によって公開された。

エ．ホームページ上で実施したアンケートの結果をメディア広告業者に渡された。

問5　下線部eについて，教育を受ける権利は社会権に分類される。これと同一の性質を持つ人権を，次のア～エから1つ選び，記号で記せ。

ア．労働者が団結する権利

イ．国や自治体の持つ情報を情報開示請求し，知る権利

ウ．法律の制定を阻止する運動を行う権利

エ．出身地で差別をされない権利

問6　下線部fについて，この判例として，最高裁判所は薬局開設距離制限に対し違憲判決を出した。最高裁判所が違憲判決を出した例として誤っているものを，次のア～エから1つ選び，記号で記せ。

ア．外国に住んでいる日本人の選挙権を認めない公職選挙法の規定は，選挙権の保障に反しており，国は原告に賠償をしなければならない。

イ．女性だけ離婚や死別後6か月間は再婚禁止とする民法は，法の下の平等や結婚の男女平等に反している。

ウ．法律上の結婚関係にない男女の子どもの法定相続分を，結婚関係にある男女の子どもの2分の1とする民法は，法の下に平等に反しており，無効である。

エ．公営体育館の建設の際の地鎮祭の費用を，市の公金から支出したことは，政教分離の原則に反し，市は原告に賠償をしなければならない。

【6】　次の文を読んで，あとの問いに答えよ。

来年度当初案過去最高を更新

一般会計102兆6600億円　1兆円増，社会保障費膨張

政府は18日，2020年度予算案の概要を固めた。一般会計総額は102兆6600億円程度となり，19

年度当初予算を約１兆2000億円上回って過去最高を更新する。高齢化や高等教育無償化などの影響で社会保障関係費が膨らんだ。歳出総額が100兆円を超えるのは２年連続。20日に閣議決定する。（以下省略）

出典：「中日新聞」2019年12月19日朝刊　一部改

平成31年度の一般会計の a 予算額は，b 社会保障関係費が全体の34.2％，国債費が全体の23.6％，c 地方交付税交付金等が全体の16.1％を占めています。記事からも分かるように，社会保障に関係する費用は，年々増加してきており，歳出の特に大きな割合を占めています。

社会保障は，長い歴史があるわけではありません。19世紀までは，貧困に陥るのは自己責任という考えが有力で，社会保障の考えは強くはありませんでした。しかし，20世紀に入ると，（　d　）で初めて全国民を対象とした「ゆりかごから墓場まで」を目指す社会保障制度が確立しました。その後，他の各国でも個人に代わって国が社会保障を行う制度が整備され，徐々に社会保障は充実してきました。

社会保障は，国によって充実度が異なります。一般的に，スウェーデンなど北欧の国々は手厚く，逆にアメリカなどは手薄と言われています。日本は，国民皆保険や e 国民皆年金が実現するなど，社会保障の充実度は低くはありませんが，北欧には及びません。また，社会保障は，税金や保険料を財源としてまかなわれるため，充実度が高いほど，経済的な負担は大きくなります。

社会保障は充実すればするほど，当然私たちは暮らしやすくなります。しかし，社会保障は，財源が限られています。今年度は，新型コロナウイルスに関連して特別な予算が組まれましたが，一方で，膨張する社会保障費も一因となって大量の f 国債が発行されています。これは，国の借金となるため，将来の国民に負担を強いることになります。少子高齢社会となり，社会保障にかかる費用が増加する中で，私たちは，どれだけの経済的負担を許容し，どれだけの充実を求めるのかを，多面的・多角的な視点で考えていく必要があります。

問１　下線部ａに関連して，国が特別の国債の一種である財投債などによって資金を調達して独立行政法人などの機関に出資し，道路建設などの仕事を行わせる経済活動を何というか，漢字５字で記せ。

問２　下線部ｂについて，次のページの表は「社会保障給付費の部門別推移（2008～2017年度）」である。この表から読み取れることとして正しいものを，下のア～エから１つ選び，記号で記せ。

ア．医療・年金の額はともに，2008年度から2017年度まで常に増加している。

イ．2008年度から2017年度にかけて，社会保障費全体の額の増加率に対して，医療・年金の額はともに増加率は低い。

ウ．2017年度の医療・年金の合計額は，社会保障費全体の額の７割を超えている。

エ．社会保障費全体の額は，すべて国債でまかなわれている。

社会保障給付費の部門別推移（億円）			
年度	医療	年金	社会保障費全体
2008	308,654	493,777	958,441
2009	321,038	515,524	1,016,714
2010	336,439	522,286	1,053,646
2011	347,815	523,253	1,082,744
2012	353,392	532,329	1,090,781
2013	360,713	538,799	1,107,796
2014	367,767	535,104	1,121,734
2015	385,605	540,929	1,168,403
2016	388,128	543,800	1,184,089
2017	394,195	548,349	1,202,443

国立社会保障・人口問題研究所「社会保障給付費の部門別推移」より作成

問３　下線部ｃについて，地方交付税交付金に関する記述として正しいものを，次のア～エから１つ選び，記号で記せ。

ア．地方交付税交付金は，国から地方への税源移譲の改革に合わせて，減額が図られたことがある。

イ．地方交付税交付金は，道路整備など，国から指定された事業の費用として使用される。

ウ．地方交付税交付金は，財政状況に関わらず，すべての都道府県に交付される。

エ．地方交付税交付金は，数年後に国への返済義務があるため，地方公共団体の借金ともいえる。

問４　（ｄ）に適する国名を記せ。

問５　下線部ｅについて，年金に関する記述として正しいものを，次のア～エから１つ選び，記号で記せ。

ア．自営業者は，国民年金に加えて，共済年金に加入する。

イ．厚生年金に加入する会社員は，納める年金の保険料を労働者と事業者で折半する。

ウ．納める年金の保険料は，少子化が進むほど減額される仕組みとなっている。

エ．国民年金と比べると，厚生年金は収支がよくない傾向がある。

問６　下線部ｆについて，国債の残高は年々増加しているが，同様に，財政難が原因で地方債の残高が増加している地方公共団体がある。財政難の解消を前提とした地方公共団体の施策として適当なものを，次のア～エから１つ選び，記号で記せ。

ア．行政サービス向上のために，市役所の職員の数を増やす。

イ．市の体育館の名称をつける権利を，民間企業に販売する。

ウ．便利な街づくりのために，市の図書館を増やす。

エ．市役所の職員の給与向上のために，残業を奨励する。

【7】 下の①～④について，A・B・Cの文の正誤の組み合わせとして正しいものを，次のア～クから1つずつ選び，記号で記せ。

	A	B	C
ア	正	正	正
イ	正	正	誤
ウ	正	誤	正
エ	正	誤	誤
オ	誤	正	正
カ	誤	正	誤
キ	誤	誤	正
ク	誤	誤	誤

① A 労働者が労働組合を結成し，労働条件の改善を使用者に要求することや，労働争議を行うことを権利として認めているのは，労働基準法である。

B 派遣労働者は非正規労働者の一種である。派遣労働者は，人材派遣会社と労働契約を結び，他の企業に派遣されて働く労働者である。

C 一般的に，外国人労働者は，休日が少なく長時間の労働をしているが，賃金水準は日本人正規労働者よりも高い。また，その雇用は経済状況の影響を受けにくいといえる。

② A 独占禁止法は，市場における競争を妨害するものを，なくすことなどを目的としており，公正取引委員会がその運用にあたっている。

B 日本銀行が行う金融政策に，公開市場操作がある。この手段によれば，景気が過熱している時は，通貨量を減らす必要があるので，買いオペレーションを行い，景気が停滞している時は，その逆の売りオペレーションを行う。

C 政府が行う財政政策では，景気が停滞している時は，公共投資を減らして企業の仕事を増やしたり，増税をして企業や家計の消費を増やしたりする。

③ A ケネディ米大統領が提唱した消費者の四つの権利とは，安全を求める権利，知らされる権利，選択する権利，意見を反映させる権利である。

B 高度経済成長期に消費者保護基本法が制定され，消費者を保護するための様々な仕組みが整えられた。各地方公共団体には，消費者相談や情報提供を行う消費生活センターが設置された。

C 消費者契約法では，ある製品を使用し消費者が被害を受けた場合，消費者がその製品の欠陥を証明すれば，企業は責任をとらなければならないと規定されている。

④ A 小売業者や卸売業者が商品を企画して，メーカーに製造を依頼し，独自のブランドとして販売する商品をナショナル・ブランド（NB）という。

B 株主は利潤の一部を配当として受け取ることができる。また，株主は株主総会に出席し，経営方針などについて議決することができる。株主が受け取る配当の金額や議決権は，持っている株式の数に応じて決まる。

C 現代の企業は，利潤を追求するだけではなく，社会的責任（CSR）を果たすべきだと考えられている。それゆえ，教育や文化，環境保全などで積極的に社会貢献を行う企業もある。

い怒りを必死で抑え込んでいる気持ちを表現しているよね。

エ　生徒D――僕は「秋らしい風が吹き抜けて、隆治の火照った体を鎮めた」に注目してみたよ。この表現があることで、本文の最後にうまくつながり、隆治の前向きな心情を暗示できていると言えるんじゃないかな。

オ　生徒E――私は「一条の風が吹いた。それは、他の風と違っていた」という表現から隆治の感覚の鋭敏さがわかるし、裕一のお墓に行き、裕一の霊魂をなんとか感じ取ろうという強い意志が感じられるわ。

カ　生徒F――そうかな。「石は動かず、ただ立っていた」とあるように、裕一の存在自体はあまり明確になっていないのではないかな。ただ、お墓の中にいて身動きが取れなくなっている兄の悲しさを感じ取ることはできるね。

オ　息子が死んでしまったという認めたくない事実を病院の外で聞いてしまい、何も考えられないほどに放心してしまったから。

カ　この大病院なら息子は助かるはずだと思っているのに、看護婦の発言は息子が死に直面しているという現実を突きつけたから。

問6　――線部③「隆治は冷静だった」のは、なぜか。その説明として最適のものを次の中から選び、記号で答えよ。

ア　兄が救急車で運ばれた日のことを思い出して、両親は胸をえぐれるような思いだったが、隆治は医師としての経験から両親の対応の遅さが兄の死を招いたことを確信したので、徐々に罪の意識が薄れていき、兄の死を穏やかに受け入れられたから。

イ　兄の死について話したことで、父はやり場のない感情で取り乱していたが、隆治は医師としての経験から当時の医療では対応が難しいことを推察し、仮に助かる道筋を導き出せたとしても、他界した兄はもう戻って来ないと落ちついて理解したから。

ウ　兄が死んだ時のことを話したので、父と母はいたたまれない気持ちになっていたが、隆治は医師としての経験から担当医のずさんな対応が兄を死に至らしめたのだと判断し、二〇年間抱え続けてきた苦悩から一瞬にして解放されたから。

エ　兄が死んだ日のことを思い出して、父は担当医に対する不満を漏らしていたが、隆治は医師としての経験から当時の担当医が最善を尽くしたことを察し、アレルギー物質を把握していなかった家族に責任があると、取り乱すことなく認識できたから。

オ　兄の死を回想して、父は病院の対応に納得がいかない様子だったが、隆治は医師としての経験から当時の医学では助かる見込みがなく、家族の対応にも至らぬ点があったことを知り、もう帰らぬ兄に心の底から申し訳ないと思ったから。

問7　――線部④「……ありがとう」とあるが、ここには隆治のどのような心情が表れているか。六十字以内で説明せよ。

問8　先生と生徒がこの小説の表現について対話している。**生徒A～F**のうち、本文を踏まえ正しい解釈をしているものを、次の**ア～カ**の中から一つ選び、記号で答えよ。なお選択肢の……線部は本文中の表現である。

先生　小説における情景描写は読み手に対して様々な情報をもたらします。情景描写の表現が持つ効果について注目してみると、小説をより深く味わうことができるでしょう。本文中の情景描写について皆さんの解釈を発表してみてください。

ア　**生徒A**――「ところどころ錆びかけたポットを見た」というのは、長い年月が経ったことを表現しているよね。お母さんとポットを見比べて、母も年をとったなという隆治のしみじみとした気持ちを表現しているね。

イ　**生徒B**――僕は「少しだけ開いた窓から、冷たい夜風が入ってきた」という表現は、実家に帰ってきて家族三人でご飯を食べている穏やかな雰囲気が、兄の死について話すという張りつめた空気に変化していくことを暗示していると思うな。

ウ　**生徒C**――お父さんの心情も読み取れるんじゃないかな。「コップは割れずに転がった」っていうのは、幼い裕一が亡くなったことを思い出して、医者に対するやりきれな

ること。

＊アドレナリン＝神経伝達物質の一種。血液供給量を増やす効果があり、アナフィラキシーショックの治療に有効とされる。

【一部改変箇所】※印をつけて中略した箇所には、出題の都合上、省略がある。

問1 〰〰線部a〜eのカタカナを漢字に直せ。（楷書で大きく丁寧に書くこと。）

問2 ══線部「嗚咽をもらした」とあるが、「嗚咽をもらす」の状態を表しているイラストとして最適のものを次の中から選び、記号で答えよ。

ア

イ

ウ

エ

オ

問3 本文中の空欄 A 〜 C に入れるのに最適な表現を、次の中から選び、それぞれ記号で答えよ。

ア ひやひやと　イ しとしとと　ウ ぎりぎりと

エ ぐすぐすと　オ ぽたりぽたりと

問4 ──線部①「隆治は口の中でその言葉を転がした」とあるが、この時の隆治の心情の説明として、最適のものを次の中から選び、記号で答えよ。

ア 患者の死に直面して医者としての限界を感じているが、両親が自分の立場を理解してくれるかどうか不安になっている。

イ 兄が死んだ日のことがずっと気になっていたので、母がふいに話題にしたこの機会に聞きだそうとして焦っている。

ウ 医者として兄の死因を分析したいが、言い方次第では両親から責められるかもしれないので話のきっかけを探している。

エ 両親とはこれまで一度も兄の死んだ日の話をしたことがないので、今さら改めて話題に出すことをためらっている。

オ 自分が急に帰省した理由は言いたくないが、両親は不審に思っているようなので兄の話題にしてごまかそうとしている。

問5 ──線部②「俺は頭をぶんなぐられたような気分になった」とあるが、父がこのような気分になったのはなぜか。その説明として適切なものを次の中から二つ選び、記号で答えよ。

ア 息子が死んでしまうかも知れないという緊急事態であっても、結局素人の自分に息子は助けられないことを悟ったから。

イ 病院内の張りつめた空気にいたたまれなくなって外に出てきたのに、逃げ場がなくなり気持ちのやり場に困ってしまったから。

ウ 命を助ける側の立場にいる医者が、人の命よりも自分の娯楽の方を気にかけている無神経な発言に激しい衝撃を受けたから。

エ 救急車で運ばれたとはいえ、医者にできることにも限界があることを受け入れざるをえない状況に困惑を隠せないでいるから。

隆治は地面をeケって歩き出した。はじめは左にまっすぐ。そして二つ目のブロックを右に曲がる。焦ってはいない。ゆっくりと歩く。

「あった！」

隆治は声をあげた。墓石には「雨野家之墓」と書かれていた。

「兄ちゃん、久しぶり」

隆治はそう言うと、墓石に近寄り触った。ざらりとした石の感触。雨野家の墓石は周りのものと比べてもだいぶ古びていて、角が一カ所欠けていた。

「ごめんな、全然来れんで」

隆治は石をじっと見た。

「兄ちゃん、俺な、医者になった」

石は動かず、ただ立っていた。

隆治は石をさすりながら話しかけた。

「今は東京にいる。昨日な、話聞いたんだ。父ちゃんと母ちゃんから。兄ちゃんのこと」

「俺はずっと、兄ちゃんのことを思い出したくなかったのかもしれん。あの時のこと、一度もちゃんと聞いたことがなかった」

隆治は砂利の上にしゃがみ込むと、話し続けた。

「ごめんな。俺がもっとちゃんとしてれば、こんなとこ入らないで済んだな。だから俺は、医者になったよ。もう兄ちゃんみたいな人いなくするために、医者になった。まだ仕事はわけわからん。上の先生は怖いし、患者さんも怖い。看護師さんも怖い。病気も怖い」

隆治は砂利にあぐらをかいた。「こないだ小さい子どもが大怪我《おおけが》で運ばれてきた。死にそうでな、手術した。その子、文句一つ言わないで頑張った。最後には治ったよ。すごいな、兄ちゃん。五歳なのにな」

「すごいんだよ、兄ちゃん。生きてるって、すごいことだ。俺はその子を見て思ったよ。だから、俺は、これからも生きていく。そしてすごい医者になる。こんな石の中に兄ちゃんを入れた俺が、それでもすごい医者になる」

「だから、見守ってくれ。いや見守ってくれなんて言わん。ただ、ゆっくり眠ってくれ。本当に、ごめんな。兄ちゃん」

隆治は泣いた。秋の雨のように、静かに泣いた。

その時だった。

また一条の風が吹き、隆治の頬を撫《な》でた。

「④……ありがとう」

隆治は両手で顔を拭くと、立ち上がった。

「兄ちゃん、またな。また来るからな」

そう言うと、隆治は振り返らず歩いて行った。

南国の空はどこまでも高く、夏の終わりを告げていた。

《中山 祐次郎・著『泣くな研修医』株式会社幻冬舎 による》

【注】＊わっぜ＝すごく、とても、大変の意味を表す方言。

＊アナフィラキシーショック＝免疫細胞が過剰に働くことで生じるアレルギー反応。短時間で症状が現れ、死に至ることがある。

＊低酸素脳症＝脳内の酸素濃度が低下することで、脳全体に障害が起こ

隆治は口を開いた。

「父ちゃん、話してくれてありがとう。よくわかったよ」

隆治は冷静だった。さっきの緊張が嘘《うそ》のようだ。

母は大きな声を出して泣いている。父も静かに泣いている。なぜ自分は涙が出ないのか。

兄はおそらく、食べ物のアレルギー、中でもアナフィラキシーショックと言われるもっとも cジュウトクなもので亡くなった。もしあの時もっと早く対応していたら。そして時代がもっと進んでいたら。アレルギー物質がわかり、携帯用注射の ＊アドレナリンがあれば、死なずに済んだかもしれない。

でも、そんなことを言っても仕方がないのだ。兄は三〇年前に生まれ、三〇年前を生きたのだ。

「しょうがなかったんだよ」

C 泣きながら、母が言った。

「……でも、不憫《ふびん》で、不憫で……」

「そんなことはないよ」

「小さなお棺でな」

父が言った。

「銭《ぜん》がなかったで、通夜が出せなくて、葬式だけやった。寂しい葬式だったが、小学校の友達が来てくれた」

手で涙をぬぐうと、父は続けた。

「お前は何があったかわからんで、ずっと言っとった。『どうしたの、寝てるの、遊んでくれないの』って」

記憶の彼方《かなた》に、そんな光景がある気がした。

（※中略　その後、三人は、裕一の死について語り合う。そして、隆治は裕一の墓参りに行くことを決心するのだった。）

翌日。

隆治は自転車に乗ると、小高い丘の上に向かった。

急な坂道を自転車を dコいできたせいか、隆治の背中は汗びっしょりになった。それでも普段手術中にかく冷や汗とは違い、気分がよかった。

その墓地は見晴らしのいい丘の上にあった。秋らしい風が吹き抜けて、隆治の火照った体を鎮めた。

墓地の入り口に着くと、隆治は両親からお墓の詳しい場所を聞いていなかったことに気づいた。

――困ったな。誰もいないし。

その時だった。一条の風が吹いた。それは、他の風と違っていた。おそらく他の人間だったら気づかないくらいの、わずかな違いだった。その違いは温度なのか、速度なのか、匂いなのか、それとも別の何かなのか。

た。その二人が話していた。『さっき運ばれてきたあの少年、厳しいかね』『いや、無理ですよ』『うむ、明日ゴルフだから早く帰りたいんだが』なんて話していた。

②俺は頭をぶんなぐられたような気分になった。そしてこう思った、いや、これはうちじゃない、裕一の話じゃないって。あっちの、泣いている夫婦の方だって」

――なんという医者だ。

全身がかっと熱くなるのを感じた。隆治は拳を強く握った。爪が掌《てのひら》の肉に A 食い込んだ。

父は続けた。

「ずいぶん長い時間が経《た》ったと思う。急に扉がガラッと開いて、部屋に入らされた。そこで、裕一を見た。裕一は、もう」

母が嗚咽《おえつ》をもらした。

父はコップを握りしめたまま、話し続けた。

「死んでいた。俺が見てもすぐにわかったよ。口に、かわいそうに、チューブなんか入れられて、血がついて、胸なんかへっこんじまって……。顔は真っ青だった。

なんで、なんでこんなことになるんだと俺は思った。お前たちが生まれてから必死に生活して、金稼いで、やっと小学校に上がって、それまで病気一つしなかったのによ……。何があったのか、まったくわからなかった。俺は……」

「近くにいた医者に、何があったのか聞いた。ご両親ですね、こちらへと言われ、椅子に座らされた。

そこで、裕一はもうダメだって言われた。心臓も息も止まってるって。ふざけるな、理由を言えと俺は言った。すると、アレルギーだかなんだかと言っていた。ふざけるな、アレルギーで死ぬわけがないだろうと」

――＊アナフィラキシーショックだったのか……。

③隆治は冷静だった。

「でも医者はアレルギーしか考えられないと言った。それともあんた、ぶん殴ったりしましたかって。ちくしょう！　ふざけるな！」

父はコップを畳に叩《たた》きつけた。コップは割れずに転がった。母はタオルを顔に当てて声をあげ泣いている。

――昼食の後……急に状態が悪くなったんだ。おそらく食べた物の中にアレルギーの原因となる食品があったんだ。それでアナフィラキシーショックになり、呼吸が止まった。それから病院に着いて挿管されるまで時間がかかったから、＊低酸素脳症になって死亡した……。

「それから俺は、裕一を家に連れて帰った。小さく、小さくなって……」

父も泣いていた。 B 涙は膝に落ちた。

「そうだったのか」

「何も覚えていないか」

「うん。……いや、少し思い出すことがある……。あの、下に呼びに行ったこととか……」

隆治は、絞り出すようにして言った。

「じゃあ話してやろう」

父はそう言うとテレビの電源を切り、あぐらをかいたまま回って隆治の方を向いた。父と向かい合って話すのはいったい何年振りだろうか。父の体は驚くほどちっぽけだった。

「あの日は朝から＊わっぜ雨が降ってた。バケツの水を全部ひっくり返したような雨だ。だから、よく覚えている。近くの川が増水しているから気をつけろとラジオで言っていた。

朝から忙しかった。大雨だというのに、どういうわけかお客が途切れなかった。変な日だった。だから昼メシも食わなかったんだ。母ちゃんもバタバタしていたな。母ちゃんは裕一とお前に二階で昼メシを食わせたら、一階に降りてきてずっとさつま揚げを売っていた。

それで、ああ、今でも覚えてるよ、どこかの修学旅行生が一気に二〇人くらい来てみんな注文したんだ。これはありがたいと思って、大急ぎで準備していた。

そしたらお前が階段から降りてきて、何か言った。何を言ってるかわからんし、忙しかったから母ちゃんが上に追いやった。そしたら泣きながらまた来た。どうせ喧嘩《けんか》でもしたんだろうと、母ちゃんが見に行ったんだ。

そしたら、母ちゃんが駆け降りてきて『救急車！　救急車！』って言うもんだから、慌てて階段登ったよ」

父はちゃぶ台のコップを手に取ると、ぬるくなった焼酎のお湯割りを一口飲んで続けた。

「そしたら、裕一がぶったおれている。抱きかかえたら手もぶらんとした。慌てて救急車を呼んだ。いくら『裕一、裕一』って呼んでも、顔をひっぱたいても反応せんし、もうわけがわからん。……そう、お前はずっと泣いていた」

「それから救急車が来て、一緒に乗って病院に行った。市立病院だ、あの一番大きいところだ。ああ、お前も連れて行った。

病院に着くなり、裕一は運ばれて行った。俺と母ちゃんは外で待っとけと言われ、それから」

母がぐらりと前に姿勢をbクズした。父は続けた。

「それから、長い時間待った。ずいぶん長いこと待った気がした。時計も何も持ってなかったから、どれくらい待ったかわからないけどな。でも、待合室には俺たちと同じくらいの若い夫婦がいた。青ざめてたな。その若い女の方がずっと泣いているもんだから、どうにも嫌になって俺は表にタバコを吸いに行った。

表に出たら若い男の医者と看護婦が灰皿のところでタバコを吸ってい

【二】 次の文章を読んで、後の問いに答えよ。なお、設問の都合により本文を一部改変してある。

東京で研修医として働く隆治《りゅうじ》は、幼少期に亡くした兄（裕一）のことを聞くために、鹿児島の実家に帰省している。

父は焼酎のお湯割りを飲んでいた。芋をふかしたような、柔らかい香りが部屋じゅうに広がっていた。ところどころ錆《さ》びかけたポットを見た。

「もう二〇年になるねえ」

湯のみの中を見ながら、急に母が言った。父は返事もせず、テレビの方を見ている。

隆治はaドウヨウした。なぜ自分が話そうとしていることがわかったのだろう。

「うん」

数秒の間をおいて隆治は返事をした。母が隆治の方を向いた。

「そのことなんだけど……」

父がリモコンを持ち、テレビのチャンネルを替えた。天気予報が流れた。隆治は両手を組んだ。

「俺……病院で働き出して、何回かあった」

母は隆治をじっと見ている。

「その……なんていうか……人が死んじゃうところ」

隆治は手を組み替えて、自分で力を入れぎゅっとした。母は黙って隆治を見ている。父は変わらずテレビの方を向いている。

「それで……思い出したんだ。……兄ちゃんのこと……」

そう言った瞬間、母は表情を変えた。父は動かなかった。少しだけ開いた窓から、冷たい夜風が入ってきた。

隆治はもう一度手を組み替えると、左手の親指の爪をぎゅっと握った。

「その話を、しに来たんだ」

①隆治は口の中でその言葉を転がした。うまく言えるか自信がなかった。言っていいのかどうかも、自信がなかった。

「だから……俺、夏休みをもらって……その話を」

唇を一度舐《な》めると、

「しに来たんだ」

と言った。

再び部屋が静かになった。隆治は下を向き、きつね色の古い畳の編み目を見つめた。

三人は黙っていた。これまで一度も話したことのない、死んだ兄の話をする。腕一本、いや指一本動かすのも憚《はばか》られた。

隆治は視線を上げると父と母を見た。

「だから、話してくれないか。あの日のこと」

「覚えていないか」

父が口を開いた。咳払《せきばら》いをして、もう一度言った。

ていく。

エ　一旦は解決策を提示するのだが、実行するのが困難であることを述べた上で、本文の《結論》につながる話題へと関連づけていく。

オ　解決につながる決定的な方法を示してから、弊害となる問題を段階的に解消することで、本文の《結論》を徐々に浮かび上がらせていく。

問6　――線部③「人工知能の発展に不安を持つ人々も現れてくる」とあるが、このような人々が持つ不安とは、どのような不安か。六十字以内で説明せよ。

問7　――線部④「シンギュラリティは『技術的特異点』と訳されることが多いが、『いままでと同じルールが使えなくなる時点』のことだ」について、先生と生徒が対話している。生徒A～Eのうち、本文を踏まえ正しい解釈をしているものを、次のア～オの中から一つ選び、記号で答えよ。

先生　シンギュラリティは私たちの生活に大きな影響を及ぼしそうですね。筆者は「シンギュラリティ（技術的特異点）」のことを「いままでと同じルールが使えなくなる時点」と定義しています。さて、「いままでと同じルールが使えなくなる」ことで、人類にはどのような影響が及ぶのでしょうか。皆さんで議論してみてください。

ア　生徒A――「いままでと同じルールが使えなくなる」と、どのような変化が起こるのだろう。生物の世界のシンギュラリティでは、有機物の構造が一気に複雑化したようだし、これからは人類の思考が一層進歩して、社会構造も複雑になっていくのかもしれないね。

イ　生徒B――ところで、今まさに私たちは「いままでと同じルール」に基づいて社会生活を営んでいることになるよね。ということは、人類が切磋琢磨しながら開発を進めている技術は、シンギュラリティによって完全に消えてしまうことになるんだね。

ウ　生徒C――それだけじゃない。人類の営みが根本的に否定されることになると思う。例えば、藤井聡太《ふじいそうた》さんはプロ棋士として日本各地の小中学生に将棋の魅力を伝えているけど、人工知能が将棋を指せるようになれば、人間同士が将棋を指す必要はなくなるよ。

エ　生徒D――そういえば「富岳《ふがく》」というスーパーコンピュータが計算速度で世界一位を獲得したというニュースを見たよ。いずれはもっと速いコンピュータが開発されるんだと興奮したな。でも「ルール」が変わったら人類は開発を先導できなくなるんだね。

オ　生徒E――いずれにしても私たちの生活に大きな影響を及ぼしそうだね。どんな変化が訪れたとしても、生物は絶えることなく40億年にわたって生き続けてきたわけだし、これまでの「ルール」をしっかりと読み解いていくことが求められると思うよ。

問8　――線部⑤「そういう意味では、進化とは残酷なものかもしれない」とあるが、なぜ「進化」は「残酷なもの」だと言えるのか。六十字以内で説明せよ。

B　地球の大きさは有限なので、そこで生きられる生物の量には限界がある。

C　しかし、よく考えてみると、子供をつくらないで永遠に生きるというのは無理みたいだ。

D　ところでシンギュラリティは、生物の世界ではすでに起きている。

E　永遠に生きる可能性のある大腸菌だって、環境が悪くなれば死ぬのだから。

ア　AB／CD／E　イ　AB／C／DE　ウ　AC／B／DE
エ　AC／BD／E　オ　ACE／BD　カ　ACE／B／D

問3　本文中の空欄 Ⅰ ・ Ⅱ に入れるのに最適な表現を次の中から選び、それぞれ記号で答えよ。

Ⅰ
ア　ほとんどの大腸菌は死んでしまうからだ
イ　大腸菌の重さはほんのわずかだからだ
ウ　分裂すれば母細胞はいなくなるからだ
エ　全ての大腸菌はいつか消えてしまうからだ
オ　現代の大腸菌には寿命があるからだ

Ⅱ
ア　現実的　イ　相補的
ウ　敵対的　エ　絶対的
オ　相対的

問4　――線部①「そんなことを神様にお願いしても、多分ろくなことにはならない」とあるが、筆者がこのように述べるのはなぜか。その説明として最適のものを次の中から選び、記号で答えよ。

ア　母細胞は分裂しても娘細胞として生き続けるのだが、母細胞と娘細胞を別の個体として捉えると、人間よりも短命な個体しか存在しないことになるから。

イ　地球に生息できる生物の数には上限があるので、大腸菌が永遠に生きる素地を持っていたとしても、大半の個体は人間よりも長く生きられないから。

ウ　いくら好適な環境で過ごしても永遠には生きられないので、世界中で平均寿命が大幅に伸びてきている人間の方が、長く生きる可能性があるから。

エ　大腸菌はエイヨウ条件が整えば永遠に生き続けられるが、地球の定員を超えた分の個体は淘汰されるため、人間の寿命を超える個体は出現しないから。

オ　生物は進化する過程で寿命を獲得していくので、永遠に生きる可能性がある大腸菌になったとしても、いずれは人間と同様に寿命と向き合うことになるから。

問5　――線部②「みんなが死なないで、いつまでも生きる方法はないのだろうか」という問題提起に対して、筆者は自分の考えをどのように展開しているか。その説明として最適のものを次の中から選び、記号で答えよ。

ア　解決する手段がないことを明言した後に、社会で起きている身近な現象を取りあげて、本文の《結論》へと大胆に帰結させていく。

イ　解決策を模索するなかで、並行的に生じている別の問題を提起して、本文の《結論》に関係した新たな視点を導き出していく。

ウ　理論上は解決できたとしても、実際には手の施しようがないことを示した後に、本文の《結論》に関連した全く別の話題へと転換しが、私たちをどう扱うか。それがわからないので、不安になるわけだ。

　ところでシンギュラリティは、生物の世界ではすでに起きている。生物のシンギュラリティは、自然淘汰が働き始めた時点だ。自然淘汰が働き始める前は、少し複雑な有機物ができたり消えたりを繰り返していた。しかし、自然淘汰が働き始めると、有機物の構造は一気に複雑になり、たちまち機能的になり、環境に適応するようになり、そして生物が誕生したのだろう。

　そして生物になってからも、自然淘汰は働き続けている。そのため、環境が変わっても、暑くなっても寒くなっても、生物は絶えることなく40億年にわたって生き続けてきたのである。

　したがって生物が誕生し、そして生き続けるためには、自然淘汰が必要なのだ。

「死」が生物を生み出した

　自然淘汰が働くためには、死ぬ個体が必要だ。自然淘汰には、環境に合った個体を増やす力がある。しかし、なぜそういうことが起きるかというと、環境に合わない個体が死ぬからだ。

　環境に合うとか合わないとかいうのは、［　Ⅱ　］なものである。「より環境に合った個体が生き残る」ということは、「より環境に合っていない個体が死ぬ」ということなのだ。

　だから、自然淘汰が働き続けるためには、生物は死に続けなくてはならない。でも、死に続けても絶滅しないためには、分裂したり、子供をつくったりしなくてはならないのだ。

　だから、もしも死なないで永遠に生きる可能性のある生物がいたら、その生物には自然淘汰が働かない。自然淘汰が働かなければ、周りの環境に合わせて進化することができない。暑くなっても寒くなっても、地面がcリュウキして山になっても、地面がdチンコウして海になっても、みんな同じ形のまま変化しなかったら……そんな生物は環境に適応できなくて、絶滅してしまうだろう。永遠に生きる可能性のある大腸菌だって、環境が悪くなれば死ぬのだから。

　死ななくては、自然淘汰が働かない。そして、自然淘汰が働かなければ、生物は生まれない。つまり、死ななければ、生物は生まれなかったのだ。死ななければ、生物は、40億年間も生き続けることはできなかったのだ。「死」が生物を生み出した以上、生物は「死」とeエンを切ることはできないのだろう。⑤そういう意味では、進化とは残酷なものかもしれない。

《更科 功・著『残酷な進化論 なぜ私たちは「不完全」なのか』NHK出版新書 による》

【注】＊ジャンヌ・カルマン＝人類史上で最も長生きしたとされるフランス人の女性。

＊大腸菌＝環境中に存在する細菌の一種。ほ乳類の大腸に生息している。

＊有機物＝生物を組織する物質。炭素を主成分とする。

問1　〰〰線部a～eのカタカナを漢字に直せ。（楷書で大きく丁寧に書くこと。）

問2　次の各文は本文中の表現である。══線部「の」を〈意味〉によって分類した場合、どのような組み合わせになるか。その組み合わせとして最適のものを、次のア～オの中から選び、記号で答えよ。

A「私は死ぬのがいやです。だから私を、私を大腸菌にしてください」。

なければ地球はたちまち大腸菌だらけになってしまう。平均余命で考えれば、大腸菌より私たちのほうがずっと長生きなのである。

地球の大きさは有限なので、そこで生きられる生物の量には限界がある。地球には定員があるのだ。だから、定員を超えた分の個体は、気の毒だけれど死ななくてはならない。たしかに、大腸菌のような細菌は、永遠に生き続ける可能性はある。とはいえ、長く生き続ける細菌はほんのわずかで、ほとんどの細菌はすぐに死んでしまうのだ。

では、②みんなが死なないで、いつまでも生きる方法はないのだろうか。

シンギュラリティはすでに起きている

じつは、みんなが死なないで、いつまでも生きる方法がある。分裂しなければよいのだ。あるいは、子供をつくらなければよいのだ。分裂したり子供をつくったりしなければ、個体数が増えないので、地球の定員を超えることはない。そして、みんなが、いつまでも永遠に生きることができる。

あなたや家族や友人や、さらに赤の他人も含めて、ヒトには寿命がなく、永遠に生きられるとしよう。その場合は、もちろん誰も子供はつくらない。それが最低限のお約束だ。子供をつくったら人口が増えてしまう。生きている人が死なないのだから、子供をつくり続けたら、いつかは地球の定員を超えてしまう。しかし、よく考えてみると、子供をつくらないで永遠に生きるというのは無理みたいだ。

およそ40億年前に、地球のどこかで＊有機物が組み合わさって、生物になりかけたころ……その有機物の塊を生物にしたのは、自然淘汰《とうた》の力だ。自然淘汰が働かなければ、有機物の塊は、すぐにまた消えてしまっただろう。しかし自然淘汰が働き始めれば、有機物の塊をどんどん複雑な生物へと組み立てることができる。周りの環境に適応させて、なかなか消えない有機物の塊に、そしてついには生物にすることができるのだ。このように、有機物を生物にする力、さらに生物を環境に適応させて生き残らせることができる力、それはこの世に1つしかない。自然淘汰しかないのである。

さて、人工知能（Artificial Intelligence：略してＡＩ）に関連して、シンギュラリティという言葉が広く知られるようになってきた。人工知能が発展して、社会の様々なところでｂカツヤクするようになってきた。すると、③人工知能の発展に不安を持つ人々も現れてくる。人間の仕事が、人工知能に奪われてしまうのではないか、人工知能が人間の能力を超えるのではないか、そしてついにはシンギュラリティが来るのではないか、というのである。

④シンギュラリティは「技術的特異点」と訳されることが多いが、「いままでと同じルールが使えなくなる時点」のことだ。具体的には「人工知能が、自分の能力を超える人工知能を、自分でつくれるようになる時点」のことである。そして、シンギュラリティが訪れれば、人工知能によって人類は絶滅させられるかもしれないというのである。

もしも人工知能が、自分より賢い人工知能をつくれるようになったとする。すると、新しくつくられた人工知能は、また自分より賢い人工知能をつくる。その新しい人工知能が、さらに賢い人工知能をつくる。これを繰り返せば、人間よりはるかに賢い人工知能が、＊あっという間に出現するはずだ。そして、私たちをはるかに超えた知性を持った人工知能

【国語】（六〇分）〈満点：一〇〇点〉

※設問に字数制限のあるものは、句読点等も一字に数えるものとする。

【一】次の文章を読んで、後の問いに答えよ。なお、設問の都合により本文を一部改変してある。

細菌は40億歳

昔の生物は死ななかった。でも、私たちヒトは必ず死ぬ。どうしてだろうか。

なぜ昔の生物は死ななかったかというと、細菌かそれに似た生物しかいなかったからだ。もちろん細菌も、環境が悪くなったり事故にあったりすれば、死ぬことはある。でも、好適な環境にいれば、細胞分裂を続けながら永遠に生き続けることができる。

細菌が細胞分裂をして2つの細菌になれば、つまり母細胞《ぼさいぼう》が細胞分裂をして2つの娘細胞《むすめさいぼう》になれば、もはや娘細胞は母細胞とは別の個体であり、母細胞はいなくなったとする考え方もある。その場合でも、母細胞が「死んだ」とはあまり言わないだろう。ここでは「死ぬ」という言葉は、「細胞の中で起きている化学反応などの活動が止まり、分解されて土や空気に還《かえ》る」ことを指すことにしよう。そういう意味では、細菌は永遠に死なない可能性があるのだ。

地球上に生物がいた最古の証拠は、約38億年前のものである。生物が生まれたのは、とうぜん最古の証拠よりも前のはずだから、ざっと40億年ぐらい前のことだろう。ということで、とりあえず細菌が生まれたのを約40億年前とすれば、現在生きている細菌は約40億年のあいだ生き続けてきたことになる。つまり、細菌に寿命はないのだ。無限に細胞分裂を繰り返すことができるのだ。

寿命は進化によってつくられた

ところが、私たちには寿命がある。最近、世界の多くの地域で、私たちの平均寿命は大幅に伸びた。その一方で、最大寿命はあまり伸びていない。

最高齢の記録には不確実なものが多く、どこまでを事実と考えてよいのか難しいけれど、少なくともフランス人の*ジャンヌ・カルマン氏（女性、１９９７年没）が１２２歳まで生きたのは確実とされている。おおよそこの辺りが、私たちの寿命の上限と考えてよいだろう。いくら好適な環境で生きていても、永遠には生きられないのだ。

昔の生物には寿命がなかった。それから進化していく間に、寿命のある生物が現れた。つまり、寿命というものは、進化によってつくられた可能性が高い。その結果、現在では寿命のない生物と寿命のある生物が両方いるのだろう。

細菌の1種である*大腸菌は、aエイヨウなどの条件がよければ、およそ20分に1回分裂する。このペースで分裂を続けていけば、2日も経《た》たずに大腸菌の重さは地球の重さを超えてしまう。もちろん実際には、そういうことは起こらない。なぜなら、［ Ⅰ ］。

もしかしたら、あなたは神様にお願いするかもしれない。「私は死ぬのがいやです。だから私を、私を大腸菌にしてください」。でも、①そんなことを神様にお願いしても、多分ろくなことにはならない。大腸菌に変えてもらったあなたは、多分そう長くは生きられない。だって、ほとんどの大腸菌はすぐに死んでしまうのだ。さっき言ったように、そうで

MEMO

大切なことはメモしておこうネ！

2021年度

解　答　と　解　説

《2021年度の配点は解答欄に掲載してあります。》

＜数学解答＞

1.　(1)　$2\sqrt{3}$　　(2)　$x=\dfrac{3\pm\sqrt{5}}{2}$　　(3)　②，④　　(4)　$\dfrac{8\sqrt{2}}{3}$　　(5)　144°

2.　(1)　$a=\dfrac{1}{3}$　　$b=2$　　(2)　$\left(-2,\ \dfrac{4}{3}\right)$　　(3)　C(0，10)　　D$\left(-5,\ \dfrac{25}{3}\right)$　　(4)　40

3.　(1)　15　　(2)　17　　(3)　$3\sqrt{34}$

4.　(1)　6000円　　(2)　150g　　(3)　80，120，200(g)

5.　(1)　$6\sqrt{3}$　　(2)　$5\pi-6\sqrt{3}$

6.　(1)　$x=-\dfrac{1}{3}$　　(2)　$\dfrac{1}{6}$　　(3)　$\dfrac{1}{36}$

○推定配点○

1.　各5点×5((3)完答)　　2.　(1)・(2)　各4点×2((1)完答)　　(3)　各3点×2　　(4)　4点

3.　各5点×3　　4.　(1)・(2)　各5点×2　　(3)　6点(完答)　　5.　各6点×2

6.　(1)・(2)　各4点×2　　(3)　6点　　計100点

＜数学解説＞

1.　(小問群―平方根の計算，式の展開，2次方程式，資料の整理，正八面体の体積，円の性質，角度)

(1)　$(\sqrt{7}-\sqrt{5})(\sqrt{21}+\sqrt{15})=\sqrt{7}\times\sqrt{3\times7}+\sqrt{7}\times\sqrt{3\times5}-\sqrt{5}\times\sqrt{3\times7}-\sqrt{5}\times\sqrt{3\times5}=7\sqrt{3}+\sqrt{3\times5\times7}-\sqrt{3\times5\times7}-5\sqrt{3}=2\sqrt{3}$

(2)　$x(x-3)=-1$　　$x^2-3x+1=0$　　2次方程式の解の公式を用いて，$x=\dfrac{-(-3)\pm\sqrt{(-3)^2-4\times1\times1}}{2\times1}=\dfrac{3\pm\sqrt{5}}{2}$

(3)　①は，点数の高い方から20番目が6点，21番目が3点でも中央値は4.5点になるので正しくない。
②は，点数の高い方から数えて，A組の20番目とB組の20番目が同じ点数のときに，上位20名を入れ替えても中央値は変わらないから正しい。
③は，B組の最初の平均値と比較して，A組の最高点との差がA組の最低点との差以上のときには，2名を加えたときの平均値は最初の平均値より低くならないので正しくない。
④は，A組の生徒の上位20名全員が10点のとき，下位20名全員が0点でも中央値が4.5点にならない。1人でも10点未満の生徒がいれば，中央値が4.5点になることがあり得る。よって，10点をとる生徒は多くても19名なので正しい。

(4)　右図で，四角形ABCD，BEDF，AFCEはいずれも1辺の長さが2の正方形であり，それらの対角線AC，BD，EFは1点で交わる。その点をOとすると，点Oはそれぞれの中点であり，正方形の対角線の長さは1辺の長さの$\sqrt{2}$倍であることから，$EF=2\sqrt{2}$，$EO=\sqrt{2}$である。また，点Eと点Fは面ABCDについて対称の位置にあるので，EOは面ABCDに垂直である。よって，三角錐E－ABCDの体

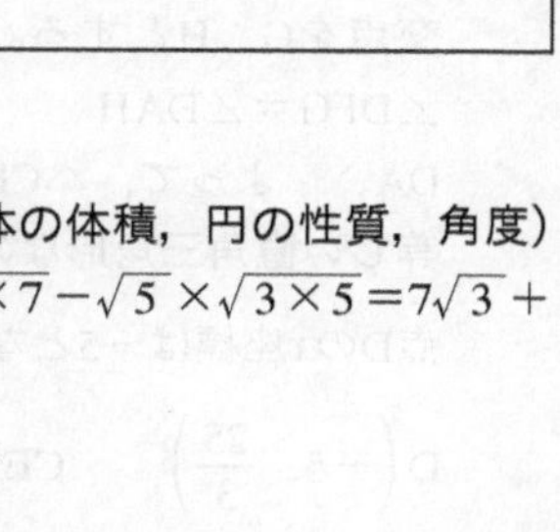

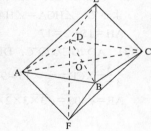

積は，$\frac{1}{3}\times2\times2\times\sqrt{2}=\frac{4\sqrt{2}}{3}$　　三角錐F－ABCDは三角錐E－ABCDと合同なので正八面体の体積は$\frac{8\sqrt{2}}{3}$

基本 (5)　BD＝CDなので，△DBCは二等辺三角形であり，底角は等しいから，∠DBC＝∠DCB＝36°　∠ADBは△CDBの外角なので，∠ADB＝∠DBC＋∠DCB＝72°　　弧ABに対しての中心角と円周角の関係から，∠AOB＝2∠ADB＝144°

2．（関数・グラフと図形－xの2乗に比例する関数，一次関数，グラフの式，交点の座標，2次方程式，面積）

基本 (1)　$y=ax^2$に(3，3)を代入すると，$3=9a$　　$a=\frac{3}{9}=\frac{1}{3}$　　$y=\frac{1}{3}x+b$に(3，3)を代入して，$3=\frac{1}{3}\times3+b$　　$b=2$

(2)　点Aは$y=\frac{1}{3}x^2$のグラフと直線$y=\frac{1}{3}x+2$との交点なので，そのx座標は方程式$\frac{1}{3}x^2=\frac{1}{3}x+2$の解として求められる。両辺を3倍して整理すると，$x^2-x-6=0$　　$(x+2)(x-3)=0$　　$x=3$は点Bのx座標だから，$x=-2$　　$y=\frac{1}{3}\times(-2)^2=\frac{4}{3}$　　よって，$A\left(-2,\ \frac{4}{3}\right)$

重要 (3)　右図のように，点A，Bを通るx軸に平行な直線と点Dを通るy軸に平行な直線を引き，点Bを通る直線とy軸，ADとの交点をE，F，点B，点Aを通る直線と点Dを通る直線との交点をG，Hとする。BC//AD，BG//AHなので，∠CBE＝∠DFG＝∠DAH　　平行四辺形の対辺は等しいからCB＝DA　　よって，△CBEと△DAHは斜辺と1鋭角がそれぞれ等しい直角三角形なので合同である。よって，BE＝AH＝3　点Dのx座標は－5となり，y座標は$\frac{1}{3}\times(-5)^2=\frac{25}{3}$

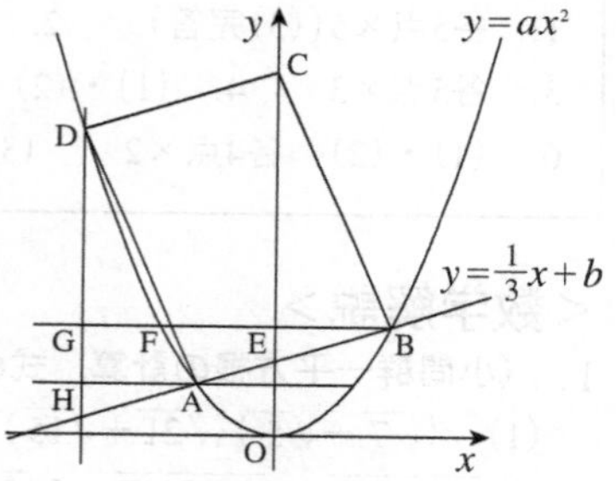

$D\left(-5,\ \frac{25}{3}\right)$　　$CE=DH=\frac{25}{3}-\frac{4}{3}=7$だから，CE＝7　　よって，点Cの$y$座標は3＋7＝10　よって，C(0，10)

(4)　直線ABとy軸との交点をIとすると，I(0，2)　　CI＝8　　△ABC＝△ACI＋△BCI　　△ACI，△BCIの底辺をCIとすると，それぞれの高さは2，3　また，△ABC＝△CDAだから，平行四辺形ABCDの面積は，$\left(\frac{1}{2}\times8\times2+\frac{1}{2}\times8\times5\right)\times2=40$

3．（平面図形－三平方の定理，二等辺三角形，平行線と線分の比，長さ）

(1)　正方形ABCDの1辺の長さをxとすると，AF＝AD＝AB＝x　　△ABHで三平方の定理を用いると，$AH^2=AB^2+BH^2$　　$(x+2)^2=x^2+8^2$　　$x^2+4x+4=x^2+64$　　$4x=60$　　$x=15$

(2)　AD//BCなので錯角が等しく，∠HGA＝∠DAE　　折り返した角だから，∠HAG＝∠DAE　よって，∠HGA＝∠HAG　　△HGAは2角が等しいので二等辺三角形である。したがって，GH＝AH＝15＋2＝17

(3)　AD//GCなので，DE：CE＝AD：GC＝15：(8＋17－15)＝15：10＝3：2　　よって，$DE=\frac{3}{3+2}\times CD=\frac{3}{5}\times15=9$　　△AEDで三平方の定理を用いると，$AE^2=AD^2+DE^2=225+81=306$　$AE=\sqrt{306}=\sqrt{3\times3\times2\times17}=3\sqrt{34}$

4.（方程式の応用―重さと金額，関数の式）

(1)　A社でこの商品100gを購入したときの価格をx円，100gを超えたときの購入した商品の重さをzg，超えた分の重さに比例する金額に関しての比例定数をa，購入価格をy円とすると，$y=x+a(z-100)$の関係式ができる。$z=112$，$y=8880$を代入すると，$8880=x+12a$…①　$z=134$，$y=14160$を代入すると，$14160=34a$…②　②－①から，$22a=5280$　$a=240$　これを①に代入して，$8880=x+12\times240$　$x=6000$　A社ではこの商品100gの価格は6000円である。

(2)　$y=6000+240(z-100)=240z-18000$　$y=18000$のとき，$18000=240z-18000$　$240z=36000$　$z=150$　よって，価格が18000円となるのは150g購入したときである。

やや難 (3)　A社で100g以下を購入する場合，zg購入するときにy円になり，そのときの比例定数がbであるとすると，$y=bz$　$z=100$，$y=6000$を代入して，$b=60$　$y=60z$　B社の場合は，商品の価格は重さの2乗だから，zg購入するときにy円となり，比例定数がcであるとすると，$y=cz^2$　$z=100$，$y=7500$を代入して，$7500=10000c$　$c=\frac{3}{4}$　よって，$y=\frac{3}{4}z^2$　A社とB社の価格が同じになるのは，重さが100g以下のときが，$60z=\frac{3}{4}z^2$　$z^2-80z=0$　$z(z-80)=0$　$z=80$　重さが100g以上のときが，$240z-18000=\frac{3}{4}z^2$　$z^2-320z+24000=0$　$(z-120)(z-200)=0$　$z=120,\ 200$　したがって，80g，120g，200g

5.（平面図形―接する円，面積，三平方の定理）

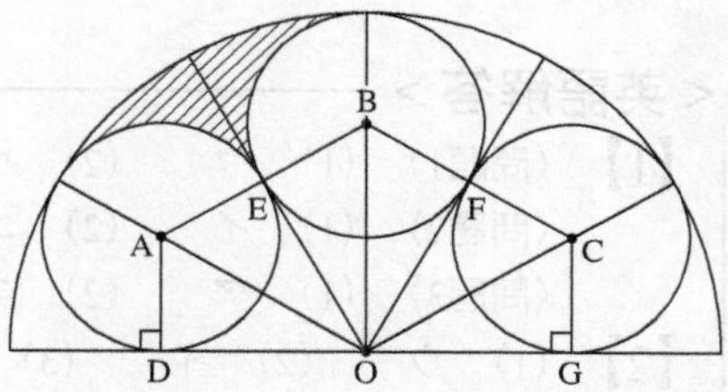

重要 (1)　接線と接点を通る半径は垂直に交わるので，接する2円の中心を通る直線は接点を通る。右図で，点D，Gはそれぞれ円A，円Cの接点であり，点E，Fはそれぞれ円Aと円Bの接点，円Bと円Cの接点である。△OAD，△OAE，△OBE，△OBF，△OCF，△OCGは斜辺と他の1辺がそれぞれ等しい直角三角形なので合同である。よって，∠DOA＝∠EOA＝∠EOB＝∠FOB＝∠FOC＝∠GOC＝30°　したがって，△OABは頂角が60°の二等辺三角形なので正三角形であり，△OAEは内角の大きさが30°，60°，90°の直角三角形となる。よって，OA：AE：OE＝$2:1:\sqrt{3}$　円Aの半径をrとすると，$(3\sqrt{6}-r):r=2:1$　$2r=3\sqrt{6}-r$　$3r=3\sqrt{6}$　$r=\sqrt{6}$　AB＝$2\sqrt{6}$，OE＝$\sqrt{6}\times\sqrt{3}=3\sqrt{2}$となるので，△OAB＝$\frac{1}{2}\times2\sqrt{6}\times3\sqrt{2}=\sqrt{2}\times\sqrt{3}\times3\sqrt{2}=6\sqrt{3}$

(2)　斜線部分の面積は，半径$3\sqrt{6}$，中心角60°のおうぎ形の面積から，半径$\sqrt{6}$，中心角120°のおうぎ形2つ分の面積と△OABの面積を引いて求めることができる。よって，$\pi\times(3\sqrt{6})^2\times\frac{60}{360}-\pi\times(\sqrt{6})^2\times\frac{120}{360}\times2-6\sqrt{3}=9\pi-4\pi-6\sqrt{3}=5\pi-6\sqrt{3}$

6.（確率―4個のさいころの目，方程式，数の性質）

(1)　サイコロX，Y，Z，Wの出た目の数が4，5，2，4であるとき，$a=4$，$b=3$，$c=2$，$d=-3$である。よって，$a+bx=c+dx$は$4+3x=2-3x$となる。$6x=-2$　$x=-\frac{2}{6}=-\frac{1}{3}$

(2)　方程式$a+bx=c+dx$の解が$x=0$のとき，$a=c$　よって，$a=c$でありさえすればb，dの値がいくつの場合でも方程式は成り立つ。a，cの出方の総数は$6^2=36$(通り)あり，$a=c$となる出方は$(a,\ c)=(1,\ 1)$，$(2,\ 2)$，$(3,\ 3)$，$(4,\ 4)$，$(5,\ 5)$，$(6,\ 6)$なので，解が$x=0$となる確率は，

$\frac{6}{36}=\frac{1}{6}$

重要 (3) 方程式$a+bx=c+dx$の解が$x=4$のとき，$a+4b=c+4d$　$4b-4d=c-a$　$4(b-d)=c-a$　よって，$c-a$が$b-d$の4倍になるときが，解が$x=4$となる場合である。ところで，dが素数2，3，5のときは，$b-d=b-(d+1)=-1$　bの値が1～6のどの場合でも-1となるので，(b, d)の出方は3×6＝18(通り)ある。そのとき，$c-a=4\times(-1)=-4$となるのは，$(a, b)=(1, 5)$，$(2, 6)$の2通りなので，(a, b, c, d)の出方は18×2＝36(通り)ある。dが素数でないときは，$b-d=b-(-b)=2b$　Yの出た目が奇数のときには$2b=6$　その4倍は24であり，$c-a=24$となることはない。Yの出た目が奇数のときには$2b=4$　その4倍は16であり，$c-a=16$となることはない。4個のサイコロの目の出方の総数は6^4であり，$x=4$が解となる場合が36通りあるので，その確率は，$\frac{36}{6^4}=\frac{1}{36}$

★ワンポイントアドバイス★

2. の(3)は点Bと点Cのx座標の差から点Dのx座標を求める。3. の(1)，(3)は三平方の定理を用いる。4. は重さと価格の関係式を作りながら進めるとよい。5. は接する円では中心間を結ぶ直線が共通の接点を通ることを利用するとよい。

＜英語解答＞

【1】 〈問題1〉 (1) ウ　(2) ウ　(3) イ
〈問題2〉 (1) イ　(2) エ　(3) イ
〈問題3〉 (1) ア　(2) ア

【2】 (1) ウ　(2) イ　(3) ア

【3】 (1) ran　(2) stops

【4】 (1) without, food　(2) size, of

【5】 (1) A エ　B カ　(2) A エ　B オ　(3) A ア　B エ

【6】 ① (例) given to children by parents, grandfathers or grandmothers
② (例) much money we should give

【7】 (1) 1 to continue　2 telling　3 impressed　4 wearing
(2) ア only　イ how　(3) (例) レモネード店の売上金を警察犬用の防弾ジャケット購入費に充てるという計画。(36字)　(4) 3番目 ask　6番目 to
(5) ウ　(6) イ，オ

【8】 (1) 自然環境を破壊せず，子どもや孫のためによい状態を保つよう生活すること。
(2) 1 ウ　2 イ　3 エ　4 ア　(3) エ　(4) ア 家族　イ 母
(5) ウ，オ，カ

○推定配点○

【1】 各1点×8　【2】・【3】 各2点×5　【4】・【5】 各3点×5(各完答)　【6】 各4点×2
【7】 (3) 5点　他 各3点×9((4)・(6)各完答)　【8】 (1) 5点　(2) 4点(完答)
他 各3点×6　計100点

＜英語解説＞

【1】（リスニング問題）

〈問題1〉 No. 1 M：You look tired, Mary. Are you OK?

W：I had to write a report and didn't sleep much last night.

M：You really should get some rest.

W：I want to, but tonight I have to study for the math test.

No. 2 M：Hey, Judy, it's been a long time, hasn't it?

W：Yeah, like what? Three years?

M：Yeah, hasn't it? So, how have you been?

W：Pretty good. What about you?

M：I got a job.

No. 3 W：Next, please.

M：I'd like two tickets for *Journey to Mars*. What time does the next show start?

W：At 6:30, but we only have one ticket left. Would you like to wait for the 9:00 show?

M：No. We'll come back some other time.

No. 1 男性：きみは疲れているように見えるよ，メアリー。大丈夫かい？

女性：私は昨夜レポートを書かなくてはならなくて，あまり眠っていないの。

男性：きみは本当に休んだ方がいいよ。

女性：そうしたいのだけど，今夜は数学の試験のための勉強をしなくてはならないの。

ア　メアリーは今日，病院へ行くともりだ。

イ　メアリーは今夜，レポートを書くともりだ。

ウ　メアリーは今夜，数学の勉強をするつもりだ。

エ　メアリーは今夜，早く寝るつもりだ。

No. 2 男性：やあ，ジュディー，久しぶりだね。

女性：ええ，どれくらいかしら？ 3年？

男性：うん，そうだよね。それで，元気だった？

女性：とてもいいわよ。あなたはどう？

男性：ぼくは仕事に就いたよ。

ア　男性はまたジュディーに会いたがっている。

イ　男性はジュディーと新しい仕事を始めることにした。

ウ　男性は長い間ジュディーに会わなかった。

エ　男性は3年前に仕事に就いた。

No. 3 女性：次の方どうぞ。

男性：『ジャーニー・トゥー・マーズ』のチケットを2枚ください。次の上演は何時に始まりますか。

女性：6時半ですが，チケットは1枚しか残っていません。9時の上演をお待ちになりますか。

男性：いいえ。また別の日に来ます。

ア　男性はその映画が気に入ってもう一度見たかった。

イ　男性は別の日にその映画を見ることにした。

ウ　男性は別の映画を見ることにした。

エ　男性は6時半の上演を見た。

〈問題2〉 Staff : Hello, Robinson's.
Jamie : Hi. Do you have a table for four tomorrow night?
Staff : What time would you like?
Jamie : About eight, eight thirty maybe?
Staff : Let's see... We're pretty busy tomorrow, so we can do seven thirty or nine.
Jamie : Oh. OK, then. Seven thirty, please.
Staff : What's the name?
Jamie : Jamie.
Staff : J-A-...?
Jamie : M-I-E
Staff : OK, so that's a table for four at seven thirty tomorrow evening, on January 21st.
Jamie : Oh, is it twentieth today? I got it wrong. Then, I need to have a table the day after tomorrow.
Staff : Let me see... Oh, then it will be OK at eight thirty.
Jamie : Great! Thanks.
Narrator : One hour later.
Staff : Hello, Robinson's.
Jamie : Hi, I called earlier to have a table for four. Can you change it to six?
Staff : Ah, what was the name?
Jamie : It's Jamie.
Staff : Table for four at eight thirty. So you want to change it to 6 o'clock?
Jamie : No, sorry. Can I make it for six people?
Staff : Oh, I see. Sorry, that shouldn't be a problem. I can move you to a bigger table but it will be nearer to the kitchen. Is that OK?
Jamie : No problem. Is it possible to change the time, too? Make it a little bit later?
Staff : Ah... yeah, we can. Is nine OK for you?
Jamie : Perfect, thanks!
店員 ：もしもし，ロビンソンです。
ジャミー：もしもし。明日の夜，4人分の席はありますか。
店員 ：何時がよろしいですか。
ジャミー：8時くらいか，8時半かもしれません。
店員 ：そうですねえ… 明日はかなり忙しいので，7時半か9時ならご用意できます。
ジャミー：ああ。それではいいです。7時半でお願いします。
店員 ：お名前は？
ジャミー：ジャミーです。
店員 ：J-A…?
ジャミー：M-I-Eです。
店員 ：わかりました，では明晩，1月21日7時半に4名様のお席ですね。
ジャミー：おや，今日は1月20日ですか。間違えていました。それでは，あさってに席が必要です。
店員 ：そうですねえ… ああ，それなら8時半で大丈夫です。
ジャミー：すばらしい！ ありがとう。
ナレーター：1時間後

店員　　：もしもし，ロビンソンです。
ジャミー：もしもし，さきほど4人分の席を取るために電話したのですが。6に変更できますか。
店員　　：ああ，お名前は？
ジャミー：ジャミーです。
店員　　：8時半に4名の席ですね。それで6時に変更されたいのですか。
ジャミー：いいえ，すみません。6名分にできますか。
店員　　：ああ，わかりました。すみません，問題ございません。もっと広い席に移しますがキッチンにもっと近くなります。それでよろしいでしょうか。
ジャミー：大丈夫です。時間を変えることもできますか。少し遅くできますか。
店員　　：ええ…はい，できますよ。9時でよろしいですか。
ジャミー：申し分ありません，ありがとう！

(1)　男性はいつロビンソンに電話をかけましたか。
ア　1月19日に。　イ　1月20日に。　ウ　1月21日に。　エ　1月22日に。

(2)　男性はいつこのレストランで夕食を食べますか。
ア　1月21日の午後6時。　イ　1月21日の午後7時半。
ウ　1月22日の午後8時半。　エ　1月22日の午後9時。

(3)　会話に合うものはどれですか。
ア　男性は来る人の数を変えた後で時間を6時に変えた。
イ　男性は店員に自分の名前のつづりを教えた。
ウ　男性はキッチンに近い方の席に移りたくなかった。
エ　男性は翌日再びレストランに電話をかけた。

〈問題3〉

Emily：Hi, David. Why didn't you come to the party last night? I thought you would, so I was waiting for you all night long.
David：Hi, Emily. I tried to! I went along the way you told me but I couldn't find Katy's house.
Emily：No way! I went along the exact same way and I was able to go to the party. By the way, it was not at Katy's house. It was at Susan's house.
David：Oh, right, Susan's house. But I thought I went the right way. From the exit, I went west till I saw a supermarket across the street. I turned right at that corner and went straight for one block. I turned left and went straight for two blocks and it should've been there, on my right. I saw a coffee shop instead.
Emily：Hmm... Strange, that sounds perfect. Wait, I got it! You came out of the south exit, didn't you?
David：Yeah.
Emily：Oh, sorry. I told you the way from the north exit.

エミリー　：こんにちは，デイビッド。昨夜はどうしてパーティーに来なかったの？　あなたが来ると思っていたから夜中じゅうあなたを待っていたのよ。
デイビッド：やあ，エミリー。行こうとしたんだよ！　きみがぼくに教えてくれた道を行ったんだけどケイティーの家を見つけられなかったんだ。
エミリー　：ありえないわ！　私はまったく同じ道を行ってパーティーに行くことができたわ。ところで，それはケイティーの家ではなかったわ。それはスーザンの家よ。

デイビッド：ああ，そうだ，スーザンの家だ。でもぼくは正しい道を行ったと思ったんだ。出口から，ぼくは通りの向かいにスーパーマーケットが見えるまで行ったよ。ぼくはその角で右に曲がって1ブロックまっすぐ行ったよ。左へ曲がって2ブロック行って，右手にあるはずだったんだ。代わりにコーヒー・ショップが見えたよ。

エミリー　：うーん，おかしいけど，完ぺきのようだわ。待って，わたったわ！　あなたは南の出口から出たんでしょう。

デイビッド：うん。

エミリー　：まあ，ごめんなさい。私は北の出口からの道を教えたの。

(1)　スーザンの家はどこですか。地図から正しい場所を選びなさい。

(2)　会話と地図とから何がわかりますか。

ア　コーヒー・ショップとABCスーパーマーケットは同じ通りにある。

イ　エミリーとデイビッドは同じスーパーマーケットのところを右に曲がった。

ウ　デイビッドはスーザンの家を見なかったが，パーティーへ行く途中でケイティーの家を見た。

エ　デイビッドはコーヒー・ショップへ行かなくてはならなかったのでパーティーに行けなかった。

基本 【2】　(発音問題)

(1)　下線部は[ou]の発音。下線部の発音が同じ語はウ。ア，エは[ɑ]，イは[ɔː]の発音。
clothes「衣服」，ア「製品」，イ「誤った」，ウ「全世界の」，エ「借りる」

(2)　下線部は[e]の発音。下線部の発音が同じ語はイ。アは[juː]，ウは[iə]，エは[iː]の発音。
pleasure「喜び」，ア「美しい」，イ「天気」，ウ「地域」，エ「どうぞ，喜ばせる」

(3)　下線部は[z]の発音。下線部の発音が同じ語はア。イは[ʒ]，ウは[ʃ]，エは[s]の発音。
mews「知らせ」，ア「デザイン」，イ「宝物」，ウ「確信している」，エ「救う」

【3】　(語彙問題)

(1)　上は「私はその知らせを聞いたとき，涙が私の顔を流れた」という意味。run には「(涙・水などが)流れる」がある。when 以下に合わせて過去形 ran にする。下は「私たちは燃料が切れたときにどうしたらよいかわからなかった」という意味。run out of ～ で「～が切れる，～を使い果たす」という意味を表す。

(2)　上は「ここからコウナン駅まで何駅ですか」という意味。この場合の stop は「駅，停留所」という意味で，電車やバスが何回停車するかをたずねるときなどに用いられる。many のあとなので複数形 stops にする。下は「私は雨がやむまで図書館で勉強するつもりだ」という意味。〈stop ＋～ing形(動名詞)〉で「～することをやめる」という意味を表す。until「～する(とき)まで」のように「時」を表す接続詞の後に続く部分は未来のことでも現在形で表すので3人称単数現在形の stops となる。

重要 【4】　(同意文書きかえ問題：前置詞，比較)

(1)　上は「私たちは食べ物がなければ生きることができない」という意味。下の文では，「～がなければ」の意味を前置詞 without「～なしでは」を用いて without food と入れる。

(2)　上は「この箱はあの箱の半分の大きさだ」という意味。下の文では主語が同じなので，size「大きさ」という意味の名詞を用いた half the size of ～「～の半分の大きさ」という表現を用いて書きかえる。

重要 【5】　(語句整序問題：比較，接続詞，間接疑問文)

(1)　How about something a little more expensive (for Mary’s birthday?)　How about ～? は，「～はどうですか」と提案したり勧めたりするときの表現。～ thing の形の代名詞は後ろに

形容詞が続くので something expensive「高価なもの」となるが，expensive を比較級にする必要があるので more expensive として，さらに「もう少し」の意味の a little を more の前に置く。

(2)　(We would like to) make our daily lives free from worry.「～を…にする」の意味の make を使う。make の後に「～を」に当たる our daily lives「私たちの日常生活」を入れ，その後に「～がない」という意味を表す free from ～ を続ける。この場合の worry は「心配」という意味の名詞。

(3)　(Is it OK) if I come and see how you are.　Is it OK if ～? で「～してもいいですか[差支えありませんか]」という意味の表現。if 以下は「私があなたの様子を見に行ったら」と考え，「～しに行く」の意味を表す come and see を続け，その後に〈how ＋主語＋動詞〉を入れて間接疑問文にする。「(相手のところへ)行く」という場合は go ではなく come を用いる。この場合の how は「どのようで」と様子・状態を表す意味。

やや難 **【6】**　(条件英作文問題：分詞，間接疑問文)

(全訳)　ベン：元日に，ぼくは近所の子供が大人，たぶん彼女のおじさんから封筒を受け取るのを見たよ。あれは何だったの？

マイ：それはお年玉よ。お年玉は，①親，祖父，あるいは祖母から子供に与えられる新年の贈り物のお金よ。彼らはほしいものを買うためにそれを使うか，それをためておくの。

ベン：なるほど。ぼくの隣人のシホが人気のミュージシャンのコンサートのチケットを買うためのお金をぼくに求めたんだ。

マイ：あなたは彼女にお金をあげたの？

ベン：あげなかったよ。ぼくは新年の間にお金をあげるという日本の習慣を知らなかったからね。きみは今年，子供たちにお年玉をあげたの？

マイ：実は，6人の子供たちに全部で3万円あげたわ。大人にとって正月休みはお金がかかることがあるのよ。また，私たちはふつう，年上の子供たちには年下の子供たちよりも多くのお金をあげるから，②いくらあげるべきかについて考えるだけで本当に頭が痛いわ。

ベン：お年玉はハロウィンの日に子供たちにお菓子をあげるぼくたちの習慣に似ているけれど，キャンディーやクッキーはあまりたくさんお金がかからないよ。

マイ：お年玉は子供たちがとても楽しみにする新年のわくわくする伝統の1つね。

全訳を参照。①にはお年玉の説明として gift money を修飾する語句が入る。名詞の money を後ろから修飾するので，分詞や関係代名詞を使って表す。解答例は過去分詞 given を使っている。関係代名詞を使って which parents or grandparents give to their children「親や祖父母が子供たちにあげる」などと表すこともできる。　②にはお年玉の額について考えることが入る。how に続くことから，間接疑問文や〈疑問詞＋ to ＋動詞の原形〉を使って表す。解答例は how much money we should give「私たちはいくらあげるべきか」という間接疑問。〈疑問詞＋ to ＋動詞の原形〉を使って how much money to give (to children)「(子供たちに)いくらのお金をあげるべきか」などと表すこともできる。

【7】　(長文読解問題・説明文：語句選択補充，語句補充，内容吟味，語句整序)

(全訳)　ステファニー・テイラーはアメリカ合衆国のオーシャンサイド出身の12歳の少女である。彼女は動物が大好きだ。彼女はいつもひよこや子犬や子猫を危険から救おうとしている。彼女はまた，けがをした動物の世話をしたこともある。もちろん，彼女の両親は努力[1]を続けるよう彼女を励まし，彼女をいろいろ手伝った。彼らはステファニーに動物園やテレビですべての動物のショーを見る機会を与えた。ステファニーはよく，誕生日やクリスマスに動物の本やCDや百科事典をもらった。

ある晩，ステファニーと彼女の父親はテレビでニュースを見ていた。ニュースキャスターが，警察の手伝いをしているときに死んでしまった警察犬の話[2]を伝えていた。スモーキーは勇敢な犬で，銃を持った強盗を追いかけたのだった。強盗はスモーキーに銃を撃ち，銃弾がその犬に当たった。しかし，その犬は警察が逮捕するまで彼の脚にしがみついていた。そのニュースはステファニーを悲しませた(ア)だけでなく，彼女にその警察犬は死ぬ必要はなかったと思わせた。それから彼女は，その犬がなぜ防弾ジャケットを着ていなかったのか尋ねるために地元の警察署に電話をかけた。地元の警察官は，彼女と電話で話したときに[3]感動した。彼はその電話を警察犬の世話をする特別な部署につないだ。彼女は，その警察署では警察犬用の防弾ジャケットを買うお金がなかったことを知った。それぞれのジャケットの費用は800ドルを超えた。

ステファニーは防弾ジャケットのためのお金を作り始めることを決心した。彼女はあるよい考えを思いついた。彼女はレモネードの売店を開店した。彼女は放課後にレモネードを売ってお金をためた。彼女は自分の計画について人々に伝える看板を掲げた。人々は彼女の計画が(イ)何とすばらしいかがわかった。②彼女は友人たちにレモネードの売店で彼女の手伝いをしてくれるよう頼まなくてはならず，1か月のうちに最初の800ドルを稼いだ。彼女はそれを警察犬の部署に送り，警察はそのお金で犬のための最初の防弾ジャケットを買った。彼らは彼女にその最初のジャケット[4]を着ている犬の写真を送った。彼女は売店にその写真を掲示した。

報道記者は彼女の活動に興味を持った。ステファニーはすべての主要な新聞の一面に載った。彼女はまた，いくつかのテレビ番組にも出た。アメリカじゅうの人々が彼女を支援したいと思い，それは大きな運動になった。ステファニーは国じゅうからたくさんのお金を受け取るようになった。そのお金で，彼女はおよそ100匹の警察犬のためにジャケットを買うことができた。

ステファニーは政府から，彼女の努力に対する感謝の手紙を受け取った。彼女は今，新しい計画で忙しい。移動して回って病気やけがをしている動物への医療サービスを提供する，大型の移動獣医車両である。

(1)　[1]　空所を含む文の動詞 encourage は「励ます」という意味。また，and の後で両親がいろいろとステファニーを手助けしたことが述べられているので，her efforts「彼女の努力」に適する動詞は continue「続ける」。〈encourage ＋人＋ to ＋動詞の原形〉で「～するように(人)を励ます」という意味を表すので to continue とする。　[2]　直前に was があること，直後の the story が空所に入る動詞の目的語になることから，tell を～ing形にして過去進行形の文にする。tell a story で「話しをする，物語をする」という意味になる。　[3]　地元の警官がステファニーと死んだ警察犬について話しているときの警官の反応を考える。直後の文で警官が警察犬の世話をする部署に電話をつないでいることから，警官は少なくともステファニーの考えに共感したと考えられる。この流れに合うのは impress「感動させる」。受動態で用いると「(人が)感動する」という意味になるので，過去分詞にする。　[4]　空所を含む文の動詞は sent「送った」なので，空所以下は the dog を後ろから修飾していると考える。the first jacket とのつながりから，wear を～ing形にすると the dog wearing the first jacket「その最初のジャケットを着ている犬」となり，文脈に合う。

(2)　(ア)　空所を含む文の主語 The news は，警察犬が強盗に銃で撃たれて死んだというニュースを指す。空所直後の made は「～を…(の状態)にする」の意味の make の過去形。また，but also の後の made は〈make ＋目的語＋動詞の原形〉で「～に…させる」の意味の過去形。空所の後で，「ステファニーを悲しませた」，「彼女に～だと思わせた」と2つのことが述べられていること，but also があることから，not only ～ but also …「～だけでなく…も」の only を入れると文意が成り立つ。　(イ)　空所の後に her plan was と〈主語＋動詞〉の形があるので，空所には接続詞，関係代名詞，間接疑問文などが入ると考えられるが，空所の前に先行詞となる名詞がないので関係代名詞は不可。また，空所の直後に wonderful という形容詞があることから，接続詞とつながらないので接続詞も不可。適する疑問詞を入れて間接疑問文にする。how を入れると「人々は彼女の計画が何とすばらしいかがわかった」という意味の文になり，文脈に合う。

(3)　下線部を含む文の前の4文の内容をまとめる。「防弾ジャケットのためのお金を作る」(第3段落第1文)，「彼女はレモネードの売店を開店してお金をためる」(第3，4文)の2つの要素を入れてまとめる。解答例の他に，「レモネードを売って，警察犬が着用する防弾ジャケットを買うお金を作る計画」などとしてもよい。

(4)　(She) had to ask her friends to help (her at the lemonade stand ～)　ask，had，to が2つあることから，〈ask ＋人＋ to ＋動詞の原形〉「(人)に～するように頼む」，〈have to ＋動詞の原形〉「～しなくてはならない」を使う文を考える。had to の後に動詞の原形 ask を続け，ask の後に「人」を表す her friends を入れ，to help her と続ける。最後の her はステファニーを指す。

(5)　空所の前では，新聞やテレビの報道でステファニーの活動が広く知られるようになったことが述べられ，空所の後では，ステファニーが国じゅうからたくさんのお金を受け取るようになったことが述べられているので，その理由として，People all over America「アメリカじゅうの人々」が行ったことは，ウ「彼女を支援したいと思い，それは大きな運動になった」が適切である。ア「ステファニーの考えが気に入り，彼女のために防弾ジャケットを作った」は，お金を受けとったことにならないので不適切。イ「警察犬のために防弾ジャケットを買うことは役に立たないと思った」，エ「彼女の考えに賛成したが，彼女はその計画を行うには若すぎると思った」は，ステファニーに寄付をする行為にはつながらないので不適切。

(6)　ア「ステファニーは動物が大好きだったので，彼女の両親は彼女に獣医になってほしいと思った」(×)　第1段落第5文以下に，両親がステファニーに対してしたこととして，ステファニーを励ますこと，手伝いをすること，動物のショーを見る機会を与えること，動物の本やCDや百科事典を与えることが述べられているが，獣医になってほしいと思っていたことは述べられていない。　イ「ステファニーの両親は，彼女に動物に興味を持たせるためにできるかぎりたくさんのことをした」(○)　第1段落第5文以下に述べられているように，両親がステファニーの動物好きのためにさまざまなことをしたことと一致する。ウ「ステファニーは警察犬のために防弾ジャケットを買うために政府に援助を求めた」(×)　第3，4段落でステファニーが警察犬用の防弾ジャケットを買うお金を作るためにしたことが具体的に述べられているが，政府に援助を求めたという記述はない。最終1段落第1文に，政府に関する記述があるが，これは政府がステファニーの功績に対して感謝の手紙を送ったということなので，一致しない。エ「ステファニーは，警察犬用のおよそ100着の防弾ジャケットを買うためにレモネード店から十分なお金を得た」(×)　第4段落最後の2文を参照。ステファニーがおよそ100着の防弾ジャケットを買うことができたのは，全国からお金が集まったためであることがわかるので，一致しない。　オ「ステファニーの努力のおかげで，多くの警察犬が以前よりも安全に働くことができる」(○)　ステファニーはレモネードを売ってお金をため，その活動が広く認められた結果，全国からお金が集まるようになり，「およそ100匹の警察犬のためにジャケットを買うことができた」(第4段落最終文)ことと一致する。　カ「ステファニーは獣医たちにレモネードを売るための大型車両を買った」(×)　最終段落最後の2文を参照。ステファニーは新しい計画として，移動して回って病気やけがをしている動物への医療サービスを提供するための大型車両を実現しようとしているので，一致しない。

【8】 （長文読解問題・エッセイ：語句解釈，文整序，内容吟味）

（全訳） カナダの人に，誰が野生の生き物と環境について話す最も有名な人であるかを尋ねれば，多くのカナダ人はデイビッド・スズキの名前を答えるだろう。デイビッド・スズキとは誰か。デイビッド・スズキは1936年に生まれ，カナダで長年有名なテレビタレントだった。彼はコメディアンでもニュースキャスターでもなく，自然に関するテレビ番組を司会する人だった。

デイビッド・スズキが司会をした番組は，「ネイチャー・オブ・シングズ」というものだった。それはカナダのテレビ番組で，彼は私たちに野生の生き物と環境について多くのことを教えていた。彼はまた，地球温暖化と私たちはどのようにして自分たちの環境を守らなくてはならないかについて話した，私が覚えている最も早い時期の人々の1人だった。彼は持続可能な生活を送ることについて話した。これは，環境を傷つけず，私たちの子供たち，その子供たちの子供たちのために環境をよい状態に保つ方法で生活するということだ。

デイビッド・スズキはブリティッシュ・コロンビアのバンクーバーで生まれた。彼の姓からおわかりのとおり，彼は日系である。ウデイビッド・スズキの祖父母は日本からカナダへ移住したので，スズキは日系カナダ人の3代目，カナダ3世である。イデイビッド・スズキの家族はカナダに住む日系カナダ人にとってとても困難な時期を通して生きたが，デイビッド・スズキの父親は，とても幼いときから彼に自然の美しさを教えた。エ彼はしばしばデイビッド・スズキをキャンプに連れていき，そうした経験を通じて，デイビッド・スズキは環境に興味を抱くようになった。アそれで，環境はデイビッド・スズキの生涯の仕事となった。

デイビッド・スズキが環境について話すとき，カナダの誰もが彼の話を聞く。彼は地球温暖化についてとても説得力のある意見で知られていて，環境を傷つける企業に対して長い間戦っている。これらはデイビッド・スズキが1980年代から話している問題である。彼の考えは独特で，これらの問題について考えている多くの人々が彼に賛成している。彼は多くのカナダ人に影響を与える。デイビッド・スズキは長い白髪と白いあごひげと眼鏡でよく知られている。私の世代の多くのカナダ人にとって，デイビッド・スズキは私たちにとっての祖父のようである。

デイビッド・スズキのテレビ番組は40を超える国々でも見られているので，彼は多くの国でよく知られている。彼はまた，環境に対して行ってきた偉大な仕事で多くの名声と賞を受けている。2004年に，これまでで最も偉大なカナダ人に関するあるテレビ番組ではデイビッド・スズキが5位にランクされたことを示した。

今では高齢となり，デイビッド・スズキが地球温暖化に対する戦いを率いることは難しい。だから，私たちはデイビッド・スズキの代わりに地球温暖化に対する戦いを続けなくてはならない。私たちはまた，デイビッド・スズキが教えてくれた考えを覚えておくべきだ。英語では，地球はしばしばMother Earth（母なる地球）と呼ばれる。これは，私たちはみな地球から生まれ，地球が平和な家族のように私たちを世話してくれるからだ。そのように，地球は私たちの母親のようであるのだ。だから，デイビッド・スズキが言うように，「私たちは私たちの母親の世話をする必要があるのだ」。それは，自分たちの母親の世話をすることとまったく同じくらい私たちにとって重要なことであるはずだ。

(1) 直後の文のThis means ～「このことは～を意味する」に着目し，means 以下の部分に下線部の内容が具体的に説明されていることをつかむ。means の後の living は動名詞で，下線部が意味しているのはどのように生活することであるかを日本語でまとめる。a way の後に関係代名詞 that があり，does not damage ～「～を傷つけない」，keeps it ～「それを～に保つ」が a way を修飾して，「どのようにして」の部分を表している。in a way (that) ～「～する方法で」，〈keep ＋目的語＋状態を表す語句〉「～を…（の状態）に保つ」，in a good condition「よい［健全な]状態で」。

(2) 1 の直前の2文では，デイビッド・スズキの生まれと日系であることが述べられていることから，デイビッド・スズキ個人の歴史について述べられることを予測する。歴史的な流れに着目すると，最初にくる文は祖父母について述べているウが適切。エの文の内容から，エの He はデイビッド・スズキの父親を指すと考え，イ→エと続ける。父親の影響で環境に生涯携わるようになったというアがエに続く。

(3) 下線部の後に，誰もがデイビッド・スズキの話を聞く理由が述べられている。第2段落第2～4文から，1980年代から環境問題に取り組んでいること，彼の考えが独特であること，環境の問題について考えている多くの人々が彼に賛成していることがわかるので，この内容と一致するエが適切。

(4) 第5段落まではデイビッド・スズキの業績や略歴について述べられているので，最終段落に着目する。第2，3文で「私たちはデイビッド・スズキの代わりに地球温暖化に対する戦いを続けなくてはならない。私たちはまた，デイビッド・スズキが教えてくれた考えを覚えておくべきだ」と筆者の考えが述べられ，続けて「母なる地球」という言葉を引用して，そのような表現をする理由として，私たちはみな地球から生まれ，地球が平和な家族のように私たちを世話してくれるからだと述べている。さらに，地球は私たちの母親のようなものなのだから，デイビッド・スズキが言うように，私たちの母親の世話をする必要があるし，それは，自分たちの母親の世話をすることとまったく同じくらい重要なことだと述べている。この筆者の記述から，地球から生まれる人類を家族にたとえ，地球を自分の母親のように大切にするべきであると考えていることをつかむ。

(5) ア「デイビッド・スズキは自然に関するとても多くのテレビ番組を制作したので，彼はカナダで有名になった」(×) 第1段落第3文に「カナダで長年有名なテレビタレントだった」とあり，その後に，彼が自然に関するテレビ番組を司会する人だったことが述べられている。また，自然に関するとても多くのテレビ番組を制作したことについては述べられていないので一致しない。イ「『ネイチャー・オブ・シングズ』はブリティッシュ・コロンビアのバンクーバーで見られるテレビ番組である」(×) 第1段落でデイビッド・スズキが自然に関するテレビ番組の司会者としてカナダで有名であったことが述べられていること，第2段落第1，2文に「ネイチャー・オブ・シングズ」がカナダのテレビ番組だったことが述べられていることから，バンクーバーだけで見られる番組だったというのは一致しない。 ウ「地球温暖化と私たちが環境を守る方法は，デイビッド・スズキが長い間話してきた問題である」(○) 第2段落第3文「(デイビッド・スズキは)地球温暖化と私たちはどのようにして自分たちの環境を守らなくてはならないかについて話した」とある。また，第4段落第3文に，デイビッド・スズキが19800年代から地球温暖化について話してきたことが述べられているので一致する。 エ「デイビッド・スズキは与えられた賞のために世界中の多くの国々でよく知られている」(×) 第5段落第1文にデイビッド・スズキが多くの賞を受けたことが述べられているが，その直前の文から，彼が世界中の多くの国々でよく知られているのは，彼のテレビ番組が40を超える国々でも見られているためであることがわかるので，一致しない。 オ「2004年，デイビッド・スズキはあるテレビ番組でカナダの歴史で最も偉大な人々の1人として選ばれた」(○) 第5段落最終文の内容と一致する。 カ「デイビッド・スズキはとても高齢で地球温暖化に対して戦うことができないので，私たちは彼のように地球温暖化に対して戦う必要がある」(○) 最終段落最初の2文の内容と一致する。

★ワンポイントアドバイス★

【6】の条件英作文問題では，空所前後の内容を正しくつかむことに加え，空所に入る部分がその文の中でどのような働きをするのかを考える必要がある。まずは空所部分が修飾語句になるのか，目的語になるのかなどを考えよう。

＜理科解答＞

1. (1) X 虹彩 Y 網膜 (2) 網膜に達する光の量を調節する。
   (3) (ア) (4) (エ) (5) 位置 (6) (イ)

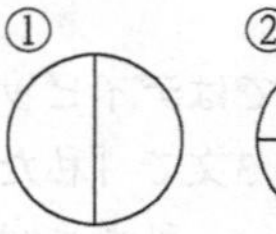

2. (1) (ア) (2) (ウ) (3) 1012hPa (4) c
   (5) 右図 (6) (イ)
3. (1) 電解質 例 NaCl (2) 蒸留
   (3) エタノール 63.3cm^3 水 50.0cm^3
   (4) ア 80 イ 85.1 (5) ウ 質量 エ 体積
   (6) ① $C_2H_6O + 3O_2 \rightarrow 2CO_2 + 3H_2O$ ② $C_6H_{12}O_6 \rightarrow 2C_2H_6O + 2CO_2$
4. (1) 4.9V (2) 60Ω (3) 0.07A (4) 0.6V
   (5) R_6 0.04A 電源装置 7.2V (6) R_4 60Ω R_6 30Ω (7) 16.4V

○推定配点○

1. (1) 各1点×2 他 各2点×5 2. 各1点×7 3. (1)・(2)・(5) 各1点×5
(3)・(4)・(6) 各2点×5((3)完答) 4. 各2点×8((6)完答) 計50点

＜理科解説＞

1. (ヒトのからだのしくみ―目のつくり)

(1)・(2) ヒトの目では，レンズ(水晶体)で屈折した光が，Yの網膜に倒立の実像をつくる。網膜ではその光の刺激を認識し，大脳に送る。Xは虹彩で，虹彩で囲まれた中央の穴が瞳孔(ひとみ)であり，瞳孔を通った光がレンズに入り，網膜に到達する。暗いときは瞳孔を広げて光量を増やし，明るいときは瞳孔を狭めて光量を減らす。

(3) 物体が近いときに，網膜に倒立の実像をつくるには，レンズの焦点距離を短くしなければならない。よって，レンズを厚くしてより大きく屈折するようにする。

やや難 (4) 図2を見ると，チン小帯は毛様体筋の内側にある。そのため，チン小帯が引っ張られるのは，環状の毛様体筋が広がったとき，つまり，緩んだときである。このとき，レンズも外側に引っ張られるので，レンズはうすくなる。これは，遠くのものを見るときの目の動きである。逆に，毛様体筋が縮むと，チン小帯はまわりから押されて緩み，レンズは弾性で縮んで厚くなる。

(5) 魚類やヘビの目は，レンズの厚みを変えられないので，レンズの焦点距離を変えることができない。それでも網膜に倒立の実像をつくるには，レンズそのものが前後に動くしかない。

(6) 瞳孔が横長になる動物は，水平方向に広い視野を確保したい動物である。これは，敵をいち早く発見する必要がある草食動物に多い。ウシ，ウマ，ヤギ，ヒツジなどがその例である。ただし，肉食，草食で，縦長と横長が完全に決まっているわけではない。(イ)以外の瞳孔は4つとも丸い。縦長なのは，ネコのほか，キツネやヘビなどがある。

2. （天気の変化―高気圧と低気圧）

(1)　1020hPaの等圧線と1000hPaの等圧線の位置をみると，気圧の高低がわかる。Bはまわりよりも気圧が低い低気圧であり，Aはその逆で高気圧である。

(2)　Aの高気圧のまわりでは，風が時計回りに吹き出す。Bの低気圧のまわりでは，風が反時計回りに吹き込む。よって，Xでは，等圧線に対し斜めに，北西から南東に向かって風が吹く。風向きは，風が吹いてくる向きをいうので，北西である。

基本　(3)　天気図ではふつう4hPaごとに等圧線が引かれる。問題の図でも，1000hPaと1020hPaの間の本数を見ると4hPaごとである。よって，Y地点の気圧は，1000hPaよりも12hPa高い。

(4)　等圧線の間隔が最も狭いcが，風速が強い。

(5)　晴れは，空全体の面積を10としたときの雲量が2～8のときである。

(6)　①　誤り。富士山頂では気圧が低いために，菓子の袋は膨らむ。　②　正しい。気圧の低いところで栓をしたので，気圧の高いところではへこむ。　③　正しい。中身が残っている部分の外側に，水蒸気が冷やされて水滴がつく。　④　誤り。暖かい室内の空気が，ガラス窓で冷やされて水滴ができ，室内側が曇る。　⑤　正しい。晴れた夜は雲がないので，地面からの熱(赤外線)が逃げやすい。　⑥　正しい。北東向きから反時計回りに45°回ると北向きである。67.5－45＝22.5°だから，北向きから反時計回りにあと22.5°回ると，北と北西の中間で北北西向きになる。

3. （溶液の性質―エタノール水溶液）

(1)　水に溶けてイオンに分かれる物質は電解質とよばれ，水溶液が電流を通す。その例は，中学の理科でよく出てくるものだけでも，塩化ナトリウム$NaCl$，塩化水素HCl，塩化銅$CuCl_2$，水酸化ナトリウム$NaOH$，硫酸H_2SO_4など多数ある。そのうち1つを答えればよい。ただし，硫酸バリウム$BaSO_4$，塩化銀$AgCl$など水に溶けないものは正解にならない。

(2)　液体をいったん気体にして，再び液体に戻すことで純度を上げる操作を蒸留という。

重要　(3)　質量パーセント濃度が50％のエタノール水溶液100gには，$100\times\frac{50}{100}=50$で，エタノールが50g含まれており，水の質量は100－50＝50gである。エタノールの密度が0.79g/cm³だから，エタノールの体積は，50÷0.79＝63.29…で，四捨五入により63.3cm³である。水の密度が1.0g/cm³だから，水の体積は，50÷1.0＝50cm³である。

(4)　(ア)　質量パーセント濃度が80％のエタノール水溶液100gには，$100\times\frac{80}{100}=80$で，エタノールが80g含まれている。

やや難　(イ)　80％エタノール水溶液の密度は0.84g/cm³だから，この水溶液の体積が100cm³ならば，質量は0.84×100＝84gである。質量パーセント濃度が80％のエタノール水溶液84gには，$84\times\frac{80}{100}=67.2$で，エタノールが67.2g含まれている。エタノールの密度が0.79g/cm³だから，エタノールの体積は，67.2÷0.79＝85.06…で，四捨五入により85.1cm³である。

(5)　液体どうしを混ぜたとき，物質そのものは増えも減りもしないので，質量の合計は変化しない。しかし，一方の液体のすき間に，もう一方の液体が入り込むことはあるので，体積の合計は変化する可能性がある。

(6)　①　エタノールC_2H_6Oのように，CとHとOからなる物質の燃焼では，二酸化炭素CO_2と水H_2Oが生じる。まず，化学式を並べると，$C_2H_6O+O_2\rightarrow CO_2+H_2O$となる。次に，数合わせをするが，左辺と右辺で4か所にあるOは後回しにして，CとHの数を合わせると，$C_2H_6O+O_2\rightarrow 2CO_2+3H_2O$となる。最後にOの数を合わせると，$C_2H_6O+3O_2\rightarrow 2CO_2+3H_2O$で完成する。

②　グルコース(ブドウ糖)$C_6H_{12}O_6$がエタノールC_2H_6OとCO_2に分解される反応は，発酵とよばれ

る。酵素は反応を助けるだけで自身が変化しないので，化学反応式に入れる必要はない。まず，化学式を並べると，$C_6H_{12}O_6 \rightarrow C_2H_6O + CO_2$となる。次に，数合わせをするが，左辺と右辺で3か所にあるCとOは後回しにして，Hの数を合わせると，$C_6H_{12}O_6 \rightarrow 2C_2H_6O + CO_2$となる。さらにCの数を合わせると，$C_6H_{12}O_6 \rightarrow 2C_2H_6O + 2CO_2$となり，これでちょうどOの数もあっているので，完成である。

4. （電流と電圧―抵抗を複数つないだ回路）

(1)　40Ωの抵抗に2.8Vの電圧がかかっているので，流れる電流は$\frac{2.8\mathrm{V}}{40\Omega}$＝0.07Aである。30Ωの抵抗にも0.07Aの電流が流れるので，AB間の電圧は，0.07A×30Ω＝2.1Vである。よって，電源装置の電圧は，2.1V＋2.8V＝4.9Vとなる。

やや難　(2)　図3の(ウ)は，電流が最も小さい場合であり，それは図2の回路全体の抵抗が最も大きい場合である。図2で，R_1とR_2が並列につながっている部分では，1本ずつの抵抗よりも合成抵抗が小さくなる。そこで，図2の全体の抵抗を大きくするには，並列になっていないR_3に，最も大きい60Ωの抵抗をつなげばよい。

(3)　R_1とR_2が並列につながっている部分の合成抵抗は，$\frac{1}{30}+\frac{1}{40}=\frac{7}{120}$より，$\frac{120}{7}$Ωである。よって，回路全体の抵抗は，$\frac{120}{7}+60=\frac{540}{7}$Ωとなる。このことから，電源装置の電圧が5.4Vのときの電流は，5.4V÷$\frac{540}{7}$Ω＝$\frac{7}{100}$Aで，0.07Aとなる。

(4)　60Ωの抵抗R_7に0.02Aの電流が流れているので，30Ωの抵抗R_5にも0.02Aの電流が流れている。よって，R_5にかかる電圧は，0.02A×30Ω＝0.6Vである。

(5)　30Ωの抵抗R_5，60Ωの抵抗R_7，30Ωの抵抗R_9の3つの抵抗の合計は120Ωである。この経路に0.02Aの電流が流れているので，R_5，R_7，R_9の電圧の合計は，0.02A×120Ω＝2.4Vである。よって，これらと並列の抵抗R_6にかかる電圧も2.4Vである。60Ωの抵抗R_6に流れる電流は，$\frac{2.4\mathrm{V}}{60\Omega}$＝0.04Aとなる。次に，40Ωの抵抗$R_4$，40Ωの抵抗$R_8$に流れる電流は，上記の2つの流れの合計で，0.02A＋0.04A＝0.06Aである。だから，抵抗R_4，R_8にかかる電圧は，どちらも0.06A×40Ω＝2.4Vとなる。以上より，電源装置の電圧は，2.4V＋2.4V＋2.4V＝7.2Vとなる。

やや難　(6)　電源装置の電圧を最大にするには，まず(2)と同様に，並列になっていないR_4とR_8に，最も大きい60Ωの抵抗をつなげばよい。また，R_5，R_7，R_9に流れる電流は0.02Aと決まっているので，この部分の電圧を大きくするために，残った抵抗のうち大きいものから，60Ω，40Ω，40Ωを使う。この3つの順序はどの順でもよい。これらと並列になるR_6には，より多くの電流が流れた方がよいので，小さい30Ωを使う。

(7)　R_5，R_7，R_9の抵抗の合計は60Ω＋40Ω＋40Ω＝140Ωで，そこに0.02Aの電流が流れているので，かかる電圧の合計は0.02A×140Ω＝2.8Vである。よって，抵抗R_6にかかる電圧も2.8Vである。30Ωの抵抗R_6に流れる電流は，$\frac{2.8\mathrm{V}}{30\Omega}=\frac{28}{300}$Aとなる。次に，60Ωの抵抗$R_4$，60Ωの抵抗$R_8$に流れる電流は，上記の2つの流れの合計で，0.02A＋$\frac{28}{300}$A＝$\frac{34}{300}$Aである。だから，抵抗R_4，R_8にかかる電圧は，どちらも$\frac{34}{300}$A×60Ω＝6.8Vとなる。以上より，電源装置の電圧は，6.8V＋2.8V＋6.8V＝16.4Vとなる。

★ワンポイントアドバイス★
解きやすい問題で取りこぼしがないように，慎重に得点を確保したうえで，難問に挑戦しよう。

＜社会解答＞

【1】　問1　イ　　問2　ウ　　問3　エ　　問4　イ　　問5　オ

【2】　問1　1　デカン　　2　茶　　3　ペルシア　　4　エルサレム　　問2　ウ
問3　E　トルコ　　F　イスラエル　　問4　A　エ　　C　イ　　問5　D, E, F
問6　ア　　問7　(例)　夏の南西の季節風が西ガーツ山脈に当たり，斜線の地域は降水量が多いから。

【3】　問1　ウ　　問2　イ　　問3　ア　　問4　エ　　問5　ウ　　問6　鑑真　　問7　ア
問8　エ

【4】　問1　1　高野長英　　2　岩倉具視　　3　福沢諭吉　　問2　イ
問3　①　イ　　②　エ　　問4　ウ　　問5　ウ　　問6　ア

【5】　問1　エ　　問2　イ　　問3　ア　　問4　ウ　　問5　ア　　問6　エ

【6】　問1　財政投融資　　問2　ウ　　問3　ア　　問4　イギリス　　問5　イ　　問6　イ

【7】　①　カ　　②　エ　　③　イ　　④　オ

○推定配点○
各1点×50(【2】問5完答)　　計50点

＜社会解説＞

【1】　(日本の地理―農業，工業，貿易)

問1　乳用牛と肉用牛の飼育頭数が最も多いウが北海道，豚の飼育頭数が最も多く乳用牛の飼育頭数とブロイラーの飼育羽数が2番目に多いイが鹿児島，ブロイラーの飼育羽数が最も多いアが宮崎とわかり，残るエが熊本となる。

問2　Aは静岡県が第1位，愛媛県が第2位となっていること，静岡県富士市や愛媛県四国中央市が製紙・パルプ業が盛んであることから，Aはウのパルプ・紙・紙加工品とわかる。Bはイの窯業・土石製品，Cはエの印刷・同関連業，Dはアの鉄鋼業となる。

重要　問3　三河港は中京工業地帯に位置しており，輸出に占める自動車の割合が高いと考えられることから，エとわかる。輸出額が最も多いウは横浜港，主要輸出品目が軽量で価格の高いものが多いイは関西国際空港，石油製品や鉄鋼が輸出品目の上位にあるアは石油化学工業や鉄鋼業が盛んな京葉工業地帯に位置する千葉港と判断できる。

問4　Dは野菜の割合が最も大きいことから，近郊農業が盛んな関東地方や野菜の促成栽培が盛んな長野県が含まれる関東・東山(イ)と判断できる。米の割合が最も大きいCが水田単作地帯の北陸(ウ)，畜産の割合が北海道に次いで大きいAは九州・沖縄(エ)，米の割合がCに次いで多きDは東北(ア)となる。

問5　1990年から2018年にかけて，主業農家・準主業農家の割合は低下し，副業的農家の割合が増加したと考えられるので，Cが副業的農家と考えられる。北海道は北海道以外の地域に比べて農家1戸当たりの耕地面積が大きいことから，Xと判断できる。よって，オの組み合わせが正しい。

【2】（地理一南アジア，西アジア）

問1　(1)　Aはインドについて述べている。インド中央部にあるデカン高原では，綿花の栽培が盛んである。　(2)　インド北東部にあるアッサム地方では茶の栽培が盛んである。また，セイロン島でも茶の栽培が盛んであり，セイロン島があるスリランカは茶の輸出国となっている。

(3)　メッカやメディナはサウジアラビアにある。サウジアラビアの主要な油田はペルシア湾岸に集中している。　(4)　ユダヤ教，キリスト教，イスラム教のいずれの宗教においても聖地となっているのは，エルサレムである。

問2　ボスポラス海峡をはさむ形でヨーロッパとアジアにまたがって国土をもつ国は，トルコである。トルコは新期造山帯であるアルプス・ヒマラヤ造山帯が通っているので，ウが適当。

問3　E　ボスポラス海峡はトルコのヨーロッパ側とアジア側を隔てており，両岸にトルコ最大の都市であるイスタンブールがある。　F　1948年にユダヤ人が建国した国は，イスラエルである。イスラエルは周辺のアラブ諸国と対立し，4度にわたって中東戦争がおこっている。

問4　A　ムンバイやジャムシェドプルなどの都市があり，アッサム地方などが含まれる国はインドである。インドで信者数が最も多い宗教は，エのヒンドゥー教である。　C　国土の大部分がガンジス川の形成したデルタの低湿地にある国は，バングラデシュである。バングラデシュで信者数が最も多い宗教は，イのイスラム教である。

問5　Aはインド，Bはスリランカ，Cはバングラデシュ，Dはサウジアラビア，Eはトルコ，Fはイスラエルについて述べている。バンガロールはインド南部にあり，バンガロールより東にBとCが位置し，バンガロールより西にD・E・Fが位置している。よって，バンガロールよりも西に国土の全部が位置している国はD，E，Fと判断できる。

問6　鉄鋼は中国の生産割合が5割前後と高いことや，インドや日本なども生産量が多いことから，アと判断できる。イは自動車，ウは綿花，エは米を表している。

やや難　問7　インドでは夏に南西から季節風が吹く。南西の季節風は湿った空気を運んで西ガーツ山脈に当たるため，その手前に位置する斜線の地域では降水量が多くなると考えられる。降水量が多く温暖な場所は，稲作に適している。

【3】（日本の歴史一古代）

問1　「大王による国づくりが進んでいた時代」は古墳時代にあたるので，ウが正しい。埴輪は古墳の表土に並べられていた。アは弥生時代，イは平安時代，エは縄文時代のようすを述べている。

問2　菅原道真は大宰府に左遷され，そこで亡くなっている。菅原道真は亡くなった後に天神としてまつられており，京都にある北野天満宮は菅原道真をまつっているので，Aは正しい。祇園祭は鎌倉ではなく京都で行われる祭りなので，Bは誤り。よって，イの組み合わせが正しい。

問3　聖徳太子が摂政として政治を行っていた時代には，豪族や王族が寺院をつくるようになっていたので，アが正しい。聖徳太子は法隆寺を建立しており，蘇我馬子は飛鳥寺を建立している。イの神仏習合に関しては，奈良時代に神社に神宮寺がつくられ，平安時代に本地垂迹説が現れている。ウの東求堂同仁斎がつくられたのは室町時代。エの高野山に金剛峯寺が建設されたのは平安時代。

問4　律令のもとでは，班田収授法にもとづいて6歳以上の男女に口分田が与えられ，死ねば返さなければならなかったので，エが誤っている。新しく開墾した土地の私有に関しては，723年に三世一身法が，743年に墾田永年私財法が出されている。

問5　東大寺の大仏は金銅によるもので，巨大な木をいくつか組み合わせたものではない。また，東大寺の大仏は盧舎那仏であり阿弥陀仏の像ではないため，Aは誤りとわかる。東大寺の大仏は源平の争乱で焼け落ち，その後に貴族や武士，庶民の寄付によって再建されているので，Bは正しい。よって，ウの組み合わせが正しい。

基本 問6　中国から日本に渡り，唐招提寺を開いたのは，鑑真である。

問7『源氏物語』は紫式部の作品で，宮中の様子や貴族の生活が描かれているので，アが『源氏物語絵巻』とわかる。イは鎌倉時代の元寇の様子を描いた『蒙古襲来絵詞』。ウは『月次風俗図屏風』のうちの一枚で室町時代の田植えの様子が描かれている。エは『一遍聖絵』のうちの一枚で鎌倉時代の定期市の様子が描かれている。

問8　日本人による医書がはじめてつくられたのは平安時代(A)。医博士がはじめて日本にきたのは古墳時代(B)。医師を養成する制度が定められたのは8世紀(C)。よって，古い順に並び替えると，B→C→Aとなり，エが正しい。

【4】（日本と世界の歴史―近世～近代）

問1　(1)　渡辺崋山は鎖国政策を強化する幕府を批判して蛮社の獄で処罰された。蛮社の獄で処罰された蘭学者には，渡辺崋山以外に高野長英がいる。　(2)　明治新政府が欧米に派遣した使節団の団長は岩倉具視である。岩倉使節団は1871年に日本を出発して欧米を訪問し，1873年に帰国している。　(3)　慶應義塾をつくったのは，福沢諭吉である。

問2　アロー戦争は1856年から始まり，1858年には天津条約が結ばれている。アのアヘン戦争は1840年に始まり1842年に南京条約が結ばれている。イのインド大反乱は1857～1859年。ウの義和団事件に対して日米英など8か国連合が出兵したのは1900年。エの辛亥革命は1911年。よって，アロー戦争と同時期の大きな事件としてはイのインド大反乱があてはまる。

問3　①　史料は日米修好通商条約の領事裁判権に関する部分である。日米修好通商条約では，日本人に対して法を犯したアメリカ人はアメリカの領事裁判所において取り調べ，アメリカの国内法によって裁かれること，アメリカ人に対して法を犯した日本人は，日本の役人が取り調べの上，日本の法律をもって裁かれることが，それぞれ規定されているので，イの組み合わせが正しい。
②　対等なものにするためには，日本国内で法を犯した人物に対してはいずれも日本の法律をもって罰するようにすればよいので，エの組み合わせが正しい。

問4　ビタミンの研究は，渋沢栄一ではなく鈴木梅太郎なので，ウが誤っている。渋沢栄一は実業家で第一国立銀行や大阪紡績会社の設立に携わったことなどで知られる。

問5　日英通商航海条約によって日本は領事裁判権の撤廃に成功しており，Aは1894年の出来事とわかる。Bの鹿鳴館は条約改正のための欧化政策のなかで建設され，1883年に完成している。Cのシベリア鉄道は1916年に全線が開通している。出来事を古い順に並び替えるとB→A→Cとなり，ウが正しい。

重要 問6　第一次世界大戦において，日本は日英同盟を理由として連合国側で参戦しており，不介入の方針はとっていないので，アが誤っている。

【5】（公民―基本的人権，地方自治，司法，国際政治）

問1「文化面で世界平和に貢献することを目的に，文化財の保護や識字教育などの活動をしている」のは国連児童基金(UNICEF)ではなく国連教育科学文化機関(UNESCO)なので，アは誤り。「世界の平和と安全を維持することを目的としており，15の理事国で構成され，常任理事国には拒否権がある」のは，国連総会ではなく国連の安全保障理事会なので，イは誤り。「戦争犯罪や大量虐殺を行った個人を裁く裁判所」は国際司法裁判所ではなく国際刑事裁判所なので，ウは誤り。なお，国際司法裁判所も国際刑事裁判所も，オランダのハーグに置かれている。国連平和維持活動(PKO)は，紛争後の平和の実現のために，停戦や選挙の監視などを行っているので，エが正しい。

問2　条例は，憲法や法律などに反しない範囲で制定される。路上での歩きたばこを禁止することは，条例による制限として認められているので，イが適当。大都市圏では，路上喫煙禁止条例を制定している都市も多くみられる。アは民法の規定である。なお，民法の改正によって，2022年4月から女性の婚姻開始年齢は16歳以上から18歳以上に引き上げられる。ウは公職選挙法に規定されている。エの高校生のアルバイトについては，高校の校則で規定されている場合はあるが，条例で禁止することはできない。

問3　ア　人生最後のあり方を自分自身で決めることができることから尊厳死を肯定的にとらえていると考えられ，賛成の意見を述べていると判断できる。　イ　家族の意思を尊重するようになることは，自らの決定ではなくなってしまうという点で否定的な意見を述べていると考えられる。　ウ　終末期の定義が変わる可能性があることは，尊厳死を認める法律の賛成・反対の意見にはつながらない。　エ　自死と尊厳死の境界線を引くことが難しいという考え方は，尊厳死を認める法律の制定に反対の意見を述べているものと考えられる。

問4　政治家の資産については，政治家が地位を利用した不正な蓄財を行っていないか有権者が確認できるようにする目的で，国会議員の資産公開法が制定されており，ウがプライバシーの権利として保護されない例といえる。

問5　アの労働者が団結する権利は労働三権の一つで，社会権に含まれる。イの知る権利は新しい権利のうちの一つ。ウの法律の制定を阻止する運動に関して，特定の法律の制定に反対意見を表明したり反対の運動を行うことは，集会・結社の自由や表現の自由にかかわると考えられるので，自由権に関係があると考えられる。エの出身地で差別されない権利は平等権に含まれる。

やや難　問6　エは「津地鎮祭訴訟」の内容となっている。この裁判において最高裁判所は公営体育館の建設の際の地鎮祭の費用を市の公金から支出したことについて合憲としており，違憲判決は出していないことから，エが誤り。地鎮祭は世俗的行為であって宗教的な意義をもたないと判断された。なお，県が公費で靖国神社に玉ぐし料を奉納したことについて争われた「愛媛玉ぐし料訴訟」では，最高裁判所は県の行為は宗教的意義をもつとして違憲判決を出している。

【6】　（公民―地方自治，金融・財政，社会保障）

問1　国が財投債などによって資金を調達して独立行政法人などの機関に出資し，道路建設などの仕事を行わせる経済活動を，財政投融資という。

問2　年金は2013年から2014年にかけて減少しているので，アは誤り。2008年から2017年度にかけて，社会保障費全体では約1.25倍に増加しているのに対して，医療は約1.28倍，年金は約1.11倍の増加となっているので，イは誤り。2017年度の医療・年金の合計額は394,195億円＋548,349億円＝942,544億円となっており，社会保障費全体の額の約78.4％で7割を超えていることから，ウが正しい。社会保障費全体の額がどのようにまかなわれているかは表からは読み取れないので，エは適当でない。

問3　地方交付税交付金は，国から地方への税源移譲の改革に合わせて減額が図られたことがあるので，アが正しい。地方交付税交付金は，地方自治体間の財政格差を是正することを目的として国から地方自治体に交付される資金で，使いみちは指定されないので，イとウは誤りとわかる。また，地方交付税交付金には国への返済義務はないので，エは誤りとわかる。

基本　問4　「ゆりかごから墓場まで」はイギリスで1942年に公表されたベバリッジ報告のなかで示された，イギリスの社会保障について表したスローガンである。

問5　共済年金は2015年に厚生年金保険に統一されており，厚生年金保険は会社員などが加入するものであり自営業が加入するものではないので，アは誤り。厚生年金保険の保険料は事業主と被保険者(加入する会社員など)が折半して負担するので，イが正しい。納める年金の保険料は少子化が進むと減額されるしくみはないので，ウは誤り。国民年金と比べて厚生年金の収支がよくない傾向にあるわけではないので，エは適当でない。

問6　ア　職員の数を増やすと人件費が増加するので，財政難の解消にはつながらないと考えられるので，適当でない。　イ　市の体育館の名称をつける権利を民間企業に販売することで，市の収入が増加し財政難の解消につながると考えられるので，適当といえる。　ウ　図書館を増やすと，図書館をつくる費用がかかったり維持する費用が必要であったりすることから，財政難の解消にはつながらないと考えられるので，適当でない。　エ　職員の残業が増えると人件費が増加するので，財政難の解消にはつながらないと考えられるので，適当でない。

【7】　（公民―経済生活，財政，労働）

①　A　労働者が労働組合を結成し，労働条件の改善を使用者に要求することや，労働争議を行うことを権利として認めているのは，労働基準法ではなく労働組合法なので，誤り。　B　派遣労働者は非正規労働者の一種で，人材派遣会社と労働契約を結び他の企業に派遣されて働く労働者なので，正しい。　C　一般的に日本における外国人労働者の賃金水準は日本人正規労働者よりも低く，その雇用は経済状況の影響を受けやすいので，誤り。よって，カの組み合わせが正しい。

②　A　独占禁止法は市場における競争を妨害するものをなくすことなどを目的としており，公正取引委員会がその運用にあたっているので，正しい。　B　日本銀行が行う金融政策に公開市場操作があるが，景気が過熱している時は通貨量を減らす必要があるので売りオペレーションを行い，景気が停滞している時は買いオペレーションを行うので，誤り。　C　政府が行う財政政策では，景気が停滞している時は，公共投資を増やし減税を行うので，誤り。よって，エの組み合わせが正しい。

③　A　アメリカのケネディ大統領が提唱した消費者の四つの権利には，安全を求める権利，知らされる権利，選択する権利，意見を反映させる権利があるので，正しい。　B　高度経済成長期の1968年に消費者保護基本法が制定された。また，各地方公共団体には消費生活センターが設置されたので，正しい。　C　ある製品を使用し消費者が被害を受けた場合，消費者がその製品の欠陥を証明すれば，製造者に過失がなくても賠償責任があると規定されているのは，消費者契約法ではなく製造物責任法(PL法)であり，誤り。よって，イの組み合わせが正しい。

やや難　④　A　小売業者や卸売業者が商品を企画してメーカーに製造を依頼し，独自のブランドとして販売する商品は，ナショナル・ブランド(NB)ではなくプライベート・ブランド(PB)なので，誤り。
B　株主は利潤の一部を配当として受け取ることができ，株主総会に出席して議決に参加できる。株主が受け取る配当の金額や議決権は持っている株式の数に応じて決まるので，正しい。
C　現代の企業は，利潤を追求するだけではなく，社会的責任(CSR)を果たすべきだと考えられており，教育や文化，環境保全などで積極的に社会貢献を行う企業もあるので，正しい。よって，オの組み合わせが正しい。

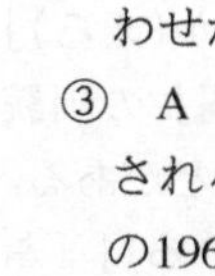

★ワンポイントアドバイス★

教科書に書かれていることを，細かい部分までしっかりと読み込んでおこう。

＜国語解答＞

【一】 問1 a 栄養 b 活躍 c 隆起 d 沈降 e 縁 問2 エ
問3 Ⅰ ア Ⅱ オ 問4 イ 問5 エ
問6 (例) 人工知能がより賢い人工知能を作り出していく過程で人類の知性を超えてしまい，人類がどう扱われるのか想像できないという不安。(59字) 問7 エ
問8 (例) 変化し続ける環境で生物が生き残るためには，自然淘汰によってもたらされる変化が必要で，進化のために死が不可避であるから。(59字)

【二】 問1 a 動揺 b 崩(した) c 重篤 d 漕(いで) e 蹴(って)
問2 オ 問3 A ウ B オ C エ 問4 エ 問5 ウ・カ
問6 イ 問7 (例) 兄が自分からの謝罪を受け入れ，医師としての成長を誓った自分を応援してくれているように感じられ嬉しく思っている。(55字) 問8 イ

○推定配点○
【一】 問1・問2 各2点×6 問6・問8 各10点×2 他 各4点×5
【二】 問1～問3 各2点×9 問7 10点 他 各4点×5 計100点

＜国語解説＞

【一】 (論説文―大意・要旨，内容吟味，文脈把握，脱文・脱語補充，漢字の読み書き，品詞・用法)

問1 a 生物が活動するために体外から物質を取り入れる働き。「栄」の訓読みは「さか(える)」「は(える)」で，「養」の訓読みは「やしな(う)」。 b めざましく活動すること。「躍」の訓読みは「おど(る)」。 c 高く盛り上がること。「隆」を使った熟語は，他に「隆盛」などがある。 d 土地などが沈み下がること。「沈」の訓読みは「しず(む)」。「降」の訓読みは「お(りる)」「ふ(る)」。 e 訓読みは「ふち」。

基本 問2 AとCは「こと」に置き換えられるので体言の〈意味〉，BとDは連体修飾語の〈意味〉，Dは「が」に置き換えられるので主語の〈意味〉となる

問3 Ⅰ 一つ前の文「2日も経たずに大腸菌の重さは地球の重さを超えてしまう」ような「ことは起こらない」理由を入れる。直後の段落に「だって，ほとんどの大腸菌はすぐに死んでしまうのだ。さっき言ったように，そうでなければ地球はたちまち大腸菌だらけになってしまう」とあり，この前半部分の内容に相当するアが最適。 Ⅱ 直後の文の「『より環境に合った個体が生き残る』ということは，『より環境に合っていない個体が死ぬ』ということ」にふさわしいものを選ぶ。他との関係において初めて成立するという意味の表現を入れる。

問4 ――線部①の「そんなこと」は，死なないために大腸菌にしてくださいと願うことを指し示している。死なないために大腸菌になっても「ろくなことにはならない」理由を読み取る。直後の段落の「たしかに，大腸菌のような細菌は，永遠に生き続ける可能性はある。とはいえ，長く生き続ける細菌はほんのわずかで，ほとんどの細菌はすぐに死んでしまう」に着目する。アの「人間よりも短命な個体しか存在しない」やエの「人間の寿命を超える個体は出現しない」は本文の内容にそぐわない。ウの「平均寿命が大幅に伸びてきている人間の方が，長く生きる可能性がある」，エの「大腸菌になったとしても，いずれは人間と同様に寿命と向き合う」とは述べていない。

やや難 問5 ――線部②「みんなが死なないで，いつまでも生きる方法はないのだろうか」という問いに対して，次の「シンギュラリティはすでに起きている」という章段で「分裂しなければよい」という解決策を提示した後，実際は「子供をつくらないで永遠に生きるというのは無理」だと述べ

ている。さらに，「シンギュラリティはすでに起きている」という章段の最終文に「生物が……生き続けるためには，自然淘汰が必要」と続け，これが「『死』が生物を生み出した」という章段の「死ななくては，自然淘汰が働かない」という《結論》に結びつく。この展開を説明しているエが最適。アの「大胆に」，イの「新たな視点」，オの「弊害となる問題を段階的に解消」は，本文の展開に合わない。本文では人口知能について言及しているが，《結論》では「自然淘汰」について言及しているので，「全く別の話題へと転換」とあるウも最適ではない。

重要 問6　直後の文の「人間の仕事が，人工知能に奪われてしまうのではないか，人工知能が人間の能力を超えるのではないか，そしてついにはシンギュラリティが来るのではないか」が，「不安」の具体的な内容にあたる。「不安」という語に着目して，直後の段落の「そして，私たちをはるかに超えた知性を持った人工知能が，私たちをどう扱うか。それがわからないので，不安になるわけだ」という内容を加えてまとめる。

やや難 問7　――線部④の直後の文で，「シンギュラリティ（技術的特異点）」について，「人工知能が，自分の能力を超える人工知能を，自分でつくれるようになる時点」と説明している。その上で，直後の段落の「人間よりはるかに賢い人工知能が，あっという間に出現する」ことによる「私たちの生活」に及ぼす影響を正しく述べているものを選ぶ。「富岳」よりももっと速いコンピュータが開発されると，コンピュータ自身がさらなる開発を行い「人類は開発を先導できなくなる」と述べている生徒Dの解釈が正しい。生徒Aの「人類の思考が一層進歩して」，生徒Bの人類の技術がシンギュラリティによって消えてしまう，生徒Cの「人間同士が将棋を指す必要はなくなる」，生徒Eの「『ルール』をしっかりと読み解いていくことが求められる」の部分が，本文の内容にそぐわない。

重要 問8　――線部⑤の「そういう」は，同じ段落の「死ななくては，自然淘汰が働かない……生物は『死』とエンを切ることはできない」ことを指示しており，このことを筆者は「残酷」としている。「『死』が生物を生み出した」の章段の内容を，生物が生き残るためには自然淘汰が必要だが，自然淘汰のためには「死」を避けることができないなどと簡潔にまとめ，理由とする。

【二】　**（小説―情景・心情，内容吟味，文脈把握，脱文・脱語補充，漢字の読み書き，語句の意味）**

問1　a　心や気持ちが揺れ動くこと。「揺」の訓読みは「ゆ(れる)」。　b　音読みは「ホウ」で，「崩壊」「崩御」などの熟語がある。　c　病状が非常に重いこと。「篤」を使った熟語は，他に「篤学」などがある。　d　自転車の他に，ボートやブランコなどを「漕ぐ」と用いる。 e　音読みは「シュウ」で，「一蹴」などの熟語がある。

問2　「嗚咽」は声をつまらせて泣くことを言うので，オが最適。イは「号泣」している。

問3　A　「爪が掌の肉に」「食い込」む様子なので，強く力を入れる様子を意味する表現を入れる。　B　「涙」が「膝に落ちた」様子なので，水分が一滴ずつゆっくり落ちる様子を意味する表現を入れる。　C　母が泣く様子なので，鼻をすすりあげる様子を意味する表現を入れる。

問4　――線部①の「その言葉」は，直前の「その話を，しに来たんだ」というもので，さらに「その話」は兄の死んだ日の話を指示している。隆治が「しに来たんだ」と言った後に，「これまで一度も話したことのない，死んだ兄の話をする。腕一本，いや指一本動かすのも憚られた」とあるのに着目する。隆治は，兄の死んだ日の話を持ち出すことをためらっていると述べているものを選ぶ。アは兄には関係がない。隆治は兄のことを聞くために帰省しているので，イは適当ではない。ウの「両親から責められる」やオの「兄の話題にしてごまかそうとしている」は，本文の内容にそぐわない。

問5　父が「頭をぶんなぐられたような気分になった」のは，直前の段落の「『さっき運ばれてきたあの少年，厳しいかね』『いや，無理ですよ』『うむ，明日ゴルフだから早く帰りたいんだが』」

という「若い男の医者と看護婦」の会話を聞いたためである。父がショックを受けたのは，命を助けるべき医者と看護婦が人の命よりも自分の娯楽を優先しようとしていたからであることと，「さっき運ばれてきた少年」は裕一のことで，裕一が助からないかもしれないと知ったからである。アの「素人の自分に息子は助けられない」は，直前の医者と看護婦の会話の後の心情にそぐわない。イの「気持ちのやり場に困って」やエの「困惑を隠せない」，オの「放心」は，――線部②の「頭をぶんなぐられたよう」という表現に合わない。

問6　直前の「そこで，裕一はもうダメだって言われた。心臓も息も止まってるって。ふざけるな，理由を言えと俺は言った……ふざけるな，アレルギーで死ぬわけがないだろうと」からは，父は兄の突然の死にとり乱していることが読み取れる。一方，隆治は医者として「――アナフィラキシーショックだったのか……。」と裕一の死因を冷静に受け止め，後で「兄はおそらく，食べ物のアレルギー，中でもアナフィラキシーショックとも言われるもっともジュウトクなもので亡くなった。もしあの時もっと早く対応していたら。そして時代がもっと進んでいたら……死なずに済んだかもしれない。でも，そんなことを言っても仕方がないのだ。兄は三〇年前に生まれ，三〇年前を生きたのだ」と分析している。この内容を説明しているのはイ。隆治は「仕方がない」と言っているので，アの「両親の対応の遅さが兄の死を招いた」，ウの「担当医のずさんな対応」，エの「家族の責任」は合わない。オの「帰らぬ兄に心の底から申し訳ない」は，――線部③の「冷静だった」という描写にふさわしくない。

やや難　問7　隆治は墓場で「一条の風」に導かれて兄の墓にたどり着き，そこで再び「一条の風」を感じたことで「……ありがとう」と感謝している。前に「すごいんだよ，兄ちゃん。生きてるって，すごいことだ……俺は，これからも生きていく。そしてすごい医者になる。こんな石の中に兄ちゃんを入れた俺が，それでもすごい医者になる」，「だから，見守ってくれ。いや見守ってくれなんて言わん。ただ，ゆっくり眠ってくれ。本当に，ごめんな。兄ちゃん」とあるように，隆治は兄に謝罪し「すごい医者」になると誓っている。「一条の風が吹き，隆治の頬を撫でた」ことで，隆治は兄が自分の謝罪を受け入れ，医師としての成長を応援してくれていると感じられて嬉しく思っていることが読み取れる。この心情を簡潔にまとめる。

重要　問8　イの「少しだけ開いた窓から，冷たい夜風が入ってきた」は，隆治が兄の話題を持ち出した瞬間「母は表情を変えた。父は動かなかった」とあるように空気が張りつめたことを印象的に描写している。アの「母も年を取った」や，オの「裕一の霊魂を何とか感じ取ろうという強い意志」につながる描写は見られない。父は激高して「コップを畳に叩きつけた」とあるので，ウの「怒りを必死で抑え込んでいる」はふさわしくない。「一条の風」は，兄の存在を想起させるが，エの「秋らしい風」からは特別な意図は感じられない。カの「お墓の中にいて身動きがとれなくなっている兄の悲しさ」は，隆治が兄の存在を感じた「一条の風」の描写に合わない。

★ワンポイントアドバイス★

記述式問題の対策には、普段の学習において，論理的文章では本文や段落の要約を，文学的文章では登場人物の心情を一文でまとめる練習を積んでおくことが大きなアドバンテージとなる。

2020年度

★★★★★★★★★★★★★★★★★★★★★★★★

入　試　問　題

2020年度

滝高等学校入試問題

【数　学】（60分）　＜満点：100点＞

【注意】　答はすべて解答用紙に記入せよ。ただし，円周率はπとし，根号は小数に直さなくてよい。

1．次の各問いに答えよ。

⑴　$x=\frac{3}{2}$，$y=-\frac{1}{9}$ のとき，$6xy^2\div(-3xy)^3\times\left(-\frac{3}{2}x^2y\right)^2$ の値を求めよ。

⑵　$a^3-a^2b+2b^2-2a^2$ を因数分解せよ。

⑶　２次方程式　$(2x+1)(3x-1)-37x-29=0$　を解け。

⑷　1，2，3，4の数字が書かれたカードが１枚ずつある。これらのカードから続けて２枚を引き，１枚目の数字を十の位，２枚目の数字を一の位として２桁の整数を作る。このとき，できた数字が素数になる確率を求めよ。ただし，引いたカードは戻さないものとする。

⑸　下図でA，B，C，Dは円周上の点，Oは円の中心，CDは円Oの直径である。このとき，x，yの値を求めよ。

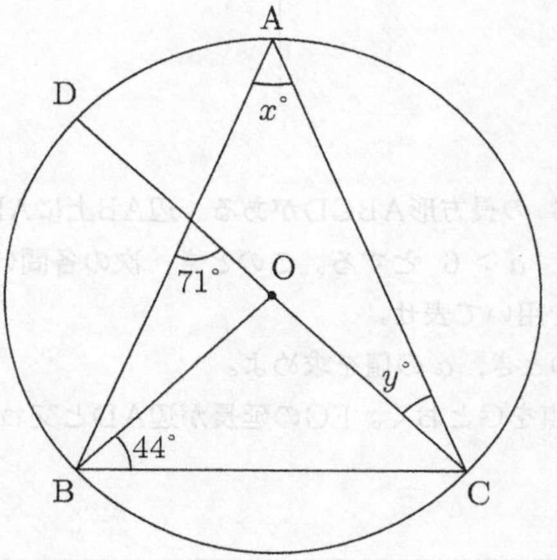

2．ある動物園の入場料は大人600円，子供400円である。また，大人と子供の合計で30人以上のグループには，グループ割引で入場料が大人も子供も20％引きになる。今，大人と子供あわせて29人のグループがこの動物園に行く計画を立てていたところ，当日に子供が５人増えたのでグループ割引が適用できて，入場料は計画を立てたときより1000円安くなった。計画時点での大人の人数をx人，子供の人数をy人として，次の各問いに答えよ。

⑴　xとyについての連立方程式を作れ。

⑵　⑴を解いて，x，yの値を求めよ。

3．a は正の定数とする。放物線 $y = ax^2$ と直線 $y = a$ の交点をP，Qとする。ただし，点Pの x 座標は負である。△OPQが正三角形になるとき，次の各問いに答えよ。

(1)　a の値を求めよ。

(2)　点Qを通り，△OPQの面積を２等分する直線 ℓ の方程式を求めよ。

(3)　(2)の直線 ℓ と x 軸の交点をRとする。△OQRを直線 ℓ の周りに１回転させてできる回転体の体積を求めよ。

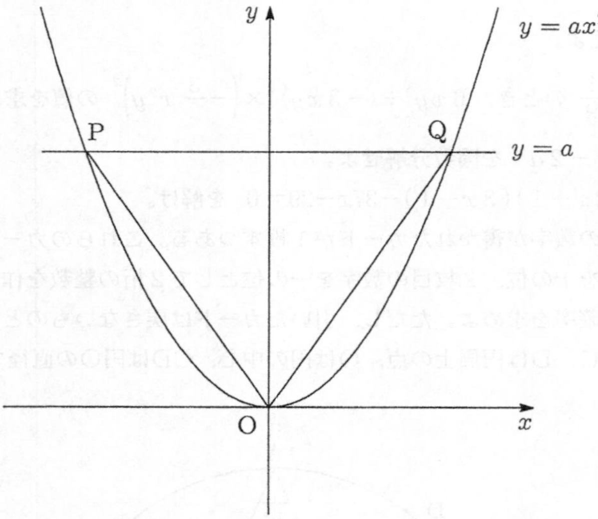

4．AB＝a，BC＝$a+6$ の長方形ABCDがある。辺AB上にAE＝6，辺BC上にCF＝6 となる点E，Fをとる。ただし，$a > 6$ とする。このとき，次の各問いに答えよ。

(1)　△EBFの面積を a を用いて表せ。

(2)　△DEFの面積が38のとき，a の値を求めよ。

(3)　(2)のとき，DEの中点をGとおく。FGの延長が辺ADと交わる点をHとするとき，AHの長さを求めよ。

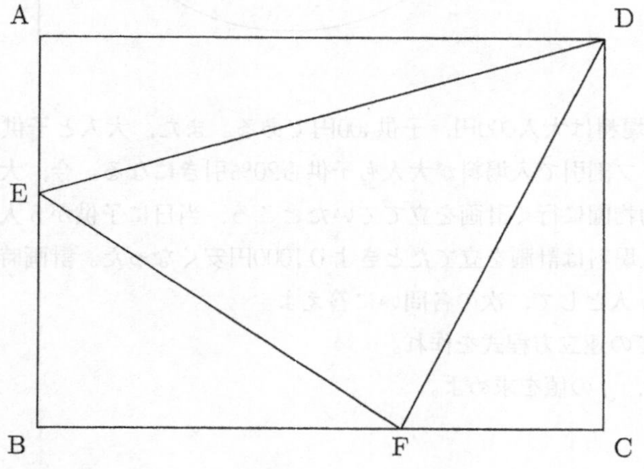

5．△ABCの頂点AをDEで折り返し，辺BC上の点Fに重ねる。∠A＝75°，DF⊥BC，AD＝$\sqrt{3}$，BF＝1 とする。このとき，次の各問いに答えよ。

(1) ∠EFCの大きさを求めよ。

(2) ∠ACBの大きさを求めよ。

(3) BCの長さを求めよ。

(4) AEの長さを求めよ。

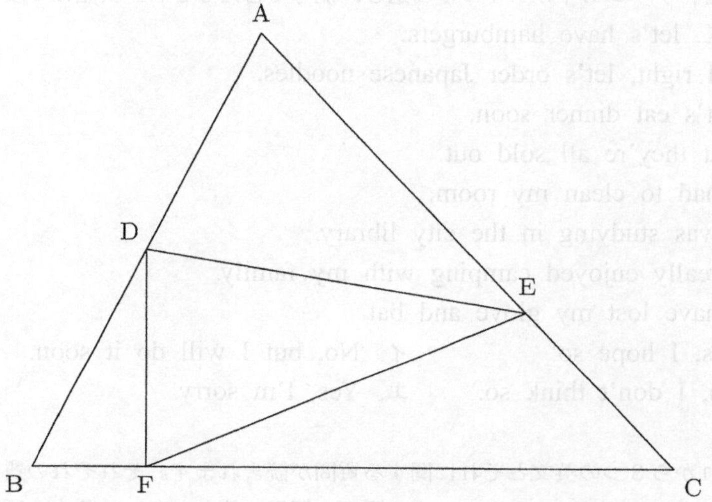

6． 1辺の長さが8の立方体ABCD－EFGHに球が内接している。AB，EF，FG，BCの中点をそれぞれP，Q，R，Sとする。このとき，次の各問いに答えよ。

(1) 3点A，C，Fを通る平面で球を切ったとき，切り口の円の面積を求めよ。

(2) 4点P，Q，R，Sを通る平面で球を切ったとき，切り口の円の面積を求めよ。

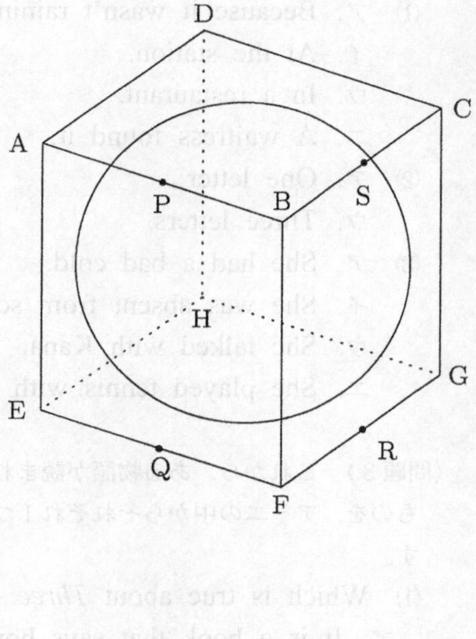

【英　語】（60分）　＜満点：100点＞　**※リスニングテストの音声は弊社HPにアクセスの上，音声データをダウンロードしてご利用ください。**

【1】 次の〈問題1〉～〈問題3〉は放送による問題です。それぞれ，放送の指示に従って答えなさい。放送を聞きながらメモをとってもかまいません。

〈問題1〉　これから3つの会話が読まれます。それぞれの会話の最後の文に対する応答として最も適当なものを，ア～エの中から1つずつ選び，記号で答えなさい。会話は1度だけ読まれます。

(1) ア．OK, let's have hamburgers.
イ．All right, let's order Japanese noodles.
ウ．Let's eat dinner soon.
エ．But they're all sold out.

(2) ア．I had to clean my room.
イ．I was studying in the city library.
ウ．I really enjoyed camping with my family.
エ．I have lost my glove and bat.

(3) ア．Yes, I hope so.　　イ．No, but I will do it soon.
ウ．No, I don't think so.　　エ．Yes, I'm sorry.

〈問題2〉　これから3つの英文とそれに関する質問が読まれます。それぞれの質問の答えとして最も適当なものを，ア～エの中から1つずつ選び，記号で答えなさい。英文と質問は1度だけ読まれます。

(1) ア．Because it wasn't raining outside.
イ．At the station.
ウ．In a restaurant.
エ．A waitress found it.

(2) ア．One letter.　　イ．Two letters.
ウ．Three letters.　　エ．She didn't write a letter.

(3) ア．She had a bad cold.
イ．She was absent from school.
ウ．She talked with Kana.
エ．She played tennis with other members.

〈問題3〉　これから，ある物語が読まれます。それに関する(1)～(5)の質問の答えとして最も適当なものを，ア～エの中からそれぞれ1つずつ選び，記号で答えなさい。物語と質問は2度読まれます。

(1) Which is true about *Three Cups of Tea*?
ア．It is a book that says how important it is to drink three cups of tea.
イ．It is a book saying about Mortenson's experience of climbing K2.
ウ．It is a book about Mortenson's effort to make schools in Pakistan and

Afghanistan.

エ. It is a book saying how important it is for girls to study at school.

⑵ What is Korphe?

ア. It is the name of a school Mortenson built in Pakistan.

イ. It is the name of a village in Pakistan.

ウ. It is the local custom of Pakistan.

エ. It is the name of the man who took care of Mortenson.

⑶ Why did Mortenson decide to build a school?

ア. Because he wanted to return a favor.

イ. Because he wanted to help poor girls in Pakistan.

ウ. Because he wanted to exchange ideas about the local problems.

エ. Because he wanted to become friends with the local people.

⑷ Which is true about the story?

ア. Mortenson worked hard for the homeless in Pakistan and Afghanistan.

イ. Mortenson built 25,000 schools in Pakistan and Afghanistan.

ウ. Mortenson broke the ice with the local people by visiting their house.

エ. Mortenson had a hard time building schools because he had different ideas.

⑸ What did drinking tea with the local people bring to Mortenson?

ア. Getting along with poor children.

イ. Better future for the children.

ウ. Understanding of the local problems.

エ. A strong connection to a computer network.

【2】 次のA欄とB欄の関係と，C欄とD欄の関係が同じになるように，D欄の（　）に入る適当な語を答えよ。

	A欄	B欄	C欄	D欄
⑴	eight	ate	one	（　　）
⑵	tooth	teeth	life	（　　）
⑶	fight	fought	mean	（　　）

【3】 次の日本文を参考にして，（　）に入る適当な語を答えよ。

⑴ その木は枯れかけています。

The tree is (　　　).

⑵ トイレをお借りしてもよろしいですか。

May I (　　　) your bathroom?

⑶ 私の兄は毎週日曜日に湖へ泳ぎに行きます。

My brother goes swimming (　　　) the lake every Sunday.

⑷ 太郎は時間を浮かせるために，飛行機で東京に行った。

Taro went to Tokyo by plane to (　　　) time.

【4】 次のア～カの英文の中から，文法的に間違っているものを２つ選び，記号で答えよ。

ア．There was little water in the glass.

イ．Why don't you go home right now?

ウ．Didn't you finish your homework last night? — No. I must do it now.

エ．Which subject do you like better, English, math, or Japanese?

オ．How many fish did you catch yesterday?

カ．I want to have more friends to talk at school.

【5】 次の日本文を参考にして，［　］内の語（句）を □ に入れて英文を作るとき， A と B の位置に来る語（句）の記号を答えよ。文頭に来る語も小文字で書いてある。

⑴ そのことは君しか知らないよ。

［ア．that thing イ．the only ウ．you エ．knows オ．person カ．are キ．who］

□－□－ A －□－□－ B －□.

⑵ どんな質問でもどんどん私に聞いてください。

［ア．encouraged イ．me ウ．you エ．any questions オ．ask カ．are キ．to］

□－□－ A －□－□－ B －□.

【6】 次の対話文が自然な流れになるように，下線部①と②の［　］に入る適当な英文を１文ずつ書け。ただし，［　］内に与えられている語をそのままの形で使用して作文すること。使用する順番は問わない。

A：Excuse me. I want to go to Kiyomizudera Temple. Can I walk there?

B：You want to walk to Kiyomizudera Temple!? ①［time / take / think］. You should go by bus.

A：Is there one soon?

B：Let me check the timetable. Well, it's 11:40 now ... so ... yes. ②［come / fifteen / next］.

A：I see. Thanks a lot.

B：You're welcome. Enjoy your trip.

BUS TIMETABLE for Kiyomizudera Temple				
7:	00	15	30	45
8:	00	15	30	45
9:		10	30	50
10:		15	35	55
11:		15	35	55
12:		15	35	55
13:		15	35	55
14:		10	30	50
15:		10	30	50

【7】 次の英文を読んで，後の問いに答えよ。

In an elementary school classroom, the children are around Nao. They talk to her about the story they read in Japanese class that day. Nao asks questions about the story and they answer her. You may see this scene in any classroom in Japan, but one thing is (A): Nao is much smaller than the other children at only 63.5 centimeters tall. Actually, Nao is not a child, but a robot.

Nao was born in 2004, as Project Nao at a robotics company in France. In 2015, the Japanese Softbank Group bought the original French company and named it Softbank Robotics. Nao looks like a very small human child. For ①this reason, it is easy for students to become friends with the robot. It is used in many different schools all over the world. More than 5,000 Naos are now used in more than 50 countries.

Most robots are used to do something for humans. They are called "care-giving robots." However, Nao is an example of a new type of robot called a "care-receiving robot." ②These robots [of / to / need / take / humans / them / care]. In a classroom, Nao does not teach students school subjects. She is made to be a weak student who often makes mistakes. The human students then "teach" Nao by correcting her mistakes. It helps students learn again what they have studied. Many children enjoy communicating with Nao so much that they also play Nao's teaching games outside of school. Also, though parents and teachers sometimes want students to be successful in everything, Nao does not put pressure on them, so they can feel relaxed about learning. ③Care-receiving robots like Nao can be the key to the future of education.

However, some people do not always like the increasing role of robots in the classroom. Many parents are worried about their children's safety around the robots. Because of this, care-receiving robots are often made to be small and look weak, so they do not scare or injure young students. Some care-receiving robots are able to record students' *conversations with them, so a classroom teacher can listen to the recording later. Even so, other parents are afraid that robots will one day teach their children instead of human teachers. Robot engineers say ④this will not happen because robots are created as helpful tools, not as the main teachers. More research and changes will be needed in the future to (B) care-receiving robots perfect as classroom friends.

Japan is working hard to improve students' English communication skills. Care-receiving robots like Nao can be one way to do it. Now Japan is starting a project using about 500 robots in schools all over the country. These robots may help to improve students' English speaking and writing skills. With big projects like this, the role of care-receiving robots may continue to increase in the future.

㊟ conversation(s)：会話

(1) （A）に入る最も適当な語をア～オの中から１つ選び，記号で答えよ。

ア. special　イ. natural　ウ. severe　エ. good　オ. difficult

(2) 下線部①の内容として最も適当なものをア～エの中から１つ選び，記号で答えよ。

ア. Nao likes to talk with small children.

イ. A famous robot company made Nao.

ウ. Nao is an almost perfect child robot.

エ. Nao is similar to a small child in appearance.

(3) 下線部②の［　］内の語を正しく並べかえて英文を完成せよ。

(4) 下線部③のように言える理由として適当でないものをア～エの中から１つ選び，記号で答えよ。

ア. In school children like teaching robots and learning with them.

イ. Thanks to robots, students can learn again what they studied in a classroom.

ウ. Some robots are useful because they are very small and easy to carry.

エ. Children can have experience of teaching games even outside of school.

(5) 下線部④の this の内容を，句読点を含め25～35字の日本語で説明せよ。

(6) （B）に入る最も適当な語をア～オの中から１つ選び，記号で答えよ。

ア. take　イ. give　ウ. invite　エ. understand　オ. make

(7) 本文の内容と一致する英文をア～カの中から２つ選び，記号で答えよ。

ア. Nao was born in a Japanese company called Softbank Robotics in 2004.

イ. There are many Naos in many schools all over the world.

ウ. The robots which look after humans are called "care-receiving robots."

エ. As Nao looks so beautiful, the human students feel relaxed.

オ. No parents think that it is dangerous for their children to play around Nao.

カ. Care-receiving robots will help Japanese students to improve their English skills.

【8】 次の英文を読んで，後の問いに答えよ。なお，本文中の❶～❼の数字は段落を示す。

❶ Jeans have become one of the most worn pieces of clothing in the world. Everybody wears them, from farmers to lawyers and from fashion models to housewives. But why have jeans become so popular? There are many reasons. For some people they look cool, and for （ A ） jeans are just relaxing clothing.

❷ Jeans were first designed as farmers' working pants which ① could be worn for a long time in the states of the American west. Jacob Davis, whose job was making men's clothes in Nevada, had the idea of using pieces of metal at the corner of the pockets to make them stronger. They became popular and soon many people bought them.

❸ Though Davis knew that he had a great product which many people wanted to buy, he didn't have the money to *patent it. He asked Levi Strauss, whose job was selling cloth, to help him. The two worked together and started making denim jeans, which could stretch easily. They were easy to wear. They also became soft after they were worn for a while. They were changed into different colors with *indigo. And now, ②before they are sold, they are almost always washed a few times to give them their faded appearance.

4 At first jeans were worn only by workers, especially in factories. In the eastern part of the United States of America people didn't like to wear jeans. [1] [2] [3]

5 James Dean and Marlon Brando made them popular in movies and everyone wanted to wear them. Jeans became a symbol of the young people's *rebellion during the 1950s and 1960s. [4] [5] [6]

6 Jeans quickly became popular in other countries, too. American *servicemen in Europe and Japan often wore them when they were not working to show that they were Americans. The pants showed the world a happier way of life, something that people needed, especially after the hard time of World War Ⅱ.

7 Jeans were also worn because they were not so expensive and had a long life. Today they are useful for housewives, too. They don't need to be washed as often as other kinds of pants and women don't need to iron them. This is more important because more and more women have started working and have less time for housework.

Jeans - History and Popularity of Great Clothes (https://www.english-online.at/culture) より一部改変

㊟ patent：～の特許権をとる　indigo：藍《あい》（染料）　rebellion：反抗
servicemen：軍人（serviceman の複数形）

⑴ （A）に入る最も適当な語（句）をア～エの中から１つ選び，記号で答えよ。

ア．other　イ．another　ウ．the other　エ．others

⑵ 下線部①とほぼ同じ意味の４語を，第６段落以降の本文中から抜き出して答えよ。

⑶ 下線部②の目的として最も適当なものをア～エの中から１つ選び，記号で答えよ。

ア．ジーンズについているほこりを洗い流すため。
イ．ジーンズを柔らかくするため。
ウ．ジーンズに色あせた雰囲気を出すため。
エ．ジーンズを加工して古着にするため。

⑷ [1] ～ [6] に入る最も適当な英文をア～カの中からそれぞれ１つずつ選び，記号で答えよ。

ア．As time passed, however, jeans became more acceptable and today they are worn not only as casual clothes but also at formal events.
イ．But when rich easterners went on holidays to get away from everyday life, they often wore jeans.
ウ．This is because jeans had an image of the working class people.
エ．College students started to wear them to say no to the Vietnam War and the Government.
オ．So people were told that they should not wear these new pants in public

places such as restaurants, theaters and cinemas.

カ. So jeans became popular among easterners, too.

(5) 本文の内容と一致する英文をア～オの中から１つ選び，記号で答えよ。

ア. Jacob Davis and Levi Strauss discussed the idea of using pieces of metals for their denim jeans before they started making them.

イ. People need to wash jeans several times before they wear them.

ウ. Jeans quickly became popular in Europe and Japan because people living in those countries liked to show them to Americans.

エ. After World War Ⅱ, people in the world began to copy the American way of life.

オ. Jeans are useful for working women because they don't have much time for housework.

【理　科】（40分）　＜満点：50点＞

1． 以下の文章を読み，あとの問いに答えよ。

私たちの身体の中では「呼吸」というはたらきによって，三大栄養素から身体を動かすためのエネルギー（熱量）が取り出されています。

物質からエネルギーを取り出すという点で，(a)「呼吸」は「燃焼」と似ている部分があります。「燃焼」が酸素を使って燃やすことで物質から光や熱のエネルギーを取り出すのに対し，「呼吸」は酸素を使い，栄養分から身体を動かすエネルギーを取り出しています。少しずつ身体の仕組みが明らかになってくると，生物が利用できるエネルギー，すなわち「生理的熱量」という考えは，とても重要なものとして認められるようになってきました。

生物は外界から摂取した食物のエネルギーを100％利用できるわけではありません。例えば，タンパク質は体内に吸収された量の一部が，尿素や尿酸などの形で尿中に排泄されてしまいます。したがって，食物毎に差があるのですが，生物が摂取した食物から実際に確保できるエネルギーは，食物が本来持っているエネルギー量（これを「物理的燃焼熱量」という）よりも少なくなってしまいます。一般に日本ではエネルギー量を表す単位として「カロリー」が使われており，食品のカロリー計算を行う際は，米国のアトウォーター博士が考案した「アトウォーター係数」を用いて，簡便にカロリー計算を行うことが多くなっています。

「アトウォーター係数」は，アトウォーター博士の実験結果から求められたもので，各成分の「物理的燃焼熱量」と，人体における「消化吸収率」，「排泄熱量」を考えて考案されました。具体的には，各成分の物理的燃焼熱量に消化吸収率を乗じ，そこから排泄熱量を減じて求めています。

表は，アトウォーター博士の行った実験の結果をまとめたものです。この結果からアトウォーター係数を求めると，炭水化物は（　x　）kcal/g，タンパク質は（　y　）kcal/g，脂質は（　z　）kcal/gとなり，図１に示したある食品Aでは，7.4ｇ中に炭水化物が5.3ｇ，タンパク質が0.4ｇ，脂質が1.5ｇ含まれるため，食品A7.4ｇ当たりのエネルギー量は36kcal（小数第一位を四捨五入）となります。日本ではこのようにして食品に含まれる栄養分の量や，エネルギー量が求められ，その表示が義務づけられています。（表，図１は，次のページにあります。）

近年，日本においては「カロリーゼロ」や「ノンカロリー」という表示が誇張されることから，カロリーの取り過ぎが問題となっているように思えます。一方で，今，日本の子どもたちの間に「栄養失調」が広がっているという驚くべき調査結果が報告されました。

2018年にハウス食品（株）が，日常的に三食食べている６～８歳の子どもをもつ母親を対象に，直近３日間に子どもが食べた料理の食材と分量について調査を実施しました。その結果，約83％の子どもが，三大栄養素については必要量を摂取できているものの，三大栄養素の働きを調整し助ける役割を果たす「ビタミン」，「ミネラル」，「食物繊維」といった栄養素をあまり摂取できていないことがわかりました。ハウス食品（株）では，子どもが直近３日間に食べた食材の栄養素を計測し，(b)「鉄」，「カルシウム」，「ビタミンA・B_1・B_2・C」，「食物繊維」の全ての栄養素の必要量を１日分以下しか摂取できていない状態を「新型栄養失調」のリスクあり，と定義しています。「新型栄養失調」になると，疲れやすい，風邪をひきやすい，肩が凝るなどの体調不良を引き起こすと考えられており，最近では，老若男女問わず「新型栄養失調」になる人が増えているという報告もあります。

表　アトウォーター博士の実験結果のまとめ

成分	物理的燃焼熱量	消化吸収率	排泄熱量
	kcal / g	%	kcal / g
炭水化物	4.1	97	0
タンパク質	5.7	92	1.25
脂質	9.4	95	0

栄養成分表示　1製品 7.4 g 当り

エネルギー	36 kcal
炭水化物	5.3 g
タンパク質	0.4 g
脂質	1.5 g

図１　ある食品Ａのラベル

栄養成分表示　1製品 72 g 当り

エネルギー	（ ① ）kcal
炭水化物	35.5 g
タンパク質	9.4 g
脂質	25.4 g

図２　ある食品Ｂのラベル

⑴　下線部(a)に関して，「呼吸」と「燃焼」は似ている現象だが違いがある。どのような違いがあるか。下の解答欄にあうように，10字以内で答えよ。

「燃焼」に比べて「呼吸」は，反応するときに［　　　　　　　］。

⑵　文中の(x)~(z)に入る数値の組み合わせとして，次の（ア）～（カ）の中から最も適当なものを１つ選び，記号で答えよ。

	x	y	z
（ア）	3	4	6
（イ）	3	3	6
（ウ）	3	5	9
（エ）	4	4	9
（オ）	4	6	6
（カ）	5	3	9

⑶　図２は，ある食品Ｂにつけられたラベルである。この食品72ｇ当たりのエネルギー量（図２の①）を求めよ。ただし小数第一位を四捨五入し，整数値で答えよ。

⑷　次の説明は消化と吸収に関するものである。次の（ア）～（カ）の中から正しいものを１つ選び，記号で答えよ。

（ア）口から，食道，胃，小腸，大腸，肛門へつながる１本の管を消化器官という。

（イ）小腸で吸収された三大栄養素は，その後，まず最初に肝臓へ運ばれる。

（ウ）ヒツジ，コヨーテ，ヒトで，体長に対する腸の長さを比べると，最も長いのはコヨーテで，最も短いのはヒツジである。

（エ）胆汁は胆のうでつくられるが，ウマやシカなど胆のうを持たない生物もいる。

（オ）だ液とデンプンをよく混ぜて25℃で反応させた後，ベネジクト液を加えると赤褐色の沈殿が生じる。

（カ） すい液は，三大栄養素のすべての消化に関わる。

⑸ 下線部⒝に関して，ヒトの身体の中で，「鉄」と「カルシウム」が最も多く含まれている部分の名前をそれぞれ答えよ。

⑹ なぜ今，日本で「新型栄養失調」の人が増えているのか。その理由を考え，具体的な例をあげて，30字以上40字以内で説明せよ。ただし，句読点も1字と数える。

2． 右の太陽系の惑星の公転周期に関する表を参考に，以下の問いに答えよ。

惑星	公転周期	グループ
水　星	88 日	A
金　星	225 日	A
地　球	1 年	A
火　星	1 年 322 日	A
木　星	11 年 315 日	B
土　星	29 年 167 日	B
天王星	84 年 7 日	B
海王星	248 年	B

⑴ 太陽系の惑星のうち，環を持つ惑星の数を数字で答えよ。

⑵ 太陽系の惑星を表の２つのグループA，Bに分けたとき，グループAの惑星を何惑星と言うか答えよ。

⑶ 次の文が正しく成り立つように空欄に適当な言葉を補充せよ。

グループAの惑星はグループBの惑星と比べると，（　ア　）が小さく（　イ　）が大きい特徴がある。

⑷ 地球の公転周期は大まかに１年（365日）とされているが，正確には365日ちょうどではない。地球の公転周期として最も適当なものを，次の（ア）～（エ）の中から１つ選び，記号で答えよ。

（ア）364日12時間　（イ）364日18時間　（ウ）365日６時間　（エ）365日12時間

⑸ 次の説明は，太陽系の惑星に関するものである。次の（ア）～（オ）の中から正しいものを１つ選び，記号で答えよ。

（ア）どの惑星も公転軌道は交わらない。

（イ）水より密度が小さい惑星は，木星，土星，天王星の３つである。

（ウ）質量が小さい惑星は，より速く運動することができるので，公転周期がより短くなる。

（エ）全ての惑星は，自転の向きも公転の向きも同じである。

（オ）全ての惑星は，衛星を持つ。

3． 銅について以下の問いに答えよ。

⑴ 銅は金属である。金属の性質を，以下の３つ以外に１つ答えよ。

「電気をよく通す」　「熱をよく伝える」　「みがくと特有の光沢が出る」

⑵ 以下の物質から銅と同じように金属に分類されるものをすべて選び，その物質を構成する原子がイオンになったときのイオン式を示せ。答えはイオン式のみ示せばよい。

酸素　硫黄　ナトリウム　水素　亜鉛　銀　カルシウム　塩素

⑶ 銅の化合物には「塩化銅」という物質がある。

① 塩化銅を水に溶かしたときの変化を，イオン式を含む反応式で示せ。

② 塩化銅水溶液を電気分解すると陰極で銅が得られる。この変化を，イオン式と電子を含む反応式で示せ。ただし，電子は e^- を用いること。

⑷　銅の針金を図のようにガスバーナーの外側の炎で加熱すると酸化銅になる。

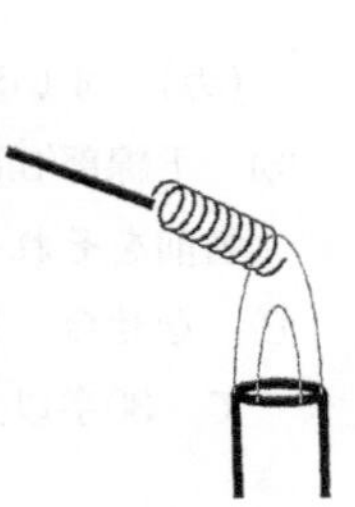

①　この変化を化学反応式で示せ。

②　この酸化銅の色を下から１つ選んで答えよ。

白　　青　　赤　　黒

③　この酸化銅になった針金を，もとの銅の針金に戻すには，加熱して水素やエタノールにかざす以外に，ガスバーナーだけを使っても戻すことができる。その方法と，なぜそうなるか理由を答えよ。

⑸　金属の酸化物には化学式の異なるものがいくつかある。例えば鉄の酸化物ではFeOやFe_2O_3などである。Fe_2O_3は，鉄原子Feと酸素原子Oの数の比が２：３であることを示している。今，銅の酸化物ＡとＢについて考える。酸化物Ａは⑷の手順で作成した酸化銅であり，酸化物Ｂは酸化物Ａとは化学式の異なる銅の酸化物とする。

ある量のＡに対し，1.8倍の質量のＢを混合した。この混合物中の銅と酸素の質量を分析したところ，銅が9.6ｇ，酸素が1.6ｇであった。ただし，銅原子１個の質量は酸素原子１個の４倍とする。

①　下線部「ある量のＡ」に含まれていた銅は何ｇか。

②　Ｂの化学式を示せ。

４． 以下の文章を読み，あとの問いに答えよ。

潜水艦はどうやって潜航や浮上をすることができるのだろうか。順を追って考えよう。

一定面積（$1\,m^2$）あたりの面を垂直に押す力の大きさを圧力といい，単位はPaで表される。水中では深さが増すほど，その上にある水の量が多くなって水の重さが増すため，圧力が大きくなる。この水の重さによって生じる圧力を水圧という。

水中にある物体には，四方八方から水圧がかかり，力がはたらく。同じ深さであれば，水平方向にはたらく水圧は大きさが同じで向きが反対なので，水平方向の力が（　ａ　）。ところが，上面と下面にはたらく水圧は下面の方が（　ｂ　）ため，水圧によって生じる力も下面の方が（ｂ）。この上面と下面にはたらく力の差によって生じる力が浮力である。

潜水艦が潜航や浮上をするための重要装置として「海水槽」と「気蓄機」がある。「海水槽」は海水の入出を行うためのタンクで，「気蓄機」は空気を高圧で圧縮し蓄えるためのタンクである。

潜航する時は（　ｃ　）に海水を注水し，艦の重量を増加させる。浮上する時は（　ｄ　）の空気を（　ｅ　）に加えて海水を排水し，艦の重量を軽くして浮上する。これが潜水艦の潜航と浮上のための基本的なしくみである。

必要であれば次の条件を利用せよ。

＜条件＞

- １Ｌの海水（水）の質量を１kgとする。
- １Ｌは$1000\,cm^3$である。
- 質量100ｇの物体にはたらく重力の大きさ（重さ）を１Ｎとする。
- 潜水艦Ａの体積は$100\,m^3$とする。
- 海水を抜いた状態での潜水艦Ａの総質量は50000kgとする。
- 物体にはたらく浮力の大きさは，その物体の水中部分の体積と同じ体積の水にはたらく重力の大きさに等しい。（アルキメデスの原理）

⑴　文章中の（ａ），（ｂ）に当てはまる語を，それぞれ答えよ。

⑵　文章中の（ｃ）～（ｅ）に当てはまる装置の組み合わせとして正しいものを，次の（ア）～(ク)の中から１つ選び，記号で答えよ。

	（ｃ）	（ｄ）	（ｅ）
（ア）	海水槽	海水槽	海水槽
（イ）	海水槽	海水槽	気蓄機
（ウ）	海水槽	気蓄機	海水槽
（エ）	海水槽	気蓄機	気蓄機
（オ）	気蓄機	海水槽	海水槽
（カ）	気蓄機	海水槽	気蓄機
（キ）	気蓄機	気蓄機	海水槽
（ク）	気蓄機	気蓄機	気蓄機

⑶　床の上に１m^2の板を置き，その上に２Ｌの海水が入ったペットボトル40本をバランス良く並べた。このとき床に加わる板の圧力は何Paか。ただし，板とペットボトルの質量は無視することができる。

⑷　潜水艦Ａが，水深200mを航行している。

①　水深200mにおける水圧は何Paか。

②　潜水艦Ａにはたらく浮力は何Ｎか。

③　海水槽内には何m^3の海水が入っていると考えられるか。

【社　会】（40分）　＜満点：50点＞

【1】 次の①～⑤の文を読んで，下の問いに答えよ。

① 熱帯地域では，山林や草原を焼いてその灰を肥料とする農業が広く行われている。数年で，地力が低下してしまうため，別の地域に移動しなければならない。近年は，地力の回復に必要な期間を十分に取らないため，森林の減少や砂漠化の原因にもなっている。

② 乾燥地域などでは，a 自然の牧草や水を求めて，家畜とともに一定の地域を移動する牧畜が行われている。たとえば，乾燥地域では羊・ヤギ・馬・ラクダなどが，寒冷地や高地ではチベットで（　A　），［　★　］地方で（　B　），北極海沿岸で（　C　）が飼育されている。

③ イタリアやギリシャでは，夏は高温乾燥に強いレモン・オレンジなどのかんきつ類，ぶどう，オリーブなどを栽培し，温暖湿潤な冬に小麦を栽培する農業が行われている。このような農業は，ヨーロッパ人の移動にともない，b 世界各地に広がっていった。

④ アメリカ合衆国西部では，地下水を利用した（　D　）と呼ばれる巨大円形かんがい施設を用いた農業が行われている。やや乾燥した（　E　）付近には，狭い柵《さく》内で多数の子牛を濃厚飼料によって飼育する（　F　）方式の肥育場がみられる。

⑤［　★　］山脈中央部では，標高に合わせた農業が行われている。標高が低いところではトウモロコシや小麦が，高いところではジャガイモが栽培されている。ジャガイモは，冬の乾燥と気温の日較差を利用して，足で踏んで水分をしぼり出し，保存食品にされる。

問1　①・③の各文が説明する農業の名前を記せ。

問2　下線部aについて，モンゴルで伝統的に使用されている組み立て式テントの名前を記せ。

問3　下線部bについて，③の文が説明する農業を行っている地域として**適切でないもの**を，次のア～エから**すべて**選び，記号で記せ。

ア．アメリカ合衆国のカリフォルニア州（西海岸）　イ．チリ中部

ウ．イギリス　エ．ニュージーランド

問4　②の文中の（A）・（B）・（C）にあてはまる家畜の組み合わせとして正しいものを，次のア～カから1つ選び，記号で記せ。

ア．A：リャマ　B：カリブー　C：ヤク

イ．A：リャマ　B：ヤク　C：カリブー

ウ．A：カリブー　B：リャマ　C：ヤク

エ．A：カリブー　B：ヤク　C：リャマ

オ．A：ヤク　B：カリブー　C：リャマ

カ．A：ヤク　B：リャマ　C：カリブー

問5　④の文中の（D）・（E）・（F）にあてはまる語句として正しいものを，次のア～ケからそれぞれ1つずつ選び，記号で記せ。

ア．グレートプレーンズ　イ．五大湖　ウ．中央平原

エ．フロリダ半島　オ．センターピボット　カ．カナート

キ．フィードロット　ク．プランテーション　ケ．緑の革命

問6　［★］に適する語句を記せ。

【2】 次の文を読んで，下の問いに答えよ。

日本の地域は，大都市圏と地方圏の２つに大きく分けることができる。日本の総人口の半数近くは，a三大都市圏に分布している。b三大都市圏は工業が発展するとともに，政府機関や企業の本社が置かれるなど，さまざまな機能が集中している。特に首都圏の機能集中は著しい。

高度経済成長期には，都市圏への人口集中にともない，地価が上昇したため，東京都八王子市の（　１　），大阪府豊中市・吹田市の千里，愛知県春日井市の高蔵寺など，c郊外にはニュータウンが建設され，多くの住宅がつくられた。一方，近年では生活の便利な都心へのニーズが高まり，繁華街や沿岸部の埋め立て地などでは，高層マンションやオフィスビルを建設する再開発が進められているところもある。

地方圏には，中小都市が広く分布し，d県庁所在都市，その地方の複数県に影響をおよぼす札幌・仙台・広島・福岡などの（　２　）都市がある。（　２　）都市には，三大都市圏の都市は含まないのが一般的である。地方では，都市圏などに人口が流出する一方，それをおさえるためにe独自の産業を発展させたり，都市から企業を誘致したりする動きもみられる。

問１ （１）・（２）に適する語句を記せ。

問２ 下線部ａについて，次の表は神奈川県，愛知県，三重県，大阪府の昼間人口，常住夜間人口，昼夜間人口比率を示している。このうち，神奈川県に該当するものを，表中のア～エから１つ選び，記号で記せ。

	昼間人口（千人）	常住夜間人口（千人）	昼夜間人口比率
ア	7,586	7,483	101.4
イ	9,224	8,839	104.4
ウ	1,785	1,816	98.3
エ	8,323	9,126	91.2

『日本国勢図会　2019/20』より作成

問３ 下線部ｂについて，三大都市圏に工業が発展した理由として不適切なものを，次のア～エから１つ選び，記号で記せ。

ア．海に面しており，外国に製品を輸出しやすかったため。

イ．大都市に隣接しており，市場に商品を届ける輸送費を少なくできるため。

ウ．農業に適している土地が少なく，大規模な工業用地を確保しやすいため。

エ．関連企業が多く集まることで，技術や各種の施設を共同で利用しやすいため。

問４ 下線部ｃについて，これらのニュータウンはどのような問題に直面しているか。「年齢」という語句を用いて，問題点を具体的に記せ。なお，指定した語句には下線を引くこと。

問５ 下線部ｄについて，次のページの表は長野県，鳥取県，高知県，沖縄県の県庁所在地の月別の平均気温と平均降水量を示している。鳥取県の県庁所在地に該当するものを，表中のア～エから１つ選び，記号で記せ。

上段は気温の月別平均値（℃）、下段は降水量の月別平均値（mm）

	1月	2月	3月	4月	5月	6月	7月	8月	9月	10月	11月	12月
ア	17.0	17.1	18.9	21.4	24.0	26.8	28.9	28.7	27.6	25.2	22.1	18.7
	107.0	119.7	161.4	165.7	231.6	247.2	141.4	240.5	260.5	152.9	110.2	102.8
イ	4.0	4.4	7.5	13.0	17.7	21.7	25.7	27.0	22.6	16.7	11.6	6.8
	202.0	159.8	141.9	108.6	130.6	152.1	200.9	116.6	204.0	144.1	159.4	194.0
ウ	−0.6	0.1	3.8	10.6	16.0	20.1	23.8	25.2	20.6	13.9	7.5	2.1
	51.1	49.8	59.4	53.9	75.1	109.2	134.4	97.8	129.4	82.8	44.3	45.5
エ	6.3	7.5	10.8	15.6	19.7	22.9	26.7	27.5	24.7	19.3	13.8	8.5
	58.6	106.3	190.0	244.3	292.0	346.4	328.3	282.5	350.0	165.7	125.1	58.4

『理科年表　2019』より作成

問６　下線部ｅについて述べた文として誤っているものを，次のア～エから１つ選び，記号で記せ。

ア．北海道では，北洋漁業に加えて，栽培漁業，養殖も盛んになり，現在の漁業生産量は30年前に比べて２倍になっている。

イ．青森県では，世界恐慌で養蚕収入が減少したため，桑畑からりんご畑への転作が進み，現在のりんごの生産量が日本一となっている。

ウ．石川県では，加賀藩の保護を受けた九谷焼，加賀友禅，金沢仏壇などの生産が現在でも受け継がれている。

エ．沖縄県では，美しいさんご礁が分布し，ダイビングの場所として人気を集め，多くの観光客をひきつけている。

【３】　次の文を読んで，あとの問いに答えよ。

$_{a}$宗教改革以降の欧州諸国の争いの中で，国家が主権を持つ体制が形成されていった。17世紀には宗教的・政治的支配を強化しようとした$_{b}$神聖ローマ帝国皇帝に対して，プロテスタントやフランスが対抗して30年にわたる戦争が続いた。欧州諸国を巻き込んだこの戦争の結果，ドイツで講和会議が開かれ，ウェストファリア条約と呼ばれる条約が結ばれた。この条約では各国の独立や内政不干渉などが条約として明文化され，皇帝から［　Ｘ　］など各国が主権を持つ体制が生まれた。このような中で各国の国王は，［　Ｙ　］，国家の主権を強化していく絶対王政とよばれる国づくりをすすめた。そして，国家が主権を持ち，その主権をもつ国家に国民や宗教，政策の決定など様々なものが従属する考え方も広まった。

16世紀にカトリック布教の目的となっていたアジア航路を開拓していたスペイン・ポルトガルに代わって，17世紀にはオランダやイギリスやフランスが世界各地で大きな力を持つようになっていった。国家による相次ぐ戦争は，各国の国民に対して徴兵や重税など重い負担を強いることになった。時にそれは反乱や革命という運動につながり，国家や国王が主権を持ち，一方的に国民に負担を強いる考え方は，修正を迫られるようになった。

国王などの権力者は個人個人の委託によって権力をにぎることができるようになったとする［　Ｚ　］や，国家が社会的役割を果たさなければ，国家に抵抗したり，$_{c}$国家そのものを倒したりしても良いという考え方や，国王ではなく，主権は国民が持つものという考え方などが生まれた。しかし，国民が主権を持つことが理念化されても，すべての国民が政治に関わることは実際には不可能であり，政府に行政権が委ねられた。そして政府が暴走しないために$_{d}$三権分立という制度が唱えられるようになった。理性を重視し，迷信や偏見など非合理的なものを打ち破ろうとするこれらの思想は，啓蒙思想として，アメリカ大陸や欧州各地に広がった。

eアメリカの独立戦争やフランスの革命では，これらの思想の影響を受けて，従来の国家や国王ですら干渉することのできない人権が「何ものにも侵すことができない権利」として宣言された。周囲が君主制の国々の中，フランスでは国王ではなく国民から選ばれた代表が政治を行う（　f　）制の国となったが，周辺諸国はそれを歓迎せず激しい対立が続いた。その中で民族や宗教ではなく，国家こそが国民としての人々を守る存在であることや，国民が国家を運営するという意識が欧州各国に定着していった。現在ではアメリカやフランス，ロシアや中国などが君主のいない（　f　）制をとっている。

問1　下線部ａについて，下の表は，歴史上の出来事を上から古い順に並べたものである。「宗教改革がドイツで始まった」のは，表中のどの出来事の間に入るか，正しいものを次のア～エから１つ選び，記号で記せ。

出　　来　　事
北条泰時が御成敗式目を定めた。
［ア］
足利義満が金閣を建てた。
［イ］
応仁の乱が始まった。
［ウ］
種子島に鉄砲が伝来した。
［エ］
徳川家光が参勤交代の制度を定めた。

問2　下線部ｂについて，神聖ローマ帝国は10世紀にドイツ国王がローマ教皇から皇帝の冠を授けられて成立した。10世紀～11世紀にかけての世界の出来事について述べた文として誤っているものを，次のア～エから１つ選び，記号で記せ。

ア．10世紀に唐が滅び，宋が成立した。宋の商船は日本に絹織物や陶磁器をもたらした。

イ．10世紀に北関東で平将門が，瀬戸内海地方で藤原純友が大きな反乱を起こした。

ウ．11世紀に日本と国交のあった高麗が滅び，渤海《ぼっかい》が朝鮮半島を統一すると，国交は途絶えたが，貿易は続いた。

エ．11世紀末に聖地エルサレムの回復をめざして最初の十字軍が派遣された。

問3　［X］～［Z］に適するものを，次のア～エからそれぞれ１つずつ選び，記号で記せ。

［X］　ア．言論の抑圧を受けない　　　イ．財産を没収されない
　　　ウ．集会を禁止されない　　　　エ．信仰を強制されない

［Y］　ア．常備軍や官僚制を整備し　　イ．騎士らとの主従制を強化し
　　　ウ．教会の権威を背景にし　　　エ．国民皆兵を実現し

［Z］　ア．王権神授説　　イ．間接民主政　　ウ．社会契約説　　エ．直接民主政

問４　下線部ｃ・ｄについて，当時このような考え方を唱えた人物の組み合わせとして，最も適当なものを，次のア～エから１つ選び，記号で記せ。

ア．ｃ：マルクス　ｄ：ルソー　イ．ｃ：マルクス　ｄ：モンテスキュー

ウ．ｃ：ロック　ｄ：ルソー　エ．ｃ：ロック　ｄ：モンテスキュー

問５　下線部ｅについて，アメリカ独立戦争の原因となったイギリスとの対立の中で，アメリカ植民地では「代表なくして課税なし」というスローガンが唱えられた。この意味として正しいものを次のア～エから１つ選び，記号で記せ。

ア．アメリカ大統領をイギリスが認めていないのに，イギリスから課税されるべきではない。

イ．イギリス議会に対して植民地から議員を出していないのに，イギリスから課税されるべきではない。

ウ．イギリス国王をやめさせて，イギリスから課税されないようにすべきである。

エ．アメリカ議会を支配しているイギリスの総督を追放して，イギリスから課税されないようにするべきである。

問６　（ｆ）に適する語句を記せ。

【４】　次の文を読んで，あとの問いに答えよ。

歴史上の有名な人物は，その人物が亡くなった後でも，時代に合わせて様々なイメージを与えられていきます。その代表例が豊臣秀吉です。

江戸時代，幕府は徳川家を正当化，絶対化するために秀吉を悪人として示してきました。その一方，庶民の中で秀吉の人気は高く，a貧しい身分から才能によって出世していく秀吉の物語は，身分制度の厳しかった江戸時代において多くの人びとをひきつけました。そして，成人男性の天皇を補佐する職である（　１　）を辞めた人物を指す「太閤」の呼称で親しまれました。

明治時代になると，政府は，幕府を否定するために，徳川家に滅ぼされた豊臣家を，後醍醐天皇に最後まで協力して戦った河内の新興の武士である（　２　）らとともに朝廷の忠臣として顕彰《けんしょう》するようになりました。秀吉を神としてまつることも，豊臣氏が滅亡したあと幕府によって否定されていましたが，政府は豊国神社《とよくにじんじゃ》を全国に再建・建立し，秀吉を武威の神として再びまつるようになりました。この神社では，明治の戦争の戦死者の鎮魂《ちんこん》が行われるようになり，修学旅行や観光の対象地にもなりました。

一方で，秀吉の出世物語は明治の青年たちにも影響を与えました。明治の青年たちは，b教育や社会の制度が整う中で，秀吉の出世物語を読み，自身の能力によって出世し，近代国家の発展に寄与しようと考えるようになりました。

江戸時代から続く秀吉像に加えて，明治20年代に日清戦争を機に熱狂的に広がったのが，海外進出の英雄としての秀吉像です。c朝鮮侵略に大陸進出を重ね合わせるこの傾向は韓国併合時に最高潮を迎えました。大正時代になると自由な風潮が広がる中でこの動きは落ち着きを見せましたが，日中戦争勃発《ぼっぱつ》後は，戦時体制の構築の中で再び秀吉は大陸進出の英雄としての側面が強調されるようになりました。やがて太平洋戦争の中で日本が劣勢になると，このような形で秀吉が語られることは少なくなっていきました。

戦後になると，秀吉の朝鮮侵略が戦前の日本のアジアでの軍事行動と結びつけられ，秀吉自身のイメージが低下しました。その一方で，d司馬遼太郎らの小説で取り上げられるなど，秀吉は人び

との間で人気を保ち続けました。今日わたしたちが，小説やゲームなどで見る秀吉像は，江戸時代から今日までそれぞれの時代を背景に紡がれてきた様々な秀吉像が混ざり合ったものであるといえるのです。

問１　（１）・（２）に適する語句を記せ。

問２　下線部ａについて，この頃の身分制度について次のＡ・Ｂの文の正誤の組み合わせとして正しいものを，下のア～エから１つ選び，記号で記せ。

Ａ　有力な本百姓の中には村役人として，年貢を徴収して幕府や藩におさめるものもいた。

Ｂ　えた身分は，役人の下働きの役目を務めることもあった。

ア．Ａ：正　Ｂ：正　　イ．Ａ：正　Ｂ：誤

ウ．Ａ：誤　Ｂ：正　　エ．Ａ：誤　Ｂ：誤

問３　下線部ｂについて，次のＡ～Ｃの文を年代の古い順に正しく並べたものを，下のア～カから１つ選び，記号で記せ。

Ａ　原敬内閣によって，大学や専門学校の数が増やされた。

Ｂ　満６歳の男女をすべて小学校に通わせることを義務とする学制が出された。

Ｃ　教育勅語が出され，忠君愛国の道徳が示された。

ア．Ａ→Ｂ→Ｃ　　イ．Ａ→Ｃ→Ｂ　　ウ．Ｂ→Ａ→Ｃ

エ．Ｂ→Ｃ→Ａ　　オ．Ｃ→Ａ→Ｂ　　カ．Ｃ→Ｂ→Ａ

問４　下線部ｃについて，次の文章は，明治時代末期に，秀吉になぞらえながらある人物の評価を記した文章である。この人物と文章との関係の説明として正しいものを，下のア～エから１つ選び，記号で記せ。

> 憲法の草案者たる彼，憲政の実施に相応の努力を示した彼は，其《そ》の出身において，栄達において，豊太閤《ほうたいこう》と酷似《こくじ》して居る。唯《ただ》，太閤のような非常に素破《すば》らしい人気がない丈《だけ》である。太閤が微賤《びせん》(注１) から起った如《ごと》く，彼も長州の一軽卒《いちけいそつ》(注２) の子として現われた。…（中略）…其の最後は，太閤よりも，更《さ》らに英雄的であるというに至っては，バッと咲いて，バッと散る夜嵐《よあらし》の前の桜花の如き趣《おもむき》がある。
>
> （注１）　微賤…身分が低く，いやしいこと。　　（注２）　軽卒…足軽などの身分の低い兵士
>
> （高須梅渓『明治代表人物』1913年を一部改）

ア．「其の出身において，栄達において，豊太閤と酷似」とあるのは，この人物が華族でないにもかかわらず総理大臣となり，「平民宰相」と呼ばれたことを指している。

イ．「憲政の実施に相応の努力を示した」とあるのは，この人物が政党の重要性を理解し，立憲政友会を結成したことにもあらわれている。

ウ．「長州の一軽卒の子として現れた」とあるのは，この人物の出身地が鹿児島であることを示し，のちに鹿児島の士族と共に，政府に対する反乱を起こすことを暗示している。

エ．「其の最後は，太閤よりも，更らに英雄的である」とあるのは，この人物が海軍の青年将校などによって，暗殺されてしまったことを指している。

問５　下線部ｄについて，司馬遼太郎の小説の分類について述べた文として正しいものを，次のア～エから１つ選び，記号で記せ。

ア．社会の現実を直視する自然主義文学に位置づけられた。

イ．純文学と大衆小説の中間的な作品に位置づけられた。

ウ．個人を尊重する白樺派に位置づけられた。

エ．武士や町人の生活を描き，浮世草子とよばれた。

問６　次のＸは，ある年に出版された教科書の文章で，Ｙはその３年後に出版された教科書の文章である。２つの教科書に書かれている文章を読み，下の問いに答えよ。

（読みやすいように，一部記述を改めてある。）

⑴　下の文章は，ＸとＹの教科書の対外政策についての文章である。２つの文章を読み，ＸとＹの教科書が**出版される間に起こった出来事として正しいものを**，下のア～エから１つ選び，記号で記せ。

Ｘの教科書

秀吉は，海内《かいだい》(注) 平定の軍を進めながら，早くも，その次のことを考えていました。それは，朝鮮・支那はもちろん，フィリピンやインドまでも従えて，日本を中心とする大東亜を建設しようという，大きな望みでありました。

…（中略）…こうして，秀吉の大望は，惜しくもくじけましたが，これを機会に，国民の海外発展心は，一だんと高まりました。また，わが軍の示したりっぱなふるまいは，朝鮮の人々に深い感銘を与えました。

Ｙの教科書

秀吉は，早くから海外に力をのばそうと思っていました。全国を統一したのち，明をうつはかりごとを立て，朝鮮にその道案内をたのみました。けれども朝鮮は，明の勢いを恐れて聞き入れませんので，まずこれをうつことにしました。

…（中略）…この役は，７年もかかって，多くの人の命とたくさんの費用をむだにしただけでありました。

（注）　海内…国内

ア．ポツダム宣言を受け入れた。　　イ．ロンドン海軍軍縮条約を結んだ。

ウ．日韓基本条約を結んだ。　　エ．下関条約を結んだ。

⑵　下の文章は，Ｙの教科書の国内政策に関する記述を抜き出したものである。現在の教科書では「刀狩」については農民の一揆をおさえ，兵農分離をするために行われたとされているが，Ｙの教科書では，当時の政治状況をふまえて現在の教科書とは異なる説明がなされていた。**Ｙの教科書が書かれた当時の政治状況から推測して**，［★］に当てはまるものを，下のア～エから１つ選び，記号で記せ。

戦国の世では，領主の命令があれば，だれでも，武器をとって戦わなければなりませんでした。［　★　］には，それぞれ自分の仕事に力を入れさせることが大せつであります。それで秀吉は，武士以外のものから，刀や槍《やり》や鉄砲をさし出させました。これで武器を持つものと，持たないものとの区別がはっきりしました。農民は，平和に農業をはげめばよいことになったわけです。これを刀狩といいます。

ア．強い軍隊をつくる　　イ．ヨーロッパの国々に対抗する

ウ．キリスト教の広がりを防ぐ　　エ．世の中を平和にする

【5】 次の文を読んで，あとの問いに答えよ。

複数の主体が意思を決定する際の理論として，ゲーム理論というものがある。例えば，囚人A・Bが，互いに意思疎通できない監獄で取り調べを受けているとする。囚人A・Bともに，黙秘か自白かを自由に選択できるものとする。その時の囚人A・Bの利得は次の表1のようになるとする。

表1

		囚人B	
		黙秘	自白
囚人A	黙秘	A：懲役2年 B：懲役2年	A：懲役8年 B：懲役1年
	自白	A：懲役1年 B：懲役8年	A：懲役5年 B：懲役5年

この表1では，仮にAが黙秘を選択した場合にBが黙秘を選択すると，A・Bともに懲役2年となるが，Aが黙秘を選択した場合にBが自白した場合には，Aには懲役8年が課せられ，Bは懲役1年となるという意味である。この場合，Bは自白をした方が利得を得ることとなる。一方，Aが自白を選択した場合，Bが黙秘を選択すると，Aは懲役1年となるが，Bには懲役8年が課せられる。また，Aが自白を選択した場合に，Bが自白を選択するとA・Bともに懲役5年となり，この場合もBは自白を選択した方が利得を得ることができる。

同様に，Bが黙秘，自白を選択した場合でも，Aは自白を選択する方が利得を得られ，本来，A・B互いに黙秘を選択した方が双方ともに利得を得られるはずであったが，双方ともに自白を選択してしまう。このことを「囚人のジレンマ」という。

この理論は，$_{a}$国際政治の面でも応用することができる。次の表2の点数を軍事力とした場合，「囚人のジレンマ」と同様に，軍事バランスが崩れることを恐れ，双方ともに軍拡を選択してしまうことになる。$_{b}$冷戦時代の軍拡競争や$_{c}$対立する国家間の軍縮が進まない理由は，双方の情報不足が遠因ともいえる。

表2

		国家B	
		軍縮	軍拡
国家A	軍縮	A：5点 B：5点	A：1点 B：8点
	軍拡	A：8点 B：1点	A：2点 B：2点

※得点が高い方が，他国に対し優位に立てる

近年，このゲーム理論は$_{d}$さまざまな政治や経済の分野に応用されてきている。例えば，交通量の緩和，学校選択制，公益通報制度，司法取引などである。

現実の社会では，プレーヤーや対戦回数は無限に存在する。$_{e}$多くの情報は，AI（人工知能）な

どを使って処理することも模索されている。これからの社会は，このような時代を生き抜いていかねばならない。

問１　下線部ａについて，

⑴　近年の国際政治では，国際平和の安全を確保するため，国だけでなく一人ひとりの人間に着目し，その生命や人権を大切にするという考え方が提唱されている。このような考え方を何というか，７字で記せ。

⑵　国際政治の場面で「壁」や「砦《とりで》」を用いた文のうち誤っているものを，次のア～エから１つ選び，記号で記せ。

ア．かつて東ドイツは，東側からの逃亡を防ぐためにポーランドとの国境に「ベルリンの壁」を構築した。

イ．イスラエルのヨルダン川西岸地区には，分離壁が建設されている。

ウ．トランプ大統領は，アメリカとメキシコの国境に壁を建設する意向を表明している。

エ．ユネスコ憲章には，「人の心の中に平和の砦を築かなければならない」と記載されている。

問２　下線部ｂについて，冷戦時代に起こった出来事を，次のア～エから１つ選び，記号で記せ。

ア．日米安全保障条約が改定された。

イ．日本が集団的自衛権を行使できるとする法律が改定された。

ウ．PKO協力法に基づいて，カンボジアに自衛隊が派遣された。

エ．沖縄県で，日米地位協定見直しとアメリカ軍基地縮小の住民投票が行われた。

問３　下線部ｃについて，2019年にアメリカとロシアが破棄した条約は何か，次のア～エから１つ選び，記号で記せ。

ア．CTBT（包括的核実験禁止条約）

イ．NPT（核拡散防止条約）

ウ．START（戦略兵器削減条約）

エ．INF（中距離核戦力）全廃条約

問４　下線部ｄについて，ある企業Ａ・Ｂの２社が多額の費用を投資して新商品を開発するケースを考える。表中の得点は，高い方が他社に対してその市場で優位に立てるものとする。企業Ａ・Ｂが両社とも新商品の開発をした方がよいと判断するケースを，次のア～エからすべて選び，記号で記せ。

ア．

		企業Ｂ	
		開発する	開発しない
企業Ａ	開発する	Ａ：２点 Ｂ：２点	Ａ：１点 Ｂ：８点
	開発しない	Ａ：８点 Ｂ：１点	Ａ：５点 Ｂ：５点

イ．

		企業Ｂ	
		開発する	開発しない
企業Ａ	開発する	Ａ：５点 Ｂ：５点	Ａ：８点 Ｂ：１点
	開発しない	Ａ：１点 Ｂ：８点	Ａ：２点 Ｂ：２点

ウ．

		企業Ｂ	
		開発する	開発しない
企業Ａ	開発する	Ａ：２点 Ｂ：２点	Ａ：３点 Ｂ：１点
	開発しない	Ａ：１点 Ｂ：３点	Ａ：２点 Ｂ：２点

エ．

		企業Ｂ	
		開発する	開発しない
企業Ａ	開発する	Ａ：２点 Ｂ：２点	Ａ：１点 Ｂ：８点
	開発しない	Ａ：１点 Ｂ：８点	Ａ：５点 Ｂ：５点

問５　下線部ｅについて，このような膨大で複雑な情報のことを何というか，カタカナで記せ。

【６】　次の会話文を読んで，あとの問いに答えよ。

先生：令和がスタートしましたね。

生徒：a東京オリンピックの開催も近づき，大きく日本が変化しそうです。

先生：平成の時代も，改めて振り返ってみると，変化の大きな時代でしたね。

生徒：先生は，例えば，平成のどのようなところが印象的でしたか。

先生：一番印象的だったのはバブル経済ですね。

生徒：私が生まれたときにはすでにバブル経済は崩壊していました。親がよく「バブルの時代はすごかった」と話していますが，具体的にどのような時代だったのですか。

先生：バブル経済の時代は，簡単に言うと，日本が好景気に沸《わ》いた時代でしょう。サラリーマンの給与も上昇し，高級ブランド品や高級車などもたくさん売れました。企業も海外の大企業をb買収したり，海外の不動産をたくさん買い上げたりしました。この背景には，土地や株などに対する投資が過熱したことが考えられます。

生徒：すごく明るい時代に感じます。うらやましいです。

先生：一方，c バブル経済崩壊以降は，「失われた10年」とも呼ばれ，深刻な経済不振が続きました。経営不振に陥《おちい》る企業が急増し，給料も減少していきました。それにともない，従来の社会や経済のしくみが急速に変化しました。例えば，非正規雇用の問題といった今ある雇用問題の多くは，バブル経済崩壊がきっかけとなって広がったとも言えるでしょう。

生徒：その話を聞くと，すごく暗い時代のようにも感じますね。

先生：そうですね。でも，暗いだけとは言い切れませんよ。平成はITが普及し，d 新しいビジネスがどんどん出てきて，私たちの生活も大きく変わりました。海外とのやりとりも容易に行うことができるようになり，世界との距離も一気に近くなりました。そういう点では，新しい光が差したとも言えるでしょう。

生徒：確かに，インターネットを使えば，短時間で簡単に海外の商品を買うことができるし，動画サイトで海外に自分の意見を発信したりできるなど，新しい可能性は大きく広がりましたね。

先生：ただ，一方で，e 著作権の問題やプライバシーの問題など，深刻化した問題もありますね。経済面でも，世界と密接になったことで，一国の f 経済状況が世界に広がりやすくなりました。例えば，アメリカの企業が経営不振に陥ると，日本の株価が大幅に下落したり，g 外国為替相場で円の価格が高騰したりしました。

生徒：平成は，様々な問題を抱えたと同時に，いろいろな可能性が広がったと言えますね。令和の時代はどうなりそうですか。

先生：これまでの伝統的な慣習が改められ，さらに社会は変化していくでしょうね。何を変えて，何を守っていかないといけないのか，国民一人ひとりがじっくりと考えていくことが大切になりますね。

生徒：平成から学べることは非常に多そうです。自分でも調べてみます。

先生：過去を反省し，よりよい社会を築いていけるとよいですね。令和の時代に期待しましょう。

問１　下線部ａに関連して，1964年にも東京オリンピックは開催されたが，1960年代～1970年代にかけての出来事として正しいものを，次のア～エから１つ選び，記号で記せ。

ア．３Ｃとよばれたカラーテレビ・コンピューター・クーラーが，生活の豊かさを実現するものとして，各家庭に急速に普及した。

イ．田中角栄内閣の「国民所得倍増計画」などによって，1960年から1970年までのあいだに，経済成長率の年平均が約10％と大きく飛躍した。

ウ．国民総生産（GNP）が，中国に次いで，世界第２位となった。

エ．いざなぎ景気とよばれる，長期間の好景気を経験した。

問２　下線部ｂに関連して，次のＡ・Ｂそれぞれの記述が意味する語句の組合せとして正しいものを，下のア～エから１つ選び，記号で記せ。

Ａ　企業がライバル会社に買収されることなどによって，産業全体の生産が少数の企業に集中してしまう状況。

Ｂ　独占禁止法を運用するためにおかれている機関。

ア．Ａ：寡占　Ｂ：会計検査院　　イ．Ａ：談合　Ｂ：会計検査院

ウ．Ａ：寡占　Ｂ：公正取引委員会　　エ．Ａ：談合　Ｂ：公正取引委員会

問３　下線部ｃについて，バブル経済崩壊が国内にもたらした影響や変化として誤っているものを，次のア～エから１つ選び，記号で記せ。

ア．銀行が資金の貸し出しに慎重になった。　イ．税収が減少した。

ウ．少子高齢化が始まった。　　　　　　　　エ．デフレーションが発生した。

問４　下線部ｄについて，新たに起業し，新しい技術などを元に革新的な事業を展開する企業を何というか，解答欄に合うように，カタカナで記せ。

問５　下線部ｅについて，著作権やプライバシーの権利は，社会の大きな変化にともない主張されるようになった新しい人権である。新しい人権に関する記述として正しいものを，次のア～エから１つ選び，記号で記せ。

ア．個人情報保護法は，民間の事業者が保有する個人情報を対象とするものであり，行政機関が保有する個人情報は対象とされていない。

イ．情報公開法は，行政機関が保有する情報の一層の公開を図るものであるため，この法律を根拠に，民間企業が保有する情報の公開を請求することはできない。

ウ．ネット社会となり，誹謗《ひぼう》や中傷など他者の人権を侵害するような行為が発生しやすくなったため，フィルタリングサービスの契約が義務化されている。

エ．テレビや新聞などのマスメディアに関しては，公正な報道を保障するために，例外としてプライバシーの権利を無視してもよいことが憲法で定められている。

問６　下線部ｆについて，国の経済の大きさをはかる尺度として，国内総生産（GDP）がある。次の場合，GDPの額はいくらになるか，記せ。ただし，一国内でパンが生産・消費されると仮定する。

> 農家は生産した小麦を，20億円で製粉業者に売りました。製粉業者は20億円で買った小麦から小麦粉をつくり，30億円でパン屋に売りました。パン屋は30億円で買った小麦粉からパンをつくり，55億円で消費者に売りました。消費者は55億円分のパンを買って食べました。

問７　下線部ｇについて，外国為替相場に関する記述として正しいものを，次のア～エから１つ選び，記号で記せ。

ア．外国通貨に対する需要と供給によって決まる為替相場のことを，固定為替相場という。

イ．通貨と為替相場の安定の維持を目的とした国際連合の専門機関を，国際復興開発銀行（世界銀行，IBRD）という。

ウ．円高になると，外国から購入する原材料などが高くなるため，輸入業者と外国製品を購入する消費者にとって不利となる。

エ．日本の物価水準が上昇することは，円安につながる。

【７】　次の⑴～⑷の各文は，日本のさまざまな政治制度について述べたものである。Ａ～Ｃの文の正誤の組み合わせとして正しいものを，次のページの**ア～ク**からそれぞれ１つずつ選び，記号で記せ。

⑴　Ａ　内閣は，内閣総理大臣とその他の国務大臣によって構成されている。国務大臣は天皇によって任命されるが，過半数は必ず衆議院議員の中から選ばれる。

Ｂ　日本では議院内閣制が採られており，内閣は国会の信任に基づいて成立し，国会に対して連帯して責任を負う仕組みができている。

C　特別国会は，衆議院の解散・総選挙が行われた後に召集され，新しい内閣総理大臣が指名される国会である。

⑵　A　国会の種類には，毎年４月に召集される通常国会，内閣またはいずれかの院の総議員の４分の１以上の要求により開かれる臨時国会などがある。

B　衆議院の優越の１つに法律案の議決がある。これは，参議院が，衆議院と異なった議決をした場合，または，衆議院の可決した法律案を受け取った後30日以内に議決しない場合，衆議院が総議員の過半数で再可決すれば，法律になるということである。

C　衆議院の優越として，予算の議決や条約の承認がある。これらは，参議院が衆議院と異なった議決をした場合，両院協議会を開き，それでも意見が一致しない時，または，参議院が衆議院の可決した議案を受け取った後30日以内に議決しない時は，衆議院の議決が国会の議決となるということである。

⑶　A　国民審査は，最高裁判所裁判官に対して，その任命後，初めて行われる総選挙の時と，前回の審査から10年を経過した後の初めての総選挙の時に，実施される。

B　裁判員制度は，国民の中から選ばれた６名の裁判員が，地方裁判所で行われる第一審の重大な刑事裁判に参加し，３名の裁判官と一緒に被告人の有罪・無罪や刑罰の内容を決めるという制度である。

C　日本の裁判所には，違憲審査権が認められている。これは，国会が制定する法律について，憲法に違反していないかどうかを審査する権限である。過去には，朝日訴訟で違憲判決が下されている。

⑷　A　地方公共団体の財源には，自主財源と依存財源がある。前者の例としては地方税，国庫支出金があり，後者の例としては，地方交付税交付金，地方債がある。

B　地方自治では，住民の意思をより強く反映するために，住民に直接請求権が認められている。その中には，議会の解散請求権や議員・首長に対する解職請求権がある。これらは，リコールともいわれる。

C　地方公共団体の首長は，議会が議決した条例や予算を拒否することができないが，議会を解散することはできる。議会は，住民から選ばれた首長の不信任決議を行うことができない。

	A	B	C
ア	正	正	正
イ	正	正	誤
ウ	正	誤	正
エ	正	誤	誤
オ	誤	正	正
カ	誤	正	誤
キ	誤	誤	正
ク	誤	誤	誤

自分で自分の身を粗末に扱い、なげやりな行動をすること。）

問3 ――線部①「じつは、そういったところも、どうしても自分と比べてしまう」とあるが、シッカは樹里に対してどのような気持ちを抱いているのか。その説明として最適のものを次の中から選び、記号で答えよ。

ア 自分と似た境遇の持ち主としていろいろな相談のできる頼りになる友人ではあるが、樹里が自分よりも容姿や環境の面で恵まれているように思えて、もやもやとしたわだかまりを感じている。

イ 同じ国籍を持つ者同士であり趣味も合う友人であるが、樹里の容姿と大人びた考え方を羨《うらや》ましく思うとともに、何事にも前向きな樹里に対して対抗心が芽生え、負けたくないと思っている。

ウ 同じ二重国籍を持つ気の置けない存在として今まで仲良くしてきたが、絶対に自分の弱さを相手に見せてはいけないと必死になるあまり、今後、樹里とは疎遠になってしまえばいいと思っている。

エ 二重国籍であるという境遇を前向きにとらえる頼もしい存在だが、何でも自分で決められる冷静さを持つ樹里がどんどん自分から離れて行ってしまうことを、どこか寂しく感じている。

オ 自分とは違い、見た目も境遇も非常に恵まれているが、それに甘えて将来のことについてあまり深く悩まず楽しい方に流されればいいと考えているように見えて、樹里を見下している。

問4 ――線部②「まるで、トモちゃんと呼ばれて曖昧に笑っている自分や、巧に言い返すこともできずにうつむいている自分を、もう一人の自分が教室の天井から見ているみたいだ」とあるが、ここでのシッカはどのような心境か。その説明として最適のものを次の中から選び、記号で答えよ。

ア クラスになじめないことに落胆し、どう呼ばれても自分のことのように感じられず苦しさを覚える毎日に疲労し、いくら頑張っても現状は変わらないと自虐的な気持ちになっている。

イ あからさまな嫌がらせに腹が立つのだが、それに愛想笑いを返しているだけの自分が情けなく、なんとかして自力でこの状況を打破しようと気持ちを奮い立たせている。

ウ 自分の生い立ちや外見が特徴的であるのは確かであり、それがからかいの対象になることも理解できるので、自分は冷静であることが肝心だと落ち着きを取り戻している。

エ 学校での自分の振る舞いに納得がいかず、周囲からの扱われ方にも惨めな気持ちになるのだが、どのような状態であれば自分らしいと言えるのかも分からず心の拠《よ》り所を持てずにいる。

オ クラスで浮いていたり、クラスメートから攻撃されていたりしても何もできない消極的な自分に嫌気がさして、学校のことをこれ以上気にするのはやめてしまおうと開き直っている。

問5 ――線部③「れっきとした日本人」とあるが、シッカはどのような子を「れっきとした日本人」だと見ているか。そのことが最もよく表れている一文を本文中から抜き出し、最初の五字を答えよ。

問6 ――線部④「火山になったシッカの口から溶岩がどろっとあふれだす」とは、シッカのどのような様子のことか。五十字以上六十字以内で説明せよ。

問7 ――線部⑤「シッカは鏡にベールをかける」とあるが、シッカがこのような行為をするのはなぜか。三十五字以内で説明せよ。

いうへドロじみた気持ちと、少しの後悔とでぐちゃぐちゃになりそうだ。

タオルケットにわずかに残っている清潔な洗剤の香りをかいで、やっと少し気持ちが落ち着く。シッカはベッドから身を起こすと、ベッドサイドに置いてあった＊iPodのワイヤレスイヤホンを両耳に押し込んで、お気に入りの＊Kポップを大音量で流した。こんなときこそ、ああ、思いきり身体を動かして踊りたいのに。

赤くなった目をこすりながら、机の横にあるルームミラーに、クローゼットから適当に抜きだしたワンピースをバサッとかける。身長より少し背の低い、縦長で、緑色の木枠のルームミラーを洋服で覆う、いつものdギシキ。

――夜の間だけ、⑤シッカは鏡にベールをかける。

鏡がキライなのと自分が嫌いなのは、たぶん同じことだ。

朝の身支度をするときも、お風呂のときも、自室でも、極力鏡を見ないようにしている。鏡は現実を突きつけてくる。いまのシッカが見たくないものを……。

朝、部屋を出るタイミングでワンピースを取り去るのは、昼間は両親、とくに母親が勝手に部屋に入ってくることがあるからだ。気づかないかもしれないけど、剥《む》き出しの自分の気持ちをさらすようでイヤだった。

（サンババア。巧。フェジョアーダ。ブラジルの魂《アルマ・ブラジレイラ》……）

頭の中に、ハチが飛び回るように、不安な言葉が飛びeカう。

洗剤の匂いをかいでルームミラーにカバーをするだけでは、足りない。

《『わたしを決めつけないで』講談社 より、黒川 裕子・著「夜の間だけ、シッカは鏡にベールをかける」による》

【注】＊アトレ＝商業施設の名前。

＊グロス＝唇に塗るクリームのこと。

＊アースビレッジ＝シッカが小学生の頃に家族でよく出入りしていた、日本に住む外国人が集まってイベントを開くコミュニティ。

＊クォーター＝外国人の祖父または祖母を持つ人。

＊外資系コンサルタント企業＝外資系とは、企業などが外国の資本で経営されていること。コンサルタントとは、専門的な技術や知識に関する相談に応じる人のこと。ここでは、外国の資本で経営されている、会社の経営などに助言等を行う企業のこと。

＊自画像なんて描いても描かなくても＝学校の美術の授業で自画像を描いたとき、シッカは自分の肌を茶色く塗ることをためらって薄橙色に塗り、「巧」からみんなの前で「何でホントの色に塗らねーの？」とからかわれるということがあった。

＊パパイ＝シッカのお父さんのこと。

＊iPod＝音楽を聞くためのポータブルプレーヤーのこと。

＊Kポップ＝韓国の音楽のこと。

問1 〰〰線部a～eのカタカナを漢字に直せ。（楷書で丁寧に書くこと。）

問2 本文中の Ⅰ ・ Ⅱ にはそれぞれ四字熟語が当てはまる。空欄を埋めて四字熟語を完成させよ。

Ⅰ □風□帆 （物事が非常に順調であること。）

Ⅱ 自□自□ （物事が思いどおりにならないために、

の空気を吸ってほしいんだ。ブラジルには、日本からの移民がたくさんいて、昔から現地に溶け込んで暮らしている。みんな、シッカを歓迎してくれるよ」

ミゲウは穏やかな表情でシッカを見つめる。

優しく教えさとすような口調に、シッカはひどくイラッとする。

何が心の選択肢だ。どうして、シッカまでブラジルに興味があるかのように話すのだろう。押しつけだとは思わないのだろうか。③れっきとした日本人だなんてよく言えるよね、と出かけた言葉をぐっと呑《の》み込んだ。

だいたい、ブラジルで歓迎されて何になるのだろう。ブラジルは父親のふるさとであって、ミゲウの言うとおり、シッカは日本で生まれた日本の子だ——見た目はどうあれ。故郷《ホーム》のはずのここで居場所のない自分が、異郷《アウェイ》でなら愛されるかもなんて、どうでも良すぎて、bアワになってcハジけそう。

シッカの悩みは、行ったこともない遠いブラジルなんかにはない。

いま、ここ、目の前にしかない——。

クラスの壁に貼りつけられたニセモノの自画像。巧の冷たい眼差し。本音を伝えることもできない親友がストローですすったブラックタピオカ。それがいまの、シッカの悩みのすべてだというのに。

「……いいかげんにしてよ……」

④火山になったシッカの口から溶岩がどろっとあふれだす。

「勝手すぎるよ。ママはサンバを選んで、ブラジル人のパパを選んだ。パパはママと日本を選んで、日本に住んでいまハッピー。よかったじゃん」

手元のスプーンをにらんでいた視線を上げて、やっと両親の顔を見まわす。

「……でもあたしは、何にも選んでないのにこうなったっ。ママだってさ、うちの学校でサンババアって呼ばれてんの知ってる？　いい歳して、サンバでも何でも勝手に踊ってればいいけどさ。あたしを、巻き込まないでよ！」

由美がぎくりと顔をこわばらせた。いつかテレビで見た、漁で船揚げされてすぐに電気ショックで殺されるマグロみたいに、一瞬で、目がうつろになった。ミゲウはまったく言葉をなくしている。

これまで、大声を上げてキレたこともほとんどないし、傷つけようとして母親を傷つけたこともない。母方の祖母の形見のピアスを排水口に落としてしまったときも、授業参観にきた由美と目を合わせなかったときも。

（でも、ママがサンバをやっていなかったら、こんな思いをせずにすんだのは事実じゃない）

いまのシッカは、「傷つけてごめんなさい」どころか、青ざめたママの顔を見てザマアミロなんて思っている、いやな子だ。悪意というやつは、返す刀で自分を斬《き》る。電気ショックを受けたのは、シッカも同じだった。

部屋のドアを乱暴に閉めて、ベッドに身を投げ出した。

朝起きた時のまま、くしゃくしゃにわだかまっているタオルケットに顔をうずめる。

パパもママも何もわかっていない。もっと言って《キズツケテ》やればよかった、とはずがない。

クラスメートのママに「日本語が上手だね」と声をかけられる。パパと電車の座席に座ったときは、左右の席が最後まで空いている。公園で遊んでいても、ひとりだけお友だちから声をかけられない。「チョコ」ならまだいい方、もっと汚い言葉で肌の色をからかわれたこともある。物心ついたころから、それがシッカの当たり前になってしまっていた。それでも、みんなと同じ教室でやっていかなければいけないとわかっている。友だちだって「フツウ」に増やしたい。自画像のことは半分［ Ⅱ ］のようなものだったのかもしれない。だってありのままの自分を描いたところで、どうせクラスになじめやしなかった。

巧のせいで、シッカはクラスですでに「サンババア」で固定されかかっているのだから。数少ない友だちの女子だって、このままでは、きっと離れていく。

両親には言いたくない。だれにも相談できない。

どうしたら、いいんだろう……。

【中略】

シッカが家に帰ると、食卓には、父ミゲウの作ったフェジョアーダ（豆と肉の煮込み料理）、パモーニャ（トウモロコシ粉で作ったちまきのようなもの）など、ブラジルの郷土料理が並べられていた。父、母（由実）、シッカの三人でそのブラジル料理を食べていると、母はサンバ教室での出来事を嬉しそうに語り出した。

「お教室の内田さんも、今年こそ自前で衣装をそろえるってはりきってるのよ。それで――」

どピンクの口紅の残る唇がしゃべり続ける。

もう、うるさい。

気がつくと、さっきまで座っていた椅子が後ろに倒れていた。椅子を蹴り飛ばすようにして、席を立つ。テーブルがしん、と静まりかえる。

目を丸くしている両親に向かって、声を荒らげた。

「サンバの話なんか、もういいよ！　あたし、サンバって大っ嫌い！」

やっとまずいことに気づいたという表情で、由美がおずおずとシッカにささやく。

「――どうしたのシッカ。学校で何かあったの？　何か嫌なこと、言われた？」

「べつに、って言ってほしい？」

サンバのせいで嫌なことを言われるかもしれないって自覚はあるんだ、と皮肉に思う。そこまでわかるのに、シッカの気持ちだけ、わからないのか。

「シッカ、母さんは……」

身を乗りだしたミゲウをきっとにらみつける。

「パパだって、最近ブラジルのことばっかり言って、何よ。あたし、ブラジルなんかに興味ないのに」

「でも*パパイの故郷だよ。おまえのふるさとでもある。シッカは日本生まれの日本育ちだけど、パパイは、選択肢は多い方がいいと思っているよ」

「――それって、国籍選択のこと言ってる？」

「国籍なんて気にしなくていい。おまえはれっきとした日本人だし、パパイが言ってるのは人生をもっと豊かにするための、そうだな……心の選択肢みたいなもののことだよ。パパイはただ、一度シッカにブラジルて家のこと指すときあるでしょ。わかりにくいって」

「みんな使ってるでしょ。何でも元々は関西弁らしいよ。あっちじゃ自分のことウチって言うんだって」

「樹里、生まれも育ちも千葉じゃん」

「リアリイ？」

「樹里が知ってるのを、あたしも知ってますけど」

呆れてつぶやいたシッカに、樹里は大口開けて笑った。

「まあ、ウチらってどっちの国も選べて、お得だよね。有利な方を選択したらいいし」

「有利って？」

「会社設立しやすいとか、税金安いとか、年金いっぱいもらえるとかさあ。あっ、でもでも、それか、ウチが結婚したい彼氏がいる国！」

「わかんないけど、打算まみれだね……」

ギャル系ファッションに派手めなメイクでちょっと軽そうに見えるが、樹里の言動はいつも大人びている。樹里のパパは樹里が生まれる前に＊外資系コンサルタント企業の重役として日本に赴任してきた。家だって、都内一等地の大きな一戸建てに住んでいるお金持ちだ。ＢＢＱ《バーベキュー》と日本のアニメ映画が大好きな樹里パパは、もしかしたら、娘にひそかに英才教育をしているのかもしれない。①じつは、そういったところも、どうしても自分と比べてしまう。

【中略】

――半分《ハーフ》。混合《ミックス》。二重《ダブル》。

すべて、シッカたちのような、両親の出身国や民族が異なったり、国籍を問わず複数の文化を背景にして育った子どもたちを言いあらわす言葉だが、どの呼び方も、シッカにはしっくりこない。クラスメートにトモちゃんと呼ばれるのと同じで、心のどこかで「そんなの、あたしじゃない」と感じる。

でもそれなら〈あたし〉はどこにいる？　どんな名前で呼ばれて、どう感じるのが自分らしいということなのだろう。樹里の〈ウチ〉じゃないけれど。

考えれば考えるほど、わからなくなる。

＊自画像なんて描いても描かなくても、自分のすがたを、シッカは知らないのかもしれない。

（樹里なら、呼び方なんて何でもいいって言いそうだけど……）

国籍を選ぶことにすら柔軟でいられる樹里に巧のことを打ち明けて、サンバ超かっこいいじゃん、とか、笑いとばされた日には、樹里のことを本気で嫌いになってしまいそうだ。

樹里と違って、シッカの世界はあそこにある。二年三組の教室、黒板に向かって左から二列目、前から三番目の、傷だらけの机の上……。そのはずなのに、クラスにうまくなじめずにいる。

②まるで、トモちゃんと呼ばれて曖昧に笑っている自分や、巧に言い返すこともできずにうつむいている自分を、もう一人の自分が教室の天井から見ているみたいだ。

シッカはほかのクラスメートたちと違う。

それは、普通の日本人の子にはきっとわからないことだ。

生まれ落ちたときに「フツウ」を与えられ、自分と同じ髪と目の色をした大勢の「フツウ」に囲まれていて、疑うことなく、ためらうことなく、薄橙色《うすだいだいいろ》に肌を塗って自画像を描けるあの子たちと、シッカが、同じ約束の時間は十六時半だった。財布とスマホを入れたバッグをつかんで徒歩五分のJR本八幡駅《もとやわたえき》にダッシュする。総武線各駅停車に乗って秋葉原まで。

駅ビルの*アトレに入っているアジアンカフェで、樹里が待っていた。

「シッカ、おっそーい。五分遅刻っ」

てらてらピンクの*グロスをつけた唇を尖《とが》らせ、テーブルの向こうからシッカをにらむ。シッカは、ごめんごめんと両手を合わせた。

樹里も*アースビレッジ仲間の一人で、同じ中二の女の子だ。もう一つの名前は、ジュリアという。樹里のパパの国、アメリカではそっちの名前を使うらしい。

樹里のパパはアメリカ人で、ママは日本人だから、やっぱり樹里もハーフということになる。ややこしいけれど、パパはフィリピン系だから、樹里はフィリピン人の*クォーターでもあるというわけだ。南の島の花を思わせる、ほんのりエキゾチックで綺麗《きれい》な顔立ちをしている樹里。多民族のいいとこどりじゃん、なんて、見ていると胸がちくっとすることがある。

樹里は小六のころに都内に引っ越してしまった。会ったのは一か月ぶりだ。

最初の十分は近況報告をして、クラスの話をぽつぽつとする。サンバのせいで、からかわれていることは秘密にした。樹里には、学校に居づらいことも、巧の話もしたくない。同じハーフなのに、シッカと違って［ I ］な友だちに、弱みを見せたくない。つまらないプライドかもしれないけど。

憂鬱な気持ちは、おそろいで頼んだタピオカミルクティーつきケーキセットを食べ終わらないうちに、別の愚痴になってこぼれた。

「最近さ、パパがブラジルの話ばっかりしてきてさ……」

太いストローでカップの底のタピオカをかきまぜながら、ため息をつく。

——これも、最近のシッカの悩みごとの一つ。

「なに、何のアピールなのそれ」

「わかんない。とにかくブラジルに一回行ってほしい、的な」

近ごろ、シッカのパパはブラジルにいる親戚の子の話をしてきたり、自分が子どもだったころの思い出を急に語りだしたりと、しきりにブラジルの話を持ちだしてくる。

樹里はアメリカ合衆国と日本の国籍、シッカは、ブラジルと日本の国籍を持っている。いわゆる二重国籍というものだ。

——日本では、二重国籍を持つ子どもは、二十二歳になるまでに日本国籍を選んで日本人になるかどうかを選ばなくてはいけない。日本国籍を選ぶと、よその国の国籍は、捨てなくてはならないのだ。

シッカも樹里もいつまでも無関係ではいられない話である。

父親もまさかシッカにブラジル国籍を選んでほしいわけではないだろうが、あまりブラジルの話ばかりされると、どきりとしてしまう。

「あー、それめんどくさい系だ。でも、アピールだけなら無視でよくない？ウチなんかこないだ、aロコツに国籍選択の話されたし。パパに。もう中学生だからとかいって。ウチ、そんなのまだどうでもいいって言ってんのに」

樹里のウチ、はだいぶ紛らわしい。

「前から思ってたんだけど、なんで自分のことウチっていうの。ウチっ

カ　“日本の古典文学”を世界に広める

問4　――線部①「外交官試験ばかりに気をとられていた日本の若い官僚が立ち向かえる相手ではありません」とあるが、それはロシアの教育内容と、日本の教育内容がどのように異なるからか。六十五字以内で説明せよ。

問5　――線部②「まず古今東西の古典を読む」とあるが、筆者が「古今東西の古典を読む」ことを勧めるのは、人間をどのような存在だと考えているからか。その考えが述べられている部分を本文中から五十五字以上六十字以内で抜き出し、最初と最後の五字を答えよ。

問6　――線部③「『内在的論理』」とは何か。本文中から三十字以内で抜き出し、最初と最後の五字を答えよ。

問7　――線部④「私たちの精神構造や思考パターンを読み解くには、やはり過去の歴史、古典に立ち返らなければなりません」とあるがそれはなぜか。その説明として最適のものを次の中から選び、記号で答えよ。

ア　私たちの思考のアルゴリズムは歴史によって形作られているので、過去の歴史を丁寧に振り返り、古典作品に精通することで初めて、自己分析が完成し真の教養人となることができるから。

イ　私たちは過去に何があったかを知る任務があるので、歴史的な資料を正しく解釈し、古典作品を熟読して集団的無意識に溶け込むことで、インテリジェンスの仕事を果たさなければならないから。

ウ　私たちは歴史に影響を受けやすい存在ではあるが、過去の人間の価値基準そのものである歴史や、それを題材にして書かれた古典作品を読むことで、同じ過ちを繰り返さないでいられるから。

エ　私たちは過去に影響を受けながら生きているので、過去の人間の行動が記録された歴史や、古来の潜在意識が表れた古典作品をよく理解することが、アイデンティティの明確化に欠かせないから。

オ　私たちの精神構造は時代によって変化していくが、日本の歴史について知識を得て、古典作品に表れた価値基準を知れば、古今の共通点に勇気づけられ精神的支柱を得ることができるから。

問8　本文中の（X）～（Z）に入れる人物として最適のものを次の中から一つずつ選び、記号で答えよ。

江戸時代なら近松門左衛門や（　X　）などの文芸作品、明治に入って夏目漱石や森鷗外などの代表的な作品があります。戦後であれば、（　Y　）や坂口安吾などの無頼派から三島由紀夫、安部公房、それから最近の作家であれば（　Z　）の作品などは最低限読んでおくことが大事でしょう。

ア　芥川龍之介　　イ　太宰治　　ウ　松尾芭蕉
エ　兼好法師　　オ　村上春樹

【二】　次の文章を読んで、後の問いに答えよ。なお、設問の都合により本文を一部改変してある。

中学二年生のシッカ（加藤トモミ・フランシスカ）は、ブラジル人の父と日本人の母を両親に持つ。学校で、自分の茶色い肌や巻き毛などの特徴的な外見をからかわれており、特に同じクラスの「巧《たくみ》」には、シッカの母がサンバダンサーであることから「サンババア」と呼ばれ馬鹿にされて悩んでいる。今日は、シッカと同様に、国籍の異なる両親を持つ「樹里」と会う約束をしている。

国際化が叫ばれている昨今、一般の人たちも諸外国の人たちと交流し、ときにはお互いしのぎを~~c~~ケズらなければならない時代です。英語などの語学力も必要ですが、本当に必要なのは、自分たちがどういう存在であるのかというアイデンティティを明確にすることです。それがなければ本当の意味での交流は難しい。そのためにはまず、自国の文化や歴史を知ること。古典を読むことです。

そのなかでも特に、神話を読んでおくことをおすすめします。神話には民族の潜在的な意識、＊ユングのいうところの集団的無意識が盛り込まれています。たとえば『古事記』では、最初にイザナギとイザナミがそれぞれの体の違いに気づき、それを補おうとして国造りが始まります。このことから日本という国はもともとオープンでdソボクな気質がある。男女の差別もないし、補い睦《むつ》み合うという平和な関係が基本にあることがわかります。私の場合、『太平記』に特に感銘を受けました。南北朝の動乱を描いた作品ですが、勝者だけでなく敗者の視点からも描かれている。重層的な歴史解釈がとても斬新な書物です。私はこの本を＊鈴木宗男事件に連座する形で512日間拘置所に留め置かれたときに読んだのですが、まさに敗者、裁かれるほうの理論を描いているので、とても慰められ、勇気づけられた記憶があります。

日本人のマインドのどこかに敗者の美学、滅亡の美学、もっといえば死の美学がある。『平家物語』にも『太平記』にもそれはあり、武士道における切腹や討ち死に、さらに第二次大戦での玉砕や特攻といった日本人特有の精神構造にまでつながっています。

④私たちの精神構造や思考パターンを読み解くには、やはり過去の歴史、古典に立ち返らなければなりません。なぜなら私たちは否応なしに過去からeレンメンと蓄積した時間、すなわち歴史の中に生きているからです。

（佐藤　優・著『人をつくる読書術』青春出版社　による）

【注】＊通暁＝深く知り抜いていること。
＊インテリジェンスに従事する＝情報部局（国内外の情報を収集する部署）で局員として携わること。
＊アルゴリズム＝処理をする手順や規則のこと。
＊国体＝国のありかた。
＊近衛文麿＝日本の政治家。一九四一年当時、内閣総理大臣であった。
＊ユング＝スイスの精神医学者。
＊鈴木宗男事件＝日本の政治家である鈴木宗男氏による政治汚職事件。

問1　〰線部a～eのカタカナを漢字に直せ。（楷書で丁寧に書くこと。）

問2　本文中の Ⅰ ～ Ⅲ に当てはまる語句としてそれぞれ最適のものを次の中から一つずつ選び、記号で答えよ。
ア　また　イ　たとえば　ウ　なぜなら
エ　もし　オ　結局　カ　さて

問3　本文中の A ・ B には各節のタイトルが入る。それぞれの節のタイトルとして最適のものを次の中から一つずつ選び、記号で答えよ。
ア　官僚にとって教養は二の次であるべきだ
イ　〝外国人が好きな日本文学〟を読んでおく
ウ　教養のない官僚は必ずどこかで行き詰まる
エ　〝外国のエリート〟と共に古典文学を読んでおく
オ　知性と教養は日本人らしさの象徴であった

『太平記』『平家物語』などの歴史的古典を読む。江戸時代なら近松門左衛門や（　X　）などの文芸作品、明治に入って夏目漱石や森鷗外などの代表的な作品があります。

戦後であれば（　Y　）や坂口安吾《さかぐちあんご》などの無頼派から三島由紀夫《みしまゆきお》、安部公房《あべこうぼう》、それから最近の作家であれば（　Z　）の作品などは最低限読んでおくことが大事でしょう。これらの本は日本に関心を持つ外国人エリートが好んで読んでいることが多く、話題にのぼることも多いからです。

【中略】

古典にはその国の③「内在的論理」が詰まっている

インテリジェンスの世界では、利害が対立する国や地域、組織や集団についてのｂチケンをもっていることが大前提になります。それには相手の言葉だけでなく、歴史や文化、思想や宗教などの基本的な思考の形態、判断・行動の基準を知ることも含まれます。

これを私たちの世界の言葉で、相手の「内在的論理を知る」といいます。集団には、判断や行動を規定する何かしらの価値基準、思考の＊アルゴリズムがある。まずそれをつかみ取ることで相手の反応や行動を予測し、理解できるというわけです。

これは「彼を知り己を知れば百戦殆《あや》うからず」という孫子の言葉そのものです。こう書くと当たり前のようですが、えてして私たちは敵を憎むあまり敵を知ろうとしない。目をそらして無視してしまうのです。相手の内在的論理がわからないから、相手の行動が理解できないし予測もできない。そして余計な猜疑心《さいぎしん》や恐怖心、憎悪だけが大きくなるのです。

インテリジェンスの仕事は戦争に負けないことが第一次的目的です。そしてそれに次ぐ目標が、できる限り戦争をせず、いかに自分たちの組織に有利な方向で関係を保つかということです。

いずれにせよ、まず相手とその内在的論理を知らなければならない。そのためには相手の歴史や文化、すなわち過去から現在まで積み上げてきたものを十分に理解しておくことが絶対的に必要になります。

この考え方の前提にあるのが、人間は社会的な動物であると同時に歴史的な動物であるという認識です。すなわち、どんな人間もその思考、行動様式は過去から現在に至る文化、歴史によって形づくられている、誰もが過去の影響を受けていると考えます。

諸外国のインテリジェンス機関はこのことを徹底して認識し実践しています。戦前、陸軍兵務局防衛課の大坪義勢《おおつぼよしとき》大佐は、某外国大使館が『古事記』や『日本書紀』『源氏物語』『平家物語』などの日本の古典を大量に購入していることを知り、いよいよ本格的なインテリジェンス活動が始まったことを危惧したと書いています（『秘密戦の真相と防諜《ぼうちょう》の要領』）。

日本の歴史や＊国体を知ることで、より巧妙に共産主義思想を日本に広めようとしているのではないかと恐れたわけです。実際、その後1941年にゾルゲ事件が起き、リヒャルト・ゾルゲを中心にしたソ連のスパイ網が日本の政治中枢にまで入り込んでいることがわかります。ゾルゲは日本の古典をよく読み、日本人の内在的論理を知り抜いて＊近衛文《このえふみ》麿《まろ》の側近である尾崎秀実《おざきほつみ》にしっかり食い込んだのです。

神話にはその国民の「潜在意識」が反映されている

【国語】（六〇分）〈満点：一〇〇点〉

※設問に字数制限のあるものは、句読点等も一字に数えるものとする。

【一】　次の文章を読んで、後の問いに答えよ。なお、設問の都合により本文を一部改変してある。

A

面白いのは、トップに立つ官僚や政治家は例外なく教養人だということです。歴史や地理、宗教や文化に詳しく、古典の小説もたくさん読んでいる。[Ⅰ]、芸能や音楽なども＊通暁《つうぎょう》している。そういう素養が根本にあるからこそ深いところで人間理解ができるし、組織をまとめるリーダーシップが身につくのです。

特に＊インテリジェンスに従事する外交官にとって、こうした基礎的な教養は必要不可欠です。たとえば外国の要人や外交官と食事をしたときには、仕事から離れてさまざまなテーマについて話すことになります。そこで相手が夏目《なつめ》漱石《そうせき》や森鷗外《もりおうがい》の話をしたとき、作品を読んでいなければ会話になりません。「日本の外交官なのに母国の古典を知らないのか？」と一段下に見られてしまう。

日本の場合は偏差値教育の弊害からか、黙っていてもそのような知性や素養が身につくわけではありません。一応古典や文学も習いますが、ほとんどが受験のための勉強です。大学受験が終わったらきれいさっぱり忘れてしまうでしょう。

せめて大学に入ったら自由な時間の中でそのような知性を身につけたいものですが、いまの大学教育は就職予備校化していて、実用的な知識、情報を重要視しています。[Ⅱ]、知性も教養もほとんど身につけていない人間が外交の表舞台に立ってしまうということになるのです。

B

一方、諸外国のエリート教育は徹底しています。[Ⅲ]ロシアの場合、その勉強量はaハンパなものではありません。外交官だったとき、私はモスクワ大学の哲学部で神学・宗教哲学を教えており、そこでロシアにおける学生の猛勉強ぶりを目の当たりにしました。

驚くべきは彼らの読書量とスピードです。彼らは1日に学術書なら５００ページ、小説なら１５００ページを読んでしまいます。大学で学ぶまでに彼らは速読術を身につけているのです。誰かに習ったのか、あるいは中学、高校から膨大な読書量をこなすうちに自然に身につけたものかははっきりしませんが、とにかく読む力がすごい。

当然ですが、彼らの教養は自然科学から社会科学、人文科学まで広範囲で、なおかつ深いのです。残念ながら、①外交官試験ばかりに気をとられていた日本の若い官僚が立ち向かえる相手ではありません。

ですから、外務省で情報分析チームを率いていたとき、私は若い連中にまずロシアのエリートたちと戦える教養を身につけさせるべく読書会、勉強会を主宰しました。②まず古今東西の古典を読む。ロシア語など外国語の習得も大事ですが、基礎的な教養がインテリジェンスの分野で仕事をする人間には不可欠なのです。

まず大切なのが己を知ること。そのためには自国の代表的な古典を読むなどして、国の歴史や文化、芸術に関する知識を増やします。具体的には『古事記』や『日本書紀』『今昔物語』から始まり、『源氏物語』や

2020年度

解 答 と 解 説

《2020年度の配点は解答欄に掲載してあります。》

＜数学解答＞

1. (1) $\frac{1}{8}$　(2) $(a-b)(a^2-2a-2b)$　(3) $x=3\pm\sqrt{14}$　(4) $\frac{5}{12}$
   (5) $x=46,\ y=25$
2. (1) $x+y=29,\ 3x+2y=65$　(2) $x=7,\ y=22$
3. (1) $a=\sqrt{3}$　(2) $y=\frac{\sqrt{3}}{3}x+\frac{2\sqrt{3}}{3}$　(3) $\frac{2\sqrt{3}}{3}\pi$
4. (1) $\frac{1}{2}a^2-3a$　(2) $a=8$　(3) $\frac{32}{5}$
5. (1) 15°　(2) 45°　(3) $\frac{5+3\sqrt{3}}{2}$　(4) $\frac{\sqrt{6}+3\sqrt{2}}{2}$
6. (1) $\frac{32}{3}\pi$　(2) 8π

○推定配点○

1. 各6点×5　2. 各6点×2　3. 各5点×3　4. 各5点×3　5. 各4点×4
6. 各6点×2　計100点

＜数学解説＞

1. (小問群一式の計算と式の値, 因数分解, 2次方程式, 確率, 素数, 円の性質, 角度)

基本 (1) $6xy^2\div(-3xy)^3\times\left(-\frac{3}{2}x^2y\right)^2=6\div(-27)\times\frac{9}{4}\times\frac{xy^2}{x^3y^3}\times x^4y^2=-\frac{1}{2}\times x^2y$　この式に, $x=\frac{3}{2}$, $y=-\frac{1}{9}$を代入すると, $-\frac{1}{2}\times\left(\frac{3}{2}\right)^2\times\left(-\frac{1}{9}\right)=\frac{1}{2}\times\frac{9}{4}\times\frac{1}{9}=\frac{1}{8}$

(2) $a^3-a^2b+2b^2-2a^2=a^2(a-b)-2(a^2-b^2)=a^2(a-b)-2(a+b)(a-b)$　$a-b=\mathrm{A}$とおくと, $a^2\mathrm{A}-2(a+b)\mathrm{A}=\mathrm{A}(a^2-2a-2b)$　Aを元に戻して, $(a-b)(a^2-2a-2b)$

(3) $(2x+1)(3x-1)-37x-29=0$　$6x^2+x-1-37x-29=0$　$6x^2-36x-30=0$　$x^2-6x-5=0$　$x^2-6x+9=5+9$　$(x-3)^2=14$　$x-3=\pm\sqrt{14}$　$x=3\pm\sqrt{14}$

基本 (4) 作られる2桁の整数は, 12, 13, 14, 21, 23, 24, 31, 32, 34, 41, 42, 43　これらのうち, 約数として1とその数自身しかもたない素数は, 13, 23, 31, 41, 43　よって, 素数になる確率は, $\frac{5}{12}$

(5) △OBCは二等辺三角形だから, ∠OCB＝∠OBC＝44°　よって, ∠BOC＝92°　同じ弧に対して円周角は中心角の$\frac{1}{2}$なので, ∠A＝46°　よって, $x=46$　ABとODの交点をEとすると, ∠BECは△AECの外角だから, $x+y=71$　$y=71-46=25$

基本 2. (方程式の応用一入場料, 割引)

(1) 計画段階の人数の関係から, $x+y=29$　計画を立てたときの入場料は$600x+400y$(円)であり, 子どもが5人増えてグループ割引になったときの入場料は, $480x+320(y+5)=480x+320y+$

1600(円)　計画を立てたときより1000円安くなったのだから，$600x+400y-1000=480x+320y+1600$　$120x+80y=2600$　両辺を40で割って，$3x+2y=65$　よって，連立方程式は，$x+y=29$，$3x+2y=65$

(2)　$x+y=29$…①，$3x+2y=65$…②として，②－①×2から，$x=7$　①に代入して，$y=22$

3.（関数・グラフと図形―正三角形，座標，面積の等分，直線の式，回転体の体積）

(1)　線分PQとy軸との交点をSとすると，△OQSは内角の大きさが30°，60°，90°の直角三角形なので，OS：QS$=\sqrt{3}:1$　OS$=a$だから，QS$=\dfrac{a}{\sqrt{3}}$　Q$\left(\dfrac{a}{\sqrt{3}},\ a\right)$　点Qは$y=ax^2$のグラフ上にあるから，$a=a\times\dfrac{a}{\sqrt{3}}$　$\sqrt{3}a=a^2$　$a^2-\sqrt{3}a=0$　$a(a-\sqrt{3})=0$　aは正の数なので，$a=\sqrt{3}$

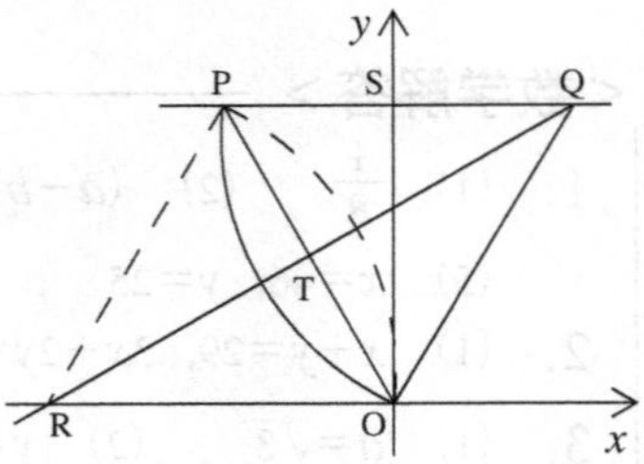

重要　(2)　OPの中点をTとすると，△OQTと△PQTはOT，PTをそれぞれの底辺とみたときの高さが共通だから面積が等しい。よって，直線TQが直線ℓとなる。点Qのx座標は，$\dfrac{a}{\sqrt{3}}=1$　点Pはy軸について点Qと対称な点なので，P$(-1,\ \sqrt{3})$　点Tの座標は$\left(-\dfrac{1}{2},\ \dfrac{\sqrt{3}}{2}\right)$　よって，直線ℓの傾きは，$\left(\sqrt{3}-\dfrac{\sqrt{3}}{2}\right)\div\left\{1-\left(-\dfrac{1}{2}\right)\right\}=\dfrac{\sqrt{3}}{2}\div\dfrac{3}{2}=\dfrac{\sqrt{3}}{3}$　$y=\dfrac{\sqrt{3}}{3}x+b$とおいて，$(1,\ \sqrt{3})$を代入すると，$\sqrt{3}=\dfrac{\sqrt{3}}{3}+b$　$b=\sqrt{3}-\dfrac{\sqrt{3}}{3}=\dfrac{2\sqrt{3}}{3}$　よって，直線ℓの式は，$y=\dfrac{\sqrt{3}}{3}x+\dfrac{2\sqrt{3}}{3}$

(3)　△OQRを直線ℓの周りに1回転させると，底面の半径がOT，高さがQTの円すいと底面がOT，高さがRTの円すいを合わせた立体ができる。△OPQが正三角形なので，QT$=$OS$=\sqrt{3}$　PQ//ROだから，QT：RT$=$PT：OT$=1:1$　RT$=$QT$=\sqrt{3}$　よって，回転体の体積は，$\dfrac{1}{3}\times\pi\times1^2\times\sqrt{3}+\dfrac{1}{3}\times\pi\times1^2\times\sqrt{3}=\dfrac{2\sqrt{3}}{3}\pi$

4.（平面図形―折り返し，面積，平行線と線分の比，長さ）

(1)　EB$=a-6$，BF$=$BC$-$CF$=a+6-6=a$　よって，△EBF$=\dfrac{1}{2}a(a-6)=\dfrac{1}{2}a^2-3a$

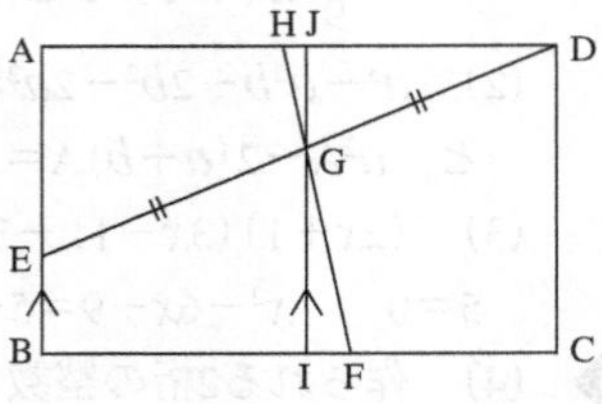

(2)　△DEF$=$(長方形ABCD)$-$△EBF$-$△FCD$-$△DAE$=a(a+6)-\left(\dfrac{1}{2}a^2-3a\right)-\dfrac{1}{2}\times6a-\dfrac{1}{2}\times6(a+6)=a^2+6a-\dfrac{1}{2}a^2+3a-3a-3a-18=\dfrac{1}{2}a^2+3a-18$　これが38になるとき，$\dfrac{1}{2}a^2+3a-18=38$　$a^2+6a-112=0$　$(a+14)(a-8)=0$　$a=8$

やや難　(3)　$a=8$のとき，DEの中点Gを通り，ABに平行な直線を引いて，AD，BCとの交点をそれぞれJ，Iとすると，JG：AB$=$DG：DE$=1:2$　よって，JG$=3$　GI$=8-3=5$　点J，IはそれぞれAD，BCの中点だから，CI$=7$　IF$=1$　JH//IFであり，JH：FI$=$GJ：GI$=3:5$だから，JH$=\dfrac{3}{5}$　よって，AH$=7-\dfrac{3}{5}=\dfrac{32}{5}$

5.（平面図形―特別な直角三角形，角度，平行線と線分の比，長さ）

基本　(1)　∠DFE$=$∠DAE$=75°$，DF⊥BCなので，∠EFC$=90°-75°=15°$

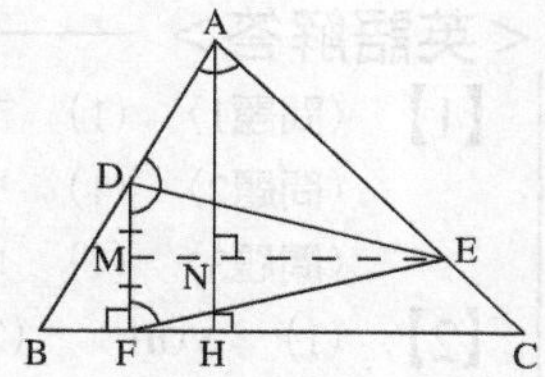

(2)　△DBFで三平方の定理を用いると，FD＝AD＝$\sqrt{3}$，BF＝1なので，BD＝$\sqrt{3+1}$＝2　△DBFは3辺の長さの比が2：1：$\sqrt{3}$となるので，内角の大きさは30°，60°，90°である。よって，∠BDF＝30°，∠ADF＝150°　四角形ADFCの内角の和が360°だから，∠ACB＝360°－75°－150°－90°＝45°

重要　(3)　点AからBCに垂線AHを引くと，DF//AHなので，BF：BH＝BD：BA　1：BH＝2：$(2+\sqrt{3})$　BH＝$\dfrac{2+\sqrt{3}}{2}$　DF：AH＝BD：BA　$\sqrt{3}$：AH＝2：$(2+\sqrt{3})$　AH＝$\dfrac{2\sqrt{3}+3}{2}$　△AHCは直角二等辺三角形なので，CH＝AH＝$\dfrac{2\sqrt{3}+3}{2}$　よって，BC＝$\dfrac{2+\sqrt{3}}{2}+\dfrac{2\sqrt{3}+3}{2}=\dfrac{5+3\sqrt{3}}{2}$

やや難　(4)　△EFDは∠EDF＝∠EFD＝75°なので，2角が等しいから二等辺三角形である。よって，DFの中点をMとすると，EMはDFに垂直である。よって，EM//BC　EMとAHの交点をNとすると，∠ANE＝90°，∠AEM＝∠ACB＝45°なので，△ANEは直角二等辺三角形となる。AN＝AH－NH＝$\dfrac{2\sqrt{3}+3}{2}-\dfrac{\sqrt{3}}{2}=\dfrac{\sqrt{3}+3}{2}$　したがって，AE＝$\sqrt{2}$AN＝$\dfrac{\sqrt{6}+3\sqrt{2}}{2}$

6.（空間図形－立方体に内接する球，切断，切り口の面積）

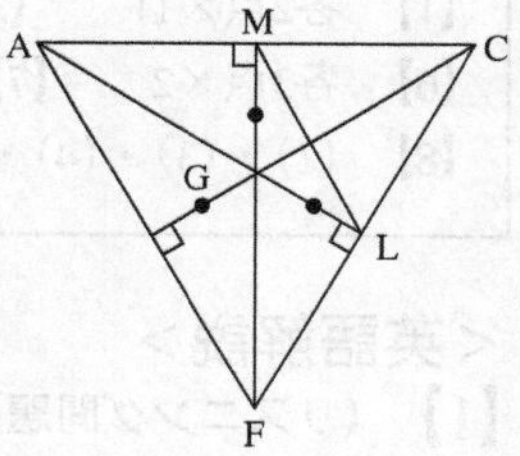

重要　(1)　AC，CF，FAはいずれも1辺の長さが8の正方形の対角線なので，長さが$8\sqrt{2}$である。よって，点A，C，Fを通る平面で切ったときの切り口は，1辺の長さが$8\sqrt{2}$の正三角形ACFとなる。切り口の円は，△ACFに内接する円であり，△ACFの頂点とそれぞれの向かい合う辺の中点を結ぶ線分は1点で交わる。右図で，中点連結定理により，LM//FA，LM＝$\dfrac{1}{2}$AF　LG：AG＝LM：AF＝1：2　よって，LG＝$\dfrac{1}{3}$AL　ALは1辺の長さが$8\sqrt{2}$の正三角形の高さなので$\dfrac{\sqrt{3}}{2}\times 8\sqrt{2}=4\sqrt{6}$　よって，LG＝$\dfrac{1}{3}$AL＝$\dfrac{4\sqrt{6}}{3}$なので，切り口の円の面積は，$\left(\dfrac{4\sqrt{6}}{3}\right)^2=\dfrac{32}{3}\pi$

(2)　△BPS，△FQRは1辺の長さが4の直角二等辺三角形なので，PS＝QR＝$4\sqrt{2}$　4点P，Q，R，Sを通る平面で切った切り口は，長い辺が8，短い辺が$4\sqrt{2}$であり，切り口の円の直径は$4\sqrt{2}$となる。よって，切り口の円の面積は，$\pi\times(2\sqrt{2})^2=8\pi$

★ワンポイントアドバイス★

1. (2)は$(a-b)$を作る。3. は正三角形は頂点と対辺の中点を結ぶ直線について対称。4. は点Gを通るABに平行な直線を使う。5. の(3)，(4)は点AからBCに垂線を引くとよい。

＜英語解答＞

【1】 〈問題1〉 (1) ア (2) ア (3) エ
〈問題2〉 (1) ウ (2) イ (3) エ
〈問題3〉 (1) ウ (2) イ (3) ア (4) エ (5) ウ

【2】 (1) won (2) lives (3) meant

【3】 (1) dying (2) use (3) in [at] (4) save

【4】 エ，カ

【5】 (1) A イ B エ (2) A ア B イ

【6】 ① I think that it will take much time.
② The next bus will come in fifteen minutes.

【7】 (1) ア (2) エ (3) (These robots) need humans to take care of them(.)
(4) ウ (5) ロボットがいつか人間の教師に代わって子供を教えること。
(6) オ (7) イ，カ

【8】 (1) エ (2) had a long life (3) ウ (4) 1 ウ 2 イ 3 カ
4 エ 5 オ 6 ア (5) オ

○推定配点○

【1】 各2点×11 【2】 各3点×3 【3】 各3点×4 【4】 各2点×2 【5】 各2点×4
【6】 各3点×2 【7】 (1)・(2)・(4)・(6)・(7) 各2点×6 他 各3点×2
【8】 (1)・(3)・(4)・(5) 各2点×9 他 3点 計100点

＜英語解説＞

やや難 【1】 (リスニング問題)

〈問題1〉

(1) A：Fred, what do you want for dinner tonight?
B：How about Chinese noodles, Mom?
A：We had noodles two nights ago. Think of something else.

(2) A：Yesterday, we played baseball together! But we missed you.
B：Sorry, but I couldn't go out.
A：Really? It was a nice sunny day! What were you doing on Sunday?

(3) A：Hello, Happy Pizza, may I help you?
B：Yes, I'd like a large size pizza with bacon and onion, please. When can I get it?
A：Hmm, I'm sorry to say that we are very busy now. So it'll take about an hour or so.
B：Will it really take so long?

(1) A：フレッド，今晩の晩御飯は何を食べたいかしら。
B：中華そばはどう，お母さん。
A：私たちは二晩前に麺を食べたわよね。何か他のものを考えてみて。
ア わかりました，ハンバーガーを食べましょう。
イ わかりました，日本そばを注文しましょう。
ウ すぐに夕食を食べましょう。
エ しかし，それらはすべて売り切れです。

(2) A：昨日，みんなで野球をしました。でも君がいなくて寂しかったです。

B：ごめんなさい，でも私は外出できませんでした。
A：本当に？　晴天で良い日でしたよ。日曜日に何をしていたのですか。
ア　自分の部屋を清掃しなければなりませんでした。
イ　市立図書館で勉強をしていました。
ウ　家族とキャンプを十分に楽しみました。
エ　自分のグローブとバットを失くしました。

(3)　A：もしもし，ハッピー・ピザです。何になさいますか。
B：ええ，ベーコンとタマネギの大きなサイズのピザを1つお願いします。いつできますか。
A：そうですね，申し訳ありませんが，今とても混んでいます。したがいまして，1時間くらいはかかるかと思います。
B：そんなに長時間かかるのですか。
ア　はい，そうなることを望んでいます。
イ　いいえ，でも直ちにします。
ウ　いいえ，そうは思いません。
エ　はい，すみません。

〈問題2〉

(1)　Kathy left her umbrella behind after having a cup of coffee in a restaurant. She was walking to the station to take the train. A waitress found it and ran after Kathy and gave it back to her. As it wasn't raining outside, Kathy didn't notice that she didn't have her umbrella with her.
Question: Where did Kathy leave her umbrella behind?

(2)　Lucy writes to her grandmother in New York once a month. But in the middle of last month, she got a nice present from her grandmother, so she wrote another letter to say thank you to her the next day. Soon her grandmother sent a letter to Lucy. Lucy was happy to receive it.
Question: How many letters did Lucy write to her grandmother last month?

(3)　Kana and Miki are members of the tennis club at their high school. They play tennis together after school on Tuesdays and Fridays. But this Friday, Kana caught a bad cold and didn't come to school. Miki felt lonely and practiced with other members of the club. Miki hoped that Kana would get well soon.
Question: What did Miki do this Friday?

(1)　キャシーはレストランで一杯のコーヒーを飲んだ後に，(自分の)雨傘を置き忘れた。彼女は電車に乗るのに駅まで歩いていた。ウェイトレスが傘を見つけて，キャシーの後を走って追いかけ，彼女にそれを返してくれた。外は雨が降っていなかったので，キャシーは傘をもっていないことに気づいていなかった。
質問：キャシーは彼女の傘をどこに置き忘れたか。
ア　外は雨が降っていなかったから。　　イ　駅で。
ウ　レストランで。　　エ　ウェイトレスがそれを見つけた。

(2)　月に1回，ルーシーはニューヨークに住む彼女の祖母に手紙を書いている。しかし，先月の中旬に，彼女は祖母からすてきな贈り物をもらったので，翌日，彼女に感謝を伝えるために別の手紙を書いた。すぐに祖母はルーシーに手紙を返信した。ルーシーはそれを受け取ってうれしかった。

質問：先月，ルーシーは彼女の祖母に何通の手紙を書いたか。

ア　1通の手紙。　イ　2通の手紙。　ウ　3通の手紙。

エ　彼女は1通も手紙を書かなかった。

(3)　カナとミキは彼女たちの高校のテニス部の部員だ。彼女らは火曜日と金曜日の放課後，一緒にテニスをしている。しかし，今週の金曜日，カナは風邪をこじらせて，学校に来なかった。ミキは心細く感じたが，クラブの他の部員と練習をした。ミキはカナがすぐに元気になることを願っていた。

質問：今週の金曜日にミキは何をしたか。

ア　彼女はひどい風邪にかかっていた。　イ　彼女は学校を休んだ。

ウ　彼女はカナと話をした。　エ　彼女は他の部員とテニスをした。

〈問題3〉

An American named Greg Mortenson has written a very popular book with a very unusual title. It's called *Three Cups of Tea*. In it, Mortenson talks about his experiences building schools for poor children in Pakistan and Afghanistan. Why did he do this? And how did the book get its title?

In 1993, Mortenson wanted to climb a mountain called K2 in Pakistan. It's 8,611 meters high. He stayed on the mountain for 70 days, but he couldn't reach the top. After he went down, he became very sick and weak. Two local men took him to a small village called Korphe. There, the people took care of him for seven weeks until he got stronger. To thank the people of the village for their kindness, he decided to build a school in Korphe.

Mortenson worked hard for years to get the money for his first school. Since then, he has built more than 70 schools, and more than 25,000 boys and girls have studied in them. His work was sometimes very difficult, because he was a foreigner and he had different ways of thinking from the people there. Some men in the villages were very angry with him, because they didn't want schools for girls.

But Mortenson learned about the local cultures, and he found a good way to break the ice: by drinking tea with people. That's where the title of his book comes from. The local people say, "The first time you drink tea with us, you are a stranger. The second time you have tea, you are a guest. The third time you share a cup of tea, you become our family."

By drinking three cups of tea with the people living in the mountains in Pakistan and Afghanistan, he could connect with them and learn about their villages and problems. His schools have brought a better future to the children of the area.

Questions:

(1)　Which is true about *Three Cups of Tea*?

(2)　What is Korphe?

(3)　Why did Mortenson decide to build a school?

(4)　Which is true about the story?

(5)　What did drinking tea with the local people bring to Mortenson?

グレッグ・モーテンソンという名前のアメリカ人は，とても風変わりな題名のとても人気のある本を著した。それは‘3杯のお茶’と呼ばれるものだ。その本で，モーテンソンはパキスタンやアフガニスタンの貧しい子供たちのために学校を建設したという自身の経験を述べている。なぜ彼はこのようなことをしたのか。そして，どのようにしてその題名がつけられたのか。

1993年に，モーテンソンはパキスタンにあるK2と呼ばれる山への登頂を希望していた。標高は8,611メートルだ。彼はその山に70日間滞在したが，頂上に到達することはできなかった。彼は下山すると，ひどく体調を崩して衰弱した。2人の地元住民が，コルフェと呼ばれる小さな村に彼を連れて行った。そこで，体が回復するまで，人々は彼のことを7週間看病した。その親切な行為に対して村人たちに感謝するために，彼はコルフェに学校を建てることを決意した。

彼の初めての学校のための資金を得ようと，モーテンソンは何年間も懸命に働いた。それ以来，彼は70校以上の学校を建て，そこでは25,000名以上の少年や少女たちが勉強してきた。彼の仕事は時には非常に困難なものとなった。なぜなら彼は外国人であり，そこに住む人々とは異なる考え方をもっていたからである。女の子には学校が必要ないという理由で，彼に対してとても怒った村民もいた。

しかし，モーテンソンは現地の文化を学び，緊張を和らげる効果的な方法を見つけ出した。それは人々とお茶を飲むことだった。そこから彼の本の題名は由来しているのだ。地元住民は，「最初に私たちとお茶を飲んだ際には，あなたは見知らぬ人である。2度目にあなたがお茶を飲む時には，あなたは客人だ。3度目にお茶を分かち合う時には，あなたは私たちの家族の一員となっている」と言う。

パキスタンとアフガニスタンの山あいに住んでいる人々と3杯のお茶を飲むことで，彼は現地の人々と結びつくことができ，彼らの村や諸問題について知ることができた。彼の学校は，地域の子供たちにより良い未来をもたらしてきたのである。

質問：

(1)　'3杯のお茶' という本に関して真実なのはどれか。

ア　それは3杯のお茶を飲むことがいかに重要であるかを述べている本である。

イ　それはモーテンソンのK2登山の経験について述べている本である。

ウ　それはパキスタンやアフガニスタンに学校を作るためのモーテンソンの努力についての本である。

エ　それは少女にとって学校で勉強することがいかに重要かを述べている本である。

(2)　コルフェとは何か。

ア　それはパキスタンにモーテンソンが建てた学校の名前である。

イ　それはパキスタンの村の名前である。

ウ　それはパキスタンのある地方の風習である。

エ　それはモーテンソンを世話した男性の名前である。

(3)　なぜモーテンソンは学校を建てようと決意したのか。

ア　彼は恩返しをしたかったから。

イ　彼はパキスタンの貧しい少女を助けたかったから。

ウ　彼は地元の問題について意見を交換したかったから。

エ　彼は地元の人々と仲良くなりたかったから。

(4)　物語について真実なのはどれか。

ア　モーテンソンはパキスタンとアフガニスタンにおいて家を持たない人々のために力を尽くした。

イ　モーテンソンはパキスタンとアフガニスタンに25,000の学校を建てた。

ウ　モーテンソンは人々の家を訪問することで，地元住民との間の緊張感を和らげた。

エ　モーテンソンは異なる考えを持っていたので，学校を建設する際に苦労した。

(5)　地元の人々とお茶を飲むことは，モーテンソンに何をもたらしたか。

ア　貧しい子供たちと上手く付き合っていくこと。
イ　子供たちに対するより良い未来。
ウ　地元の問題の理解。
エ　コンピューターネットワークへの強固な接続。

基本 **【2】**　**（語彙：単語，単語の発音）**

(1)　eight「8(の)」とate(eat「食べる」の過去形)は同じ発音[éit]であることに着目する。oneと同じ発音のwon(win「勝つ」の過去形)が正解。

(2)　tooth「歯」(単数形)の複数形がteethなので，life「生活・生命」(単数形)の複数形livesが答え。

(3)　fight「戦う」の過去形がfoughtなので，mean「意味する」の過去形を答えれば良い。答えはmeantである。

やや難 **【3】**　**（語彙：語句補充・記述，進行形，助動詞，前置詞，分詞，不定詞）**

(1)「枯れる」は「(木が)死ぬ」dieと考え，現在分詞dyingとする。進行形〈be動詞＋現在分詞[doing]〉「～しているところだ」

(2)「借りる」他の場所に持って行って使う場合はborrowだが，移動できない場合には，通常，useを使う。〈May I＋原形～？〉「～しても良いですか」

(3)　通常，「～へ行く」は〈go to ～〉であるが，ここでは，泳ぐ場所を表す前置詞in [at]が適切。〈go＋現在分詞[doing]＋at [in] ～〉「～へ…しに行く」

(4)「時間を浮かせる」は「時間を節約する」「節約する」saveと考える。類問では，日本語を簡単な言葉に置き換えて英語に直すと良い。不定詞[to do]の目的を表す副詞的用法「～するために」〈by＋乗り物〉「(交通手段)で」

重要 **【4】**　**（文法：正誤問題，比較，不定詞）**

ア「グラスに水がほとんどなかった」(○)　littleは数えられない名詞に使われて，「ほとんど～ない」の意。〈There＋be動詞＋名詞＋場所〉「Sが…[場所]にある／いる」

イ「今すぐに帰宅したらどう？」(○)　〈Why don't you＋原形～？〉「～してはどうか／しませんか」　right now「今すぐに」

ウ「昨夜，あなたの宿題を終えなかったのですか」―「はい(終えていません)。今，しなければなりません」(○)　否定疑問文「～ではないのですか？」の答え方に注意。内容が否定「はい，～ではない」なら，〈No,＋否定形〉，内容が肯定「いいえ，～だ」なら，〈Yes,＋肯定〉。must「～しなければならない／にちがいない」

エ「英語，数学，あるいは，日本語でどちらの科目がより好きですか」(×)　比較の対象が3つなので，which「どちら」の代わりにwhatを用いる。また，better「より良い／より良く」(good／wellの比較級)ではなくて，best「最も良い／最も良く」(good／wellの最上級)にしなければならない。

オ「昨日，何匹の魚を捕まえましたか」(○)　数を尋ねる表現〈How many＋複数名詞～？〉「いくつ～ですか？」。fishは通常，単複同形なので，fishのままで正しい。

カ「私は学校で話をするもっと多くの友達が欲しい」(×)「～と話をする」〈talk with＋人〉なので，talkの後にwithが必要。〈名詞＋不定詞[to do]〉不定詞の形容詞的用法「～するための／するべき…」　more「より多く(の)」← many／muchの比較級

重要 **【5】**　**（文法：語句整序，関係代名詞，受動態）**

(1)　You are the only person who knows that thing(.)　whoは主格の関係代名詞。〈先行詞(人)＋who＋動詞～〉「～する…」

(2) You are encouraged to ask me any questions(.) 直訳すると「あなたは私にどのような質問でもすることを奨励されている」となる。You are encouraged to ask ～ ← 〈encourage ＋人＋不定詞〉「人を～することを勇気づける」の受動態となっている。〈be動詞＋過去分詞〉受動態「～される」

やや難 **【6】 (会話文問題：条件英作文，助動詞)**

(全訳) A：すみません。清水寺に行きたいのですが。そこまで歩いて行けますか。

B：清水寺まで歩きたいのですか！？ ①それはずいぶん時間がかかると思いますよ。バスで行くべきですね。

A：すぐに(バスは)ありますか。

B：時刻表を確認させてください。そうですね，今は11時40分で…そう…ええ。②次のバスは15分後に来ます。

A：わかりました。本当にありがとうございました。

B：どういたしまして。あなたの旅を楽しんでください。

① 清水寺まで歩いて行けるか，と尋ねられて，下線部①の発言を挟み，バスで行くことを勧めている。以上の文脈と与えられている語から，「(そうすると私は)時間がかかると思う」という文意の英文を完成させること。未来〈will ＋原形〉「～でしょう／するつもりだ」，take (much) time「時間がかかる」，should「～するべきだ／するはずだ」，by bus「バスで」

② バスがすぐあるか，と尋ねられたこと，そして，現在の時刻は11時40分で，時刻表より，次のバスは15分後の11時55分に来ることがわかる。以上の文脈と与えられている語から「次のバスはあと15分で来る」という意味の英文が答えとなる。「～のうちに／～で」(時間の経過)は〈in ＋時間〉で表す。〈be動詞＋ there ＋ S ＋場所？〉「Sは～[場所]にあるか」 one は前出の〈a [an]＋単数名詞〉の代用。ここでは a bus の代わりに使用。

【7】 (長文読解問題・エッセイ：語句補充・選択，語句解釈，語句整序，指示語，内容吟味，要旨把握，不定詞，動名詞，関係代名詞，受動態，分詞)

(全訳) 小学校の教室で，ナオのまわりを子供たちが取り囲んでいる。その日に国語の授業で読んだ物語について，子供たちはナオに話をしている。ナオはその話について質問をして，子供たちは彼女に答えている。このような光景は，日本におけるどのような教室でも，目にするかもしれないが，A特別なことが一つだけある。それは，ナオはわずかに身長が63.5センチで，他の子供たちよりもはるかに小さいということだ。実は，ナオは子供ではなくて，ロボットである。

2004年に，フランスのロボット工学の会社でプロジェクト・ナオとして，ナオは誕生した。2015年に，日本のソフトバンク・グループが，元のフランスの会社を買収して，ソフトバンク・ロボティクスと会社名を変更した。ナオは外見がとても小さくて人間の子供のように見える。①このような理由から，生徒がこのロボットと友達になるのは，難しいことではない。ナオは世界中のさまざまな多くの学校で採用されている。5,000体以上のナオが，50カ国以上で現在用いられている。

ほとんどのロボットは，人間に対して何かを行うために利用されている。それらは，‘ケア・ギヴィング(看護・介護)ロボット’と呼ばれる。しかし，ナオは‘ケア・レシーヴィング・ロボット’と呼ばれる新しい種類のロボットの一例である。②これらのロボットには，彼らを世話してくれる人間が必要となる。教室では，ナオが生徒に対して学校での教科を教えることはない。ナオはしばしば過ちを犯すような弱々しい生徒として作られている。人間である生徒は，ナオの過ちを正すことで，彼女にものごとを‘教えている’のだ。このようにして，それまで学んできたことを生徒たちが再び学習することの助けとなっている。多くの子供たちは，ナオと意思疎通をすることをとても楽しんでいて，ときどき校外でもナオの学習ゲームを行う。また，親や教師は子供たちにありとあらゆることに成功することを求めるようなことがあっても，ナオが子供たちに重圧をかけることはないので，彼らは学習することに関して落ち着いていられるのだ。③ナオのようなケア・レシーヴィング・ロボットは，教育の将来にとって手がかりとなりうるのである。

しかし，教室でのロボットの役割が増していくことを，好ましく思う人々ばかりとは限らない。多くの親がロボットの周囲にいる子供たちの安全について心配している。こうした理由から，ケア・レシーヴィング・ロボットは，多くの場合，小さく，弱々しく見えるように作られているので，幼い児童をこわがらせたり，傷つけたりすることはない。いくつかのケア・レシーヴィング・ロボットは生徒との会話を録音することが可能なので，担任の先生がその録音を後で聞くこともできる。たとえそうであっても，人間の先生に代わって，いつかロボットが自分たちの子供たちを教えるようになることを懸念する(他の)親たちも存在している。ロボットは支援道具として作られており，主たる教師として作られているわけではないので，④そのようなことは起きないだろう，とロボット開発者は述べている。ケア・レシーヴィング・ロボットを教室内での友として完全なものに$_B$するためには，将来，より多くの研究や変更が必要とされるだろう。

日本では，学生の英語の意思伝達能力を向上させようという試みがさかんになされている。ナオのようなケア・レシーヴィング・ロボットは，こういったことを実現するための一つの方法となりうるのだ。現在，日本では，国中の学校で約500体のロボットを使うプロジェクトが始まろうとしている。学生が英語を話したり書いたりする能力を向上させることを，おそらくはこれらのロボットが支援するであろう。このような大規模なプロジェクトと共に，ケア・レシーヴィング・ロボットの役割は将来増え続けるかもしれない。

基本 (1) 空所の前は，小学校で見られる通常の風景描写。空所を含む文は「日本のすべての教室で，このような場面を目撃するかもしれないが，一つだけ(A)」の意。なぜ(A)のような状態なのか，その理由は空所後に，教室の中に人ではなくてロボットが1台存在している，と記されている。従って，空所に当てはまるのは，special「特別な」。他の選択肢は次の通り。イ「自然な」，ウ「厳しい」，エ「良い」，オ「難しい」

基本 (2) 下線部①の具体的内容は，直前の「ナオは非常に小さな幼児のように見える」を指す。従って，正解は同主旨のエ「外見上，ナオは小さい子供に似ている」。look like「～のように見える」，similar to「～と似ている」，in appearance「外見上」他の選択肢は次の通り。ア「ナオは幼い子たちと話すことが好きだ」，イ「有名なロボット会社がナオを作った」，ウ「ナオはほぼ完ぺきな子供型ロボットである」

やや難 (3) (These robots) need humans to take care of them(.) ロボットが人間の支援を必要としているという意。take care of「～を世話する」 them = these robots

やや難 (4) 下線部③は「ケア・レシーヴィング・ロボットが教育の将来にとって成功への手がかりとなりうる」の意。適当でないものは，ウ「とても小さくて移動しやすいので，便利なロボットがある」で，本文中で言及されていない。easy to carry「運びやすい」，〈形容詞＋不定詞[to do]〉「～するのに…」 以外の選択肢はすべて本文で言及されていて，理由として適切である。ア「学校において，子供たちはロボットに教えたり，共に学んだりすることが好きだ」(第1・2・3段落) like teaching ← 動名詞[doing]「～すること」 イ「ロボットのおかげで，児童は教室で学んだことを再び学習することが可能だ」(第3段落第8文) thanks to「～のおかげで」，関係代名詞 what = the thing(s) which [that]「～すること／もの」 エ「子供たちは学校の外でさえも，教育支援ゲームを体験することが可能だ」(第3段落第9文) teaching games = games for teaching は，教えることを目的にしたゲームの意なので注意。

基本 (5) 直前の文「人間の先生の代わりに，いつかロボットが子供たちを教えるようになることを懸念する親がいる」の下線部の内容を語数制限内でまとめること。one day「(未来の)いつか／(過去の)ある日」, instead of「～の代わりに」

基本 (6)〈make ＋A：名詞＋B：通常，形容詞〉「AをBの状態にする」 当設問 make $_{A}$care-receiving robots $_{B}$perfect は「ケア・レシーヴィング・ロボットを完全にする」の意。

重要 (7) ア「ナオは2004年にソフトバンク・ロボティクスと呼ばれる日本の会社で誕生した」(×) ナオを開発したのはフランスのロボット工学会社である(第2段落最初の文)。〈be動詞＋ born〉「誕生する」, company called ～「～と呼ばれる会社」←過去分詞の形容詞的用法〈名詞＋過去分詞＋他の語句〉「～された名詞」

イ「世界中の多くの学校にたくさんのナオがいる」(○) 第2段落最終文に「50カ国以上に5,000以上のナオがいる」との記述あり。〈there ＋be動詞＋ S ＋場所〉「～[場所]にSがいる」, all over「～じゅうに／の至る所に」, more than「～以上」,〈be動詞＋used〉「使われている」← use「使う」の受動態

ウ「人間の世話をするロボットは'ケア・レシーヴィング・ロボット'と呼ばれる」(×) 人に役立つことをするロボットは，ケア・ギヴィング・ロボットであり(第3段落第1・2文)，ナオのようなケア・レシーヴィング・ロボットは，人間からの働きかけを受けるロボットである(第3段落第3文以降)。the robots which look after ← 主格の関係代名詞〈先行詞[もの]＋ which ＋ S ＋動詞～〉「Sが～する…」 look after ＝ take care of「～の世話をする」,〈S ＋be動詞＋ called ＋ C〉「SはCと呼ばれる」

エ「ナオはとても美しく見えるので，人間の生徒はくつろいだ気分になる」(×) 言及なし。relaxed「くつろいだ／緊張のほぐれた」

オ「ナオの周囲で子供たちが遊ぶことを危険だと感じる親は一人もいない」(×) 第4段落第2文で，ロボットの周囲にいる子供たちの安全を危ぶむ親が多いことが述べられている。〈It is ＋形容詞＋ for ＋ S ＋不定詞[to do]〉「Sが～するのは…である」,〈be動詞 ＋ worried about〉「～について心配している」

カ「ケア・レシーヴィング・ロボットは，日本人学生が英語技能を向上させる手助けとなるだろう」(○) 最終段落第4文に一致。may「～してもよい／かもしれない」

【8】 **(長文読解問題・論説文：語句補充・選択，語句解釈，文・整序・挿入，内容吟味，要旨把握，助動詞，受動態，分詞，接続詞，動名詞，比較)**

(全訳) ❶ ジーンズは世界で最も多く着用されている洋服の一つとなっている。農民から弁護士，ファション・モデルから主婦まで，みんながジーンズをはいている。しかし，なぜジーンズはこれほど普及したのか。(それには)多くの理由がある。ある人々にとってはジーンズが格好よく見え，他の人々にとってはジーンズは単にくつろげる服装なのだ。

❷ ジーンズは，アメリカ西部の州で，①長い間着られる農民の労働用ズボンとして当初はデザインされた。ネヴァダ州で男性の服を作る仕事をしていたジェイコブ・デイヴィスが，ポケットをより耐久性のあるものにするために，ポケットの隅に金属片を使うという考えを思いついた。その商品は人気が出て，まもなく多くの人々がジーンズを購入するようになった。

❸ デイヴィスは，多くの人々が購入したいと願う優れた製品を手にした，ということを理解していたが，その特許権を取得する資金が(彼には)不足していた。デイヴィスは，布を販売することを仕事にしていたリーヴァイ・ストラウスに助けを求めた。二人は協力して，簡単に伸び縮みが可能なデニムジーンズを製造し始めた。それは，はきやすかった。また，しばらくはいていると，(生地が)柔らかくなった。藍色と同時に，製品は様々に変色された。そして，現在，退色した感じを出すために，②販売される前に，ほとんどの場合は数回洗われているのだ。

4 当初，ジーンズは労働者によって，特に工場において，着用されていた。アメリカ合衆国の東部地区では，ジーンズを着用することが好まれなかった。ウ(これは)ジーンズには労働者階級の人々の印象があったからだ。イだが，金持ちの東部の人々が，日常から離れて，休暇で旅行に出かける際には，彼らはしばしばジーンズを着用した。カそこで，ジーンズは東部の人々の間にも普及するようになった。

5 ジェームズ・ディーンとマーロン・ブランドが映画においてジーンズを人気のあるものにし，みんながジーンズをはきたいと思うようになった。ジーンズは1950年代，1960年代を通じて，若者の反抗の象徴となった。エヴェトナム戦争や政府に対して，大学生が反対の意を示すために，ジーンズをはきはじめた。オそこで，レストラン，劇場や映画館のような公共の場では，これらの新しいズボンをはくべきではない，と告げられた。アしかしながら，時間が経過するにつれて，ジーンズはもっと広く受け入れられるようになり，現在ではジーンズは普段着としてだけではなく公式の催しにおいても着用される。

6 ジーンズは他の国においても急速に親しまれるようになった。ヨーロッパや日本に駐屯する軍人たちは，任務に就いていない際に自らがアメリカ人であることを示すためにしばしばジーンズを着用した。特に第二次世界大戦の過酷な時代の後に，人々が求めたもの，つまり，以前よりも幸福な生活様式をそのズボンは世に示したのである。

7 高価でなくて，耐久性に優れていたことも，ジーンズが着用された理由であった。現在では，ジーンズは主婦にとっても有益だ。他の種類のズボンほど頻繁に洗ったり，女性がジーンズにアイロンをかけたりする必要もない。より多くの女性が働くようになり，家事にかける時間が減少しているので，このことは以前よりも重要度を増しているのである。

基本 (1) 空所Aを含む箇所は「ジーンズの人気が高いのはたくさん理由があり，ある人々にとっては格好よく見えるからで，別の人々にとっては単にくつろげる服装だからだ」の意。「何人かの人々[いくつかのもの]は～，別の人々[複数のもの]は～」〈some ～, others …〉 他の選択肢は次の通り。すべて複数の意では用いられないので，不適。ア other「別の一人[1つ]」〈other ＋名詞〉の形で用いられて，単独では用いられない。 イ another「(残りのうち不特定の)もう一人の[1つ]」 ウ the other「残りの一人[1つ]」

基本 (2) 下線部①は「長い間着られる」の意。第7段落の最初の文にある had a long life と同じ意味。ここでの life は「耐用期間」を示す。could be worn ← 助動詞を含む受動態〈助動詞 ＋ be ＋過去分詞〉 for a long time「長い間」

基本 (3) 下線部②は「販売される前に，ほとんどの場合は数回洗濯されている」の意。その理由は下線部以降の「退色した外観にするために」なので，正解はウ。faded appearance ← 過去分詞の形容詞的用法〈過去分詞＋名詞〉「～された…」，fade「見えなくなる，消える，弱くなる，薄らぐ」，are sold「売られている」，are washed「洗われる」←〈be動詞＋過去分詞〉受動態「～される／されている」，a few times「数回」

やや難 (4) 「アメリカ合衆国の東部ではジーンズは好まれなかった」→ 1 ウ「ジーンズには労働者階級の印象があったからだ」→ 2 イ「だが，金持ちの東部の人々は日常から離れて休暇で旅行する時は，ジーンズを着用した」→ 3 カ「そこで，ジーンズは東部の人々の間にも普及した」 This is because「このことは～が原因だ」 working class「労働している階級」← 現在分詞の形容詞的用法〈現在分詞＋名詞〉「～している…」 go on holiday「休暇で旅行に出かける」，get away from「～から離れる」，〈～. So …〉「～である。そこで…」

「ジーンズは1950年代，1960年代を通じて，若者の反抗の象徴」→ 4 エ「ヴェトナム戦争や政府に抗議するために大学生がジーンズをはき始めた」→ 5 オ「そこで，公共の場所ではジーンズをはくべきではないと言われた」→ 6 ア「しかし，時間が経過するにつれて，ジーンズはより広く受け入れられ，普段着だけでなく公式の催しにおいても着用されている」 say no to「～に対して反対意見を述べる」，should not「～するべきでない」，such as「～のような」，not only A but also B「AばかりでなくてBもまた」

重要 (5) ア「ジェイコブ・デイヴィスとリーヴァイ・ストラウスは，作る前に，デニムジーンズに金属片を使う考えを話し合った」(×) 第2段落より，金属を使う考えはジーンズが商品化された後に，ジェイコブが単独で思いついたものであることがわかる。before「～の前に」，the idea of using「～を使う考え」←〈前置詞＋動名詞[doing]〉 イ「人々はジーンズを履く前に，数回洗濯する必要がある」(×) 洗濯に関しては下線部②で言及されているが，それは製造元が退色の効果を目論んで行うものである。several times「数回」 ウ「ジーンズはヨーロッパや日本で急激に広まったが，それはこれらの国に住んでいる人々がジーンズをアメリカ人に示したかったからだ」(×) ジーンズの普及した要因として，下線部の記述はない。people living in「～に住んでいる人々」←〈名詞＋現在分詞[doing]＋他の語句〉「～している…」 エ「第2次世界大戦後，世界の人々はアメリカ的生活様式を模倣し始めた」(×) 言及なし。 オ「家事に十分な時間が確保できないので，ジーンズは働いている女性に有益である」(○) 第7段落の内容に一致。working women「働いている女性」← 現在分詞の形容詞的用法〈現在分詞[doing]＋名詞〉「～している…」，as often as「～と同じくらい頻繁に」←〈as ＋原級＋ as ～〉「～と同じくらい…」，more important「より重要な」←〈more ＋原級〉，長い語の比較級 more and more「ますます多くの」←〈比較級＋ and ＋比較級〉「ますます／より～」，less「より少ない[く]」← little の比較級

★ワンポイントアドバイス★

今年度は正誤問題が出題された。6つの英文から文法的に間違っているものを2つ選択する問題だった。本校の正誤問題に対応するには，難易度の高い文法問題集を学習して，ある程度，出題頻度の高いパターンに精通しておくと良い。

＜理科解答＞

1. (1) あまり高温にならない　(2) (エ)　(3) 408kcal　(4) (カ)
(5) (鉄) 血液[赤血球]　(カルシウム) 骨　(6) カップめんなど，高カロリーだが栄養素の偏りが大きい食品が多く流通しているから。

2. (1) 4　(2) 地球型惑星　(3) ア 体積[質量，半径]　イ 密度　(4) (ウ)
(5) (ア)

3. (1) たたくと薄く広がる。　(2) Na^+，Zn^{2+}，Ag^+，Ca^{2+}
(3) ① $CuCl_2 \rightarrow Cu^{2+} + 2Cl^-$　② $Cu^{2+} + 2e^- \rightarrow Cu$　(4) ① $2Cu + O_2 \rightarrow 2CuO$
② 黒　③ (方法) 炎の内側に当てる。　(理由) 炎の内側は酸素が不足し，還元作用があるから。　(5) ① 3.2g　② Cu_2O

4. (1) (a) つりあう　(b) 大きい　(2) (ウ)　(3) 800Pa
(4) ① 2000000Pa　② 1000000N　③ $50m^3$

○推定配点○
1.　各2点×7　2.　各1点×6　3.　(1)～(3)　各1点×4　(4)・(5)　各2点×6
4.　各2点×7　　　計50点

＜理科解説＞

1.（ヒトのからだのしくみ―食物のエネルギー）

(1)　燃焼も呼吸も，有機物と酸素が結びつくことで，エネルギーが放出され，二酸化炭素と水が生成するという反応そのものは同じである。しかし，燃焼では高温になったり，光を出したりすることが多いのに対し，呼吸はそれほど高温にならず，また，多くの生物では光も出さない。

(2)　炭水化物1gでは，4.1×0.97＝3.977kcalのエネルギーが取り出せて，排泄量が0だから，アトウォーター係数は3.977を四捨五入して4kcal/gである。タンパク質1gでは，5.7×0.92＝5.244kcalのエネルギーが取り出せて，排泄量が1.25kcalだから，アトウォーター係数は5.244－1.25＝3.944を四捨五入して4kcal/gである。脂質1gでは，9.4×0.95＝8.93kcalのエネルギーが取り出せて，排泄量が0だから，アトウォーター係数は8.93を四捨五入して9kcal/gである。

(3)　(2)で求めたアトウォーター係数を用いて，35.5×4＋9.4×4＋25.4×9＝408.2となり，四捨五入して408kcalとなる。

重要　(4)　(ア)　この管は消化管という。消化器官は，食物が通らず消化液を出す器官も含まれる。
(イ)　血管は肝臓に向かうが，リンパ管は肝臓に向かわない。　(ウ)　肉食動物のコヨーテでは短く，草食動物のヒツジでは長い。　(エ)　胆汁は肝臓でつくられ，胆のうにたくわえられる。ウマやシカは胆のうがないが，胆汁はつねに分泌されている。　(オ)　ベネジクト液は加えただけでは反応せず，煮沸する必要がある。

(5)　鉄は赤血球の中のヘモグロビンに含まれている。カルシウムは骨格の材料である。

(6)　問題文によると，「新型栄養失調」は，三大栄養素は不足していないが，ビタミン，ミネラル，食物繊維が不足していることを指している。そのような食生活の原因を考えて述べればよい。

2.（地球と太陽系―惑星の特徴）

重要　(1)・(2)・(3)　表のグループAは，鉄の核のまわりを岩石が取り巻いた地球型惑星である。半径や体積，質量などは小型だが，平均密度は大きい。また，衛星の数は少なく，環を持たない。一方，グループBは，水素やヘリウムを主成分とする木星型惑星である。大型だが平均密度は小さい。また，衛星の数は多く，すべて環を持っている。

(4)　地球の公転周期は365.2422日である。端数の0.2422日は，およそ6時間である。この端数を4年ぶん集めるとほぼ1日になるので，4年に1度うるう年を設けている。それでも残るずれは，400年に1度うるう年を除くことで調節している。

(5)　(イ)　平均密度が1g/cm^3を下まわるのは土星だけである。　(ウ)　質量は関係ない。例えば火星は地球より質量が小さいが，火星の速度は地球よりも遅く，公転周期も長い。　(エ)　公転はすべて同じだが，自転は金星が逆であり，天王星は横倒しになっている。　(オ)　水星と金星にはない。

3.（原子と分子―銅の様々な反応）

基本　(1)　金属の共通性質として，電気や熱をよく伝えることや，金属光沢があること，たたけば薄く広がること(展性)，引っ張れば延びること(延性)，イオンになるときは陽イオンになることなどが挙げられる。ただし，銅は磁石につかないように，磁性は共通性質ではない。

(2)　酸素，硫黄，塩素は金属ではなく，どれも陰イオンの酸化物イオンO^{2-}，硫化物イオンS^{2-}，塩化物イオンCl^-になる。水素もふつう金属に含めることはないが，陽イオンである水素イオンH^+になる。

重要 (3) ① 塩化銅$CuCl_2$は，水に溶かすとすべて電離して，1個の銅イオンCu^{2+}と，2個の塩化物イオンCl^-になる。

② 陰極には銅イオンCu^{2+}が引き寄せられ，電子e^-を2個受け取って，銅原子Cuになる。一方，陽極には塩化物イオンCl^-が引き寄せられ，電子e^-を手放して塩素原子Clとなり，2つ結びついて塩素分子Cl_2になる($2Cl^- \rightarrow Cl_2 + 2e^-$)

(4) ①・② 銅を強く加熱して酸素と結びつくと，黒色の酸化銅CuOになる。

やや難 ③ 酸化銅を銅に戻すには，酸素を奪えばよい。炎の外側は酸素とよく結びついて完全燃焼しているが，炎の内側は酸素が不足して不完全燃焼しているため，酸化していない炭素や，一酸化炭素などがある。これらが酸化銅を還元する。

(5) ① Aとその1.8倍の質量のBを混合しているので，Aの質量をx[g]とすると，混合物の質量の合計は，$x+1.8x=9.6+1.6$となる。これより，$x=4.0$gである。Aのうち，銅と酸素の質量比が4：1だから，銅が3.2g，酸素が0.8gである。

② 混合物の銅と酸素の質量が9.6gと1.6gで，そのうちAの銅と酸素の質量が3.2gと0.8gだから，Bの銅と酸素の質量は，$9.6-3.2=6.4$gと，$1.6-0.8=0.8$gである。原子1個の質量比が4：1だから，原子の個数の比は，$(6.4\div4):(0.8\div1)=1.6:0.8=2:1$である。以上より，Bの化学式は$Cu_2O$である。なお，ベネジクト液に糖を加えて加熱したときの赤褐色の沈澱が，このBの酸化銅である。

4.（力と圧力―潜水艦にかかる力）

(1) (a) 水平方向からは，あらゆる向きから同じ大きさの水圧がはたらくので，つりあう。

(b) 水圧は深さに比例するので，下面にかかる水圧が大きい。

(2) 潜航するときは，潜水艦を重くするために，海水槽に海水を入れる。浮上するときは，海水中で海水槽から外に海水を捨てなければならない。そのため，気蓄機に圧縮されて入っていた高圧の空気を海水槽に加え，その空気で海水を押し出す。

(3) 2Lの海水の質量は2kgであり，40本ぶんの質量は80kgである。1kgの物体にはたらく重力が10Nだから，80kgの海水にはたらく重力は800Nとなる。この力が$1m^2$の板にかかるので，圧力は$800N/m^2$つまり800Paである。

(4) ① 水深200mの水中に，面積$1m^2$の板を水平に設置したとすると，その上にある海水の体積は$200m^3$であり，これは200kL＝20万Lと等しい。この質量は20万kgだから，はたらく重力は200万Nである。よって，水圧は200万Paである。

② 潜水艦Aの体積は$100m^3$＝100kL＝10万Lである。これと同じ体積の海水の質量は，10万kgである。浮力の大きさは，同じ体積の海水にはたらく重力と等しいので，100万Nである。

③ 海水槽に海水を入れたとき，潜水艦全体の重さが浮力とつりあえばよい。よって，海水槽に入れた海水の質量は，10万－5万＝5万kgである。この海水の体積は50000L＝50kL＝$50m^3$である。

★ワンポイントアドバイス★

問題文で与えられた情報をしっかり吸収し，身につけた基本事項と結びつけて，適切な解答を導き出そう。

＜社会解答＞

【1】 問1 ① 焼畑[焼畑農業] ③ 地中海式農業 問2 ゲル 問3 ウ，エ
問4 カ 問5 D オ E ア F キ 問6 アンデス

【2】 問1 1 多摩 2 地方中枢 問2 エ 問3 ウ 問4 (例) 年齢の高い人が増加してきたため，エレベーターのない古い建物では暮らしにくくなってきた。
問5 イ 問6 ア

【3】 問1 ウ 問2 ウ 問3 X エ Y ア Z ウ 問4 エ 問5 イ
問6 共和

【4】 問1 1 関白 2 楠木正成 問2 ア 問3 エ 問4 イ 問5 イ
問6 1 ア 2 エ

【5】 問1 1 人間の安全保障 2 ア 問2 ア 問3 エ 問4 イ，ウ
問5 ビッグデータ

【6】 問1 エ 問2 ウ 問3 ウ 問4 ベンチャー(企業) 問5 イ
問6 55(億円) 問7 エ

【7】 1 オ 2 キ 3 イ 4 カ

○推定配点○

【1】 各1点×9 【2】 問1～問3 各1点×4 問4 2点 他 各1点×2
【3】 各1点×8 【4】 各1点×8 【5】 各1点×6 【6】 各1点×7 【7】 各1点×4
計50点

＜社会解説＞

【1】 (地理―世界の地理に関する様々な問題)

問1 ① 北回帰線と南回帰線の間に広がる熱帯地域中心に行われ，キャッサバ・タロイモ・トウモロコシなどの作物を育てる農業である。③ 地中海沿岸で行われる農業である。

問2 木製の骨組みに羊の毛のフェルトをかぶせて組み立てる住居である。

やや難 問3 イギリス南部では混合農業が行われていることから，ウは誤りである。混合農業とは，北西ヨーロッパを中心にした農業で，安定した降水量を活かす形でトウモロコシ・小麦などの穀物と牧草などの飼料を輪作し，肉牛や豚などの家畜の飼育を並行して行うものである。ニュージーランドでは，酪農や果樹栽培が盛んに行われていることから，エは誤りである。

問4 リャマはアンデス地方に生息するラクダ科の動物，カリブーはシカ科に属するトナカイの中で北アメリカに生息しているもの，ヤクはチベットなどの高地に生息するウシ科の動物である。

重要 問5 D 自走式の散水管による灌漑《かんがい》設備のことである。 E ロッキー山脈から流れ出た川によって形作られた堆積平野の総称である。 F 運動量を制限して牛を太らせる方式である。 イは，アメリカとカナダの国境に位置するスペリオル湖・ヒューロン湖・ミシガン湖・エリー湖・オンタリオ湖のことである。ウは，グレートプレーンズの東側に広がる，ミシシッピ川が流れる平原のことである。エは，アメリカの大西洋岸の南端に突き出た半島で，大西洋とメキシコ湾を分けている。カは，イランの乾燥地域にみられる地下用水路のことである。クは，熱帯・亜熱帯地域につくられた，単一作物を大量に栽培する大規模農園のことである。ケは，農作物の収量増大を目指した様々な品種改良のことである。

基本 問6 南アメリカ大陸西側に位置する世界最長の山脈である。

【2】（地理―日本の地理に関する様々な問題）

問1 1 1966年以降，18次に及ぶ都市計画の決定・変更を重ねて段階的に整備された地域である。
2 1988年の第5次全国総合開発計画で位置づけられたものである。

基本 問2 常住夜間人口がいわゆる人口のことを表していることと，東京都に次いで，神奈川県は全国2位，大阪府は全国3位，愛知県は全国4位の人口であることを併せて判断する。アは愛知県，イは大阪府，ウは三重県，エは神奈川県であることがわかる。

問3 名古屋圏を考えると，愛知県には濃尾平野・岡崎平野などが広がっていることから，農業に適している土地が少ないとしているウは誤りである。

問4 ニュータウンは一斉に入居が行われていることが多いので，日本で起きている少子高齢化の影響を受けやすい点，高度経済成長期を中心に造成されていることからバリアフリーが十分でない点などに注目してまとめればよい。

重要 問5 鳥取県は日本海側の気候に属するので，冬の降水量が多くなる特色に注目する。アは冬でも気温が高いことから南西諸島の気候に属する沖縄県，ウは年間降水量が少なく冬の平均気温が0℃を少し下回っていることから内陸性の気候に属する長野県，エは夏の降水量が多いことから太平洋側の気候に属する高知県である。

やや難 問6 北海道の漁業生産量が昭和62年が約320万t，平成29年が約90万tであることから，アは誤りである。

【3】（世界の歴史―宗教を切り口にした世界の歴史に関する問題）

基本 問1 ルターが教会に対して「95か条の論題」を提示した1517年が宗教改革始まりの年であることから判断する。御成敗式目制定は1232年，金閣の建立は1397年，応仁の乱は1467年，鉄砲伝来は1543年，参勤交代の始まりは1635年のことである。

やや難 問2 高麗は918年から1392年にかけてあった朝鮮王朝であることから，ウは誤りである。

問3 X ウェストファリア条約でプロテスタントはカトリックと同じ権限を認められたことから判断する。 Y 王による中央集権の形式である絶対王政の特徴が官僚と常備軍であることから判断する。 Z 絶対王政が修正されたとあることから判断する。

問4 c 抵抗権は，イギリスの哲学者であるジョン・ロックが唱えたものである。 d 三権分立は，フランスの哲学者シャルル・ド・モンテスキューが1748年に出版した「法の精神」の中で唱えたものである。その他の選択肢にあるマルクスは，「資本論」を発表したドイツの哲学者・経済学者，ルソーは「社会契約論」などを発表したフランスの哲学者である。

問5 アメリカのマサチューセッツ州ボストンにあるオールド・ウェスト・チャーチの牧師ジョナサン・メイヒューが行った説教において発言したものが最初のものだとされている。

重要 問6 君主を持たない政治制度で，主権は人民または大部分の人民が持つものとされている。

【4】（日本の歴史―各時代の人物を切り口にした日本の歴史に関する問題）

基本 問1 1 令外官のひとつで，887年に就任した藤原基経が最初の例とされている。 2 幕府に従わなかったことから悪党と呼ばれた人々の代表である。

やや難 問2 年貢を納める義務を負った本百姓の中には，名主(庄屋)・組頭・百姓代の村方三役となる者がいたことから，Aは正しい。江戸時代には，浅草弾左衛門と呼ばれる，えた・非人身分の頭領が置かれ，江戸幕府から水戸藩などの一部を除く関八州の被差別民を統括する権限を与えられた役目があったことから，Bは正しい。これらを併せて判断する。

問3 Aは1918年，Bは1872年，Cは1890年のことである。

重要 問4 明治時代の憲法草案者とあることから判断する。初代内閣総理大臣である伊藤博文は長州出身である。アは原敬，ウは西郷隆盛，エは犬養毅のことである。

問5　『梟の城』で直木賞を受賞した作家である。「司馬史観」と呼ばれる独自の歴史観が広く支持され，多くのロングセラー・ベストセラーを産み出している。アは島崎藤村・田山花袋など，イは志賀直哉・有島武郎など，エは井原西鶴などが，それぞれの代表的な作家である。

問6　1　「大東亜」という表現があり，朝鮮侵略を肯定的にとらえる表現もあることから，Xは戦前の教科書であることがわかる。Yは，朝鮮侵略を否定的にとらえていることから，軍国主義を否定するようになった戦後間もない時期の教科書であることがわかる。これらを併せて判断する。アは1945年，イは1930年，ウは1965年，エは1895年のことである。　2　Yは戦後間もない時期の教科書であることから，当時の政治状況を推測できるものとして，戦前とは様変わりした内容となった，1946年11月3日に公布された日本国憲法の三原則に注目する。

【5】（公民―国際政治・経済のしくみなどに関する問題）

問1　1　2000年に開かれた，国連ミレニアム・サミットにおける日本の呼びかけに応える形で，緒方貞子前国連難民高等弁務官とケンブリッジ大学トリニティーカレッジ学長であるアマルティア・センを共同議長とし，12名の有識者をメンバーとして設立された人間の安全保障委員会で定義されたものである。　2　ベルリンの壁はベルリン市内に築かれたものであることから，アは誤りである。

重要　問2　冷戦時代は1945年～1989年である。アは1960年，イは2016年，ウは1992年，エは1996年のことである。

問3　1987年にアメリカのレーガン大統領とソ連のゴルバチョフ書記長が調印した条約である。この条約に加盟していない中国がミサイル開発を推進しているという懸念を強く持っていたトランプ大統領の下で，2019年2月にアメリカがソ連から条約を引き継いでいたロシアに条約破棄を通告し，半年後の同年8月に失効したものである。

やや難　問4　企業Aが開発した時の企業Bの状況に注目する。イ・ウは開発しない時の点数が開発した時の点数より低く，ア・エはその逆であることがわかる。したがって，企業Bも開発した方が点数が上がることになることから判断する。

基本　問5　傾向をつかみ解析することで，疾病予防，リアルタイムの道路交通状況判断などの分野における課題の克服や，様々な分野におけるビジネスチャンスにつながる可能性が指摘されている。

【6】（公民―戦後の日本の経済や様々な権利に関する問題）

基本　問1　1965年11月から1970年7月までの57か月間に渡って続いた高度経済成長期の好景気のことである。3Cに該当するのはコンピューターではなく自動車であることから，アは誤りである。国民所得倍増計画を出したのは池田勇人首相であることから，イは誤りである。1968年に世界第2位のGNPとなったが，この時の世界1位はアメリカであったことから，ウは誤りである。

問2　Aは，少数に集中しているとあることに注目する。談合は，競争入札時に参加者が事前に落札者や価格を前もって決めることである。Bは，行政機関の一つで，公正・自由な競争原理を促進し，民主的な国民経済の発達を図ることを目的として設置された内閣府の外局である。会計検査院は，行政機関の一つで，内閣から独立して存在し，国・政府関係機関の決算，独立行政法人等の会計，国が財政援助する地方公共団体の会計などの検査を行い，決算報告を作成する機関である。

問3　バブル経済崩壊は1990年のことである。出生率に注目すると，1970年代半ばに2.0を下回っていることから，少子化はこの時点で始まっているということができる。

問4　独自の技術・製品で急成長していく，創業からあまり時間が経過していない企業に対して用いる呼び方である。

重要　問5　情報公開法の対象が行政機関であることから判断する。個人情報保護法の対象は行政機関であることから，アは誤りである。フィルタリングサービスの契約は任意であることから，ウは誤りである。プライバシーの権利に関する規定は日本国憲法にはないので，エは誤りである。

やや難 問6　国内総生産(GDP)は，国内でその国の国民が一定期間に出した儲けの総額のことである。したがって，一年間に55億円の儲けが出ていることから判断する。

問7　物価水準が上昇するということは，インフレが進行していることになる。すなわち，円の貨幣価値が下がっているので，円安につながることになる。外国通貨が需要と供給によって決まる相場は変動為替相場であることから，アは誤りである。通貨の安定・維持を目的とした国際連合の機関は国際通貨基金(IMF)であることから，イは誤りである。円高になると，外国から購入するものは安く購入できるようになるため，ウは誤りである。

【7】　(公民－日本の政治制度に関する問題)

重要 1　日本国憲法第68条に，国務大臣の過半数は国会議員であると規定されていることから，Aは誤りである。日本国憲法第66条の規定であることから，Bは正しい。日本国憲法第54条・70条の規定であることから，Cは正しい。したがって，オとなる。　2　日本国憲法第52条に，常会(通常国会)は毎年1月中に召集されるとあることから，Aは誤りである。日本国憲法第59条に，衆議院で可決した法律案を参議院が否決した場合は，衆議院で出席議員の3分の2以上の多数で再可決した場合に成立すると規定されていることから，Bは誤りである。日本国憲法第60条の規定であることから，Cは正しい。したがって，キとなる。　3　日本国憲法第79条の規定であることから，Aは正しい。2009年に施行された，裁判員の参加する刑事裁判に関する法律の規定であることから，Bは正しい。朝日訴訟は，最高裁判所での審理中に原告が死亡したことにより判決が出ないまま裁判終了となっていることから，Cは誤りである。したがって，イとなる。　4　地方債は自主財源，国庫支出金は依存財源であることから，Aは誤りである。地方自治法第76条から88条までの規定であることから，Bは正しい。地方自治法第178条で，各地方議会は首長の不信任決議ができると規定されていることから，Cは誤りである。したがって，カとなる。

★ワンポイントアドバイス★

時事的内容を含む公民分野の出題が多い。合格点に到達するためには，出題数の多い公民分野の基本問題・重要問題を確実に得点することが大切である。

＜国語解答＞

【一】　問1　a　半端　b　知見　c　削　d　素朴　e　連綿　問2　Ⅰ　ア　Ⅱ　オ　Ⅲ　イ　問3　A　ウ　B　イ　問4　(例)　ロシアの教育が幅広い知性と教養を身につけさせるのに対し，日本の教育は主に受験や就職のための実用的な情報を身につけさせるから。(62字)　問5　どんな人間～受けている　問6　判断や行動～ルゴリズム　問7　エ　問8　X　ウ　Y　イ　Z　オ

【二】　問1　a　露骨　b　泡　c　弾　d　儀式　e　交　問2　Ⅰ　順(風)満(帆)　Ⅱ　(自)暴(自)棄　問3　ア　問4　エ　問5　生まれ落ち　問6　(例)　家族でさえも苦しみに気づいてくれないことに憤りを覚え，抑えていたいらだちが言葉となって表れてしまった様子。(53字)　問7　(例)　自分の容姿を隠すことによって，居場所のない現実から目をそらすため。(33字)

○推定配点○
【一】　問1～問3　各3点×10　　問4　6点　　問5・問6　各4点×2　　問7～問8　各3点×4
【二】　問1～問2　各3点×7　　問3～問5　各4点×3　　問6　6点　　問7　5点　　計100点

＜国語解説＞

【一】（論説文：主題・表題，内容吟味，文脈把握，接続詞，漢字，文学史）

問1　a 「半端でない」で程度がはなはだしいことを表す。 b 「知見」とは知識や見識のこと。 c 「削」の音読みは，「サク」。「削減」「添削」などの熟語がある。 d 「素朴」とは飾り気がなくありのままなこと。 e 「連綿」とは途絶えず長く続くこと。

問2　Ⅰ　接続詞の前で述べていること対して，その後でさらに事柄を付け加えていることに注目。 Ⅱ　接続詞の前で述べられていることについてその後ではその結果起きていることが述べられていることに注目。 Ⅲ　接続詞の前で述べられていることに対して，その後で具体的な例を述べていることに注目。

問3　A　文章の最初でトップに立つ官僚や政治家は教養人であることが述べられ，後半では日本の教育の弊害から知性も教養も身についていない外交官もいることが述べられている。　B　問題となっている節の文章の後半で，日本についての知識を増やす方策として読書が勧められており，具体的な作家や作品名が紹介されたあと「これらの本は日本に関心を持つ外国人エリートが好んで読んでいる」とある。

やや難　問4　ロシアの教育についてのキーワードは，勉強量が半端でない，膨大な読書量，彼らの教養が広範囲でなおかつ深い，ということ。日本の教育については，偏差値教育，受験のための勉強，実用的な知識や情報を重要視，となる。対象的なところ「教養が広範囲で深い」と「実用的な知識や情報を重要視」を中心に65字以内でまとめればよい。

問5　「この考え方の前提に」から始まる段落で，人間とはなにかについて触れられている。「人間は社会的な……歴史的な動物である」は，内容は合っているが25字で指定文字数に合わないので不適切。その後の「どんな人間も……受けている」が57字で適切。抜き出すときには人間をどのような存在と考えているかという問題なので，「人間とは，○○○(な)存在である」に当てはまる○○を埋めるように抜き出す。

問6　「内在的論理」とはなにかという問題なので，解答も名詞で終わることが大切である。傍線部③の次の段落に「歴史や文化，……基準を知る」とあり，その次の段落で，「これを……『内在的論理を知る』といいます」とあり，「を知る」を引き算すると，内在的論理＝「歴史や文化，……基準」(32字)であることがわかるが，文字数を超えてしまう。「～などの」を間引くと18字で少なすぎる。「歴史や文化，」を間引くと26字で許容であるが，例示を中途半端に抜くのはあまりよくない。ここはあきらめ読み進んでいくと，その後に「判断や行動を……アルゴリズム」(29字)とあり，こちらが適切と判断する。

問7　傍線部④の後，「なぜなら」から始まる一文が理由を表しているが，選択肢の文はもう少し突っ込んだ内容である。エの「過去に影響を受けながら生きている」は「なぜなら」から始まる一文の最後「歴史の中に生きている」の言い換えと考えることができる。また，「国際化が叫ばれ」から始まる段落で「本当に必要なのは……アイデンティティを明確にすることです。……そのためにはまず，自国の文化や歴史を知ること。古典を読むこと」とあり，後半の文と一致する。エが適切である。　ア　思考のアルゴリズムは歴史だけでなく文化によっても形作られると本文にある。　イ　過去になにがあったか知る「任務」があるとは本文にはない。　ウ　「過去の人間の価値基準そのものである歴史」とは本文にはない。　オ 「精神構造は時代によって変化していく」とは本文にはない。

問8　X　選択肢で江戸時代の人物は松尾芭蕉のみ。兼好法師は鎌倉時代末期から南北朝時代の人物。　Y・Z　選択肢で戦後の人物は，太宰治か村上春樹。村上春樹は現代の作家なので，Zが適切と考え，Yには太宰を選ぶ。芥川龍之介は大正時代に活躍した。

【二】（小説：情景・心情，内容吟味，文脈把握，熟語，漢字）

問1　a 「露骨」とは感情や本心をむき出しにすること。　b 「泡」の音読みは「ホウ」。「気泡」「泡沫」などの熟語がある。　c 「弾」の音読みは，「ダン」。「弾丸」「糾弾」などの熟語がある。　d 「儀」を使った熟語には，「行儀」「地球儀」などがある。　e 「飛び交う」とはなにかが入り乱れて飛ぶこと。

問2　Ⅰ 「順風満帆」の読みは「ジュンプウマンパン」。　Ⅱ 「自暴自棄」の読みは「ジボウジキ」。

問3　傍線部①の直前で，父親の職業や住む家，経済状況など家庭環境が述べられており，そのような背景の樹里と自分とを比べている。また，文章最初の方「樹里のパパは」から始まる段落に「綺麗な顔立ちをしている樹里」とあり，樹里が容姿について恵まれているとシッカが考えていることを表しているので，アが適切。

やや難　問4　最初の【中略】の後より始まる段落から「考えれば考えるほど，わからなくなる。」までで，周囲からの自分に対する扱いにしっくりこない一方で自分について自分がどうあればいいのかわからないというシッカの様子が読み取れる。「天井から見ているみたい」とは，地に足がついていない状態を示し，心の拠り所をもっていない別の自分がみていることを表現している。エが適切。ア 「自虐的な気持ち」は本文にはない。　イ 「気持ちを奮い立たせている」は本文にはない。ウ 「落ち着きを取り戻している」とは本文にはない。　オ 「開き直っている」とは本文にはない。

問5　「それは，普通の日本人の子には」から始まる段落の後の段落が，シッカが考える普通の日本人の姿を説明している文である。

問6　問題文では「どんな様子か」と問うている。答えを作成する上で，最後は「様子」で終わらせることと，また「○○が原因で△△になった」という形で作ることを心がけるとよい。ここでは，自分の気持ちをわかってもらえないことが原因で，抑えていたイライラが言葉となって出た，という内容でまとめればよい。

問7　傍線部⑤の後に「鏡は現実を突きつけてくる。いまのシッカが見たくないものを」とあり，鏡にベールをかけることによって，見たくないものを避けていると考える。鏡にベールをかけることは自分の容姿を見えなくすることであり，見たくないものとは自分の居場所がない現状のことなので，これらをまとめればよい。

★ワンポイントアドバイス★

読み手の主観に左右される設問がなく，文章の内容に沿って問題にあたっていけば必ず正解できる。正解について，本文のどの部分が根拠となっているか確認しながら問題を解いていくことが大切。

MEMO

大切なことはメモしておこうネ！

解答用紙集

○月×日 △曜日　天気（合格日和）

◆ご利用のみなさまへ

＊解答用紙の公表を行っていない学校につきましては、弊社の責任において、解答用紙を制作いたしました。

＊編集上の理由により一部縮小掲載した解答用紙がございます。

＊編集上の理由により一部実物と異なる形式の解答用紙がございます。

人間の最も偉大な力とは、その一番の弱点を克服したところから生まれてくるものである。——カール・ヒルティ——

東京学参株式会社

◇数学◇

※ 128%に拡大していただくと，解答欄は実物大になります。

1.

(1)	(2)	(3)
		$x =$

(4)	(5)
g	$\angle \mathrm{AFB} =$

2.

(1)	(2)	(3)
	個	小数第　位

3.

(1)	(2)	(3)

4.

(1)	(2)	(3)
$S =$		

5.

(1)	(2)	(3)
$a =$		

(4)
$t =$

6.

(1)	(2)	(3)

※ 147%に拡大していただくと，解答欄は実物大になります。

【1】

＜問題１＞

(1)		(2)		(3)		(4)		(5)	

＜問題２＞

(1)		(2)		(3)		(4)	

【2】

(1)		(2)		(3)		(4)	

【3】

(1)			(2)	
(3)				
(4)				

【4】

(1)	①	②	③	(2)	① ② ③	
(3)	①	②	③			

【5】

(1)						
(2)		(3)	２番目	５番目	７番目	(4)
(5)		(6)	6	7	(7)	

【6】

(1)		(2)	あ	い	
(3)	A	B	C	D	
(4)	2				
	3				
(5)					
(6)					

【7】

①	～ but [　　　　　　　　　　　　　　　　].
②	～ that [　　　　　　　　　　　　　　　　] Tokyo.
③	～ opinion, [　　　　　　　　　　　　　　] Tokyo.

滝高等学校　2024年度　　◇理科◇

※ 145%に拡大していただくと，解答欄は実物大になります。

1.

(1)	(2)

(3)

(4)	(5)	
	D	E

(6)	(7)
	本

2.

(1)	(2)	(3)
	＞　＞　＞　＞	

(4)			
①	②	③	④

(5)	
①	② 時

3.

(1)

(2)
①

(2)
②

(3)	(4)	
	イ い	ウ

(5)	
体積 mL	質量 mg

4.

(1)	(2)	(3)	(4)
	の法則	N	

(5)		(6)	(7)
イ N	ウ N	N	N

滝高等学校　2024年度　◇社会◇

※ 135％に拡大していただくと，解答欄は実物大になります。

【 1 】

問 1　1　a　b　c　2　3

問 2　問 3

問 4

【 2 】

問 1　1　①　②　③　2　①　②

問 2　1

2

【 3 】

問 1　1　2　問 2

問 3　問 4　問 5

【 4 】

問 1　1　2　3

問 2　問 3

問 4

問 5　問 6

【 5 】

問 1　1　2　問 2　問 3

問 4　問 5

問 6　問 7

【 6 】

問 1　問 2　問 3　問 4

問 5　問 6

◇国語◇

滝高等学校　２０２４年度

※１４５％に拡大していただくと，解答欄は実物大になります。

【一】

問1　a ナゾ　b シュウ　c カね ね　d ケン　e ド

問2　A　B　C　D　E

問3

問4　問5　問6

問7　〜　から。

問8　子供の家庭環境が悪い場合に、（100字）

【二】

問1　a アイマイ　b ジャグチ　c タテ　d ツイやし やし　e イソガしく しく

問2　（65字）

問3　問4　問5　問6

問7　問8

滝高等学校　　2023年度　　　　　　　　　　　　　　　◇数学◇

※ 143％に拡大していただくと，解答欄は実物大になります。

1.

(1)	(2)	(3)
$x=$		∠ABC＝

2.

(1)	(2)
A（　　，　　）	
(3)	(4)
F（　　，　　）	

3.

(1)	(2)	(3)
％	％	9時　　分

4.

(1)	(2)
	通り

5.

(1)	(2)	(3)

6.

(1)	(2)	(3)

滝高等学校　2023年度

◇英語◇

※ 159％に拡大していただくと，解答欄は実物大になります。

【１】

＜問題１＞

(1)		(2)		(3)		(4)		(5)	

＜問題２＞

問１	(1)		(2)		問２		

【２】

(1)			(2)		
(3)			(4)		

【３】

(1)		(2)		(3)	

【４】

【５】

(1)	A	B	(2)	A	B	(3)	A	B

【６】

①	
②	
③	

【７】

(1)		(2)					
(3)	なぜなら　と彼女は知っていたから。						
(4)	→ → → → →	(5)		(6)			

【８】

(1)	それは　。										
(2)	A		B		(3)	I		II		III	
(4)			(5)		(6)						

滝高等学校　2023年度　◇理科◇

※ 143％に拡大していただくと，解答欄は実物大になります。

1.

(1)	(2)

(3)

(4)	(5)	(6)

2.

(1)

(2)			
①a	①b	②c	②d

(3)	(4)	(5)	(6)

3.

(1)	(2)	
	ア	イ

(2)		
ウ	エ	オ

(2)
I

(2)
II

(3)	(4)	
	陽極付近の様子	陰極付近の様子

4.

(1)	(2)	(3)	(4)
[N]	[J]	[W]	[W]

(5)	(6)	(7)
[cm]	秒後	[cm/秒]

滝高等学校　　2023年度

◇社会◇

※ 143%に拡大していただくと，解答欄は実物大になります。

【 1 】

問 1　1　　2　　問 2

問 3　1　　2　　問 4　C　　E　　問 5

【 2 】

問 1　問 2　問 3　問 4　問 5

問 6　問 7

【 3 】

問 1　1　　2　　問 2　問 3

問 4　問 5　桓武天皇は　　を改めようと考えたから

問 6　問 7

【 4 】

問 1　1　　2　　3

問 2　問 3　問 4　問 5

問 6　問 7

【 5 】

問 1　問 2　問 3　問 4　問 5

問 6　問 7　問 8　　教育

【 6 】

問 1　問 2　1　　2　　問 3　問 4

問 5

◇国語◇　灘高等学校　２０２３年度

※１４３％に拡大していただくと、解答欄は実物大になります。

【一】

問１
a ノった　った
b ホドコし　し
c ニナい　い
d トいた　いた
e カエリみ　み

問２ (1)　(2)

問３

問４

問５

問６　・

問７　60　120

問８

問９

【二】

問１
a カタワら　ら
b ナツかしがる　かしがる
c ユれて　れて
d ヤブけ　け
e モらした　らした

問２ A　B　C　D　E

問３

問４

問５

問６

問７

問８

問９ 問題が　ということ。

問10 (1)　(2)

滝高等学校　2022年度

◇数学◇

※ 143%に拡大していただくと，解答欄は実物大になります。

1.

(1)	(2)

(3)	(4)
$x=$	$\triangle AFG:\triangle CDH=$　　:

(5)
$\angle BID=$

2.

(1)	(2)
ア $=$　　　，イ $=$	$x=$　　　，$y=$

3.

(1)	(2)	(3)
$DF=$	$AB=$	$\triangle ADE=$

4.

(1)	(2)

(3)	(4)

5.

(1) (ア)	(1) (イ)	(2)
$\triangle ABC=$		$t=$

6.

(1)	(2)
$AE=$　　　，$AF=$	$\triangle AEF=$

(3)	(4)

滝高等学校　2022年度

◇英語◇

※ 139％に拡大していただくと，解答欄は実物大になります。

【１】

〈問題１〉

(1)		(2)		(3)		(4)	

〈問題２〉

(1)		(2)		(3)		(4)	

【２】

(1)		(2)		(3)		(4)	

【３】

(1)			(2)		
(3)			(4)		

【４】

(1)			(2)		
(3)			(4)		

【５】

(1)	A	B	(2)	A	B	(3)	A	B	(4)	A	B

【６】

①	In Japan [ ].
②	[ ].

【７】

(1)	A		B		(2)		(3)	
(4)							(5)	
(6)	南アフリカの黒人はあまりラグビーが好きではなかったが、							
					から。		(7)	

【８】

(1)	1		2		3		4	
	5		6		7		8	
	9		10					
(2)			(3)		(4)	２番目	５番目	
(5)								

滝高等学校　　2022年度

◇理科◇

※ 139%に拡大していただくと，解答欄は実物大になります。

1．

（１）			
a	b	c	d

（２）	（３）		（４）
	（い）	（う）	

（５）		（６）
Ⅱ	Ⅲ	

2．

（１）			
a	b	c	d

（２）①	
P・S	選んだ理由
波	

（２）	（３）		（４）
②	①	②　km	か所

（５）

3．

（１）			（２）
a	b	c	

（３）

（４）					
d	e	f	g	h	i

（５）	（６）	（７）
		[g]

4．

（１）		（２）	（３）
a	b		

（４）	（５）	（６）
	[W]	

滝高等学校　2022年度　◇社会◇

※ 145％に拡大していただくと，解答欄は実物大になります。

【1】

問1　問2　問3　問4

問5

問6

【2】

問1　1　2　3

問2　問3　問4　問5

【3】

問1　問2　問3　問4

問5　問6

問7　(1)　(2)　問8

【4】

問1　(1)　(2)　問2　問3

問4　問5　(1)　(2)　(3)　問6

【5】

問1　問2　問3　問4

問5　(1)　(2)　問6　問7

【6】

問1　問2　X　Y　Z

問3　問4　問5

問6　問7　問8

◇国語◇

灘高等学校　２０２２年度

※１４３%に拡大していただくと、解答欄は実物大になります。

【一】

問1　a シャクヨウ　b ムジュン　c ナゴリ　d ミンゾク　e キゲン

問2

問3

問4

問5

問6

問7

問8

問9

65

【二】

問1　a トけた　けた　b ツまった　まった　c オモカゲ　d トタン　e シボられる　られる

問2

問3

問4

問5

問6

55

問7

問8

問9

75

滝高等学校　2021年度　◇数学◇

※ 125％に拡大していただくと，解答欄は実物大になります。

1.

(1)	(2)	
	$x =$	
(3)	(4)	(5)

2.

(1)		(2)
$a =$	$b =$	
(3)		(4)
C	D	

3.

(1)	(2)	(3)

4.

(1)	(2)	(3)
円	g	g

5.

(1)	(2)

6.

(1)	(2)	(3)
$x =$		

滝高等学校　2021年度

◇英語◇

※ 141％に拡大していただくと，解答欄は実物大になります。

【１】リスニング問題

〈問題１〉

(1)		(2)		(3)	

〈問題２〉

(1)		(2)		(3)	

〈問題３〉

(1)		(2)	

【２】

(1)		(2)		(3)	

【３】

(1)		(2)	

【４】

(1)			(2)		

【５】

(1)	A		B		(2)	A		B		(3)	A		B	

【６】

①	
②	

【７】

(1)	1		2		3		4	
(2)	ア		イ					
(3)	15							
	30							
	40							
(4)	３番目		６番目		(5)		(6)	

【８】

(1)	15									
	30									
	40									
(2)	1		2		3		4		(3)	
(4)	ア		イ		(5)					

滝高等学校　　2021年度　　◇理科◇

※ 145％に拡大していただくと，解答欄は実物大になります。

1．

(1)	
X	Y

(2)														

(3)	(4)	(5)	(6)

2．

(1)	(2)	(3)	(4)
		hPa	

(5)		(6)
①	②	

3．

(1)		(2)
	例	

(3)		(4)	
エタノール　cm³	水　cm³	ア　g	イ　cm³

(5)	
ウ	エ

(6)
①
②

4．

(1)	(2)	(3)	(4)
V	Ω	A	V

(5)	
R_6　A	電源装置　V

(6)		(7)
R_4　Ω	R_6　Ω	V

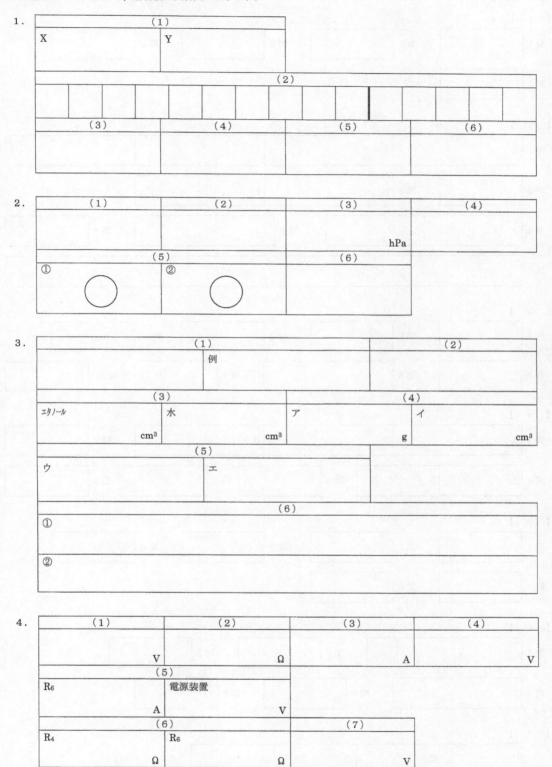

※ 145％に拡大していただくと，解答欄は実物大になります。

【 1 】

問１　問２　問３　問４

問５

【 2 】

問１　1　2　3　4

問２　問３　E　F

問４　A　C　問５　問６

問７

【 3 】

問１　問２　問３　問４

問５　問６　問７　問８

【 4 】

問１　1　2　3　問２

問３　①　②　問４　問５　問６

【 5 】

問１　問２　問３　問４

問５　問６

【 6 】

問１　問２　問３

問４　問５　問６

【 7 】

①　②　③　④

◇国語◇

滝高等学校　２０２１年度

※１５６％に拡大していただくと、解答欄は実物大になります。

【一】

問１

a	エイヨウ	b	カツヤク	c	リュウキ	d	チンコウ	e	エン

問２

問３　Ⅰ　Ⅱ

問４

問５

問６

60

問７

問８

60

【二】

問１

a	ドウヨウ	b	クズした　した	c	ジュウトク	d	コいで　いで	e	ケって　って

問２

問３　A　B　C

問４

問５

問６

問７

60

問８

滝高等学校　　2020年度　　◇数学◇

※130％に拡大していただくと，解答欄は実物大になります。

1.

(1)	(2)

(3)	(4)	(5)
		$x=$ 　　, $y=$

2.

(1)	(2)
$\left\{ \begin{array}{l} \\ \end{array} \right.$	$x=$ 　　, $y=$

3.

(1)	(2)	(3)

4.

(1)	(2)	(3)

5.

(1)	(2)	(3)	(4)

6.

(1)	(2)

滝高等学校　　2020年度

◇英語◇

※153％に拡大していただくと，解答欄は実物大になります。

【１】リスニング問題

〈問題１〉

(1)		(2)		(3)	

〈問題２〉

(1)		(2)		(3)	

〈問題３〉

(1)		(2)		(3)		(4)		(5)	

【２】

(1)		(2)		(3)	

【３】

(1)		(2)		(3)	
(4)					

【４】

【５】

(1)	A	B	(2)	A	B

【６】

①	
②	

【７】

(1)		(2)	
(3)	These robots .		
(4)			
(6)		(7)	

(5)

														15
									25					
				35										

【８】

(1)		(2)									
(3)		(4)	1	2	3	4	5	6			
(5)											

※145％に拡大していただくと，解答欄は実物大になります。

1．

（１）										（２）

（３）	（４）	（５）	
kcal		鉄	カルシウム

（６）

30　40

2．

（１）	（２）	（３）	
		ア	イ

（４）	（５）

3．

（１）	（２）

（３）

①	②

（４）

①	②

③方法

③理由

（５）

①	②
g	

4．

（１）		（２）	（３）
(a)	(b)		Pa

（４）

①	②	③
Pa	N	m^3

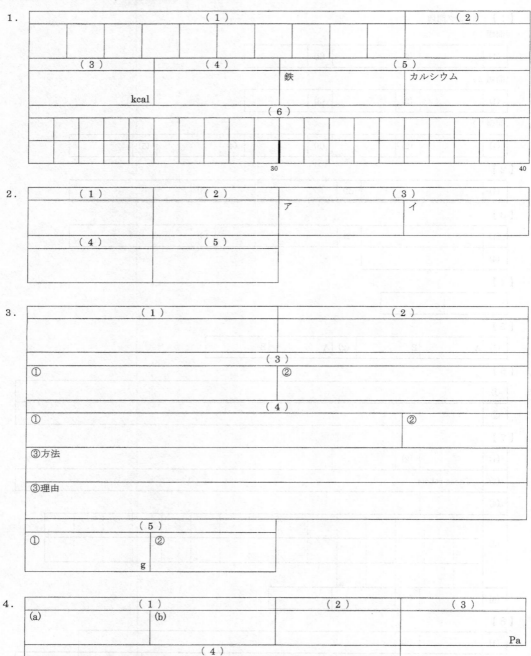

滝高等学校　2020年度　◇社会◇

※150％に拡大していただくと，解答欄は実物大になります。

【 1 】

問１ ①　③　問２

問３　問４　問５ D　E　F

問６

【 2 】

問１ 1　2　問２　問３

問４

問５　問６

【 3 】

問１　問２　問３ X　Y　Z

問４　問５　問６

【 4 】

問１ 1　2　問２　問３

問４　問５　問６ 1　2

【 5 】

問１ 1　2　問２　問３

問４　問５

【 6 】

問１　問２　問３　問４　企業

問５　問６　問７

【 7 】

1　2　3　4

◇国語◇

灘高等学校　２０２０年度

※１７３％に拡大していただくと、解答欄は実物大になります。

【一】

問１　a ハンパ　b チケン　c ケズら ら　d ソボク　e レンメン

問２　Ⅰ　Ⅱ　Ⅲ

問３　A　B

問４　65

問５　〜

問６　〜

問７

問８　X　Y　Z

【二】

問１　a ロコツ　b アワ　c ハジけ け　d ギシキ　e カラう う

問２　Ⅰ 風 帆　Ⅱ 自 自

問３

問４

問５

問６　60

問７　35

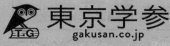

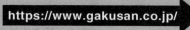

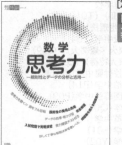

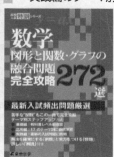

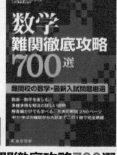

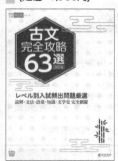

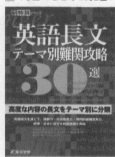

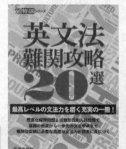

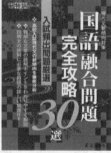

東京学参の

中学校別入試過去問題シリーズ

＊出版校は一部変更することがあります。一覧にない学校はお問い合わせください。

東京ラインナップ

あ　青山学院中等部(L04)
麻布中学(K01)
桜蔭中学(K02)
お茶の水女子大附属中学(K07)
か　海城中学(K09)
開成中学(M01)
学習院中等科(M03)
慶應義塾中等部(K04)
啓明学園中学(N29)
晃華学園中学(N13)
攻玉社中学(L11)
国学院大久我山中学
（一般・CC）(N22)
（ＳＴ）(N23)
駒場東邦中学(L01)
さ　芝中学(K16)
芝浦工業大附属中学(M06)
城北中学(M05)
女子学院中学(K03)
巣鴨中学(M02)
成蹊中学(N06)
成城中学(K28)
成城学園中学(L05)
青稜中学(K23)
創価中学(N14)★
た　玉川学園中学部(N17)
中央大附属中学(N08)
筑波大附属中学(K06)
筑波大附属駒場中学(L02)
帝京大中学(N16)
東海大菅生高中等部(N27)
東京学芸大附属竹早中学(K08)
東京都市大付属中学(L13)
桐朋中学(N03)
東洋英和女学院中学部(K15)
豊島岡女子学園中学(M12)
な　日本大第一中学(M14)
日本大第三中学(N19)
日本大第二中学(N10)
は　雙葉中学(K05)
法政大学中学(N11)
本郷中学(M08)
ま　武蔵中学(N01)
明治大付属中野中学(N05)
明治大付属八王子中学(N07)
明治大付属明治中学(K13)
ら　立教池袋中学(M04)
わ　和光中学(N21)
早稲田中学(K10)
早稲田実業学校中等部(K11)
早稲田大高等学院中学部(N12)

神奈川ラインナップ

あ　浅野中学(O04)
栄光学園中学(O06)
か　神奈川大附属中学(O08)
鎌倉女学院中学(O27)
関東学院六浦中学(O31)
慶應義塾湘南藤沢中等部(O07)
慶應義塾普通部(O01)
さ　相模女子大中学部(O32)
サレジオ学院中学(O17)
逗子開成中学(O22)
聖光学院中学(O11)
清泉女学院中学(O20)
洗足学園中学(O18)
捜真女学校中学部(O29)
た　桐蔭学園中等教育学校(O02)
東海大付属相模高中等部(O24)
桐光学園中学(O16)
な　日本大中学(O09)
は　フェリス女学院中学(O03)
法政大第二中学(O19)
や　山手学院中学(O15)
横浜隼人中学(O26)

千・埼・茨・他ラインナップ

あ　市川中学(P01)
浦和明の星女子中学(Q06)
か　海陽中等教育学校
（入試Ⅰ・Ⅱ）(T01)
（特別給費生選抜）(T02)
久留米大附設中学(Y04)
さ　栄東中学(東大・難関大)(Q09)
栄東中学(東大特待)(Q10)
狭山ヶ丘高校付属中学(Q01)
芝浦工業大柏中学(P14)
渋谷教育学園幕張中学(P09)
城北埼玉中学(Q07)
昭和学院秀英中学(P05)
清真学園中学(S01)
西南学院中学(Y02)
西武学園文理中学(Q03)
西武台新座中学(Q02)
専修大松戸中学(P13)
た　筑紫女学園中学(Y03)
千葉日本大第一中学(P07)
千葉明徳中学(P12)
東海大付属浦安高中等部(P06)
東邦大付属東邦中学(P08)
東洋大附属牛久中学(S02)
獨協埼玉中学(Q08)
な　長崎日本大中学(Y01)
成田高校付属中学(P15)
は　函館ラ・サール中学(X01)
日出学園中学(P03)
福岡大附属大濠中学(Y05)
北嶺中学(X03)
細田学園中学(Q04)
や　八千代松陰中学(P10)
ら　ラ・サール中学(Y07)
立命館慶祥中学(X02)
立教新座中学(Q05)
わ　早稲田佐賀中学(Y06)

公立中高一貫校ラインナップ

北海道　市立札幌開成中等教育学校(J22)
宮　城　宮城県仙台二華・古川黎明中学校(J17)
市立仙台青陵中等教育学校(J33)
山　形　県立東桜学館・致道館中学校(J27)
茨　城　茨城県立中学・中等教育学校(J09)
栃　木　県立宇都宮東・佐野・矢板東高校附属中学校(J11)
群　馬　県立中央・市立四ツ葉学園中等教育学校・
市立太田中学校(J10)
埼　玉　市立浦和中学校(J06)
県立伊奈学園中学校(J31)
さいたま市立大宮国際中等教育学校(J32)
川口市立高等学校附属中学校(J35)
千　葉　県立千葉・東葛飾中学校(J07)
市立稲毛国際中等教育学校(J25)
東　京　区立九段中等教育学校(J21)
都立大泉高等学校附属中学校(J28)
都立両国高等学校附属中学校(J01)
都立白鷗高等学校附属中学校(J02)
都立富士高等学校附属中学校(J03)
都立三鷹中等教育学校(J29)
都立南多摩中等教育学校(J30)
都立武蔵高等学校附属中学校(J04)
都立立川国際中等教育学校(J05)
都立小石川中等教育学校(J23)
都立桜修館中等教育学校(J24)
神奈川　川崎市立川崎高等学校附属中学校(J26)
県立平塚・相模原中等教育学校(J08)
横浜市立南高等学校附属中学校(J20)
横浜サイエンスフロンティア高校附属中学校(J34)
広　島　県立広島中学校(J16)
県立三次中学校(J37)
徳　島　県立城ノ内中等教育学校・富岡東・川島中学校(J18)
愛　媛　県立今治東・松山西中等教育学校(J19)
福　岡　福岡県立中学校・中等教育学校(J12)
佐　賀　県立香楠・致遠館・唐津東・武雄青陵中学校(J13)
宮　崎　県立五ヶ瀬中等教育学校・宮崎西・都城泉ヶ丘高校附属中学校(J15)
長　崎　県立長崎東・佐世保北・諫早高校附属中学校(J14)

公立中高一貫校「適性検査対策」問題集シリーズ

総合編　作文問題編　資料問題編　数と図形編　生活と科学編　実力確認テスト編

私立中・高スクールガイド

THE《ザ》 私立

私立中学＆高校の学校生活がわかる！

〈ダウンロードコンテンツについて〉

本問題集のダウンロードコンテンツ、弊社ホームページで配信しております。現在ご利用いただけるのは「2025年度受験用」に対応したもので、**2025年3月末日**までダウンロード可能です。弊社ホームページにアクセスの上、ご利用ください。

※配信期間が終了いたしますと、ご利用いただけませんのでご了承ください。

高校別入試過去問題シリーズ

滝高等学校　2025年度

ISBN978-4-8141-3037-5

[発行所] 東京学参株式会社

〒153-0043　東京都目黒区東山2-6-4

書籍の内容についてのお問い合わせは右のQRコードから　⇒

※書籍の内容についてのお電話でのお問い合わせ、本書の内容を超えたご質問には対応できませんのでご了承ください。

2024年7月4日　初版